NZZ **Libro**

Alex Reichmuth

Verdreht und hochgespielt

Wie Umwelt- und Gesundheitsgefahren instrumentalisiert werden

Mit einem Vorwort von
Katja Gentinetta

Mit einem Essay von
Kurt Imhof

Verlag Neue Zürcher Zeitung

Bibliografische Information der Deutschen Nationalbibliothek

Die Deutsche Nationalbibliothek verzeichnet diese Publikation in der Deutschen National-
bibliografie; detaillierte bibliografische Daten sind im Internet über http://dnb.d-nb.de abruf-
bar.

ISBN 978-3-03823-410-4

www.nzz-libro.ch
NZZ Libro ist ein Imprint der Neuen Zürcher Zeitung

Mix
Produktgruppe aus vorbildlich bewirtschafteten
Wäldern und anderen kontrollierten Herkünften
www.fsc.org Zert.-Nr. GFA-COC-1298
© 1996 Forest Stewardship Council
FSC

Inhalt

Katastrophenszenarien im öffentlichen Diskurs
von Katja Gentinetta

«Wissenschaft und öffentlicher Diskurs – Katastrophenszenarien versus Cost-Benefit-Analyse»: Unter diesem Titel veranstaltete Avenir Suisse im Januar 2007 eine Konferenz in Zürich, aus der letztlich dieses Buch entstanden ist. Anlass der Tagung war die Feststellung, dass wissenschaftlich-technologische Forschung und deren Ergebnisse durch ihre Komplexität und Alltagsferne oft diffuse Ängste schüren, die sich im öffentlichen Diskurs in Verkürzungen und Alarmismen niederschlagen. Im Zentrum stand deshalb die Frage, wie diese Diskurse zustande kommen und auf welche Weise sie rationalisiert werden können.

Eher ungeplant trug das omnipräsente «global warming» – durch den Bericht des IPCC, den Stern-Bericht, den Film von Al Gore und unzählige sie begleitende Medienberichte auf die politische Agenda gerückt – zur Aktualität der Debatte bei. Der Alarmismus der Berichterstattung über dieses Phänomen war nicht zu überhören: «Klimawandel wie Krieg», «Klimawandel tötet mehr Menschen als Terrorismus», «Angst vor dem drohenden Untergang» lauteten die Schlagzeilen, begleitet jeweils von moralisierenden Kommentaren darüber, dass der Mensch an all dem «schuld» sei.

Neu sind solche Katastrophenszenarien nicht. Das Waldsterben war das beherrschende Thema der 1980er-Jahre und expandierte als «Le Waldsterben» und «El Waldsterben» gar nach Frankreich und Spanien. Während man im Alpenland Schweiz von der «Sturzfahrt» sprach, die längst in vollem Gange sei, zog man in Deutschland andere Metaphern bei. Man prognostizierte, das Sterben der Wälder werde Europa stärker verändern als der Zweite Weltkrieg. Inzwischen wissen wir nicht nur, dass der Wald überlebt hat, sondern vielmehr, dass er in den letzten 24 Jahren kontinuierlich gewachsen ist. Weder der «saure Regen» noch das Ozon konnten ihm wirklich etwas anhaben.

Die heutigen Katastrophenszenarien sind vom Klimawandel bestimmt, und die wichtigen Akteure haben sich längst in Stellung gebracht: Experten liefern die Daten, Medien packen sie in Schlagzeilen, die Politik hat das Thema auf die Agenda gesetzt, und alle finden: Jetzt muss etwas geschehen. Nur eine kleine Minderheit wagt, zumindest skeptisch zu sein – nicht gegenüber der Tatsache des Klimawandels an sich, hingegen, in welchem Mass der Mensch daran schuld sein kann, ob die allseits geforderten Massnahmen richtig, sprich: wirkungsvoll sind und welche Priorität diesem Problem beizumessen ist. Skeptiker werfen deshalb die Frage auf, warum sich die Prophezeiungen heute nicht als genauso übertrieben oder gar falsch erweisen sollten wie damals. Worauf die Experten – zumindest jene, die in den Medien zu Wort kommen – kontern, dass die Faktenlage heute gesicherter sei.

Gerade die Wissensgesellschaft bringt es mit sich, dass wissenschaftliche Erkenntnis und mit ihr die entsprechenden Experten zu einer zentralen Instanz in der öffentlichen Auseinandersetzung mit schwierigen Themen geworden sind. Wie Kurt Imhof in seinem Essay eindrücklich nachzeichnet, erlaubt uns die Säkularisierung nicht mehr, die Ursachen für Naturkatastrophen bei höheren Mächten – bei der *Meta*physik – zu suchen. Stattdessen haben wir den Menschen in den Mittelpunkt gestellt und sein Schaffen und Handeln zum Ursprung aller Entwicklungen und Phänomene erklärt, womit die aufklärerische Selbstverantwortung ihren Höhepunkt erreicht hat: Es ist der Mensch, der durch sein Handeln und Schaffen das Gleichgewicht der Natur torpediert und damit Katastrophen auslöst. Was der gängigen Wahrnehmung entspricht und das allgemeine moralische Empfinden bestätigt, muss durch die Wissenschaft (nur noch) bewiesen werden.

In dieser zentralen Rolle ist die wissenschaftliche Forschung einem doppelten Legitimationsdruck ausgesetzt. Sie ist einerseits dazu angehalten, ihre Tätigkeit zu rechtfertigen, ihren Zweck und Nutzen also zu begründen. Andererseits muss sie – aus wissenschaftlichen und ethischen Gesichtspunkten – darlegen, warum die (möglicherweise schädlichen) Nebenwirkungen ihrer Forschungsergebnisse zulässig bzw. inwiefern sie in Kauf zu nehmen sind. Die Forschung agiert damit nicht mehr unter Bedingungen der Freiheit und des offenen Ergebnisses. Vielmehr wird ihr eine gesellschaftliche Funktion zugedacht, die sie in Konflikt mit sich selber bringt. Dass der diesjährige Friedensnobelpreis an Al Gore und den Uno-Klimarat IPCC ging, ist das vielleicht schlagendste Beispiel für eine derartige Instrumentalisierung der Wissenschaft: Die Preisträger erhielten nicht etwa eine Auszeichnung für ihre wissenschaftliche Tätigkeit, sondern für ihr politisches Engagement. Damit ist die Klimaerwärmung nicht mehr primär eine naturwissenschaftliche Angelegenheit, sondern vielmehr eine Frage der politisch korrekten Gesinnung, ja der moralischen Haltung. Das ist insofern fatal, als es die wissenschaftliche

Forschung in eine politische Rolle drängt, die sie ihrer Freiheit und letztlich ihrer Glaubwürdigkeit beraubt.

Im Zuge dieser Instrumentalisierung und Politisierung der Forschung ist der technologische Fortschritt – ganz im Sinne der nachaufklärerischen Kulturkritik – gleichsam unter Generalverdacht geraten, für das moderne Verderben verantwortlich zu sein. Die Gen-, Nano- und Biotechnologie stehen denn auch unter schärfster Beobachtung. Sie stehen stellvertretend für das, was die «Katastrophe Mensch» – der sich über bzw. an die Stelle von Gott setzt und die Natur provoziert, indem er sich an der Schöpfung vergreift – anzurichten vermag.

Der Kongress von Avenir Suisse versammelte namhafte Referenten und Panelisten aus dem In- und Ausland, die die dargestellte Problematik von verschiedensten Seiten beleuchteten und diskutierten. Prof. Dr. Peter Weingart vom Institut für Wissenschafts- und Technologieforschung der Universität Bielefeld zeichnete in seinem Eröffnungsreferat die Dramatisierung wissenschaftlicher Risiken und deren Implikationen für die Gesellschaft nach. Der Klimadiskurs in den Medien ist geprägt von seiner Ereignishaftigkeit, stellt zudem eine Alltagsrelevanz her und macht damit aus Hypothesen vermeintliche Gewissheiten. Die Politik ihrerseits postuliert nationale Expertise und politische Regulierbarkeit. Um gehört zu werden, neigt sie jedoch ebenfalls dazu, die Brisanz von Problemen durch drohende Katastrophen zu untermauern. Und auch die Wissenschaft lässt sich aus Gründen der Marktlogik nicht selten dazu verleiten, hohe Medienaufmerksamkeit mit popularisierten und damit tendenziell verkürzten Forschungsergebnissen zu beantworten. Das Risiko dieser jeweils unterschiedlichen Kommunikationslogik und ihres fatalen Zusammenspiels liegt denn auch in erster Linie im Glaubwürdigkeitsverlust der Wissenschaft und im Legitimationsverlust der Politik.

Katastrophenszenarien schlagen sich, wie Prof. Dr. Roman Boutellier von der ETH Zürich anschaulich darstellte, in einer unverhältnismässigen – aber letztlich unbegründeten – Skepsis gegenüber technologischer Forschung nieder. Denn diese ist gerade im Rückblick irrelevant, als die wichtigsten Erfindungen zufällig waren und nicht vorausgesehen werden konnten. Gerade aus dieser Unvorhersehbarkeit zukünftiger Entwicklungen ist eine gewisse Sorglosigkeit im Umgang mit der Zukunft sogar rational. Würde die Forschungsarbeit sämtliche naheliegenden und entfernten Konsequenzen bereits einbeziehen, wären ihr beide Hände gebunden.

Dass sich die Einschätzung von Risiken auch in deren Versicherbarkeit niederschlägt, stand im Zentrum der Ausführung von Dr. Thomas K. Epprecht, Experte für Emerging Risks bei Swiss Re. Eine Versicherung, insbesondere eine Haftpflichtversicherung, hat den Zweck, risikobehaftete Tätigkeiten zu ermöglichen und die möglichen Folgen zu lindern. Entscheidend für die Versicherbarkeit von Risiken ist nicht nur, ob potenzielle Schäden finanziell behoben werden können. Ebenso wichtig sind die dabei angewendeten Wertmassstäbe. Die Skepsis gegenüber genveränderten Lebensmitteln ist ein Beispiel hierfür: Sie werden als «unnatürlich» empfunden und deshalb intuitiv abgelehnt, selbst wenn sich herausgestellt hat, dass sie gesundheitlich unbedenklich oder ernährungspolitisch sogar sinnvoll sind.

Die Angst vor negativen Folgen technologischer Entwicklung führt zum Wunsch, Risiken zu minimieren, wenn nicht gar auszuschalten. Niedergeschlagen hat sich dieses Ansinnen im sogenannten «Vorsorgeprinzip», das verlangt, potenzielle, die Umwelt oder den Menschen belastende Schäden – trotz unzureichender Wissensbasis – zu vermeiden oder weitestgehend zu verringern. Interpretiert wird dieses Prinzip nicht selten dahingehend, dass Risiken gänzlich ausgeschlossen werden sollen, was per se unmöglich ist und letztlich auch die Versicherbarkeit infrage stellt. Denn was nicht sein darf, kann auch nicht versichert werden.

An diesem Punkt führen Skepsis und Vorsicht zur Lähmung: Der Fortschritt wird, weil er nicht einschätzbar ist, verteufelt, und die Forschung, deren eigentliche Qualität ihre Ergebnisoffenheit ist, wird zumindest (um)gelenkt, wenn nicht gänzlich unterbunden. Es ist die Aufgabe der Politik, die Bedingungen festzulegen, unter denen geforscht und entwickelt werden kann. Sie steckt jedoch im Dilemma: zwischen den Appellen ihrer Wählerschaft, bei (scheinbar) alarmierenden Tatbeständen und (möglichen) Entwicklungen sofort und wirksam zu handeln, einerseits, und ihrer eigenen und eigentlichen Aufgabe, nämlich auch bei momentanen, der Medienaktualität unterliegenden Bedürfnissen die Weichen mit langfristiger Perspektive zu stellen, anderseits.

Gerade in westlichen Industrienationen – so auch in der Schweiz – besteht jedoch ein politischer Konsens darüber, dass eine leistungsfähige Forschung und Innovation eine notwendige Voraussetzung für das erfolgreiche Bestehen in der globalen Wissensgesellschaft darstellen. Dennoch sind wir verführt, der Null-Risiko-Mentalität nachzugeben und Forschung einzuschränken. So bezeichnete denn auch alt Nationalrat Johannes Randegger diese Null-Risiko-Mentalität als eigentliches Katastrophenszenario, weil sie die Forschung paralysiert. Gerade verpasste Chancen können sich ebenfalls katastrophal auswirken. Entsprechend plädierte er für die Forschungsfreiheit und ihre Akzeptanz durch die Politik. Aufgabe der Politik sei es lediglich, ethische und gesellschaftliche Leitplanken zu setzen, während sich umgekehrt die Forschungswelt Rechenschaft ablegen und um verständliche Kommunikation bemühen müsse.

Dass solche Leitplanken auch auf der Basis von Kosten-Nutzen-Überlegungen zu setzen sind, ist das Hauptanliegen von Prof. Dr. Björn Lomborg vom Copenhagen Consensus Center. Er und seine Geschichte waren der eigentliche Ausgangspunkt des Kongresses. Lomborg wurde nach der Veröffentlichung seines Buches «Skeptical Environmentalist – Measuring the Real State of the World» (2001) von einem eigentlichen «Inquisitionsgericht» der wissenschaftlichen Unredlichkeit beschuldigt. Erst nachdem sich die Vorwürfe der Gegner als völlig unhaltbar erwiesen hatten, wurde er vom dänischen Wissenschaftsministerium rehabilitiert und das Sondergericht wegen Ehrverletzung und wissenschaftlicher Unsauberkeit verurteilt. In seinem neuen Buch mit dem sinnigen Titel «Cool it» (2007) legt Lomborg anhand der Berichte des IPCC und anderer Studien dar, dass die Folgen der Erderwärmung weit weniger drastisch sind als gemeinhin dargestellt. Den Katastrophenszenarien und damit einhergehenden hysterischen Reaktionen setzt er vielmehr eine nüchterne Kosten-Nutzen-Analyse gegenüber. Unter dem Titel des von ihm initiierten «Copenhagen Consensus» unternimmt er den Versuch, die Massnahmen zur Lösung anstehender globaler Probleme unter die Priorität der Cost-Benefit-Analyse zu stellen. Ausgehend von der schlichten Tatsache, dass unsere Mittel begrenzt sind, ist es umso wichtiger, diese möglichst effizient und effektiv einzusetzen. Getreu der Analogie aus dem Alltag, dass wir kein Menu auswählen, ohne dessen Umfang und Preis zu kennen, hält er es für verantwortungslos, Massnahmen zu ergreifen, ohne deren Kosten und Wirkung einschätzen zu können.

Im Kontext der Diskussion um den Klimawandel, den er als Tatsache anerkennt, stellt er deshalb die Frage, ob die eingeleiteten Massnahmen in einem vernünftigen Kosten-Nutzen-Verhältnis stehen und ob sie ihr Ziel erreichen werden. Nach umfangreichen Analysen und Diskussionen ist er zusammen mit Ökonomen, darunter Nobelpreisträgern, Studenten verschiedener Fachrichtungen und UN-Boschaftern im Rahmen des «Copenhagen Consensus» 2004 zum Schluss gekommen, dass mit der

Hälfte der Aufwendungen für Kioto die weltweit dringendsten Probleme – sauberes Trinkwasser, sanitäre Einrichtungen, eine elementare Gesundheitsversorgung und Bildung – wirksam angegangen und gelöst werden könnten. Statt uns darauf zu versteifen, die globale Mitteltemperatur auf das Jahr 2100 geringfügig zu beeinflussen, sollten wir vielmehr der heutigen und nächsten Generation in den Entwicklungsländern helfen, genau diese Probleme zu lösen. Dies würde ihnen erlauben, eine robuste Volkswirtschaft aufzubauen, um später aus eigener Kraft gegen negative Folgen der Klimaerwärmung vorsorgen zu können. Björn Lomborg schloss seine Ausführungen deshalb mit dem Vorschlag, diese Probleme international prioritär anzugehen und gleichzeitig ein «intelligenteres Kioto» einzuleiten, nämlich 0,05 Prozent des jährlichen BIP in die Forschung und Entwicklung von neuen, nicht CO_2-emittierenden Energietechnologien zu stecken, wobei es jedem Land selbst überlassen werden müsste, auf welche Technologien es setzt.

Die Debatte darüber, in welchem Mass sich die Diskussion über die technologische und zivilisatorische Entwicklung und deren Folgen für die Natur und die Menschen der Rationalität entzieht, wird – wenn auch im Schatten der medial weit präsenteren Katastrophenszenarien – geführt. Denn wenn wissenschaftliche Ergebnisse zu rasch vereinfacht, zu «gläubig» vermittelt und dann auch noch moralisch aufgeladen werden, liegt der Verdacht nahe, dass der Ökologismus – als Bewegung, im Unterschied zur eigentlichen Ökologie als wissenschaftlicher Disziplin – quasi-religiöse Züge trägt. Die damit einhergehende, in fortgeschrittenen Ökonomien spürbare generelle Technologiefeindlichkeit kann für die wissenschaftliche Forschung – und den nicht voraussehbaren Nutzen derselben – fatale Folgen haben.

Dass der rationale Diskurs über technologische Entwicklungen in der «Ökonomie der Aufmerksamkeit» gegenüber furchterregenden Katastrophenszenarien zu den Verlierern gehört, liegt auf der Hand. Umso verdienstvoller ist es, dass ein Buch wie dieses eine Handvoll konkreter Fälle aus Schweizer Sicht genauer untersucht und dabei nachzeichnet, dass ein differenzierter Blick auf technologische Forschung und Entwicklung zum rationaleren Umgang durchaus beitragen kann.

Einführung

«Wissen Sie, wenn so lange über Gefahren geredet wird, dann muss da auch etwas dran sein.» Diesen Satz sprach mir ein Passant ins Mikrofon – anlässlich einer Strassenumfrage zu einer Radiosendung über Mobilfunkstrahlung. Er brachte damit wohl unbeabsichtigt auf den Punkt, wie das Hochspielen von Umwelt- und Gesundheitsgefahren tatsächlich funktioniert: Man rede unentwegt von grossen Gefahren, auch wenn das sachlich noch so unbegründet ist – denn beständige Warnungen haben irgendwann Erfolg (steter Tropfen höhlt den Stein), und die Bevölkerung fürchtet sich am Ende wirklich vor dem Unheil, das da angeblich droht.

Am Anfang dieses Buches standen Erstaunen und Empörung. Erstaunen darüber, wie fernab von wissenschaftlichen Fakten gewisse Risiko-Diskussionen in unserer Gesellschaft stattfinden und wie sehr Ideologie oft das Handeln bestimmt. Und Empörung darüber, dass verschiedene Akteure offensichtliche Unsachlichkeiten nicht nur stillschweigend in Kauf nehmen, sondern sogar nach Kräften fördern.

Bei der Beurteilung von Umwelt- und Gesundheitsgefahren kann man sich entweder an Glauben und Gerüchte, an klischeehafte Überzeugungen und ideologische Vorstellungen halten – oder an Beobachtungen von Forschern und wissenschaftliche Resultate. Als Autor habe ich das Zweite gewählt – nicht aus naiver Wissenschaftsgläubigkeit und blindem Vertrauen in die Forschung, sondern aus der Überzeugung, dass Wissenschaft trotz all ihren Mängeln noch immer der zuverlässigste Massstab ist. Dieser Ansatz zieht sich denn auch als eine Art roter Faden durch das Buch: Bei den angeführten Beispielen von Umwelt- und Gesundheitsrisiken werden jeweils anerkannte nationale und internationale Fachgremien beigezogen, um die entsprechenden Gefährdungen einzuschätzen. Ausgehend von diesen Einschätzungen soll beurteilt werden, wie weit in der Öffentlichkeit kolportierte Bedrohungsbilder real sind – und worauf sie basieren, wenn dies nicht der Fall ist.

Dieses Buch soll vieles nicht sein: kein Aufruf, den Umweltschutz zu vernachlässigen und tatsächlich vorhandene Gefahren für die Gesundheit zu übergehen. Kein Appell, die Ressourcen sorglos zu verschwenden und sich um die Folgen des eigenen Handelns keine Gedanken zu machen. Der Autor anerkennt auch, dass sich die Wissenschaft irren kann, dass es bei der Beurteilung von Gefahren viele offene Fragen gibt, dass mögliche Risiken für Mensch und Umwelt oft unterschätzt werden und dass das Vorsorgeprinzip darum ein sinnvoller Ansatz ist. Vor allem mit dem Einbezug des «Gegenbeispiels» Asbest (eine Substanz, deren Gefährlichkeit trotz Warnungen lange sträflich vernachlässigt wurde und darum auch heute noch vielen Menschen Leid und Tod bringt) wird zum Ausdruck gebracht, dass hier kein Schwarz-Weiss-Bild gezeichnet werden soll.

Dieses Buch ist vielmehr ein Plädoyer für mehr Sachlichkeit und weniger Ideologie: Es ist nicht zu akzeptieren, dass Unsicherheiten bei Umweltgefahren und offene Fragen bei Gesundheitsrisiken missbraucht werden, um Ängste zu erzeugen. Es darf nicht sein, dass Meinungen als moralisch unzulässig bezeichnet werden, nur weil sie nicht den gängigen Klischees entsprechen. Es ist nicht hinzunehmen, dass Schaumschlägerei Erfolg hat und gesellschaftliches Handeln nach denen ausgerichtet wird, die den grössten Lärm veranstalten.

Zum Quellenverzeichnis: Um dieses nicht zu umfangreich werden zu lassen, aber doch vollständig zu halten, ist jede Quelle pro Kapitel meist nur einmal angeführt.

Alex Reichmuth, im Januar 2008
www.alexreichmuth.ch

Vogelgrippe
Panik auf Vorrat

«Wird's besser? Wird's schlimmer? fragt man
alljährlich. Seien wir ehrlich: Leben ist immer
lebensgefährlich!»
(Erich Kästner)

«Kann denn niemand das Todesvirus stoppen?», warnte der *Blick* im
Februar 2006 vor der heranrückenden Vogelgrippe.[1] Einige Tage später
hatte das «Killervirus» tatsächlich die Schweiz erreicht: In Genf wurde ein
mit dem Virus H5N1 infizierter toter Gänsesäger gefunden. Die meisten
andern Schweizer Medien nahmen im Winter 2005/06 das Thema Vogelgrippe weniger reisserisch auf als die Boulevardzeitung: Während der
Blick von «Killerenten» schrieb, die von Norden her im Anflug seien,
berichteten die meisten Medien relativ sachlich über das Risiko einer
Virusübertragung durch Zugvögel. Und doch reagierte ein grosser Teil
der Schweizer Bevölkerung, als sei die Lage so dramatisch, wie der *Blick*
in seinen Schlagzeilen suggerierte – die Reaktionen liessen etwa den Konsum von Pouletfleisch einbrechen und bescherten dem Pharmakonzern
Roche Rekordumsätze dank seinem Grippemittel Tamiflu.

Zwei verschiedene Aspekte vermischt

Man darf davon ausgehen, dass die meisten Leute während der Monate, in denen die Vogelgrippe immer näher an die Schweiz heranrückte,
nur diffuse Vorstellungen hatten. Diese mögen etwa so ausgesehen haben:
Da gibt es in Asien eine Seuche, die Hühner befällt. Sie kann aber auch
auf den Menschen übertragen werden und dann viele Millionen töten.
Jetzt breitet sich die Vogelgrippe über die ganze Welt aus und kommt
immer näher an die Schweiz heran. Die Behörden sind alarmiert. Wenn
die Vogelgrippe in die Schweiz kommt, werden möglicherweise viele
Leute krank und sterben an der Seuche. Die Medien berichten pausenlos
über die Vogelgrippe, also muss die Sache wirklich dramatisch sein.

Die Ursache dafür, dass da so viel vermischt wurde, liegt auf der
Hand: Der Begriff Vogelgrippe bezeichnet zwei Dinge, die nur wenig miteinander zu tun haben: Einerseits steht er für eine Tierseuche, die sich im

Winter 2005/06 rasant der Schweiz näherte und sie dann auch erreichte, andererseits für eine mögliche Grippepandemie unter Menschen, die im schlimmsten Fall weltweit Millionen von Opfern fordern könnte. Wäre die Vogelgrippe ausschliesslich eine Tierseuche (ohne die Gefahr einer Pandemie zu bergen), wäre sie mit Sicherheit nicht annähernd so intensiv von den Medien aufgenommen worden. Die Behörden wären zwar genauso zu Massnahmen gegen ihr Vordringen verpflichtet gewesen – wie etwa zur Verhängung der vorübergehenden Stallpflicht für Hühner. Das schrittweise Heranrücken dieser Tierseuche an die Schweiz hätte die Bevölkerung aber weit weniger beschäftigt. Zwar war die Vogelgrippe vereinzelt auch vom Tier auf den Menschen übergesprungen und hatte Opfer gefordert (v. a. in Asien), doch auch diese weltweit zwischen 100 und 200 Todesopfer hätten wohl im Winter 2005/06 kaum einen derartigen Medienrummel und einen so grossen Aufruhr in der Bevölkerung auslösen können. (Im Vergleich etwa mit den jährlich mehreren Hunderttausend Grippeopfern ist die Zahl der menschlichen Vogelgrippeopfer bisher marginal – obwohl natürlich jeder einzelne Fall tragisch ist). Doch der Begriff Vogelgrippe steht auch für eine mögliche Pandemie, also für eine weltweite menschliche Seuche mit einer grossen Zahl von Opfern. Es war dieser Kontext, der das Vordringen der Tierseuche in Europa so dramatisch erscheinen liess.

Dabei hat das Risiko einer Pandemie so gut wie nichts mit dem Vormarsch der Tierseuche zu tun. Voraussetzung für eine Pandemie ist eine Veränderung des Virus H5N1, sodass es sich leicht von Mensch zu Mensch übertragen kann (und nicht nur wie bis heute von Tier zu Tier und – in seltenen Fällen – von Tier zu Mensch). Falls eine Pandemie eintritt, wird ihr Ausgangspunkt mit grosser Wahrscheinlichkeit in Asien liegen – dort, wo die Menschen am engsten mit Hühnern zusammenleben und darum die Voraussetzungen für die befürchtete Umwandlung des Virus am ehesten gegeben sind. Ob die Tierseuche jedoch die Schweiz erreicht und in welchem Umfang sie sich ausbreitet, ist für das Risiko einer Pandemie praktisch belanglos. In der öffentlichen Wahrnehmung vermischten sich aber diese beiden Aspekte, und viele Menschen bekamen wohl nur so viel mit: Vogelgrippe, das ist etwas Gefährliches! «Die Leute vermischen die Vogelgrippe und eine mögliche Pandemie, dadurch kommt es zu einer grossen Verwirrung», brachte es Wissenschaftsjournalist Beat Glogger auf den Punkt. «Es sind aber verschiedene Themen.»[2]

Pandemie-Vorsorge

Vogelgrippe, als Pandemie, ist tatsächlich gefährlich – allerdings nicht erst, seit sich die Tierseuche über die Welt ausgebreitet hat. Das Virus H5N1 wurde 1996 in China bei einer Gans das erste Mal entdeckt. 1997 dann, beim ersten grossen Ausbruch in Hongkong, konnte es auch auf 18 Menschen überspringen, wovon sechs starben. Das Risiko einer weltweiten Seuche unter Menschen, die von H5N1 ausgeht, war schon Jahre vor dessen Marsch Richtung Schweiz bekannt. Zur Verhinderung einer möglichen Pandemie und zum Schutz der Bevölkerung erstellte das Bundesamt für Gesundheit BAG bereits im Jahr 2000 einen ersten Pandemieplan.[3] Während sich 2005 die Vogelgrippe (als Tierseuche) über Asien nach Europa ausbreitete, schrieb das BAG im September des gleichen Jahres: «In Bezug auf den Menschen hat sich die Situation seit Ende 2003 nicht verändert.»[4] BAG-Vizedirektor Gaudenz Silberschmidt meinte im Frühling 2006 – nachdem die Tierseuche die Schweiz schon erreicht hatte – gar: «Das Risiko einer Grippepandemie in der Schweiz ist extrem niedrig.»[5] Um trotzdem optimal für diesen Fall vorzusorgen, legte der Bund 2006 einen überarbeiteten Pandemieplan vor.[6] Ziel dieses Planes ist es, die Schweiz auf das Auftreten einer Grippepandemie und die Bewältigung ihrer Folgen vorzubereiten – in Absprache mit internationalen Partnern. Die Grundsätze des Planes lauten: Verhinderung der Einschleppung des Virus in die Schweiz, Verhinderung der Anpassung des Tiervirus an den Menschen, Vorbereitung des Gesundheitswesens, Sicherstellung der grundlegenden Dienstleistungen für die Gesellschaft und Gewährleistung der Information von Gesundheitsfachleuten, Behörden und Bevölkerung.

Die angeordneten Massnahmen sind der Bedrohungslage durchaus angepasst. Die verheerende Wirkung von Grippepandemien ist bekannt. Im vergangenen Jahrhundert hatten solche Pandemien weltweit mehrmals eine grosse Zahl von Opfern gefordert. Am besten bekannt ist die sogenannte *Spanische Grippe*, die 1918, am Ende des Ersten Weltkrieges, zwischen 20 und 50 Millionen Menschen tötete. Aber auch die *Asiatische Grippe* forderte 1957 weltweit eine Million Todesopfer. 1968 erlagen der *Hongkong-Grippe* etwa 700 000 Menschen. Fachleute sind der Meinung, Grippepandemien seien in regelmässigen Abständen zu erwarten, und die nächste werde mit einiger Wahrscheinlichkeit durch eine Abwandlung des Vogelgrippevirus H5N1 ausgelöst. Allerdings gibt es Experten, die darauf hinweisen, dass die nächste Pandemie auch von einem andern Grippevirenstamm ausgehen könne. «Wenn H5N1 so leicht pandemisch werden könnte, wäre das vermutlich schon lange passiert», meinte etwa Christian Griot, der Direktor des Instituts für Viruskrankheiten und Immunprophylaxe im Sommer 2006.[7] Man dürfe sich darum nicht nur auf H5N1 fokussieren, denn es gebe auch noch andere Virenstämme, die für eine nächste Grippepandemie infrage kämen. Dabei darf nicht vergessen werden, dass die Grippe auch ohne pandemische Ausmasse eine folgenreiche Krankheit ist. Gemäss Angaben des Bundesamtes für Gesundheit sterben weltweit jährlich 250 000 bis 500 000 Menschen an der Grippe – alleine in der Schweiz sind es jedes Jahr etwa 1000. Mit dem Pandemieplan ist die Schweiz – wie Fachleute immer wieder bestätigen – im internationalen Vergleich gut vorbereitet auf den Ausbruch einer Grippepandemie. Die Massnahmen werden allerdings kaum verhindern können, dass eine Pandemie die Schweiz erreicht, hier zu vielen Erkrankungen führt und mit einiger Sicherheit Todesopfer fordert. Ein völliger Schutz ist auch mit einer sehr gewissenhaften Vorbereitung nicht zu erreichen.

Insbesondere ist es unmöglich, schon vor dem Ausbruch einer Pandemie einen entsprechenden Impfstoff bereitzustellen. Denn solange das entsprechende Virus noch nicht existiert, kann auch kein Impfstoff dagegen entwickelt werden. Allerdings können die Auswirkungen einer ersten Pandemiewelle, die die Schweiz noch vor der Entwicklung eines gezielten Impfstoffes erreicht, mit andern Mitteln bekämpft werden. Mit der Bereitstellung des antiviralen Grippemittels *Tamiflu* für 25 Prozent der Bevölkerung sowie von acht Millionen Dosen eines sogenannten *präpandemischen Impfstoffes* hat der Bund dafür gesorgt, dass Medikamente in ausreichenden Mengen zur Verfügung stehen. Ein Knackpunkt im «Ernstfall» wird allerdings sein, die vorhandenen Impfdosen auch tatsächlich denjenigen zukommen zu lassen, die sie aufgrund ihres Gesundheitszustandes oder ihrer beruflichen Exposition benötigen. Es gilt zu verhindern, dass durch panikartige Vergabe der Dosen diejenigen, die sie wirklich nötig haben, leer ausgehen.

Eine Grippepandemie hätte wohl auch gravierende Auswirkungen auf das wirtschaftliche Leben: Um Infektionen zu verhindern, müssten grössere Menschenansammlungen verhindert werden – das Wirtschaftsleben wäre zu einem grossen Teil lahmgelegt. Zu befürchten ist, dass wegen Panikreaktionen die Lähmung des wirtschaftlichen und gesellschaftlichen Lebens weit über das sachlich notwendige Mass hinausgehen würde.

Bei der Eindämmung der Tierseuche Vogelgrippe ging und geht es hingegen zuerst einmal darum, die Vogelbestände zu schützen: zum einen die vom Menschen gehaltenen Nutztiere (Hühner, Gänse, Enten usw.), zum andern die Wildvögel. Zu den Massnahmen zählen insbesondere das Importverbot für Vögel aus den am stärksten von der Vogelgrippe betroffenen Ländern sowie die temporär verhängte Stallpflicht für Geflügel, zur Verhinderung einer Ansteckung durch Zug- und Wasservögel. Natürlich spielt der Schutz des Menschen ebenfalls eine Rolle – eine Übertragung des Virus vom Tier auf den Menschen ist in Einzelfällen möglich und bei unbedachten Kontakten mit infizierten Vögeln nicht auszuschliessen. Die Massnahmen gegen die Tierseuche sind aber nicht die eigentliche Pandemieprävention – denn das Risiko, dass die dazu nötige Wandlung des H5N1-Virus gerade in der Schweiz erfolgt, ist wie erwähnt äusserst gering.

«Medienhype» mit Wirkung

Die Tierseuche Vogelgrippe breitete sich 2005 und 2006 in immer mehr Ländern und Kontinenten aus. Nachdem sie vor allem in China, Vietnam und Thailand aufgetreten war, tauchte sie nun nach und nach auch in Russland auf, in der Türkei, in Frankreich, Deutschland, Italien und Österreich, und im Februar 2006 auch in der Schweiz. Diesem Heranrücken hätte die Bevölkerung eigentlich relativ gelassen zusehen können: Das Risiko einer Pandemie erhöhte sich durch das Vordringen der Tierseuche kaum. Doch es kam anders: Die Medien nahmen sich der Vogelgrippe seit Herbst 2005 im grossen Stil an. Kaum eine Zeitung, eine Zeitschrift, ein Radiosender oder ein Fernsehprogramm liess das Thema aus. Mit akribischer Genauigkeit beschrieben die Medien das Vorrücken des Virus, berichteten von bestätigten und unbestätigten Verdachtsfällen und vermeldeten fast jeden toten Vogel, der irgendwo in Europa gefunden wurde. Sie zählten auch jedes menschliche Opfer, das irgendwo auf der Welt der Vogelgrippe erlag, und fragten die Behörden immer wieder nach den letzten Details der Seuche und dem neuesten Stand der Forschung.

«Auch in der Schweiz sind mindestens zwei tote Schwäne gefunden worden, einer davon im aargauischen Neuenhof», vermeldete etwa der *Tages-Anzeiger* in einem Bericht über neue Verdachtsfälle.[8] Und die *Neue Luzerner Zeitung* berichtete, dass im Kanton Schwyz ein toter Schwan auf Vogelgrippe untersucht werde (der Verdacht bestätigte sich später nicht).[9] Einige Tage später las man in der gleichen Zeitung: «Entwarnung gab es im Fall der 12 Hühner und 2 Gänse, die am Dienstag in Bossenens FR vom kantonalen Veterinäramt eingeschläfert worden waren.»[10] Und der *Bund* meldete, dass es sich bei einem im Thunersee gefundenen toten Vogel nicht wie vermutet um einen Kormoran, sondern um eine Rabenkrähe handle.[11] Der Verdacht auf Vogelgrippe bestehe in diesem Fall nicht.

Die Wirkung all dieser Berichte und Meldungen blieb nicht aus: Die Bevölkerung nahm das Thema ernst. Eine Umfrage des *Blicks* zeigte im Oktober 2005, das 70 Prozent der Menschen die Vogelgrippe als besorgniserregend betrachteten – wobei 29 Prozent sie sogar als «sehr besorgniserregend» bezeichneten.[12] Gefördert wurde diese Angst durch die Aufforderung, besonders auf tote Vögel zu achten und diese den Behörden zu melden. «Die Leute müssen uns etwa informieren, wenn sie tote Vögel finden, damit wir die Tupferproben nehmen und die Tiere untersuchen können», riet zum Beispiel der Bündner Kantonstierarzt Kaspar Jörger.[13] Besonders aufmerksam müsse die Bevölkerung auf Schwäne sein: «Wenn jemand einen toten Schwan findet, soll er dies dem Wildhüter melden, damit wir den Vogel abholen lassen und untersuchen können.» Das Gleiche gelte, wenn jemand zwei oder mehrere andere Wasservögel finde, die innert 24 Stunden am gleichen Ort eingegangen seien. «Ebenso sind wir froh um eine Meldung, wenn der Fund fünf oder mehr tote Vögel – zum Beispiel Singvögel – betrifft, die am gleichen Ort gestorben sind.»

Die Medien fragten die Behörden fast endlos nach den richtigen Verhaltensweisen und publizierten seitenweise Ratschläge. «Meine Katze bringt eine tote Meise vor die Haustür. Was tun?», fragte etwa die *Schweizer Illustrierte* das Bundesamt für Veterinärwesen.[14] Man solle diese zur Kadaversammelstelle bringen und sich anschliessend die Hände waschen, lautete die Antwort von Amtsdirektor Hans Wyss. Und, nein, ein Telefon an den Kantonstierarzt sei nicht nötig, meinte er auf die entsprechende Nachfrage. Auch die Frage, ob man jetzt noch Enten füttern dürfe, beantwortete Wyss geduldig: Das Füttern von Enten und Schwänen sei zwar sowieso nicht empfehlenswert, aber auch nicht gefährlich.

Die dichte Berichterstattung führte dazu, dass jeder tot aufgefundene Vogel als potenzielle Gefahrenquelle betrachtet wurde. «Jetzt geht es los damit, dass tote Vögel, die auf Balkonen liegen, an unser Institut geschickt werden», stellte Richard Hoop vom Institut für Veterinärbakteriologie der Universität Zürich fest.[15] Bis zu 20 verendete Tiere würden jeden Tag in Paketen nach Zürich geschickt. «Dabei fliegen die meisten dieser Vögel gegen die Scheibe und verbluten.» Ein Geflügelzüchter mit 40-jähriger Erfahrung meinte im Herbst 2006 gegenüber der *Berner Zeitung*, eine solche Hysterie habe er noch nie erlebt.[16] «Die Menschen sahen überall nur noch tote Vögel», erinnerte er sich an den zurückliegenden Aufruhr um die Vogelgrippe. Panik auch in Deutschland: «In Hennigsdorf bei Berlin wurde aus Angst vor Killerviren die Polizei gerufen, nachdem sich eine Taube im Hausflur verirrt hatte», berichtete der *Spiegel*.[17]

Tote Vögel in der Natur sind allerdings etwas Alltägliches und nichts Dramatisches. Auch auf tote Schwäne zu stossen, ist noch längst kein Alarmzeichen: «In der Schweiz sterben jedes Jahr schätzungsweise 600 Schwäne eines natürlichen Todes, davon werden etwa 300 von Menschen gefunden», schrieb das BAG im Februar 2006 zu den vorhandenen Ängsten.[18]

Rückgang des Poulets-Verkaufs

Die Angst vor der Vogelgrippe bewirkte, dass der Umsatz von Geflügelfleisch massiv zurückging. Hier zeigt sich klar, wie irrational diese Befürchtungen waren – denn durch den Verzehr von Geflügelfleisch ist bis heute noch nie ein Mensch an der Vogelgrippe erkrankt. Die Behörden versuchten die Bevölkerung darüber aufzuklären: Fleisch von Hühnern und anderm Geflügel könne weiterhin ohne Bedenken verzehrt werden. «Bis heute ist noch nie beobachtet worden, dass sich ein Mensch durch den Konsum von Geflügelfleisch angesteckt hat. Das Influenzavirus ist hitzeempfindlich und wird beim Kochen und Braten zerstört.»[19] Völlig unbedenklich sei auch der Konsum von Eiern.

Trotzdem verzeichneten die Geflügelproduzenten während dem Aufruhr um die Vogelgrippe deutliche Verkaufseinbussen. Auffallend ist dabei, dass diese Einbussen parallel zur Intensität der Berichterstattung erfolgten: Je mehr über die Vogelgrippe in den Medien geschrieben und geredet wurde, desto weniger Geflügelfleisch wurde gekauft. Nach der erstmaligen Einführung der Stallpflicht für Geflügel im Oktober 2005 meldeten Coop und Migros einen Rückgang der Verkäufe um 20 bis 25 Prozent.[20] Beim Fleischproduzenten Bell betrug der Einbruch im Oktober 2005 zeitweise sogar ein Drittel.[21] «Kleinere Geflügelverarbeiter dürften Mühe bekommen», meinte man bei der Firma Bell zu den Konsequenzen für die Produzenten. Mit dem vorübergehenden Abflauen der Berichterstattung im Dezember 2005 erholten sich die Umsätze beim

Geflügelfleisch zwischenzeitlich. «Inzwischen ist der Informationsstand der Bevölkerung gemäss unseren Auswertungen gut», meinte BAG-Chef Thomas Zeltner damals. Doch er freute sich zu früh: Als im Februar 2006 in der Schweiz die ersten an Vogelgrippe erkrankten Tiere registriert wurden und die Zeitungen wieder voll waren mit Berichten über die Seuche, verzichteten viele Menschen auch wieder auf das «Güggeli» auf dem Teller. Bell vermeldete einen erneuten Einbruch der Verkaufszahlen um 15 Prozent.[22] Die Franchise-Partner der Natura Güggeli AG registrierten an ihren Verkaufsständen zum Teil einen Rückgang um bis zu 50 Prozent.[23] Gemäss Aviforum, dem Kompetenzzentrum der schweizerischen Geflügelwirtschaft, wurden zwischen März und Mai 2006 gesamtschweizerisch ein Drittel weniger Küken eingestallt als in andern Jahren.[24] Nach dem Abflauen der Berichterstattung über die Vogelgrippe erholten sich dann die Verkaufszahlen bei den Poulets rasch – die Anbieter mussten nicht mehr um ihre Existenz fürchten.

Verkaufshit Tamiflu

Eine weitere Auswirkung der irrationalen Angst vor der Vogelgrippe war der Ansturm auf die vorhandenen Grippemedikamente – insbesondere auf das vom Basler Pharmakonzern Roche produzierte Tamiflu. Dies ist ein Medikament, das gegen verschiedene Grippestämme wirksam ist oder zumindest eine Art Prophylaxe bietet. Fachleute betonten jedoch immer wieder, dass es im Falle einer Pandemie keinen Schutz vor einer Ansteckung mit H5N1 biete, sondern höchstens eine Stärkung des Immunsystems bewirke. Viele Menschen glaubten trotzdem, sich mit der Anschaffung dieses Medikaments vor der Vogelgrippe schützen zu können, und liessen es sich von ihrem Arzt vorsorglich verschreiben – aus der Angst, nach Ausbruch der Pandemie nicht mehr an das Mittel heranzukommen. Auch hier entwickelten sich die Verkaufszahlen parallel zur Intensität der Berichterstattung in den Medien: Je mehr berichtet wurde, desto öfter ging Tamiflu über den Ladentisch. Während im Mai 2005 in der Deutschschweiz lediglich 500 Packungen verkauft wurden, waren es im August bereits 7500, im September 18 000 und im Oktober gar 45 000.[25] In der gesamten Schweiz wurde Tamiflu im Oktober 2005 sogar 80 000 Mal verkauft. Franz Wyss, der Zentralsekretär der Schweizerischen Gesundheitsdirektorenkonferenz, ärgerte sich: «Die Medien haben Sensationen und viel Hysterie um wenig verbreitet. Sie haben die Bedeutung von Tamiflu hochgespielt, ohne den Nutzen dieses Grippemedikaments genug transparent dazulegen.» Angeheizt wurden die Umsatzzahlen auch dadurch, dass vereinzelte Fachleute öffentlich orakelten, Tamiflu und andere antivirale Grippemittel könnten im Falle einer Pandemie rasch knapp werden.

Dabei hätte die panikartige Einnahme von Tamiflu im Falle einer Pandemie möglicherweise sogar negative Folgen. Abgesehen davon, dass die Wirkung des Medikaments nur fünf Wochen anhält, ist bei einer verbreiteten Einnahme mit Resistenzen zu rechnen. Tamiflu hätte dann überhaupt keinen Nutzen mehr. Werner Wunderli, der Leiter des Nationalen Influenza-Zentrums, warnte im Oktober 2005: «Ein Medikament gegen die Vogelgrippe ist inzwischen unwirksam geworden, da man das in China den kranken Hühner gegeben hat, mit dem Resultat, dass das jetzige Virus dagegen resistent ist. Das wäre bei einer unkontrollierten Benutzung auch für Tamiflu möglich.»[26] Der Ansturm auf Tamiflu liess auch befürchten, dass das Mittel für die Behandlung der aktuellen saisonalen Grippe knapp werden könnte.[27] Das Bundesamt für Gesundheit empfahl den Ärzten und Apothekern darum, Tamiflu nicht auf Vorrat abzugeben.

Aus Angst vor der Vogelgrippe liessen sich im Herbst 2005 viel mehr Leute gegen die saisonale Grippe impfen als in andern Jahren. Obwohl diese Impfung nur für ältere Leute und für Personen mit spezieller Exposition (etwa Krankenschwestern und Krankenpfleger) empfohlen wird, standen jetzt auch viele andere Leute bei den Ärzten Schlange. Damit lief die Schweiz Gefahr, dass der Impfstoff für diejenigen fehlen könnte, die ihn zum Schutz vor der «normalen» Grippe wirklich brauchten. «Es ist nicht ausgeschlossen, dass der Grippeimpfstoff gegen Ende Jahr knapp wird», warnte BAG-Direktor Thomas Zeltner im Herbst 2005.[28]

Schnelles Ende der Aufregung

Im Februar 2006 erreichte die Tierseuche Vogelgrippe die Schweiz tatsächlich. Die ersten an H5N1 verendeten Vögel wurden in Schaffhausen und in Genf gefunden. Bis Ende März 2006 registrierte die Schweiz insgesamt 32 mit dem Vogelgrippevirus infizierte Tiere – mit Ausnahme des einen Fundes in Genf alle in den Regionen Schaffhausen und Bodensee. Die Behörden errichteten um die Fundstellen jeweils Schutz- und Überwachungszonen mit einer Quarantäne für Geflügel, strikten Hygienemassnahmen für die Züchter und einem Verbot der Jagd auf Wildvögel.

Diese Abwehrmassnahmen zeigten Wirkung – die Tierseuche breitete sich in der Schweiz nicht weiter aus. Es blieb bei 32 Fällen – eine insgesamt marginale Zahl. Nachdem sich die Ankunft der Vogelgrippe in der Schweiz als weit weniger dramatisch erwiesen hatte als heraufbeschworen und insbesondere auch keine Menschen zu Schaden gekommen waren, war es mit der Aufregung um dieses Thema bald vorbei: Die Medien fuhren ihre Berichterstattung zurück, die Vogelgrippe verschwand innert weniger Wochen aus dem Fokus der öffentlichen Aufmerksamkeit. Es fehlte die weitere dramatische Entwicklung, darum verloren die Medien ihr Interesse. Solange noch jeden Tag berichtet werden konnte, wie die Tierseuche der Schweiz Schritt für Schritt näherrückt, hatten Zeitungen, Radio- und Fernsehsender Stoff für immer neue Geschichten. Nach Ankunft des Virus in der Schweiz wäre eine Steigerung aber nur noch durch eine rasante Ausbreitung der Seuche innerhalb des Landes möglich gewesen. Da diese ausblieb, verlor das Thema Vogelgrippe entscheidend an unheimlichem und Angst machendem Charakter.

Von nun an berichteten die Medien nur noch am Rande darüber. Das lag allerdings nicht daran, dass es nichts mehr zu vermelden gegeben hätte: Im Winter 2006/07 etwa verhängten die Schweizer Behörden erneut eine Stallpflicht für Geflügel, um eine Infektion durch Zugvögel zu verhindern. Die Stallpflicht galt zwar nur noch innerhalb einer Distanz von einem Kilometer zu Gewässern, dauerte dafür aber deutlich länger als im Vorjahr (von Mitte Oktober bis Ende März). Im Dezember 2006 bestellte das Bundesamt für Gesundheit beim Pharmakonzern Glaxo Smith Kline acht Millionen Dosen eines präpandemischen Impfstoffes, der im Falle einer Pandemie der ganzen Bevölkerung einen ersten Schutz bieten würde.[29] Garantiert die Zeitungen gefüllt hätte auch diese Meldung, wäre sie ein halbes Jahr vorher eingetroffen: Die Weltgesundheitsorganisation WHO gab im Juni 2006 bekannt, dass sich in Indonesien eine ganze Familie mit der Vogelgrippe angesteckt habe – nachweislich sei das Virus dabei auch direkt von Mensch zu Mensch übertragen worden.[30] Diese Meldung erreichte den grossen Teil der Bevölkerung allerdings gar nicht. «Es hat uns tatsächlich auch erstaunt, dass die Medien die Meldung nicht stärker aufgenommen haben», meinte Patrick Mathys vom BAG dazu. Doch es blieb dabei: Nach der Ankunft in der Schweiz hatte das Thema Vogelgrippe seine Dramatik verloren – die Berichterstattung pendelte sich wieder auf einem vernünftigen Mass ein. «Heute wird viel ruhiger und vor allem sachlicher diskutiert», konstatierte der Berner Kantonstierarzt Christian Huggler im Oktober 2006.[31]

Die Gefahr einer Grippepandemie mit weltweit vielen Erkrankten und Toten ist hingegen mit dem Abflauen der Berichterstattung keinesfalls geringer geworden. Die Ausganglage ist noch immer dieselbe wie vor dem Marsch der Tierseuche Richtung Schweiz: Wandelt sich das Virus H5N1 so um, dass es einfach von Mensch zu Mensch übertragbar ist, ist mit einer Pandemie zu rechnen. In der öffentlichen Wahrnehmung aber ist das Thema Vogelgrippe längst erledigt. Roche konnte im April 2007 dann auch vermelden, dass die Produktion des einst heiss begehrten Tamiflu heruntergefahren werde.[32] Die Produktionskapazität sei nun deutlich grösser als die Nachfrage, begründete Roche diesen Schritt.

Für die Öffentlichkeit unerwartet kam darum im Mai 2007 die Empfehlung des Bundesamtes für Gesundheit zum Kauf von Schutzmasken für alle erwachsenen Personen. Diese sollten im Falle einer Pandemie die Ausbreitung des Virus bremsen. «Die Frage ist nicht, ob eine Pandemie kommt, die Frage ist nur, wann sie kommt», sagte BAG-Chef Thomas Zeltner der überraschten Bevölkerung, die das Thema Vogelgrippe für erledigt hielt.[33] Das BAG richte mit diesem «Vogelgrippe-Alarm» ein Chaos an, wurde Zeltner daraufhin vorgeworfen – die Vorwürfe kamen ausgerechnet vom *Blick*, der mit seinen «Todesviren» und «Killerenten» die Angst vor der Vogelgrippe vor nicht allzu langer Zeit noch massgeblich geschürt hatte.

Versagen der Medien

Wochen- und monatelang stand die Vogelgrippe in den Schlagzeilen. Radio, Fernsehen und Zeitungen überboten sich mit Berichten. Die Bevölkerung verfolgte das Vorankommen der Tierseuche gebannt. Vor lauter Angst verzichteten viele Leute auf Geflügelfleisch oder deckten sich vorsorglich mit Medikamenten von fraglichem Nutzen ein. Nach Ankunft der Tierseuche in der Schweiz erlosch das Interesse am Thema aber plötzlich. Die Vogelgrippe interessiert kaum jemanden mehr – obwohl die Gefahr einer Pandemie keinesfalls geringer geworden ist.

Der Wirbel um die Vogelgrippe wies eindeutig hysterische Züge auf. Nur weil die Tierseuche mit einer möglichen Pandemie verwechselt wurde, absorbierte das Thema lange Zeit die öffentliche Aufmerksamkeit. Der Ausbreitung einer Tierseuche kam so eine völlig überrissene Bedeutung zu. «In der Berichterstattung wurde häufig nicht zwischen der potenziellen Pandemiegefahr und dem Vordringen des Virus unterschieden», meinte Winfried Göpfert, Experte für Wissenschaftsjournalismus an der Freien Universität Berlin.[34] Schlagzeilen wie «Vogelgrippe in Deutschland» hätten den Eindruck erweckt, es bestehe eine Gefahr für den Menschen. Die Aussagen Göpferts treffen wohl auch für die Schweiz zu.

Wem ist diese groteske Fehlleistung an öffentlicher Information anzulasten? Es gab vereinzelte Versuche, den Aufruhr um die Vogelgrippe der Wissenschaft und den Behörden in die Schuhe zu schieben. Diese hätten schlecht und ungenügend über das Thema informiert und damit zur Verunsicherung der Bevölkerung beigetragen. Wissenschaftler und Bundesämter hätten es nicht geschafft, präzis und widerspruchsfrei zu informieren, kommentierte etwa die *Aargauer Zeitung*.[35] «Es fällt auf, wie viele Fragen rund um die Vogelgrippe immer noch unbeantwortet sind», stellte die *SonntagsZeitung* einige Monate nach Ankunft der Tierseuche in der Schweiz fest.[36] Offene Fragen und zum Teil auch Widersprüche in der Information bedeuten aber nicht einfach Unvermögen. Es sei unmöglich, sofort nach Auftreten eines neuen Infektionserregers eine abschliessende Antwort auf alle Fragen zu haben, trat etwa Kathrin Mühlemann, Infektologin und Epidemiologin am Inselspital Bern, solchen Vorwürfen entgegen.[37] Offene Fragen seien für die Öffentlichkeit aber oft nur schwer zu akzeptieren. Von den Medien würden fehlende Antworten mitunter als mangelnde Kompetenz, schlechte Informationspolitik oder Verheimlichung schlimmer Erkenntnisse interpretiert, was die Problematik zuspitze. Vorschnelle Urteile, die sich später als ungenau erweisen würden, hätten aber nur eine erhöhte Unruhe bei der Bevölkerung zur Folge, argumentierte Mühlemann.

Trotz einiger fehlender Antworten informierten die Schweizer Behörden insgesamt kompetent und konsistent zum Thema Vogelgrippe. Ihnen kann der entstandene Aufruhr nicht angelastet werden. Verursacher der Hysterie sind eindeutig die Medien: Zwar berichteten die meisten inhaltlich richtig über die Tierseuche und eine mögliche Pandemie – es blieb bei einigen Boulevardartikeln, die die Fakten durcheinanderbrachten. Aber es war die geballte Ladung an Berichten, Artikeln, Interviews, Ratschlägen und Analysen, die die Angst erzeugte. Es war die Intensität der Berichterstattung, die dem Publikum signalisierte, dass es sich bei der Tierseuche Vogelgrippe um etwas sehr Wichtiges und Gefährliches handle.

Auch für Stephan Russ-Mohl, den Direktor des Europäischen Journalismus-Observatoriums EJO in Lugano, liegt die Problematik der Berichterstattung über die Vogelgrippe nicht in der Qualität, sondern in der Quantität der Berichte: «Durch die schiere Quantität gewinnt das Thema in der Wahrnehmung des Publikums an Bedeutung.» Die Bildsprache lege dabei oft das Gegenteil von dem nahe, was in den Artikeln stehe. «Es wurden millionenfach Bilder von Menschen in Schutzanzügen gedruckt – und damit suggeriert, dass eine grosse Ansteckungsgefahr besteht.»[38]

In vielen Redaktionsstuben wurde befürchtet, mit einer zurückhaltenderen Berichterstattung über die Vogelgrippe Publikum zu verlieren. Auch wenn Redaktoren und Journalisten sich im Klaren waren, dass die Tierseuche Vogelgrippe nicht mit einer möglichen Pandemie vermischt werden kann, beschrieben und kommentierten sie trotzdem jedes auch noch so unwichtige Vorkommnis im Zusammenhang mit der Tierseuche. Die Bevölkerung habe ein «Informationsbedürfnis», begründeten viele Medien ihre ausufernde Berichterstattung zur Vogelgrippe. Sie übersahen dabei allerdings, dass dieses Informationsbedürfnis keine naturgegebene Grösse war, sondern erst durch die Intensität der Berichterstattung hervorgerufen worden war.

Hinter manchen Schlagzeilen, staatsmännischen Kommentaren und Besorgnis suggerierenden Live-Schaltungen steckten durchaus eigennützige Überlegungen der Medien, analysierten Stephan Russ-Mohl vom EJO und Susanne Fengler von der Universität Zürich.[39] «Das Thema hat einen hohen Nachrichtenwert, gibt Stoff für viele Seiten her, da es die Urängste von Millionen Menschen vor einer sich unsichtbar ausbreitenden tödlichen Seuche anspricht.» Zugleich halte sich der Aufwand für die Recherche in engen Grenzen. «Konsumentenschützer und Gesundheitsexperten bieten sich als Gesprächspartner an, Nachrichtenagenturen liefern die Zahl der verendeten und geschlachteten Tiere in fernen Ländern ins Haus, und die Recherchen beschränken sich häufig darauf, bei den örtlichen Apotheken nachzufragen, wie es denn mit Absatzzahlen und Lieferbarkeit von ‹Tamiflu› stehe ...»

So setzte sich eine verhängnisvolle Spirale in Gang: Die Tierseuche und die mögliche Pandemie wurden durcheinandergebracht – die Medien berichteten intensiv über das Thema – in der Bevölkerung wuchs das Interesse an der Vogelgrippe – die Gesundheitsbehörden mussten intensiv und detailreich informieren (hätten sie es nicht getan, wäre ihnen «Verharmlosung» oder «Verheimlichung» vorgeworfen worden) – die Intensität der Medienberichterstattung stieg weiter an – die Ängste in der Bevölkerung nahmen zu. So wurde die Öffentlichkeit während Wochen und Monaten mit einem Thema in Atem gehalten, dessen Bedeutung der Aufregung nicht annähernd entsprach. Nimmt man den journalistischen Grundsatz zum Massstab, dass die Intensität der Berichterstattung die Relevanz eines Themas widerspiegeln sollte, muss bei der Vogelgrippe von einem eigentlichen Versagen der Medien gesprochen werden.

Fazit

Der Vormarsch der Vogelgrippe als Tierseuche nach Europa und in die Schweiz beherrschte im Herbst 2005 und im Winter 2006 die Schlagzeilen. Anlass für die überbordende Berichterstattung war die Angst vor einer möglichen Grippepandemie, die vom gleichen Virus ausgehen könnte. Das Auftreten der Tierseuche in Europa hatte zwar mit dem Risiko einer weltweiten Pandemie kaum etwas zu tun, aber in der öffentlichen Wahrnehmung wurden die beiden Aspekte vermischt. Dies führte zu panikartigen Reaktionen in der Bevölkerung: Einerseits gab es einen Ansturm auf die vorhandenen Grippemittel, andererseits mieden viele Leute Geflügelfleisch. Als sich die Ankunft der Tierseuche in der Schweiz als wenig dramatisch erwies, verloren die Medien das Interesse und die Vogelgrippe verschwand rasch aus dem Fokus der Öffentlichkeit. Das Risiko einer Grippepandemie besteht allerdings unverändert weiter.

Verursacht wurde der unnötige Aufruhr um die Tierseuche Vogelgrippe nicht durch ein ursprünglich vorhandenes Informationsbedürfnis der Öffentlichkeit oder allfällige Kommunikationsfehler der Behörden, sondern durch die äusserst intensive Berichterstattung in den Medien. Diese suggerierte dem Publikum, dass es sich bei der Ausbreitung dieser Tierseuche um eine gefährliche Entwicklung handle. Wegen dieser Fehlleitung der öffentlichen Aufmerksamkeit haben die Medien insgesamt in ihrer Aufklärungspflicht versagt.

Mobilfunkstrahlung
Kampf um die Antennen

«Es gibt nichts, was wir tun, das ohne theoretisches
Risiko ist, und fast alles trägt Risiko in sich.»
*(Adam Finn, Professor für Pädiatrie,
Universität Bristol)*

Es gab kaum Gegenstimmen an diesem Juniabend 2007 im zürcherischen Stäfa: Die 346 anwesenden Stimmbürgerinnen und Stimmbürger
hiessen mit grossem Mehr die kommunale Initiative «für antennenfreie
Wohn- und Industriezonen» gut.[40] Das Ziel der Initiative: die Verban-
nung der Mobilfunkantennen aus allen Wohn- und Industriezonen Stäfas, um so die Bevölkerung vor der Strahlung zu schützen. Die Zustimmung an der Gemeindeversammlung war keine Überraschung – sogar
der Gemeinderat hatte die Initiative unterstützt.

«Stäfa stimmt über eine Initiative ab, die vermutlich nie umgesetzt
wird», hatte der *Tages-Anzeiger* einige Tage vor der Abstimmung geschrieben.[41] Bei einer Vorprüfung war der Kanton Zürich nämlich zum
Schluss gelangt, dass ein generelles Antennenverbot rechtlich nicht haltbar sei. Denn gemäss Bundesrecht ist der Bau von Antennen zulässig,
wenn die geltenden Strahlungsgrenzwerte eingehalten werden. Doch der
Stäfner Gemeinderat scherte sich wenig darum und brachte die Initiative
trotzdem zur Abstimmung. Er zeigte sich überzeugt, dass ein Antennenverbot in der kommunalen Bauordnung juristisch möglich sei. Nach der
Abstimmung kündigte Gemeindepräsident Karl Rahm denn auch an, die
breite Zustimmung als Legitimation anzusehen, um den juristischen
Kampf für das Antennenverbot aufzunehmen.

«Stäfa erweist sich einmal mehr als kämpferische Gemeinde, die sich
nicht scheut, neue und durchaus auch umstrittene Wege zu beschreiten»,
kommentierte die *Neue Zürcher Zeitung* am Tag nach der Abstimmung.[42]
Selbst als die Mobilfunkbetreiber einige Wochen später wie angekündigt
Rekurse gegen den Abstimmungsentscheid einreichten, rechnete sich
Rolf Hüni, Chef des Initiativkomitees, gute Chancen aus: Die Tatsache,
dass sich auch andere Gemeinden gegen die Mobilfunkstrahlung wehr-
ten, zeige, «dass es diese Diskussion braucht».[43]

Auch wenn die juristischen Entscheide zum Stäfner Antennenverbot beim Abschluss dieses Buches noch ausstehen: Die Initianten und die zustimmende Mehrheit Stäfas sehen sich zumindest moralisch im Recht. Geht es doch darum, mutig gegen den immer stärkeren «Elektrosmog» anzukämpfen. Es ist ja längst ausreichend belegt, dass die Strahlung von Mobilfunkantennen Kopfweh verursacht, für Schlafstörungen sorgt und womöglich gar Krebs auslöst! Oder etwa nicht?

Es sei hier ein kurzer Streifzug durch die in- und ausländische Forschung unternommen – um zu sehen, ob die Ängste vieler Menschen vor der Mobilfunkstrahlung aus wissenschaftlicher Sicht berechtigt sind und ob insbesondere von den Mobilfunkantennen grosse Risiken für die Gesundheit ausgehen.

Stand des Wissens gemäss
Forschungsstiftung Mobilkommunikation

In der Schweiz setzt sich unter anderem die der ETH Zürich angegliederte Forschungsstiftung Mobilkommunikation FSM wissenschaftlich mit der Mobilfunkstrahlung auseinander. Im November 2004 hat die FSM den Stand der weltweiten Forschung zu den biologischen und gesundheitlichen Wirkungen der Strahlung in einem Dokument zusammengefasst[44]: Prinzipiell ist bei hochfrequenter Strahlung, zu der auch die Mobilfunkstrahlung zählt, zwischen thermischer und nicht thermischer Wirkung zu unterscheiden. Die thermische Wirkung der Strahlung, also die Erwärmung des Körpers, ist wissenschaftlich bestens untersucht. Die FSM hält fest, dass bei Einhaltung der gültigen Grenzwerte die Wärmeeffekte durch die von Basisstationen (technische Bezeichnung für die landläufig «Antennen» genannten Funkstationen) ausgehende Strahlung unproblematisch sei. «Selbst im extremsten denkbaren Fall beträgt die Erwärmung weniger als 0,1 Grad Celsius.» Auch die durch Handys erzeugte lokale Erwärmung des Gewebes betrage maximal 0,4 Grad Celsius, und das nur bei schlechten Geräten und maximaler Sendeleistung. «Diese Erwärmung wird als gesundheitlich unproblematisch angeschaut.» Weniger gut erforscht sind allfällige nicht thermische Auswirkungen der Mobilfunkstrahlung. «Die Wissenschaft ist uneins hinsichtlich der biologischen und gesundheitlichen Bedeutung nicht thermischer Effekte», meint die FSM dazu. Insbesondere sei noch kaum etwas bekannt über nicht thermische Wirkungsmechanismen.

Bei den möglichen gravierenden Folgen der Strahlung steht einerseits Krebs im Vordergrund – vor allem Hirntumore, die durch das Handy am Ohr ausgelöst werden könnten – und andererseits Leukämie. Die FSM schreibt zum Hirntumor-Risiko: «Von den bislang publizierten Arbeiten fand eine Mehrheit keinen signifikanten Zusammenhang zwischen Tumorrisiko und Handybenutzung.» In zwei Studien sei jedoch ein erhöhtes Risiko bei Analogtelefonen festgestellt worden. Der mögliche Zusammenhang der Strahlung mit dem Auftreten von Leukämie sei generell schlecht untersucht: «Studien zu Blutkrebs und Mobilfunk gibt es zurzeit erst zwei, und sie beziehen sich auf die Benutzung von Mobiltelefonen. Beide Studien konnten keinen Zusammenhang feststellen.» Hinsichtlich Mobilfunk-Basisstationen gebe es gegenwärtig keine Forschungsergebnisse. Zum Krebsrisiko insgesamt schreibt die Forschungsstiftung Mobilkommunikation: «Eine endgültige wissenschaftliche Beurteilung ist … zur Zeit noch nicht möglich. Aufgrund der vorliegenden Erkenntnisse kann ein erhöhtes Risiko weder belegt noch ausgeschlossen werden».

Zu den möglichen Auswirkungen auf das Nervensystem hält die FSM fest, dass Mobilfunkstrahlung gemäss Untersuchungen die Gehirntätigkeit beeinflussen könne. Diese Auswirkungen lägen aber im Bereich der natürlichen Schwankungen der Gehirntätigkeit. Es sei nicht klar, ob diese und andere beobachtete biologische Effekte eine gesundheitliche Bedeutung hätten. Daneben seien weitere neurologische Wirkungen beobachtet worden – etwa bezüglich der Reaktionszeit oder der Schlafqualität, wobei sich diese zum Teil widersprechen würden. Zur Schlafqualität könne festgehalten werden, dass Mobilfunkstrahlung den Schlaf messbar beeinflussen könne, dieser Einfluss aber nicht einfach als negativ beurteilt werde dürfe. «Diese Laborbefunde stehen in einem gewissen Gegensatz zu den Schlafbeschwerden, die man häufig aus der Bevölkerung hört, insbesondere von Anwohnern von Mobilfunk-Basisstationen.»

Explizit äussert sich die FSM zur sogenannten Elektrosensibilität. Als elektrosensibel bezeichnen sich Menschen, die sich als besonders empfindlich gegenüber elektromagnetischen Feldern sehen und darum anfälliger sind für Symptome wie Unbehagen, Müdigkeit, Schlafstörungen oder Kopfschmerzen. Ein Zusammenhang zwischen elektromagnetischen Feldern und unspezifischen Gesundheitsbeschwerden sei bislang nicht nachgewiesen worden. «Nach Meinung mancher Fachleute sollten die Leiden dieser Menschen nicht ausschliesslich im Elektrosmog gesucht werden.»

Zur Frage, ob die Gesetzgebung die Bevölkerung ausreichend schützt, schreibt die FSM abschliessend: «Die gesetzlich festgelegten Grenzwerte schützen die Bevölkerung vollständig vor allen direkten, wissenschaftlich ausreichend nachgewiesenen Gesundheitsbeeinträchtigungen elektromagnetischer Strahlung. Diese Gesundheitsbeeinträchtigungen beziehen sich auf thermische Effekte.» Die Autoren weisen darauf hin, dass thermische Effekte mit negativen Folgen für die Gesundheit bereits mit den in der Schweiz geltenden Immissionsgrenzwerten ausgeschlossen seien, dass der Gesetzgeber aber aus Vorsorgeüberlegungen für Orte mit langer Aufenthaltsdauer deutlich tiefere Grenzwerte eingeführt habe (Anlagegrenzwerte). Diese tieferen Werte seien nicht wissenschaftlich begründete, sondern politisch gesetzte Grenzwerte.

Buwal/Bafu-Studie des Bundes

2003 hat das Bundesamt für Umwelt, Wald und Landschaft Buwal (heute Bundesamt für Umwelt Bafu) eine Übersicht über den Stand der Wissenschaft zu möglichen gesundheitlichen Auswirkungen der hochfrequenten Strahlung publiziert.[45] Zur hochfrequenten Strahlung zählen neben der Mobilfunkstrahlung unter anderem auch die von Radio- und TV-Sendern ausgehende Strahlung. Basis der Bewertung war eine Literaturrecherche, für die über 200 wissenschaftliche Arbeiten herangezogen wurden.

Die Studie bewertet mögliche gesundheitliche und biologische Effekte der Strahlung in einer fünfstufigen Skala. Die Kategorien sind: *gesichert* (hält einer streng wissenschaftlichen Beweisführung stand), *wahrscheinlich* (mehrfach relativ konsistent und unabhängig festgestellt), *möglich* (vereinzelt in Studien beobachtet, aber nicht konsistent), *unwahrscheinlich* (keine Hinweise für eine Assoziation, aber mehrfache Hinweise für deren Abwesenheit) und *nicht beurteilbar* (Datenlage zu spärlich für eine Aussage).

Die Buwal-Studie kommt zum Schluss, dass es im zur Diskussion stehenden Niedrigdosisbereich (dazu zählt Mobilfunkstrahlung bei Einhaltung der Grenzwerte) kaum *gesicherte* Wirkungen gibt. Dazu zähle lediglich die Beeinflussung technischer Geräte – etwa von Herzschrittmachern – sowie das höhere Unfallrisiko beim Telefonieren während des Autofahrens.

Als *wahrscheinlich* bezeichnet die Studie, dass die von einem Handy ausgehende Strahlung die menschlichen Reaktionszeiten tendenziell verkürze und die Hirnströme verändere. «Schlafphasen, die von den Messungen der Hirnströme abgeleitet wurden, waren bei Exposition gegenüber einem Mobiltelefon in mehreren Studien verändert.» Mit grosser Wahrscheinlichkeit nachgewiesen worden sei auch eine Zunahme von unspezifischen Symptomen bei häufiger Nutzung des Mobiltelefons (Kopfschmerzen, Schmerzempfinden, Unbehagen, Müdigkeit, Schwindel, Brennen auf der Haut). Allerdings sei unklar, ob diese Beschwerden tatsächlich von der Strahlung ausgelöst würden: «Möglich wäre, dass mobiles Telefonieren infolge schlechter Verbindungsqualität häufig als anstrengend erlebt wird, oder dass Mobiltelefonbenützer unspezifische Symptome (insbesondere Kopfschmerzen) nach dem Telefongebrauch selektiv anders wahrnehmen als Personen, die keine Mobiltelefone benützen. Allenfalls sind die Symptome stressbedingt, und der häufige Mobiltelefongebrauch ist lediglich ein Indikator für das erhöhte Stressniveau einer Person.»

Zu den *möglichen* Auswirkungen zählt die Studie ein erhöhtes Risiko für Leukämie und Lymphome in der Umgebung von TV- und Radio-Sendern sowie für Hirntumore als Folge des Gebrauchs von Mobiltelefonen. Als *unwahrscheinlich* wird ein höheres Risiko für eine Reihe weiterer Tumorarten erachtet sowie ein Einfluss auf die «Gesamtmortalität». Als *nicht beurteilbar* bezeichnet die Studie weitere gesundheitliche Auswirkungen wie Einflüsse auf das Hormon-, Immun- und Herz-Kreislaufsystem, das psychische Befinden, vermehrte Fehlgeburten, Genotoxizität sowie Brust-, Augen- und Hodentumore. Für eine Beurteilung sei die wissenschaftliche Basis hier zu schmal. Die Buwal-Studie kommt insgesamt zum Schluss, dass die wissenschaftliche Datenlage für die Beurteilung der Gesundheitsgefährdung der Bevölkerung durch die von Handys und Basisstationen ausgehende Strahlung unbefriedigend sei. «Langzeitstudien an Menschen in ihrer natürlichen Umgebung gibt es nur wenige.»

Bezüglich der gesundheitlichen Relevanz der biologischen Wirkungen schreiben die Verfasser der Studie, es könne nicht abschliessend beurteilt werden, ob die international und schweizweit geltenden Grenzwerte vor Schäden genügend Schutz böten. «Aus wissenschaftlicher Sicht sind daher weiterhin ein vorsorgeorientierter Ansatz im Umgang mit nicht ionisierender Strahlung und eine Verstärkung der Forschung erforderlich.»

Die Autoren der Buwal-Studie haben 2007 eine Aktualisierung ihrer Erhebung nachgeliefert, die weitere 150 zwischen 2003 und 2006 publizierte wissenschaftliche Arbeiten berücksichtigt.[46] Darunter befinden sich neu auch einige Forschungsarbeiten zu Effekten bei Tieren und bei Zellsystemen. Die Autoren halten fest, dass es seit der ersten Auflage der Übersichtsstudie keine neuen Auswirkungen gebe, die als wissenschaftlich *gesichert* gelten könnten. Insgesamt sei das Bild der Auswirkungen inzwischen vielfältiger, aber nicht deutlicher geworden. Insbesondere sei die Datenlage bezüglich Einfluss der Handystrahlung auf die kognitiven Funktionen weniger klar als noch 2003: «Die Evidenz für Effekte der Mobiltelefonexposition auf die kognitiven Funktionen wird daher ... von *wahrscheinlich* auf *möglich* zurückgestuft.» Insgesamt habe sich die Zahl der wissenschaftlich beobachteten Effekte vergrössert, bei denen zurzeit nicht beurteilbar sei, ob sie kausal auf die Strahlung zurückzuführen seien. «Einige dieser Effekte beinhalten ein gravierendes gesundheitliches Potenzial, bei anderen ist diese Frage offen.»

Standpunkt der WHO

Auch die Weltgesundheitsorganisation WHO publiziert regelmässig Übersichten zur Forschung über gesundheitliche Folgen der Mobilfunkstrahlung. Sie äusserte sich 2006 explizit zur Strahlung, die von den öffentlich besonders umstrittenen Basisstationen ausgeht.[47] Die WHO hält darin zuerst fest, dass gemäss Studien die durchschnittliche Strahlungsintensität, die von Basisstationen ausgeht, lediglich zwischen 0,002 und 2 Prozent der in internationalen Richtlinien festgeschriebenen Grenzwerte erreicht. Damit unterschreite die Strahlung von Basisstationen die Hochfrequenz-Exposition durch Radio- und Fernsehsender oder sei damit vergleichbar. Aufgrund der Frequenz absorbiere der menschliche Körper aber deutlich weniger Signale von Basisstationen als von Radio- und Fernsehsendern. «Zudem gibt es Radio- und Fernsehsender seit 50 Jahren oder mehr, ohne dass irgendwelche schädlichen Gesundheitsfolgen bestätigt werden konnten.»

Zu einem allfälligen Krebsrisiko der von Basisstationen ausgehenden Strahlung schreibt die WHO: «In den letzten 15 Jahren wurden Studien zur Erforschung eines möglichen Zusammenhangs zwischen Hochfrequenz-Sendern und Krebs veröffentlicht. Diese Studien haben keinen Beweis dafür erbracht, dass Hochfrequenz-Strahlung von Sendeanlagen das Krebsrisiko erhöht. Auch Langzeitstudien an Tieren haben kein erhöhtes Krebsrisiko durch die Einwirkung von Hochfrequenz-Feldern gefunden, nicht einmal bei Werten, die weit über den durch Basisstationen und drahtlose Netzwerke verursachten Werten liegen.» Zu andern gesundheitlichen Auswirkungen von Basisstationen hält die WHO fest: «Weder Human- noch Tierstudien zur Untersuchung von Hirnstrommustern, kognitiver Kompetenz und Verhalten nach der Einwirkung von Hochfrequenz-Feldern, wie sie von Mobiltelefonen erzeugt werden, haben schädliche Wirkungen festgestellt. Die in diesen Studien eingesetzte Hochfrequenz-Strahlung lag etwa 1000-mal über der Exposition der allgemeinen Bevölkerung durch Basisstationen oder drahtlose Netzwerke.» Insgesamt kommt der Bericht zum Schluss, es lasse sich kein überzeugender wissenschaftlicher Beleg finden, dass sich die Signale von Basisstationen und drahtlosen Netzwerken nachteilig auf die menschliche Gesundheit auswirkten.

Die WHO veröffentlichte im Jahr 2005 eine Stellungnahme zum Phänomen der Elektrosensibilität, auch Elektromagnetische Hypersensitivität EHS genannt.[48] Forschungsstudien zeigten, dass von EHS betroffene Personen die Einwirkung elektromagnetischer Felder nicht zuverlässiger bestimmen könnten als nicht betroffene Personen. «Gut kontrollierte und durchgeführte Doppelblindstudien haben gezeigt, dass die Symptome nicht mit der Einwirkung von elektromagnetischen Feldern in Zusammenhang standen.» Es gebe jedoch Hinweise, dass die Symptome durch bestehende psychiatrische Bedingungen sowie Stressreaktionen aufgrund von Ängsten vor Gesundheitsfolgen durch elektromagnetische Felder begründet sein dürften – eher als durch die Einwirkung der elektromagnetischen Felder selbst. Die Symptome der Betroffenen – etwa Erschöpfung, Müdigkeit, Konzentrationsschwierigkeiten, Schwindel, Kopfweh oder Schlafstörungen – seien zweifellos real und könnten in ihrem Schweregrad stark schwanken. Jedoch: «Es gibt keine eindeutigen Diagnosekriterien für EHS, und es gibt auch keine wissenschaftliche Basis, um die EHS-Symptome mit der Einwirkung von elektromagnetischen Feldern in Verbindung zu bringen.»

Weitere Forschungsübersichten

Ausserhalb der Schweiz gibt es eine grosse Zahl weiterer Organisationen und Institute, die Übersichten über die wissenschaftlichen Erkenntnisse zu möglichen Gesundheitsfolgen der Mobilfunkstrahlung publizieren. Es sind dies unter anderem staatliche Behörden einzelner

Länder (Strahlenschutzkommissionen, Gesundheitsdirektionen, Beratergremien), Zusammenschlüsse von Wissenschaftlern und länderübergreifende Expertenkommissionen. Die folgenden Zusammenfassungen basieren auf einer Gesamtübersicht, die das deutsche Ecolog-Institut 2005 zusammengestellt hat.[49] Sie enthält die wichtigsten Berichte, die zwischen 2000 und 2005 publiziert worden sind. Das Ecolog-Institut selber, ein interdisziplinärer Zusammenschluss von Wissenschaftlern, hat bereits einige Jahre zuvor eine relativ kritische Beurteilung der Mobilfunktechnologie vorgenommen. Die Publikationen dieses Instituts sind daher, was allfällige einseitige Interpretationen zugunsten der Mobilfunktechnologie angeht, wohl unverdächtig.

- Der sogenannte *Stewart-Report* einer englischen Forschergruppe kam im Jahr 2000 zum Schluss, es lasse sich bei Abwägung aller Hinweise auf mögliche Gesundheitsrisiken durch Hochfrequenzfelder nicht bestätigen, dass die Emissionen von Mobilfunktelefonen und -Basisstationen unterhalb der international empfohlenen Grenzwerte ein Gesundheitsrisiko darstellten.

- Die französische «Generaldirektion Gesundheit» war nach Auswertung von fast 1000 wissenschaftlichen Arbeiten im 2001 erschienenen *Zmirou-Report* der Meinung, dass die Möglichkeit nicht thermischer biologischer Effekte zwar bestehen könne, es aber unmöglich zu beurteilen sei, ob diese eine Gesundheitsgefahr darstellten.

- Die britische *Royal Society* kam im gleichen Jahr zum Schluss, dass Hochfrequenz-Expositionen auch bei Intensitäten unterhalb der Schwelle für thermische Wirkungen zu biologischen Effekten in Zellen und Tieren führen. Aus keinem dieser Effekte könne aber eine Gesundheitsgefahr abgeleitet werden.

- Die *Deutsche Strahlenschutzkommission* zog ebenfalls 2001 nach Sichtung der neusten wissenschaftlichen Literatur das Fazit, dass keine neuen Erkenntnisse im Hinblick auf nachgewiesene Gesundheitsbeeinträchtigungen vorlägen, die Zweifel an den internationalen Schutzkonzepten und -empfehlungen zuliessen.

- Das *Schwedische Strahleninstitut* hielt 2002 fest, dass es keinen signifikanten Zusammenhang zwischen Gehirntumoren insgesamt und dem Gebrauch von Mobiltelefonen gebe. Die bisher durchgeführten Studien würden mit einem vernünftigen Mass an Sicherheit ausschliessen, dass Mobiltelefone, zumindest bis zu einer Nutzungsdauer von fünf Jahren, Krebs erzeugen könnten.

- Die skandinavischen *Gesundheits- und Strahlenschutzbehörden* kamen 2004 zum Schluss, dass es bei Einhaltung der empfohlenen Grenzwerte keine wissenschaftlichen Beweise für Gesundheitsrisiken durch mobile Telekommunikationssysteme gebe, weder für Mobiltelefone noch für Basisstationen.
- Ein ähnliches Fazit zog im gleichen Jahr auch die *Britische Nationale Strahlenschutzbehörde*. Es gebe aufgrund neuerer Forschung keinen Grund zur Besorgnis, und das «Gewicht der Evidenz» deute nicht auf Gesundheitsschäden durch Expositionen unterhalb der Grenzwerte hin. Allerdings wiesen die bisher veröffentlichten Untersuchungen Defizite auf und es fehlten noch Untersuchungen zu den langfristigen Auswirkungen der Mobiltelefonie. Gesundheitliche Effekte unterhalb der empfohlenen Grenzwerte seien darum nicht ausgeschlossen.
- Die *Internationale Kommission zum Schutz vor nicht ionisierender Strahlung* (ICNIRP) kam 2004 bei der Bewertung der Forschungsarbeit zur Exposition gegenüber elektromagnetischen Feldern zum Schluss, dass keine konsistenten und überzeugenden Beweise für gesundheitliche Schäden bei Hochfrequenz-Expositionen erbracht seien. Allerdings zeigten die Untersuchungen Defizite, sodass ein Zusammenhang auch nicht ausgeschlossen werden könne. Zur Beurteilung der Risiken durch Mobiltelefone fehlten insbesondere Langzeituntersuchungen und solche an Kindern.

Ein Teil der zitierten und weiterer Gremien sieht von weitergehenden Vorsorgeempfehlungen ab – sei es, weil keine Bedrohung absehbar ist, oder weil sinnvolle Massnahmen aufgrund der diffusen Erkenntnislage nicht ableitbar sind. Ein anderer Teil der Expertengruppen macht jedoch Empfehlungen – diese reichen von einer Verstärkung der allgemeinen Forschungstätigkeit über die Einhaltung der international empfohlenen Grenzwerte bis hin zu einem verstärkten Schutz vor Mobiltelefonen und Basisstationen.

Das Ecolog-Institut selber kritisierte im zitierten Bericht von 2005 die zusammengetragenen Forschungsübersichten wie schon einige Jahre zuvor. Diese zögen oft voreilig den Schluss, beobachtete biologische Effekte hätten keine gesundheitliche Bedeutung. Allerdings konnte das Institut auch nicht darüber hinwegsehen, dass es bezüglich gravierender Gesundheitsschäden wie Hirntumoren oder Leukämie in der Wissenschaft keine starken Hinweise gibt.

Weitgehend übereinstimmende Einschätzung der Wissenschaft

Wenn die genannten Berichte auch in gewissen Aspekten zu unterschiedlichen Schlüssen kommen, stimmen sie doch in einigen Kernpunkten überein, was die Wirkung hochfrequenter Strahlung anbelangt. Sie zeigen sich bei den allermeisten Einschätzungen, die von Wissenschaftlern oder von nationalen und internationalen Gremien vorgenommenen wurden, einig:

* Es wurden bis heute (abgesehen von thermischen Wirkungen) keine gesundheitlich relevanten Auswirkungen auf den Menschen nachgewiesen.

* Es gibt insbesondere kaum Forschungsresultate, die *gravierende* Gesundheitsschäden wie Hirntumore, Leukämie oder Erbschäden als wahrscheinlich erscheinen lassen.

* Es lassen sich mit einer gewissen Wahrscheinlichkeit biologische Wirkungen der Strahlung belegen wie etwa Veränderungen der Hirnströme oder der Schlafrhythmen, wobei unklar ist, ob diese gesundheitlich relevant sind.

* Gesundheitliche Folgen der Strahlung können andererseits nicht völlig ausgeschlossen werden.

* Zu vielen Aspekten liegen noch wenig wissenschaftliche Resultate vor, insbesondere zur Wirkung von Basisstationen und dem langjährigen Gebrauch von Mobiltelefonen.

Einfluss der Geldgeber auf die Forschung

Mobilfunkkritiker ziehen die Glaubwürdigkeit solcher Publikationen allerdings immer wieder in Zweifel. Sie argumentieren, die beteiligten Wissenschaftler seien nicht unabhängig, sondern von der Industrie oder staatlichen Behörden beeinflusst. Die Behörden seien ihrerseits wieder mit der Industrie und den staatsnahen oder staatseigenen Telekommunikations-Unternehmen «verbandelt». Diese Abhängigkeit bringe die Forscher dazu, biologische Wirkungen der Strahlung auszublenden und gesundheitliche Folgen schönzureden. Vorwürfe mangelnder wissenschaftlicher Unabhängigkeit werden vor allem dann erhoben, wenn Forschungsarbeiten mit Geldern finanziert werden, die aus der Industrie kommen. Solche Arbeiten seien nicht ernst zu nehmen. Einige Mobilfunkkritiker äussern lediglich Bedenken bezüglich der Unabhängigkeit der Forschung, andere sehen hingegen eine weltweite Verschwörung: Gravierende Auswirkungen der Mobilfunkstrahlung auf den Menschen

seien längst bewiesen, würden von der internationalen Forscherge-
meinde aber systematisch verschwiegen.

In diesem Zusammenhang wird oft eine von der Universität Bern
2006 veröffentlichte Untersuchung zitiert, die dem Einfluss der Geldgeber auf Forschungsstudien nachging.[50] Sie analysierte insgesamt 59
Studien zu den Auswirkungen der Mobilfunkstrahlung auf den Menschen unter Laborbedingungen. Es ging unter anderem um Hirnströme,
hormonelle Veränderungen, Blutdruck, Reaktionszeiten und Gedächt-
nisleistungen. 12 der 59 analysierten Studien waren ausschliesslich von
der Industrie finanziert, 11 von der öffentlichen Hand und 14 von
beiden – bei den restlichen 22 war die Finanzierung nicht deklariert. Das
Fazit lautete, dass die Geldgeber einen gewissen Einfluss auf die Resultate
von Mobilfunkuntersuchungen hatten: Studien, die ausschliesslich von
der Industrie bezahlt waren, berichteten seltener von Effekten der Mobilfunkstrahlung als öffentlich oder gemischt finanzierte. Gemäss der Berner Untersuchung wiesen die gemischt finanzierten Studien die höchste
wissenschaftliche Qualität auf.

Dies zeigt klar, dass die Finanzierung von Mobilfunkforschung einen
Einfluss auf deren Resultate haben kann. Man muss darum die Finanzierung bei der Bewertung der Ergebnisse berücksichtigen. Die Berner
Untersuchung zeigt aber auch vieles nicht, was von Mobilfunkkritikern
gerne hineininterpretiert wird: Sie macht erstens lediglich die Aussage,
dass zwischen rein industrie-finanzierten und andern Studien Unterschiede bei den Resultaten feststellbar sind – nicht aber, dass rein industrie-finanzierte Studien *zu wenig* Effekte finden. (Denkbar wäre auch,
dass die andern *zu viele* nachweisen.) Zweitens besagt die Untersuchung
nicht, dass rein industrie-finanzierte Studien *infolge Manipulation* weniger Effekte finden. Die Unterschiede könnten auch in unterschiedlichen
Fragestellungen und Versuchsanordnungen liegen, also in unbewussten
Entscheiden schon vor Beginn der Messungen. Drittens lässt sich aus der
Berner Untersuchung keineswegs schliessen, dass Industriegelder in der
Forschung generell zu tendenziösen Forschungsresultaten führen. Insbesondere zeigten gemischt-finanzierte Studien ebenso viele Effekte wie
rein öffentlich finanzierte. Dazu wurden die gemischt-finanzierten wie
erwähnt als die qualitativ besten bezeichnet. Die Konsequenz dieser
Erkenntnisse kann nicht sein, Forschungsgelder aus der Industrie aus-
zuschliessen, sondern die Unabhängigkeit der Wissenschaft von den
Geldgebern sicherzustellen. Matthias Egger, Mitautor der Berner Unter-

suchung, fordert denn auch, «dass bei industrie-finanzierten Studien die Rahmenbedingungen so gesichert werden müssen, dass ein Einfluss der Geldgeber ausgeschlossen werden kann»[51].

Als positives Beispiel nannte Egger übrigens die der ETH Zürich angegliederte Forschungsstiftung Mobilkommunikation FSM.[52] Das Geld für diese Stiftung und für die von ihr geförderte Forschung stammt zu einem grossen Teil von Mobilfunkanbietern wie Swisscom, Sunrise oder Orange. Um die Unabhängigkeit der Forschung zu gewährleisten, überwacht hier jedoch ein unabhängiges wissenschaftliches Gremium die Forschungsarbeit und die Vergabe der Gelder.

Undifferenzierte Vorwürfe an Forscher

Viele Forscher werden von Mobilfunkkritikern schnell mit undifferenzierten Manipulationsvorwürfen eingedeckt – vor allem dann, wenn sie deren Ansichten zu den Auswirkungen des Mobilfunks nicht teilen. Manche Kritiker suggerieren, Wissenschaftler, deren Forschungstätigkeit auf irgendeine Art von der Industrie mitfinanziert wird, seien generell manipuliert und darum unglaubwürdig.

Manchmal genügt auch schon die «falsche Gesinnung», um Wissenschaftlern Vorwürfe zu machen. Solche erhebt etwa die mobilfunkkritische Organisation «Diagnose Funk» gegenüber Forschern, die beim Nationalen Forschungsprogramm NFP 57 des Bundes zu den Risiken elektromagnetischer Strahlung mitwirken. In einem Brief an Bundesrat Moritz Leuenberger zog «Diagnose Funk» unter anderem die wissenschaftliche Unabhängigkeit von Peter Achermann von der Universität Zürich und Martin Röösli von der Universität Bern in Zweifel – weil sie an Studien beteiligt gewesen waren, deren Ergebnisse diesen Mobilfunkkritikern nicht passten.[53] (Achermann und Röösli waren unter anderem Koautoren der sogenannten Zürcher UMTS-Studie, Röösli war dazu massgeblich beteiligt an der erwähnten Forschungsübersicht des Buwal.) «Diagnose Funk» schrieb: «Die Vergabe der Projekte erfolgte teilweise an Personen, die durch ihre bisherigen Forschungen und/oder Aussagen erkennen lassen, dass sie der Industrie ... sehr nahe stehen, oder starkem Druck ausgesetzt sind.» So sei es unverständlich, dass ein Präventivmediziner wie Martin Röösli keine warnenden Worte zu den Risiken der Mobilfunkstrahlung äussere. Darum: «Es ergibt sich der Eindruck, dass Herr Röösli von Seiten der Behörden und/oder der Industrie unter Druck gesetzt wird.» Der Bund müsse darum mit der Vergabe von Forschungsprojekten an Röösli vorsichtig sein, meinte «Diagnose Funk»: «Es muss zuerst die Unabhängigkeit des Forschers sichergestellt werden (was ebenso für seine Kollegen gilt).»

Ginge es nach gewissen Kritikern, müsste sich die Mobilfunkindustrie wohl völlig aus der Forschung zurückziehen. Die Finanzierung wäre dann ganz dem Staat und sonstigen interessierten Kreisen vorbehalten. Daraus ergäbe sich eine absurde Situation: Die Mobilfunkindustrie hätte den wirtschaftlichen Nutzen, würde sich an der Erforschung der Folgen dieser Technologie aber mit keinem Franken beteiligen. Dies würde dem Verursacherprinzip zuwiderlaufen und wäre kaum im Interesse grosser Teile der Bevölkerung. Es kann folglich nicht darum gehen, die Industrie von der Forschungsfinanzierung auszuschliessen, sondern sicherzustellen, dass Forschung in völliger wissenschaftlicher Freiheit stattfinden kann.

Gefährlichkeit längst belegt?

Die Weltgesundheitsorganisation, die internationale Schutzkommission ICNIRP sowie weitere nationale und internationale Forschergremien kommen wie erwähnt zum Schluss, dass bis heute keine gesundheitlichen Schäden des Mobilfunks belegt sind. In den Medien erscheinen aber regelmässig Berichte und Artikel, die vor den Auswirkungen der Strahlung warnen. Darin werden oft Studien und Untersuchungen zitiert, die die Gefährlichkeit der Strahlung angeblich längst beweisen. Nicht nur Schlafstörungen und Konzentrationsschwäche seien wissenschaftlich belegt, sondern auch gravierende Auswirkungen wie Erbschäden, Krebs und Leukämie. Immer wieder tauchen Berichte auf über massive Schlafstörungen von Menschen, die in der Nähe von Mobilfunkantennen wohnen, über unheimliche Häufungen von Krebserkrankungen im Umfeld von Basisstationen oder über Bauern, die nach dem Aufstellen von Antennen über deutlich mehr Fehlgeburten bei ihren Kühen berichten. Angesichts der angeführten Ereignisse und Erkrankungen erscheint dem Leser eine zufällige Häufung unwahrscheinlich bis unmöglich. Die Mobilfunkstrahlung – insbesondere diejenige, die von Basisstationen ausgeht – wird in diesen Berichten als klar auszumachende Ursache von grossem menschlichem Leid dargestellt. Meist werden die Behörden angeprangert, die angeblich nichts zum Schutz der Bevölkerung unternähmen, sowie die Industrie, die aus Profitgier über Tod und Krankheit hinwegschaue. Die Beteuerungen der Verantwortlichen, ein Zusammenhang zwischen Mobilfunk und aufgetretenen

Krankheiten sei nicht nachweisbar, erscheinen dem Leser solcher Berichte rasch unerträglich.

Um zu belegen, dass die Schädlichkeit von Mobilfunkstrahlung längst bewiesen sei, legen Kritiker regelmässig ganze Listen von Studien vor, die in ihrer Fülle eine grosse Überzeugungskraft haben – zumindest für Laien. Daneben werden regelmässig Professoren und Wissenschaftler zitiert, die die Folgen der Mobilfunkstrahlung in den schwärzesten Farben schildern.

Analyse eines Artikels im *K-Tipp*

Exemplarisch sei hier auf einen solchen Artikel eingegangen: Er erschien im September 2005 in der Konsumentenzeitschrift *K-Tipp* unter dem Titel «Ein Risikofaktor für Krebs» und wollte zeigen, dass die Gefährlichkeit der Mobilfunkstrahlung durch zahlreiche Studien belegt sei.[54] Die Aussagen der Behörden würden zwar so klingen, als wüsste man nichts Definitives darüber, hiess es im Artikel. «Doch für Kritiker ist diese Schädlichkeit schon genügend belegt – und zwar auch bei Strahlungsstärken, die unterhalb der Schweizer Grenzwerte liegen.» Anschliessend wurden nebst Aussagen von Experten einige Studien zitiert, deren Bedeutung hier hinterfragt werden soll.

Der Artikel im *K-Tipp* führte zuerst die sogenannte *Naila-Studie* an, die 2004 publiziert worden war: «Im deutschen Naila stellten Ärzte 2004 fest, dass sich die Krebsrate in einem 400-Meter-Umkreis von einem Senderstandort mehr als verdreifacht hatte. Die Sendestärke betrug im Mittel 1 Volt pro Meter (V/m). Zum Vergleich: Die Schweizer Grenzwerte lassen für Schlaf- oder Arbeitsräume 4 bis 6 V/m zu (je nach Frequenz).» Der *K-Tipp* unterliess allerdings zu erwähnen, dass die Naila-Studie in der Wissenschaft nicht sehr hoch geschätzt wird. Nach deren Erscheinen wurde vor allem bemängelt, dass über die tatsächliche Strahlungsexposition der beobachteten Einwohner Nailas sehr wenig bekannt war. Als Kriterium beigezogen wurde lediglich die Distanz zur Sendestation, nach der die beobachteten Personen einem Nahbereich (näher als 400 Meter) und einem Fernbereich (entfernter als 400 Meter) zugeordnet worden waren. Das Institut für Sozial- und Präventivmedizin der Universität Basel kommentiert: «Der Abstand von einer Mobilfunk-Basisstation ist ein schlechter Indikator für das Ausmass der Strahlenbelastung, da die Exposition beispielsweise in unmittelbarer Nähe der Antenne sehr gering sein kann.»[55] Weiter fiel auf, dass gemäss Studie das Krebsrisiko im Fernbereich deutlich kleiner war als im statistischen Durchschnitt des entsprechenden Bundeslandes (Saarland). Das liess auf methodische Mängel der Studie schliessen. Daneben hielt auch die Beobachtung, dass im Nahbereich mit den Jahren immer mehr Personen erkrankten, wissenschaftlichen Kriterien nicht stand. Denn die Autoren der Studie hatten während zehn Jahren die gleichen Personen beobachtet und dabei nicht berücksichtigt, dass das Krebsrisiko allgemein mit zunehmendem Alter steigt. Aber auch ohne diese wissenschaftlichen Mängel wären die Befunde der Naila-Studie wegen der sehr kleinen Fallzahlen statistisch bei Weitem kein Beweis für einen Zusammenhang zwischen Strahlung und Krebserkrankungen.

Im Artikel des *K-Tipps* wurde auch die sogenannte *Netanya-Studie* angeführt: «Eine ähnlich angelegte Studie aus dem israelischen Netanya ergab 2004 ein viermal höheres Krebsrisiko für Antennen-Anwohner bei Sendestärken unter 1,4 V/m.» (Die Schweizer Anlagegrenzwerte liegen bei 4 bis 6 V/m.) Diese Untersuchung genügte allerdings elementarsten wissenschaftlichen Anforderungen nicht, wie diverse Kommentare zeigen. Denn sie stützte sich auf äusserst kleine Fallzahlen ab (unter zehn Krebsfälle), wies grosse Mängel bei der Auswahl der beobachteten Personen auf und lieferte ungenügende Angaben über die Strahlenexposition. Des Weiteren fiel auch hier auf, dass das Krebsrisiko derjenigen Personen, die (vermutlich) einer geringeren Strahlungsintensität ausgesetzt waren, sogar tiefer lag als im israelischen Durchschnitt.

Der *K-Tipp*-Artikel zitierte eine weitere Studie mit fraglicher Aussagekraft: «Der französische Biochemiker *Roger Santini* ermittelte 2001 innerhalb eines Radius von 300 Metern um eine Antenne vermehrte Müdigkeit, Schlafstörungen, Kopfweh und Konzentrationsprobleme.» Die Universität Basel meinte zu den Resultaten dieser Studie: «Die Publikation macht keine Angaben über die angewandte Methode und erfüllt deshalb die grundlegendsten wissenschaftlichen Kriterien nicht.»[56] Kritikpunkte waren unter anderem, dass keine Angaben zur Auswahl der befragten Personen gemacht wurden und die Distanz zur Sendeanlage von den Befragten selber geschätzt werden musste. Auch die angewendete Selbstdeklaration der Symptome sei sehr fraglich: «Hauptsächlich Personen, die in der Nähe einer Basisstation wohnen, werden ihre Symptome in Zusammenhang mit Basisstationen bringen.»

Ebenfalls angeführt wurde die *Reflex-Studie*: «Die sogenannte Reflex-Studie (ein internationales Forschungsprojekt der Europäischen Union) konnte Veränderungen am Erbmaterial in verschiedenen Zellen nachweisen.» Dazu wurde der bei der Reflex-Studie federführende Franz Adlkofer zitiert mit den Worten: «Veränderungen am Erbgut führen in der Regel zu Krebs.» Dem Leser wurde so suggeriert, in dieser Untersuchung seien krebserregende Wirkungen nachgewiesen worden. Doch das stimmt nicht. Die Studie zeigte zwar tatsächlich, dass sich bei menschlichen und tierischen Zellkulturen, die elektromagnetischer Strahlung ausgesetzt werden, Veränderungen im Erbgut oder im Zellzyklus nachweisen lassen. So wurde etwa unter ganz spezifischen Bestrahlungsbedingungen eine erhöhte Rate von DNS-Brüchen bei einzelnen Zellarten festgestellt. Aber diese Veränderungen sind nicht per se mit einem gesundheitlichen Risiko gleichzusetzen – denn DNS-Brüche erfolgen in den Zellen laufend und werden vom Organismus allermeistens selber repariert. Die erwähnte Übersichtsstudie des Buwal/Bafu hielt 2007 zur Reflex-Studie fest: «DNS-Strangbrüche sind an sich nichts Aussergewöhnliches. Sie treten auch natürlich auf und werden durch zelleigene Reparatursysteme wieder behoben.» Ein gesundheitliches Risiko bestünde sicher dann, wenn die Zahl der DNS-Brüche über eine natürliche Bandbreite hinausreichen würde oder wenn die Strahlung die Reparaturmechanismen in den Zellen und im Organismus beeinflussen würde. Das konnte aber in der Reflex-Studie nicht nachgewiesen werden. Die Unterscheidung zwischen einem beobachteten biologischen Effekt der Strahlung und einem gesundheitlichen Risiko ist keineswegs eine Spitzfindigkeit, sondern ein zentraler Punkt bei der Diskussion um Mobilfunkstrahlung. Denn solange ein beobachteter Effekt innerhalb einer natürlichen Schwankungsbreite bleibt, ist kein gesundheitsschädigendes Potenzial absehbar. Bei den in der Reflex-Studie festgestellten Wirkungen muss sich erst noch zeigen, ob sie in der weiteren Forschung auch wirklich bestätigt werden können, denn die Systematik der Studie wurde wissenschaftlich zum Teil infrage gestellt. Die Autoren der Buwal/Bafu-Studie schrieben: «Das Auftreten der in ‹Reflex› gefundenen Effekte ist derzeit als möglich, nicht jedoch gesichert zu betrachten. Dies vor dem Hintergrund, dass es sich entweder um erstmalige Beobachtungen handelt, die noch nicht unabhängig repliziert worden sind, oder dass Replikationsversuche widersprüchliche Ergebnisse lieferten, ohne dass die Gründe dafür geklärt sind.»

Nächstes Argument im *K-Tipp*-Artikel: «In Österreich zeigte sich 2002, dass in der Nähe von Antennen (bei sehr geringer Sendeleistung)

Müdigkeit, Kurzatmigkeit, Herzpochen, Schwindelgefühl und Kopfschmerzen auftraten.» Auf Anfrage schreibt die Forschungsstiftung Mobilkommunikation FSM, dass es bei dieser Studie zwar um die bisher mit Abstand seriöseste Untersuchung zu Wohlbefinden und Basisstationen gehe: «Die Studie hat aus einer Liste von 14 rapportierten Symptomen (Gesamtzahl unklar) drei signifikante eruiert. Ungefähr eine Signifikanz war rein statistisch bei dieser Anzahl rapportierter Symptome zu erwarten.» Allerdings sagten selbst die Autoren der Studie, dass fremde Einflüsse auf die Resultate nicht ausgeschlossen werden könnten. «Die wenigen gefundenen Zusammenhänge sind in der Tat nicht ausgeprägt und offensichtlich», schreibt die FSM. Es sei sehr wohl denkbar, dass diese Zusammenhänge bei einer andern statistischen Auswertung verschwinden könnten.

Zudem bezog sich der Artikel im *K-Tipp* auf den 2003 verstorbenen neuseeländischen Strahlungsforscher *Neil Cherry*: «Er kam nach Sichtung zahlreicher Studien zum Schluss, dass elektromagnetische Strahlung – etwa von Mobilfunksendern – ein wahrscheinlicher Risikofaktor sei für Krebs, Herzrhythmusstörungen, Herzinfarkte, Lernschwierigkeiten, Fehlgeburten und Missbildungen.» Die Forschungsstiftung Mobilkommunikation schreibt auf Anfrage zu Neil Cherry: «Er war einer der einflussreichsten Kritiker. ... Seine Interpretationen der wissenschaftlichen Literatur wurden von anderen Wissenschaftlern immer wieder als einseitig, selektiv oder gar unkorrekt und falsch kritisiert.»

Im Weiteren führte der *K-Tipp* die *TNO-Studie* an: «2003 stellte die niederländische Regierungsforschungsstelle TNO im Einflussbereich von UMTS-Signalen bei Anwohnern Ohrenrauschen, Kopfschmerz, Übelkeit, Kribbeln, Brennen und Schwindel fest sowie Veränderungen bei Erinnerungsvermögen, Konzentration und Reaktionszeit.» Die Resultate der niederländischen Forscher wurden später in der Zürcher UMTS-Studie im grösseren Rahmen überprüft und konnten nicht bestätigt werden. Das war natürlich zum Zeitpunkt des Erscheinens des *K-Tipp*-Artikels noch nicht bekannt. Allerdings wurde in der niederländischen Studie bereits darauf hingewiesen, dass weitere Forschungsarbeit nötig sei, um die festgestellten Effekte zu verifizieren.

Insgesamt kann festgehalten werden, dass der im *K-Tipp*-Artikel gezogene Schluss «Zahlreiche Studien belegen die Gefährlichkeit der Strahlen» aufgrund der angeführten Forschungsarbeiten sehr schlecht gestützt war. Es wurden Untersuchungen herangezogen, die wissenschaftlichen Anforderungen nicht genügen, deren Methoden infrage gestellt werden müssen, oder bei deren Ergebnissen es sich lediglich um Hinweise handelt, die weiterer Überprüfung bedürfen (und dabei auch widerlegt werden können, wie die TNO-Studie zeigt). Übergangen wurde auch, dass sich bei vielen andern Studien keine Hinweise auf eine mögliche Schädigung ergaben. Beim Leser des Artikels, der diesen Hintergrund nicht kennt, reift hingegen die Überzeugung, die Schädlichkeit der Strahlung sei tatsächlich ausreichend belegt.

Manipulative Auswahl von Forschungsresultaten

Im erwähnten Artikel des *K-Tipps* ist weiter zu lesen: «Die Umweltorganisation ‹Diagnose Funk› hat weltweit die wissenschaftliche Literatur durchforstet und 38 Studien gefunden, die signifikante gesundheitliche Effekte der Funkstrahlung bei Feldstärken unterhalb der Schweizer Grenzwerte nachweisen.» Das scheint eindrücklich, denn *signifikant* bedeutet, dass die festgestellten Effekte mit hoher Wahrscheinlichkeit nicht auf Zufall beruhen, sondern echt sind. Selbst wenn das stimmen sollte, muss festgehalten werden: 38 Studien sind im Vergleich zu vielen Hunderten oder Tausenden anderer Studien keine allzu grosse Zahl. Gezielt nach Forschungsresultaten zu suchen, die eine bestimmte These stützen – und alle andern, die dies nicht tun, beiseitezuschieben – ist kein seriöses Vorgehen.

«Diagnose Funk» steht mit diesem Vorgehen allerdings nicht alleine da. Das gezielte Zitieren von Forschungsresultaten, die eine vorab gesetzte Hypothese stützen, ist sogar unter Wissenschaftlern üblich, wie Hans-Peter Beck-Bornholdt und Hans-Hermann Dubben in ihrem Buch «Der Hund, der Eier legt» darlegen.[57] Beck-Bornholdt und Dubben sind Biophysiker und lehren am Institut für Allgemeinmedizin des Universitätsklinikums Hamburg-Eppendorf. Auf einige Passagen dieses Buches sei hier kurz eingegangen, die auch für die Diskussion um eine allfällige Gesundheitsschädigung durch Mobilfunkstrahlung bedeutsam sind.

Die Autoren zeigen anhand eines Würfelexperiments auf, dass bei zufälligen Geschehnissen immer wieder örtliche oder zeitliche Häufungen auftreten können – zumindest solange von einer kleinen Zahl Ereignisse ausgegangen wird. Dies können etwa Leukämiefälle bei Kindern oder andere seltene Erkrankungen sein. «Das Problem bei seltenen Erkrankungen sind die sehr geringen Fallzahlen, die es nicht erlauben, zufällige Häufungen von systematischen zu unterscheiden.» Wer aber gezielt nach solchen Häufungen suche, finde sie fast immer – auch wenn wie im Würfelexperiment nur der Zufall im Spiel sei. Dies führe dann oft zu Pressemeldungen über horrende Risikoüberhöhungen. Wenn einmal der Verdacht im Raum stehe, dass eine Häufung seltener Erkrankungen nicht auf Zufall, sondern auf eine bestimmte Ursache zurückzuführen sei (in unserem Fall etwa auf eine Mobilfunk-Sendestation), sei es meist vorbei mit der Objektivität: «Versuchen Sie sich vorzustellen, welche Reaktionen Sie ernten würden, wenn Sie auf einer Veranstaltung einer Bürgerinitiative von Eltern leukämiekranker Kinder behaupteten, es handle sich möglicherweise um eine zufällige Häufung. Wahrscheinlich und verständlicherweise würde man Sie als menschenverachtenden Zyniker beschimpfen.» Beck-Bornholdt und Dubben weisen darauf hin, dass Wissenschaftler, die gerne in die Medien kommen und den Journalisten dafür eine Schlagzeile liefern möchten, nach örtlichen oder zeitlichen Häufungen von Erkrankungen suchen und gezielt Daten verschiedener Städte oder Zeitabschnitte nach statistischen Auffälligkeiten durchforsten können. «Dies führt mit Sicherheit zu einer aufsehenerregenden Meldung.» Dieses Herauspicken sei aber unseriös und werde von Statistikern als «Methode des texanischen Scharfschützen» bezeichnet: «Ohne lange zu zielen, schiesst er auf ein riesiges Scheunentor, zeichnet nachträglich eine Zielscheibe um das Einschussloch und freut sich über seinen perfekten Treffer. Ein wirklicher Meisterschütze ist natürlich nur jemand, der ein *vorher* angegebenes Ziel zu einem *vorher* festgesetzten Zeitpunkt trifft.» Das Problem bei statistischen Häufungen, die nach der Methode des texanischen Scharfschützen gefunden würden, sei, dass sich natürlich nicht beweisen lasse, dass diese auf zufällige Häufungen zurückzuführen seien.

In der wissenschaftlichen Literatur gilt meist dann ein Hinweis auf einen bestimmten Zusammenhang als aufsehenerregend, wenn die Daten eine *statistische Signifikanz* aufweisen. Wie Beck-Bornholdt und Dubben ausführen, bedeutet *statistisch signifikant*, dass der Zusammenhang (etwa der zwischen einer Mobilfunk-Basistation und Krebserkrankungen in der Umgebung) mit 95-prozentiger Wahrscheinlichkeit nicht auf Zufall zurückzuführen ist. Dieses Kriterium sei eine willkürlich festgelegte, aber allgemein und international akzeptierte Konvention. Sie bedeute aber auch, dass im Schnitt 5 Prozent der statistisch signifikanten Zusammenhänge eben doch auf Zufall zurückzuführen seien – dass also durchschnittlich jeder zwanzigste festgestellte signifikante Zusammenhang ein Irrtum sei. Nun könne natürlich gezielt nach solchen signifikanten Resultaten gesucht werden, selbst wenn nur der Zufall im Spiel sei. Wenn nur genügend oft Daten erhoben würden, seien praktisch immer solche Zusammenhänge zu finden. Die Autoren schreiben: «Man kann mit sehr einfachen Mitteln dafür sorgen, dass bei einer Untersuchung immer irgend etwas statistisch Signifikantes herauskommt.» Eines dieser Mittel sei, viele Daten zu erheben, um am Ende nur diejenigen zu publizieren, die den gesuchten Zusammenhang scheinbar belegen. «Häufig kann aber dem Text einer solchen Arbeit indirekt entnommen werden, dass mehr untersucht als publiziert wurde.» Tests oder Messungen, die keinen Zusammenhang zeigten, würden oft verschwiegen, die «erfolgeichen» aber in den Vordergrund gestellt. So aber könne man ebenso gut im Porzellanladen mit einer Schrotflinte auf ein mit Tassen gefülltes Regal schiessen, dann auf die Scherben eines Mokkatässchens zeigen und behaupten, dass man genau diese Tasse habe treffen wollen. Bei seriöser Forschung werde hingegen zuerst festgelegt, welche zeitliche Spanne oder welche örtliche Dimension untersucht werden soll, und erst dann würden Daten erhoben oder ausgewertet.

Die Autoren belegen auch, dass dieses von ihnen kritisierte Vorgehen nicht nur Theorie ist, sondern in der wissenschaftlichen Praxis oft vorkommt. Sie haben die in ihrem Fachgebiet führende europäische Zeitschrift *Radiotherapy and Oncology* von Januar 1993 bis August 1994 auf solche Fehlschlüsse untersucht. «Etwa ein Drittel der dort publizierten klinischen Arbeiten enthielt statistisch nicht haltbare Aussagen.» Die Verfasser erinnern daran, dass auch statistisch signifikante Resultate bestätigt werden müssen: «Damit ein Ergebnis bestehen kann, muss es mehrfach wiederholt und bestätigt werden.» Leider sei diese Überprüfungsarbeit für Wissenschaftler oft wenig attraktiv, da es viel interessanter sei, erstmalig einen bestimmten Effekt nachzuweisen, als diesen lediglich zu bestätigen. Zu beobachten sei auch, dass Untersuchungen, die einen Zusammenhang feststellten, deutlich häufiger in wissenschaftlichen Fachzeitschriften publiziert würden als solche ohne Resultate – auch das führe zu einer verzerrten Wahrnehmung. Und dann komme noch etwas hinzu: «Das Vorhaben, die Experimente eines anderen Wissenschaftlers zu reproduzieren, klingt für potenzielle Geldgeber nicht gerade attraktiv.»

Ein Hinweis ist noch kein Beweis

Die vorangegangenen Ausführungen dürfen nicht missverstanden werden. Es soll damit keinesfalls gesagt werden, dass eine Studie, die einen Zusammenhang zwischen Mobilfunkstrahlung und biologischen Effekten findet, schlecht konzipiert oder durch manipulative Auswahl der Daten zustande gekommen sei. Auch ist es möglich, dass sich in Zukunft tatsächlich ein gesundheitlich negativer Effekt durch Mobilfunktelefone oder Basisstationen erhärten lässt. Man sollte aber zur Kenntnis nehmen, dass nicht jede Studie die gleiche wissenschaftliche Qualität aufweist und dass zum Teil Resultate herumgeboten werden, die durch fragliche Methoden zustande gekommen sind. Gemäss statistischen Grundsätzen muss wie erwähnt davon ausgegangen werden, dass immer eine gewisse Zahl signifikanter Zusammenhänge durch Zufall entsteht (was nicht bedeutet, dass manipuliert wurde). Es entspricht dem normalen Verlauf wissenschaftlicher Forschung, dass Hinweise auf Zusammenhänge, die in einigen der Studien gefunden werden, in andern Studien überprüft werden müssen. Gewisse dieser Hinweise erhärten sich, andere hingegen erweisen sich als sogenanntes Artefakt, also um einen irrtümlich vermuteten Zusammenhang. Noch nicht bestätigte Hinweise als Beleg für die Gefährlichkeit der Mobilfunkstrahlung darzustellen, wie es von gewissen Umweltschutzorganisationen, mobilfunkkritischen Vereinen und einigen Medien gemacht wird, ist hingegen unseriös.

Hier sei ein Beispiel angeführt, wie der Hinweis auf eine Gefährdung in den Medien «Karriere» machen kann: Im November 2007 veröffentlichte ein Veterinärwissenschaftler der Universität Zürich eine Untersuchung, in der er einem möglichen Zusammenhang zwischen der Mobilfunkstrahlung und dem Erblindungsrisiko von Kühen nachgegangen war.[58] (Massgebender Anlass für die Studie war die Überzeugung eines Landwirts, dass eine Mobilfunkantenne in der Nähe seines Hofes die Ursache für die Blindheit vieler seiner Kälber sei.) Die Resultate der Untersuchung wiesen darauf hin, dass Kälber häufiger von einer Art grauem Star betroffen sind, wenn deren Mutter während der Trächtigkeit verstärkter Strahlung ausgesetzt ist: «Ein Zusammenhang ist … erkennbar», meinte der Autor zum Ergebnis seiner Studie – fügte allerdings an, dass dies «nach streng wissenschaftlichen Kriterien» noch nicht bewiesen sei. Es handle sich erst um einen gut dokumentierten Verdacht. Die Studie war zum Zeitpunkt der Veröffentlichung auch noch nicht in einer wissenschaftlichen Fachzeitschrift publiziert, sondern erst dafür eingereicht. Zahlreiche Medien nahmen die Meldung nun aber auf: Der *Land-bote* und *Tele Züri* berichteten zuerst über die Untersuchung, einen Tag später auch *20 Minuten* unter dem Titel «Machen Handyantennen Kühe blind?»[59]. Die Pendlerzeitung zitierte dabei zur Frage, ob auch der Mensch von einem ähnlichen Risiko betroffen sein könnte, einen Mobilfunkgegner mit den Worten: «Auch beim Menschen ist das Auge der Strahlung besonders exponiert.» Weiter führte *20 Minuten* an, das Bundesamt für Umwelt bestätige Auswirkungen auf den Menschen und schreibe auf seiner Website, Studien würden auf biologische Effekte hinweisen. Die *Basler Zeitung* nahm das Thema ebenfalls auf und titelte: «Handy-Antenne schädigt Vieh»[60] – sogar ohne jegliches Fragezeichen. Ein wissenschaftlich noch ungenügend gesicherter Zusammenhang wird also über die Medien einem grossen Publikum vermittelt, nur weil dieser genau der Erwartungshaltung gegenüber der «gefährlichen Strahlung» entspricht. Die Medien machen dabei aus dem wissenschaftlichen Hinweis zum Teil eine Tatsache und suggerieren sogar einen Zusammenhang zum Menschen – obwohl von einem solchen in der Untersuchung nicht die Rede ist. Man darf darauf wetten, dass eine allfällige Studie, die den schädlichen Einfluss der Strahlung auf Kühe widerlegen sollte, in den Medien keinerlei Widerhall fände.

Macht man aus jedem wissenschaftlichen Hinweis eine wissenschaftliche Tatsache, könnte man umgekehrt aufzeigen, dass die Benutzung von Mobilfunktelefonen sogar gesundheitsfördernd ist. 2006 wurde eine dänische Studie publiziert, die einem möglichen Zusammenhang zwischen Handynutzung und Tumoren im Kopf nachging.[61] Berücksichtigt wurden dabei die Daten von über 420 000 Däninnen und Dänen, die zwischen 1982 und 1995 erstmals einen Handyvertrag abgeschlossen hatten. Das Resultat der Studie ergab, dass diese Bevölkerungsgruppe insgesamt nicht öfters von Tumoren im Kopf betroffen war als die Gesamtbevölkerung. Für die Langzeitnutzer ergab sich hingegen ein signifikant *tieferes* Risiko für einen Hirntumor. Daraus sieht man: Handynutzung über eine lange Zeit schützt vor Krebs!

Dieser «Beweis» ist natürlich unsinnig – trotz der statistischen Signifikanz. Es wurde dann auch nicht so argumentiert. In Kommentaren zur Studie wurde richtigerweise auf die insgesamt kleine Zahl von Krebsfällen in der Gruppe der Langzeitnutzer hingewiesen. Es ist deshalb möglich, dass dieses überraschende Ergebnis trotz seiner statistischen Signifikanz durch Zufall zustande gekommen ist. Möglich ist auch, dass beeinflussende fremde Faktoren unberücksichtigt geblieben sind – wie etwa der, dass Handynutzer statistisch ein überdurchschnittlich hohes Einkommen haben und Menschen mit überdurchschnittlichem Einkommen unterdurchschnittlich oft rauchen: Somit könnte eine tiefere Raucherquote und nicht die Handynutzung die Ursache für weniger Hirntumore bei Langzeitnutzern sein.

Eine Frage der Gefahrenabschätzung

Während eine gesundheitlich schädigende Wirkung der Mobilfunkstrahlung nicht belegt ist, ist natürlich auch das Gegenteil nicht bewiesen – dass die Strahlung unschädlich ist. Hierauf beruhen viele Forderungen nach Ausbaustopp und Eindämmung der Mobilfunktechnologie. Solange nicht hinreichend belegt sei, dass Mobilfunkstrahlung wirklich unbedenklich sei, dürfe man nicht sorglos neue Basisstationen aufstellen und müsse die Bevölkerung vor allfälligen Gesundheitsschäden durch die Benutzung von Mobiltelefonen warnen. Das ist auf den ersten Blick eine stimmige Argumentation, denn es ist tatsächlich so, dass viele Hinweise auf biologische Wirkungen der Strahlung nicht geklärt sind, manche Gefahren nicht ausgeschlossen werden können und die generelle Unschädlichkeit der Strahlung schon gar nicht belegt ist.

Andererseits muss aber auch die Frage gestellt werden, wie weit dem Vorsorgeprinzip nachgelebt werden soll. Gemäss dem Schweizerischen Umweltgesetz müssen Massnahmen zur Gesundheitsvorsorge technisch machbar und wirtschaftlich tragbar sein – Vorsorge kann also nicht grenzenlos sein. Dabei geht es gesellschaftlich um eine Abwägung von Nutzen und Gefahren: Welches ist der gesellschaftliche Nutzen der Mobilfunktechnologie? Welche Gefahren sind aufgrund der vorhandenen Informationen wahrscheinlich und welche lediglich nicht mit letzter Sicherheit auszuschliessen? Welche Unsicherheit ist tragbar, welche nicht – auch im Vergleich mit andern möglichen Zivilisationsgefahren? Wird der Vorsorge bereits genügend nachgelebt, oder muss sie verstärkt werden? Selbst wenn in Zukunft eine schädigende Wirkung der Mobilfunktechnologie wissenschaftlich belegt werden könnte, müsste, ausgehend vom Ausmass dieses Gesundheitsrisikos, in einem gesellschaftlichen Prozess geklärt werden, ob und wie weit es in Bezug auf den Nutzen der Technologie tragbar ist.

Es sei auch angemerkt, dass sich in der Wissenschaft die Hinweise auf eine schädigende Wirkung der Mobilfunkstrahlung nicht verdichten.

In Studien tauchen zwar regelmässig neue Belege für biologische Wirkungen auf, viele werden aber auch widerlegt. Das Bild, das die Wissenschaft von den möglichen Auswirkungen der Strahlung zeigt, ist in vielen Aspekten in den letzten Jahren zwar diffuser geworden – aber gerade das macht ein *relevantes* Gesundheitsproblem nicht wahrscheinlicher. Trotzdem wird in vielen mobilfunkkritischen Stellungnahmen, Presseartikeln und Büchern suggeriert, die Hinweise auf Gesundheitsschäden würden zahlreicher und dichter – ja, es fehle in der Forschung quasi nur noch der letzte Mosaikstein. Nicht selten wird in solche Berichte subtil das Wort *noch* eingefügt – also etwa: «die gesundheitlich schädigende Wirkung der Strahlung ist *noch* nicht bewiesen» –, was darauf schliessen lässt, die Wissenschaft stehe hier kurz vor dem Durchbruch. Wäre dem so, wäre eine restriktive Anwendung des Vorsorgeprinzips wohl tatsächlich angebracht – denn der Schutz der Bevölkerung vor plausiblen Risiken dürfte nicht vernachlässigt werden, nur weil der *letzte* Beweis noch fehlt.

Doch es ist im Gegenteil so, dass zumindest ein *grosses* Gesundheitsrisiko durch Mobilfunkstrahlung gemäss dem Stand der Forschung unplausibel ist. Würde etwa die Benutzung des Mobiltelefons tatsächlich zu einem Hirntumor führen (heute oder in Zukunft), hätte man in den vorgenommenen Studien mit grosser Wahrscheinlichkeit starke statistische Hinweise darauf erhalten. Natürlich kann darüber spekuliert werden, dass sich gesundheitliche Schäden erst nach einer langen Latenzzeit von beispielsweise 30 Jahren zeigen könnten, wie es etwa beim Asbest der Fall war. Solche Risiken völlig auszuschliessen, würde allerdings bedeuten, dass man sämtliche neuen Technologien, bei denen Schäden nach grosser Latenzzeit auch nur denkbar sind, vollständig verbieten müsste.

Handy potenziell gefährlicher als Sendestation

Im Zentrum der öffentlichen Auseinandersetzung um mögliche Gefahren der Mobilfunktechnologie stehen heute die Basisstationen – nicht die Mobiltelefone. Das ist erstaunlich, denn die stärksten Felder der Mobilfunktechnologie, die den menschlichen Körper treffen, gehen eindeutig vom Handy am Ohr aus und nicht von den Sendestationen – selbst wenn diese in der Nähe der eigenen Wohnung oder des eigenen Hauses stehen. Die während eines Gesprächs auf den Kopf einwirkenden Feldstärken liegen meist um Grössenordnungen über denjenigen, die von den Sendestationen eintreffen. Beachtet werden muss dabei natürlich, dass die vom Handy am Ohr ausgehenden Felder vor allem den Kopf treffen und nicht den ganzen Körper. Experten schätzen jedoch, dass ein Mensch bei einem Handygespräch von wenigen Minuten bereits eine gleich hohe Dosis an Mobilfunkstrahlung abbekommt, wie wenn er sich 24 Stunden lang in den von Basisstationen abgestrahlten Feldern aufhält. (Dies gilt zumindest bei der herkömmlichen GSM-Technologie – denn die neue Generation von UMTS-Handys strahlt tendenziell schwächer als GSM-Handys.) Nun kann natürlich darüber spekuliert werden, ob eine niedere, dauerhafte Strahlung schädlicher wirke als eine höhere, kurzzeitige – klare Hinweise dazu gibt es allerdings nicht.

Insgesamt darf mit einiger Sicherheit angenommen werden, dass das Handy am Ohr – wenn schon – das grössere Gefahrenpotenzial birgt als die Sendestation vor dem Haus. Dass aber dennoch die Sendestationen im Zentrum der Befürchtungen stehen, liegt wohl daran, dass das Handy am Ohr dem Benutzer einen unmittelbaren Nutzen bringt, die Basisstation vor dem Haus hingegen nicht unbedingt. Auch kann der Handybenutzer sein Gerät weglegen, wenn er will, und so die entsprechende Strahlung vermeiden. Das ist bei den Basisstationen natürlich nicht möglich. Erfahrungsgemäss werden sowohl Risiken, die sich der Selbstkontrolle entziehen, als auch solche, die dem Einzelnen keinen unmittelbaren Nutzen bringen, tendenziell überschätzt.

Die Schweiz hat strenge Grenzwerte

Um das mögliche Risiko von Sendestationen weiter zu verkleinern, hat die Schweiz in ihrer Gesetzgebung das Vorsorgeprinzip walten lassen. Gemäss der Verordnung über den Schutz vor nicht ionisierender Strahlung (NISV) gelten überall dort, wo Menschen sich auch nur kurzfristig aufhalten können, die von der internationalen Strahlenschutzkommission empfohlenen Grenzwerte. Diese werden in der Schweiz Immissionsgrenzwerte genannt und liegen je nach Frequenz zwischen 42 und 61 Volt pro Meter (V/m). Sie liegen damit um etwa Faktor 50 unterhalb der Intensität, die im Tierexperiment zu thermischen Schäden führt. Um auch nicht thermische Gesundheitsbeeinträchtigungen möglichst auszuschliessen, hat der Bundesrat dazu für alle Orte, an denen sich Menschen längere Zeit aufhalten (Wohnungen, Schulen, Spitäler, Büros, Kinderspielplätze usw.) sogenannte Anlagegrenzwerte verordnet: Eine Sendeanlage darf auf solche Orte nur mit einer Intensität strahlen, die etwa um den Faktor 10 unterhalb des Immissionsgrenzwerts liegt (zwischen 4 bis 6 V/m). (Diese Grenzwerte gelten ausdrücklich für eine einzelne Anlage – die Summe der Einwirkungen aller Anlagen auf einen Ort darf hingegen darüber liegen.) Das Bundesamt für Umwelt Bafu verweist als Begründung für diese strengeren Werte auf die in der Wissenschaft gefundenen Hinweise auf biologische Auswirkungen unterhalb der Immissionsgrenzwerte: «Über diese Wirkungen (insbesondere Langzeitwirkungen) ist sich die Wissenschaft zur Zeit noch nicht im Klaren.»[62] Mit dem Erlass der NISV habe der Bundesrat jedoch nicht abwarten wollen, bis die Wissenschaft die gewünschten Antworten liefere. «Das Vorsorgeprinzip des Umweltschutzgesetzes verlangt nämlich, dass die Belastung grundsätzlich niedrig sein soll, so niedrig, wie es technisch und betrieblich möglich und wirtschaftlich tragbar ist.» Die Schweiz hat mit diesen Anlagegrenzwerten für Orte mit intensiver Nutzung eine der strengsten Regelungen weltweit getroffen. Das Bafu erwähnt weiter, dass angesichts der unklaren Risikolage jedoch auch diese strengen Anlagegrenzwerte keine Unbedenklichkeitsgrenze bildeten. Eine 100-prozentige Garantie könne niemand abgeben – auch in Zukunft nicht. «Dies betrifft allerdings nicht nur die Strahlungsproblematik, sondern zahlreiche Technologien. Die Abwesenheit eines Risikos lässt sich wissenschaftlich nicht beweisen. Zu vielfältig sind die Lebensvorgänge, als dass jeder denkbare biologische Effekt im Voraus untersucht werden könnte».

Im Weiteren ist anzuführen, dass die in der Realität auftretenden Feldstärken, die von Mobilfunk-Sendeanlagen ausgehen, meist nochmals deutlich unterhalb der Schweizer Anlagegrenzwerte liegen. Das zeigte etwa eine Messaktion der Konsumentenzeitschrift *Saldo* auf öffentlichen Plätzen und an Orten, wo sich empfindliche Personen aufhalten (Kinder, Kranke, alte Menschen).[63] Die meisten gemessenen Werte lagen zwischen 0,4 und 1,7 V/m, der Höchstwert (auf der Dachterrasse eines Blindenheims) betrug 2,2 V/m. Zu ähnlichen Resultaten führte eine Messaktion des Umweltministeriums Nordrhein-Westfalen im Jahr 2002.[64] Fast alle der gemessenen Werte in den Städten Aachen, Bielefeld oder Wuppertal lagen unter 2 V/m, oft sogar unter 0,6 V/m. (Ein einziger Messwert lag knapp über 6 V/m, also über dem für Deutschland nicht gültigen Schweizer Anlagegrenzwert.) Eine Messaktion des schweizerischen Staatssekretariats für Wirtschaft zur Belastung durch Hochfrequenzstrahlung am Arbeitsplatz ergab 2007, dass die Schweizer Grenzwerte nicht nur eingehalten, sondern sogar weit unterschritten werden.[65] Gemessen wurde die Belastung an rund 400 Arbeitsplätzen. Der höchste registrierte Wert lag dabei bei lediglich 7 Prozent des Schweizerischen Anlagegrenzwerts. An den meisten Arbeitsplätzen wurde sogar eine Belastung gemessen, die unter 2 Prozent des Anlagegrenzwerts liegt.

Zusammenfassend kann festgehalten werden, dass die Bedrohung der Gesundheit durch Schweizer Mobilfunk-Basisstationen ziemlich klein ist: Ein Risiko für *grosse* gesundheitliche Beeinträchtigungen durch die Mobilfunktechnologie insgesamt ist nach dem Stand der Forschung unwahrscheinlich. Falls jedoch ein Risiko vorhanden sein sollte, darf mit einiger Wahrscheinlichkeit angenommen werden, dass dieses von Handys (oder andern schnurlosen Telefonen) und nicht von der weitaus schwächeren Strahlung der Basisstationen ausgeht. Darüber hinaus hat der Bund gemäss dem Vorsorgeprinzip die zulässigen Grenzwerte für Orte, an denen sich Menschen dauerhaft aufhalten, zehnmal tiefer angesetzt als von der internationalen Strahlenschutzkommission empfohlen.

Seltsame Interpretation der Zürcher UMTS-Studie

Zu beobachten ist, dass selbst Forschungsresultate, die klar gegen gesundheitliche Auswirkungen von Mobilfunkstrahlung sprechen, in der Öffentlichkeit gegenteilig ausgelegt werden. Oft wird von Umweltschutzorganisationen und Medien bei Bekanntwerden solcher Resultate hervorgehoben, dass dies noch lange kein Beweis für die generelle Unschädlichkeit der Strahlung sei – ja dass es geradezu skandalös sei, dass die Wissenschaft noch immer keine umfassenden Antworten habe. Dazu picken Mobilfunkkritiker selbst bei insgesamt entwarnenden Studien gerne Teilresultate heraus, die Hinweise auf offene Fragen oder Anlass zu Spekulationen geben.

So geschehen etwa im Sommer 2006, als die Resultate der Zürcher UMTS-Studie publiziert wurden. Ziel dieser Untersuchung, an der unter anderem Forscher der Universitäten Bern und Zürich sowie der ETH Zürich mitgearbeitet hatten, war es, das Resultat der bereits erwähnten niederländischen TNO-Studie zu überprüfen.[66] Diese war 2003 zum Schluss gekommen, dass UMTS-Strahlung im Labor einen negativen Effekt auf das Wohlbefinden und die kognitiven Fähigkeiten von Probanden habe. Die Schweizer Forscher setzten nun in ihrer Studienanlage insgesamt 117 Testpersonen im Labor kurzfristiger UMTS-Strahlung aus – im niederländischen Versuch waren es nur 48 gewesen. Von diesen

117 Probanden bezeichneten sich 33 selber als elektrosensibel. Das Ergebnis der Schweizer Studie war, dass die Resultate der TNO-Studie nicht bestätigt und keine Auswirkungen der Strahlungsexposition nachgewiesen werden konnten – weder eine Beeinträchtigung des Wohlbefindens noch der kognitiven Fähigkeiten. Die Versuchspersonen waren zudem nicht in der Lage, die UMTS-Strahlung wahrzunehmen. Das war ein wichtiges Resultat, denn die TNO-Studie war jahrelang in der Öffentlichkeit als Beleg für Gesundheitsgefahren zitiert worden und diente als Rechtfertigung für manches Antennenmoratorium.

Es ging in der Zürcher UMTS-Studie nie darum, eine generelle Unbedenklichkeit der UMTS-Strahlung nachzuweisen. Das wurde auch im Bericht festgehalten: «Es können keine Rückschlüsse auf das Gesundheitsrisiko durch UMTS-Handys oder durch eine langfristige, chronische Bestrahlung mit UMTS-Basisstationen gezogen werden.»[67] Für solche Schlüsse müssten die Ergebnisse weiterer Untersuchungen abgewartet werden. In vielen öffentlichen Kommentaren wurde jedoch nicht das Resultat der Studie ins Zentrum gerückt, sondern offene Fragen.

Der K-Tipp etwa bemängelte: «Antennen strahlen 24 Stunden am Tag – nicht nur 45 Minuten wie im Versuch.»[68] Das müssten selbst die Forscher «zugeben». Die Probanden seien in der Studie ausserdem mit einem UMTS-Signal bestrahlt worden, «auf dem keine Gespräche stattfanden.» In Wirklichkeit seien die von Antennenstandorten ausgestrahlten Signale «stärker, vielfältiger und gesundheitlich problematischer». Die Versuchsanordnung stehe daher ausserhalb der Realität. Der K-Tipp stellte dubiose Aussagen von Studienteilnehmern ins Zentrum, es sei ihnen während oder nach den Tests schwindlig oder übel geworden. Die Hauptaussage dieser Untersuchung sei deshalb stark zu relativieren. Allerdings steht im Studienbericht klar: «Verglichen mit der Kontrollbedingung führte keine der beiden UMTS Versuchsbedingungen von 1 oder 10 V/m zu einer Veränderung des Wohbefindens.» Wenn es jemandem übel wurde bei diesen Tests, dann also wohl kaum wegen der Strahlung.

Erstaunlich war auch die Reaktion der Ärztinnen und Ärzte für Umweltschutz AefU. Anfangs 2004 hatten sie die Forderung nach einem Moratorium für den Weiterausbau des UMTS-Netzes aufgestellt (das auch von der Verbindung der Schweizer Ärztinnen und Ärzte unterstützt worden war). In der *Schweizerischen Ärztezeitung* schrieben die AefU damals: «Grund für das UMTS-Moratorium sind beunruhigende Ergebnisse einer aktuellen Studie aus Holland. Stellvertretend für die unterstützenden Organisationen fordern die AefU Politik, Verwaltung und Mobilfunkbetreiber auf, mit der breiten UMTS-Einführung zuzuwarten, bis die von der holländischen Studie aufgeworfenen Fragen beantwortet sind.»[69] Nachdem die Zürcher UMTS-Studie nun die Resultate der niederländischen TNO-Studie widerlegt hatte, wollten die Ärztinnen und Ärzte für Umweltschutz aber plötzlich nichts mehr von einem Rückzug ihrer Moratoriumsforderung wissen: «Wir halten weiterhin an einem Moratorium für den Weiterausbau der Mobilfunktechnologie fest, da einerseits die Resultate aktuell laufender Untersuchungen in Dänemark, Grossbritannien und Japan bis zur definitiven Beurteilung der Kurzzeitexposition abgewartet werden müssen.»[70] Ausserdem entspreche eine kurzzeitige Exposition sowieso nicht der Realität – Antennen würden rund um die Uhr strahlen. Offenbar war die TNO-Studie nur ein vorgeschobenes Argument für ein Moratorium. Sobald deren Ergebnisse widerlegt waren, suchten die AefU rasch nach neuen Rechtfertigungsgründen für ein Moratorium. Ähnlich hielten es auch verschiedene Bürgerinitiativen und Gemeindebehörden, die aufgrund der TNO-Studie ein Moratorium für UMTS-Basisstationen verhängt hatten: Nach Erscheinen der Zürcher Untersuchung sahen sie sich plötzlich nicht mehr an ihre ursprüngliche Begründung gebunden und hielten am Moratorium fest.

Das Resultat der Zürcher UMTS-Studie kam vielen Mobilfunkgegnern ungelegen – einige versuchten sogar, deren wissenschaftliche Qualität in Zweifel zu ziehen. So etwa Gisela Kares, die im zürcherischen Thalwil eine Interessengemeinschaft gegen Mobilfunkantennen führt: «Es war von Beginn weg klar, zu welchem Resultat die Forscher gelangen würden.» Die Studie sei «massgeblich von der Mobilfunklobby gesponsert» worden. (Die Industrie hatte 40 Prozent an die Kosten bezahlt, den Rest hatte die öffentliche Hand übernommen.) «Ich bin überzeugt, davon, dass eine von unabhängigen Quellen finanzierte Studie mit unabhängigen Wissenschaftlern zu anderen Ergebnissen gelangt wäre.» Weiter meinte Kares, die Studie habe an der Realität vorbeigezielt. «Diese Versuchsanordnung entspricht einfach nicht realen Bedingungen.»[71] Die Versuchsanordnung war hingegen dieselbe wie in der niederländischen TNO-Studie, die in den Jahren zuvor von den Mobilfunkkritikern so gerne als Beleg für die Gefährlichkeit des UMTS-Netzes zitiert worden war.

Tendenziöse Auslegung einer Hirntumor-Studie

Ähnlich einseitig wurden auch die Resultate einer weiteren Studie aufgenommen, die im Januar 2007 publiziert worden war: Forscher aus Finnland, Grossbritannien, Dänemark, Schweden und Norwegen waren dem Hirntumorrisiko als Folge des Handygebrauchs nachgegangen.[72] Sie hatten insgesamt 1522 Personen, die an einem Gliom (einer bestimmten Art von Hirntumor) erkrankt waren, nach deren Gebrauch von Mobiltelefonen befragt – und daneben auch 3301 gesunde Personen. Die Führung dieser Studie hatte die finnische Strahlenschutzbehörde inne. Resultat: Es ergab sich insgesamt kein Zusammenhang zwischen dem Handygebrauch und der Entstehung eines Hirntumors. Bei einer Untergruppe – den Studienteilnehmern, die schon mehr als zehn Jahre lang ein Handy benutzten – fiel jedoch etwas auf: Hier ergab sich ein um 40 Prozent erhöhtes Risiko für einen Hirntumor auf derjenigen Kopfseite, an die das Handy beim Telefonieren gehalten wurde. Die Autoren der Studie erklärten allerdings selbst, dieser Hinweis sei nicht als Beweis zu werten. Man müsse das Risiko weiter abklären, bevor endgültige Schlüsse gezogen werden könnten. Denn einerseits war die statistische Unsicherheit gross, andererseits musste auch in Betracht gezogen werden, dass die Studienteilnehmer bei ihren Angaben zum Handygebrauch Fehler gemacht haben könnten.

In manchen Medien wurde das Ergebnis der Studie flugs auf den Kopf gestellt: Im Vordergrund stand plötzlich nicht mehr das Hauptresultat (insgesamt kein erhöhtes Risiko), sondern der Hinweis auf ein erhöhtes Risiko bei Langzeitnutzern. Der Öffentlichkeit wurde sogar suggeriert, die Studie spreche für ein erhöhtes Krebsrisiko. Der *Blick* etwa schrieb: «Neue Studie beunruhigt das Bundesamt für Gesundheit».[73] Die Autoren behaupteten zwar vordergründig, es gebe keinen Hinweis auf ein erhöhtes Krebsrisiko für regelmässige Mobiltelefonierer, schrieb der *Blick*, bei Langzeitnutzern hätten sie aber eine «beunruhigende Entdeckung» gemacht.

Noch dreister verdrehte die *Süddeutsche Zeitung* die Resultate der Studie in ihr Gegenteil. Sie setzte kurzum den Titel: «Handys können Krebs auslösen».[74] Im nachfolgenden Text wurde der Hinweis auf ein erhöhtes Risiko bei der Untergruppe der Langzeitnutzer in den Vordergrund gestellt. Das Hauptresultat hingegen – insgesamt keine Risikoerhöhung – wurde unterschlagen. Und die deutsche Boulevardzeitung *Bild* setzte den Titel «Krebs-Angst». Helle Christiansen vom Institute of

Cancer Epidemiology in Kopenhagen und Koautorin, meinte zu diesen Verdrehungen: «Unsere Studien haben das Gegenteil gezeigt. Mit solchen Aussagen verbreitet man nur unnötig Angst.»[75]

Die deutsche Zeitschrift *Der Spiegel* machte diese irreführende Berichterstattung einige Tage später selber zum Thema: Die *Süddeutsche Zeitung* habe, wie hypnotisiert von möglichen Gefahren, ihre «Knüllergeschichte» gegen alle Fakten gedreht, was als «Kurzschluss» zu bezeichnen sei.[76] Auch die deutsche Fachzeitschrift *Umweltmedizin Forschung und Praxis* nahm den Artikel auf und durchleuchtete die Berichterstattung über Mobilfunkstrahlung in den Medien: «Diese Tendenz, fachlich zu diskutierende Teilergebnisse zu reellen Gesundheitsrisiken hochzuschreiben, führt tatsächlich zu der von der Bild-Zeitung beschworenen ‹Krebs-Angst› in der Bevölkerung.»[77]

Resultate oder Teilresultate von Studien, die in Richtung einer krankmachenden Wirkung der Strahlung deuten, werden in den Vordergrund gestellt, alle andern Ergebnisse übergangen oder gar diskreditiert. Dieser Mechanismus entspricht exakt dem Ablauf eines Medienskandals, wie ihn der deutsche Kommunikationswissenschaftler Hans Mathias Kepplinger beschreibt.[78] Für die Protagonisten eines Skandals sei die eigene Sichtweise nicht eine von mehreren, sondern die einzig mögliche: «Wer die Dinge anders sieht, verfehlt die Realität.» Die «Skandalierer» würden von den Experten erwarten, dass sie die Sachverhalte so charakterisierten wie sie selber: «Wenn sie es dennoch nicht tun, können sie nicht die Wahrheit sagen, ihre Darstellung muss folglich Gründe haben, die nicht in der Natur der Sache, sondern in den Urteilenden liegen, ihren Interessen und Motiven. Sie geraten folglich in den Verdacht, selbst ein Teil des Skandals zu sein.» Die Folge einer solchen Medienskandalierung liege im Umstand, dass die Mehrheit der Bevölkerung am Ende nicht das glaube, was erwiesen werde, sondern das, was sie vorher überall massenhaft gelesen, gehört und gesehen habe. «Und je länger ein Skandal dauert, desto grösser wird die Kluft zwischen dem, was die Mehrheit zu wissen glaubt, und dem, was man tatsächlich wissen kann.»

Ratgeberbuch mit zweifelhaftem Inhalt

Nicht nur bei Medien, die im Boulevardstil berichten, herrscht oft eine selektive Wahrnehmung, was Gesundheitsgefahren wegen Mobilfunkstrahlung angeht. Auch viele Publikationen, die sich einen seriösen Anstrich geben, spielen die Gefahren hoch und verängstigen so die Leserschaft. Als Beispiel sei hier auf das Ratgeberbuch «Gesundheitsrisiko Elektrosmog» eingegangen, das in der Reihe «Gesundheitstipp Ratgeber» erschienen ist.[79] Es befasst sich sowohl mit gesundheitlichen Gefahren von nieder- und hochfrequenter Strahlung als auch von elektrischen und magnetischen Feldern, und gibt Tipps, wie man sich davor schützen könne. Der Mobilfunkstrahlung selber sind mehrere Kapitel gewidmet.

Gleich zu Beginn des Buches wird festgehalten: «Viele Studien belegen es hinreichend deutlich: Elektrosmog kann eine Gefahr für Menschen sein – und zwar für jeden und jede.» Im Kapitel «Handystrahlen, Mobilfunk und Radar» liest man dann, wissenschaftliche Untersuchungen fänden zunehmend neue nicht thermische Probleme, und Erkenntnisse über Schädigungen an Mensch und Natur nähmen zu. Es folgt eine Generalwarnung: «Jeder, der in der Nähe von Mobilfunksendern wohnt, und jeder, der mit Handys telefoniert, muss demnach mit diesen Effekten rechnen und spielt mit seiner Gesundheit.» Speziell Kinder seien gefährdet: «Das Handy in der Hosentasche mitzutragen oder SMS unter der Schulbank zu versenden, kann die Fruchtbarkeit beeinträchtigen.» Die Gefahr für die Bevölkerung gehe aber nicht nur von den Mobiltelefonen aus: «Wichtig: Alle hier geschilderten Erkenntnisse zum Thema Handystrahlung sind in vielen Fällen übertragbar auf die Mikrowellen in der Umgebung von grossen Mobilfunksendeanlagen draussen im Stadt- und Landbild und genauso auf die kleinen DECT-Basisstationen und Handgeräte der Schnurlostelefone daheim oder im Büro.» Die Autoren versteigen sich gar zum Zwischentitel «Das gewaltigste Problem, das die Welt je erlebt hat».

Um sich vor diesen angeblich gewaltigen Gesundheitsgefahren zu schützen, schlägt das Buch unter anderem vor, den Schlaf- und den Wohnraum abzuschirmen, etwa mit leitfähigen Netzen oder Metallfolien. Als Beispiel wird die Abschirmung eines Kinder- und Jugendtreffs im zürcherischen Bonstetten-Wettswil angeführt: «Das Ganze kostete 40 000 Franken, das waren nur drei Prozent der Bausumme.» Die Schweizer Grenzwerte für Mobilfunk-Basisstationen werden als zu wenig streng bezeichnet. Zwar seien die Schweizer Anlagegrenzwerte strenger als im Ausland. Es sei aber nicht so, dass die Bevölkerung deshalb besser geschützt sei: «In Deutschland und Österreich werden auch die strengeren Schweizer Werte von vier bis sechs Volt pro Meter selten überschritten, wie zahllose Messungen zeigen.» Daher seien auch die Schweizer Grenzwerte zu hoch. Denn: «Die Mikrowellen des Mobilfunks mit Abermillionen von Handys und den Funkwellen der Basisstationen sind der grösste physikalische Eingriff in die natürliche Umwelt seit Menschengedenken.»

Bei so exorbitanten Gefahren ist nachvollziehbar, dass das Ratgeberbuch die Leserschaft für den Kampf gegen Sendestationen aufrüstet. Es wird zwar eingestanden, dass Einsprachen gegen Antennen in der Regel chancenlos sind – zumindest solange diese die gesetzlichen Anforderungen und die geltenden Grenzwerte einhalten. Selbst beim Europäischen Gerichtshof für Menschenrechte in Strassburg seien Anwohner einer Antenne schon abgeblitzt. Trotzdem wird empfohlen, Einsprachen gegen Mobilfunkantennen zu machen: «Argumentieren Sie in einer ersten Einsprache gegen ein Baugesuch mit möglichst vielen Einwänden.» Empfohlen wird, mit gezinkten Karten zu spielen und falsche Gründe wie den Schutz des Ortsbildes vorzuschieben. «Ist ein geschütztes Ortsbild oder ein historisches Gebäude direkt betroffen, kann beispielsweise ausgeführt werden, die Antenne genüge den ästhetischen Anforderungen nicht.»

Die Autoren raten zudem: «Machen Sie politischen Dampf – mit einem Moratorium!» Immer mehr Gemeinden würden ein Antennenmoratorium beschliessen und keine Antennenstandorte mehr bewilligen. «Ein solches Moratorium ist zwar rechtlich nicht verbindlich. Aber es demonstriert, dass Antennenanlagen bei Bevölkerung und Gemeindevertretern unerwünscht sind.» Viele «aufmüpfige» Gemeinden würden inzwischen so vorgehen und passiven Widerstand leisten. Solche Moratorien machen den Beteiligten allerdings falsche Hoffnungen – die Gemeindebehörden können nicht einfach gegen die gesetzlichen Bestimmungen handeln. Dass Gemeindebehörden über diesen juristischen Sachverhalt und über den Wissensstand der Forschung informiert werden, passt den Autoren allerdings nicht: «Oft werden Gemeindevertreter von der Mobilfunklobby zu Informationsveranstaltungen eingeladen und dort ‹eingeseift›.»

Da Einsprachen und Moratorien letztlich nutzlos sind, wenn beim Bau neuer Basisstationen die gesetzlichen Auflagen eingehalten werden, empfiehlt das Buch Drohung und Verleumdung: Man solle auf Personen, die ihr Gebäude für Antennenstandorte zur Verfügung stellen, Druck ausüben: «Erhöhen Sie den Druck auf den Standortgeber!» Man solle ihn darauf aufmerksam machen, dass man sich mit allen Mitteln wehren werde und dass er sich in der gesamten Nachbarschaft sehr unbeliebt mache: «Das könne dazu führen, dass jemand nicht in ein Amt gewählt wird oder dass ein Geschäft wegen Boykotts durch die Dorf- oder Quartierbewohner eine Umsatzeinbusse erleidet.» Dazu: «Drohen Sie, dass Sie Entschädigungsansprüche und Schadenersatzbegehren gegen ihn stellen werden, dass er also ständig mit juristischen Eingaben zu kämpfen haben wird.»

Zur Illustration, wie wirksam diese Methode ist, werden «erfolgreiche» Beispiele angeführt: So habe etwa ein Bauer namens Meier im luzernischen Altishofen sein Grundstück für den Bau einer UMTS-Basisstation zur Verfügung stellen wollen. Gegen die geplante Antenne habe sich aber «scharfer Protest» geregt: «Von da an fühlte sich der Bauer nicht mehr wohl im kleinen Dorf, wo sich alle kennen. ‹Jeder zeigte auf mich, ich fühlte mich als schwarzes Schaf.› Meier wurde auch zum Sündenbock gestempelt mit Drohungen wie ‹Du bist schuld, wenn ich krank werde›.» Heute aber herrsche wieder Frieden im Dorf. Bauer Meier habe den bereits unterschriebenen Vertrag mit der Mobilfunkindustrie bis vor Bundesgericht angefochten und dabei einen «Teilsieg» errungen.

Im Weiteren wird das Beispiel eines Garagisten aus dem solothurnischen Bättwil angeführt, der durch einen Boykott im Dorf in seiner Existenz bedroht war und deshalb einen wichtigen Grund für die Kündigung des Vertrags für eine Basisstation hatte. Dargestellt wird auch der Fall des Präsidenten der landwirtschaftlichen Genossenschaft im luzernischen Reiden, der wegen Boykottdrohungen gegen den Landiladen schlaflose Nächte hatte – er wird zitiert mit: «Wir hätten unten im Verkaufsladen mehr verloren als die 4000 Franken pro Jahr, die wir mit der Antenne auf dem Dach verdient hätten.»

Insgesamt verdreht dieses Ratgeberbuch der Serie Gesundheitstipp nicht nur Tatsachen und bauscht Gefahren gewaltig auf, sondern legt mit seinen Boykott- und Mobbing-Aufrufen auch eine erschreckend antidemokratische Grundhaltung offen.

Einsprachen, Beschwerden, Moratorien

Vage Hinweise auf biologische Effekte werden als belegte gesundheitliche Risiken dargestellt, lediglich denkbare Wirkungen als tatsächlich existierende Gefahren. Wer sich bei gewissen mobilfunkkritischen Organisationen und Medien über Mobilfunk informiert, wird in Angst und Schrecken versetzt. So überrascht es kaum, dass grosse Teile der Bevölkerung von der gesundheitsschädigenden Wirkung der Mobilfunkstrahlung überzeugt sind. In einer repräsentativen Umfrage des Bundesamtes für Gesundheit BAG im Jahr 2004 glaubten etwa drei Viertel aller

Schweizer, dass elektromagnetische Felder allgemein die Gesundheit schädigen können.[80] Konkret die eigene Gesundheit gefährdet sehen wiederum deutlich weniger Befragte. Das BAG schreibt: «Ein scheinbares Paradox ist, dass sehr viele Personen elektromagnetische Felder als potenziell gesundheitsschädlich betrachten, aber nur ein kleiner Teil davon die eigene Gesundheit dadurch gefährdet sieht. Dies kann damit erklärt werden, dass für die meisten Personen das Handy heute nicht mehr wegzudenken ist, weshalb etwaige Gesundheitsgefährdungen in Kauf genommen werden.» In einer andern repräsentativen Umfrage, die vom Forschungsinstitut GfS Bern durchgeführt und 2007 veröffentlicht wurde, gaben 55 Prozent der Befragten an, dass die Mobilfunktechnik ihrer Meinung nach signifikante Gesundheitsrisiken berge.[81]

Die latenten Ängste vieler Menschen vor dem Mobilfunk werden erfahrungsgemäss meist dann akut, wenn diese mit einer Mobilfunk-Basisstation in ihrer Umgebung konfrontiert werden – obwohl das potenzielle Risiko des eigenen Handys mit ziemlicher Sicherheit weitaus grösser ist. Erstaunlicherweise bringen Personen, die sich selber als «elektrosensibel» bezeichnen – also überzeugt sind, dass sie unter elektromagnetischen Feldern leiden –, ihre Beschwerden wie Kopfweh, Schlafstörungen oder Schwindel weitaus häufiger in Zusammenhang mit Basisstationen als mit dem eigenen Mobiltelefon. Das zeigt etwa eine Befragung des BAG unter «elektrosensiblen» Leuten, die in den Jahren 2001 bis 2004 durchgeführt wurde.[82] 74 Prozent der antwortenden Personen führten ihre Beschwerden auf Mobilfunkantennen zurück, hingegen lediglich 36 Prozent auf das Benutzen eines Mobiltelefons (Mehrfachnennungen möglich). Menschen, die überzeugt sind, unter «Elektrosmog» zu leiden, sind kaum mehr davon abzubringen: «In der Kommunikation mit elektrosensiblen Personen fällt auf, dass typischerweise eine grosse Überzeugung besteht, dass die Beschwerden durch elektromagnetische Felder ausgelöst sind», schreiben der Berner Mobilfunkforscher Martin Röösli und der Arzt Bernhard Aufdereggen. «Alternative Erklärungen stossen häufig auf Ablehnung. Insbesondere psychologisch begründete Ansätze werden nicht akzeptiert.»[83]

Unter den beschriebenen Umständen erstaunt es nicht, dass der Widerstand der Bevölkerung gegen Mobilfunk-Basisstationen und Sendeanlagen gross ist. Es gibt wohl kaum einen Bezirk oder eine grössere Gemeinde in der Schweiz, in der nicht schon versucht wurde, mit Einsprachen und Beschwerden den Bau von Anlagen zu verhindern. Solange die geltenden Strahlungsgrenzwerte eingehalten werden und auch keine Argumente des Stadtbild- oder Landschaftsschutzes gegen den Bau sprechen, sind solche Einsprachen juristisch wirkungslos. Sie bringen den Mobilfunkanbietern zwar Verzögerungen, den Einsprechern aber meist nicht mehr als die Genugtuung, sich gewehrt zu haben – und manchmal auch hohe Gerichts- und Anwaltskosten.

Genaue Zahlen, wie viele Einsprachen und Beschwerden in der Schweiz gegen den Bau von Basisstationen erhoben und wie viele Rechtsverfahren dadurch ausgelöst werden, sind bei den Behörden und der Mobilfunkindustrie nicht erhältlich. Auf Anfrage bestätigt Swisscom zumindest, dass immer mindestens 100 Rechtsverfahren gleichzeitig offen seien, manchmal sogar 200 oder mehr. Orange gibt auf Anfrage an, dass etwa gegen drei Viertel ihrer Baubegehren Einsprache erhoben oder Beschwerde geführt werde. Diese Einsprachen hätten in rund 95 Prozent der Fälle ausschliesslich «Verzögerungscharakter» und führten dazu, dass zum Erstellen einer Mobilfunkanlage in der Schweiz durchschnittlich 360 Tage nötig seien, während es in andern europäischen Ländern rund zehnmal schneller gehe.

In vielen Gemeinden fordern Bürgerinitiativen, Interessengruppen oder sonstige Zusammenschlüsse auch Moratorien: Verlangt wird, dass die Behörden während einer begrenzten oder unbegrenzten Zeit generell keine neuen Sendeanlagen bewilligen. Häufig lancieren besorgte Bürger, wie etwa in Stäfa, auch kommunale Volksinitiativen und Petitionen, die bestimmte Verbote für Basisstationen verlangen (z. B. Verbot für den Bau in Wohnzonen) – nicht selten sogar mit Unterstützung der Gemeindebehörden. Ein weiterer, neuer Weg ist, sogenannte Planungszonen zu fordern – vordergründig zur Koordination von Antennenstandorten, in Wirklichkeit aber zu deren Verhinderung. Diese Möglichkeit setzt sich vor allem durch, seit sich Moratorien mehr und mehr als juristisch unhaltbar erweisen. So erliess etwa der Stadtrat im st. gallischen Rapperswil-Jona auf Druck von Antennengegnern und der lokalen SVP im September 2007 eine solche Planungszone, die weitere Basisstationen zumindest für zwei bis drei Jahre verhindern soll.[84]

Die Gemeindebehörden befinden sich meist in einer «Zwickmühle», wenn sich in der Gemeinde im grossen Stil Widerstand gegen Sendeanlagen zeigt: Einerseits erwarten die besorgten Bürger von ihnen, dass sie «die Ängste ernst nehmen» und neue Sendeanlagen verhindern, andererseits stehen die geforderten Einschränkungen beim Bau neuer Anlagen meist offensichtlich im Widerspruch zur geltenden Gesetzgebung. Obwohl die gesetzlichen Bestimmungen ziemlich eindeutig sind, verhängen manche Gemeindebehörden trotzdem ein Moratorium oder erklären eine Verbotsinitiative für gültig. Diese Scheinlösungen müssen dann meist nach kurzer Zeit auf Geheiss übergeordneter Behörden wieder zurückgenommen werden. Den Einwohnern wird mit diesem Leerlauf zwar Sand in die Augen gestreut – trotzdem erscheint ihnen das Agieren ihrer Gemeinderäte auch nach verlorenem Kampf oft als ehrenhaft. Die Gemeindebehörden können die angeblich mangelnde Mitbestimmung der Bürgerinnen und Bürger für ihr Scheitern verantwortlich machen und ein entsprechendes «Demokratiedefizit» anprangern. In einer Art Trotzreaktion sichern Gemeindebehörden nach ihrem Scheitern den Einwohnern oft zu, wenigstens keine gemeindeeigenen Bauten für Sendeanlagen zur Verfügung zu stellen.

Als Beispiel sei hier auf die Stadt Langenthal eingegangen, die sich im Kampf gegen Mobilfunkantennen besonders hervorgetan hat. Hier lancierte eine Interessengruppe eine Petition gegen den Bau neuer UMTS-Basisstationen und sammelte knapp 1800 Unterschriften. Der Gemeinderat kam dem Begehren noch am Tag der Einreichung im Februar 2005 nach und verhängte ein Moratorium für Baubewilligungen von UMTS-Antennen. Die Aufrechterhaltung dieses Moratoriums wurde explizit an die Resultate der erwarteten Zürcher UMTS-Studie geknüpft. Als diese dann im Sommer 2006 die in den Niederlanden beobachteten Einflüsse auf die kognitiven Leistungen nicht bestätigen konnte, wollte der Gemeinderat entgegen seiner ursprünglichen Zusicherung das Moratorium weiterhin aufrechterhalten. An der Haltung des Gemeinderates ändere sich nichts, meinte etwa Langenthals Vizepräsidentin Laura Baumgartner: «Einmal muss auch jemand hinstehen und sagen: Jetzt reichts.»[85] Das Moratorium wurde im August 2006 dann doch aufgehoben, in erster Linie aufgrund eines Bundesgerichtsentscheids, der solche Moratorien als unzulässig taxiert hatte. Für die Aufhebung waren auch drohende Schadenersatzklagen der betroffenen Mobilfunkanbieter entscheidend. Man habe sich mehr erhofft, klagte Langenthals Gemeinderat Werner Meyer – obwohl es über die Unzulässigkeit des Moratoriums von Anfang an kaum Zweifel gegeben hatte.[86] Der Gemeinderat sagte den Mobilfunkgegnern nun «ideelle Unterstützung» zu und verhängte ein Verbot für neue UMTS-Sendeanlagen auf stadteigenen Gebäuden.

Allgemein ist auffallend, dass bei kommunalen Verhinderungsversuchen oft von falschen Annahmen über die Mobilfunkstrahlung ausgegangen wird. Verbreitet ist etwa die Meinung, mehr Sendeanlagen bedeuteten automatisch höhere Strahlungsintensität. Daraus leitet sich dann die Forderung ab, die Zahl der Anlagen sei zu begrenzen («20 Antennen sind genug!») oder die Anlagen der verschiedenen Mobilfunkanbieter auf gemeinsame Basisstationen zu konzentrieren. Diese Begrenzung kann allerdings bedeuten, dass die verbleibenden Anlagen ihre Sendeleistung wegen den durchschnittlich grösseren Distanzen zu den Benutzern erhöhen müssen, was zu steigenden statt sinkenden Feldstärken führt. Die geltenden Grenzwerte schränken jedoch die Immissionen in der Umgebung solcher Anlagen ein, was dann eine mangelnde Netzabdeckung nach sich ziehen kann. Die Forderung nach Einschränkung der Zahl der Sendeanlagen kommt also oft in Konflikt mit dem Vorsorgeansatz des Gesetzes. Und selbst wenn die von Sendeanlagen ausgehenden Feldstärken mit solchen Massnahmen tatsächlich geringer werden, sind die Benutzer des Mobilfunks trotzdem oft höherer Strahlungsbelastung ausgesetzt: Ihr Handy muss bei schwächerer Sendeleistung der Antenne die eigene Leistung erhöhen, um die Übertragung sicherzustellen.

Die Angst vor Mobilfunk-Basisstationen hat offenbar auch Folgen für den Immobilienmarkt: Der *K-Tipp* berichtete im September 2006 über die Wertverminderung von Gebäuden, in deren Nähe eine Sendeanlage aufgestellt worden war.[87] Der «Preissturz» könne bis zu 30 Prozent betragen. Solche Auswirkungen werden paradoxerweise als Argument gegen die Mobilfunktechnologie ins Feld geführt. Der grüne Landrat Jürg Wiedemann etwa verlangte in einem Vorstoss im Baselbieter Kantonsparlament, der sich auf den erwähnten Artikel des *K-Tipps* stützte, eine Senkung der Strahlungsgrenzwerte für Mobilfunkanlagen auf kantonseigenen Gebäuden und der Allmend auf ein Zehntel der gültigen Grenzwerte.[88] Dadurch profitiere der Kanton auch finanziell, gab sich Wiedemann überzeugt: «Die betroffenen kantonseigenen sowie die umliegenden Gebäude gewinnen an Wert. Dadurch können auch die Mietzinseinnahmen erhöht, und der Erlös bei einem allfälligen Verkauf kann gesteigert werden.» Ob das so eintreffen würde, ist allerdings fraglich – denn Wiedemann hat offenbar übersehen, dass nicht die Mobilfunkstrahlung selber zu einer Wertverminderung von Gebäuden führt, sondern lediglich die Angst davor.

«Sanfter Mobilfunk»

Die mittlere Strahlungsbelastung, die von Sendeantennen ausgeht, hat in den letzten Jahren zugenommen: Die rasche Verbreitung des Mobilfunks in unserer Gesellschaft hat zum Ausbau der bestehenden Netze und zum Aufbau neuer Übermittlungstechnologien (z. B. UMTS) geführt. Ob die durchschnittliche Intensität auch in Zukunft weiter steigen wird, ist dagegen offen. Einerseits ist zwar mit einer weiteren Mengenausweitung zu rechnen: Neue Anwendungen wie die Übermittlung von Bildern oder Videos werden zu grösseren Datenmengen führen. Andererseits entwickelt sich die Technik weiter – mit der Folge, dass gleiche Datenmengen tendenziell mit immer schwächeren Signalen übertragen werden können bzw. dass für gleiche Datenmengen weniger Sendeleistung benötigt wird. Ein modernes UMTS-Handy strahlt zum Beispiel deutlich schwächer als ein herkömmliches GSM-Handy. Die Mobilfunkindustrie selber hat ein wirtschaftliches Interesse daran, die anfallenden Daten mit möglichst wenig Sendeleistung zu übertragen, um so den Ausbau der Netze gering zu halten.

Die zentrale Forderung der meisten Mobilfunkkritiker lautet jedoch, die Stärke der Mobilfunkfelder *sofort* deutlich zu senken. Unter dem Schlagwort «sanfter Mobilfunk» wird insbesondere eine Senkung der geltenden Grenzwerte gefordert – um Faktor 10, 100 oder noch mehr. Es gehe nicht darum, den Mobilfunk zu verunmöglichen, sondern die Feldstärken so zu begrenzen, dass gesundheitliche Folgen auszuschliessen seien, argumentieren die Vertreter des «sanften Mobilfunks». Sie sind überzeugt, dass eine deutliche Senkung der Feldstärken schon mit der heutigen Technik machbar ist, ohne dass die Benutzer mit Funklöchern zu rechnen hätten. Voraussetzungen seien lediglich entsprechende technische Investitionen in die Infrastruktur. Ein anderer Teil der Gegnerschaft dagegen stellt den Sinn des weiteren Ausbaus der Mobilfunktechnologie generell infrage und propagiert den Verzicht: Eine Senkung der Feldstärken sei auch dann durchzusetzen, wenn dies Löcher im Funknetz zur Folge habe – etwa im Innern von Gebäuden oder in Strassenschluchten. Eine eingeschränkte Verfügbarkeit sei zugunsten der Gesundheit in Kauf zu nehmen. Industriefachleute hingegen halten eine sofortige Senkung der Feldstärken für technisch nicht machbar – zumindest nicht ohne Verfügbarkeitseinbussen.

«Eine ausreichende Mobilfunkversorgung wäre auch mit viel weniger Sendeleistung möglich», behauptete der *K-Tipp* im November 2005.[89]

Zitiert wurde im Artikel unter anderem der deutsche Ingenieur Martin Virnich, gemäss dessen Aussage die Sendeleistung der Antennen «um den Faktor 100 bis 1000» reduziert werden könne. Die Handybenützung sei im Freien dann noch immer möglich, allerdings nicht mehr direkt im Innern von Gebäuden. Wenn auf dem Dach eines Hauses jedoch ein Empfänger mit direktem Sichtkontakt zu einer Antenne installiert werde, könne dieser das Signal in einzelne Räume leiten und dort mit reduzierter Leistung abstrahlen, schrieb der *K-Tipp*. Ein direkter Sichtkontakt von vielen Dächern zur Basisstation ist aber nur möglich, wenn die Basisstation auf die Dächer hinabstrahlt. In flachem Gelände wäre also der Bau von hohen Masten notwendig. Das bestätigt sich in einer andern Passage des erwähnten Artikels, der Bezug nimmt auf eine Studie der Münchner Enorm GmbH. Diese befasste sich mit der Umsetzbarkeit von tieferen Feldstärken im Fürstentum Liechtenstein. Im Talgebiet Liechtensteins sei eine vollständige Versorgung unterhalb eines Grenzwerts möglich, der für Wohngebiete bei nur 0,2 V/m liege, schrieb der *K-Tipp* dazu (die schweizerischen Anlagegrenzwerte liegen zwischen 4 und 6 V/m). Sogar eine Versorgung innerhalb der Häuser sei möglich. «Die Antennen müssten dazu ausserhalb der Siedlungsgebiete stehen, und zwar 50 Meter über Grund.» Ob 50 Meter hohe Sendemasten bei der Bevölkerung tatsächlich besser akzeptiert würden als die heute deutlich kleineren Sendeanlagen, ist allerdings mehr als fraglich.

Der Artikel des *K-Tipps* propagierte das *Gräfelfinger Modell*: Der Gemeinderat der Münchner Vorortsgemeinde Gräfelfing hat ein Konzept für deutlich schwächere Mobilfunkfelder erarbeitet – gestützt auf eine Studie, die ebenfalls von der Enorm GmbH stammt. Diese Studie zeige, dass eine ausreichende Netzqualität mit massiv reduzierter Sendeleistung möglich sei, schrieb der *K-Tipp*. Die Mobilfunkbetreiber sehen dies allerdings anders: Die Verantwortlichen des Gräfelfinger Modells hätten völlig an der Realität vorbeigeplant, sagt man bei Swisscom auf Anfrage. Darum hätten die Mobilfunkbetreiber sich in der Folge geweigert, mit den Planern des Modells weiter zusammenzuarbeiten. Die Absicht, alle Sendeanlagen an den Rand des Gemeindegebietes zu drängen, habe zu Protesten der Nachbargemeinden geführt. Und auch die betroffenen Land- und Gebäudebesitzer hätten sich geweigert, ihre Grundstücke zur Verfügung zu stellen. Insgesamt seien die Vorschläge des Gräfelfinger Modells bis heute nicht umgesetzt worden, lautet das Fazit der Swisscom.

Das Salzburger Modell

Für die angebliche Realisierbarkeit deutlich tieferer Feldstärken wird von Mobilfunkkritikern häufig das sogenannte *Salzburger Modell* zitiert: Die Salzburger Stadtbehörden verlangten 1998 von der österreichischen Bundesregierung deutlich schwächere Mobilfunkfelder. Gefordert wurden Vorsorgewerte, die bezüglich der Feldstärke etwa zehnmal tiefer als die Schweizer Anlagegrenzwerte liegen. Weil die österreichischen Behörden die Forderung nicht umsetzen wollten, versuchte Salzburg daraufhin, die Mobilfunkbetreiber auf freiwilliger Basis zur Umsetzung des Modells zu verpflichten. Diese wiesen allerdings darauf hin, dass die geforderten Werte ohne Versorgungsverlust und mit vernünftigem Aufwand nicht umzusetzen seien. Von vier Betreibern verpflichtete sich schliesslich ein einziger auf das Salzburger Modell.

Das Schweizerische Bundesamt für Kommunikation Bakom führte nun im Jahr 2001 in Salzburg Messungen durch, die zeigen sollten, ob das Salzburger Modell realisierbar und auch in der Schweiz umsetzbar sei – im Auftrag der eidgenössischen Kommunikationskommission Comcom. Der Grund war, dass das Modell von Mobilfunkkritikern immer wieder als Beleg für die Realisierbarkeit deutlich tieferer Grenzwerte angeführt wurde. Das Bakom führte bei insgesamt 13 durch das Los ausgewählten Salzburger Sendestandorten Messungen durch. Dazu wurden für die Immissionen im städtischen Gebiet Computersimulationen verwendet. Das Fazit des Bakom war eindeutig: Die Salzburger Vorsorgewerte seien aus technischen und betrieblichen Gründen auf städtischem Gebiet nicht einhaltbar. An 8 der insgesamt 13 ausgewählten Sendestandorten sei der geforderte Wert um bis zu Faktor 40 überschritten worden. Die Computersimulationen zeigten, dass die Vorsorgewerte nicht eingehalten werden könnten.[90]

Die Analyse des Bakom wurde in der Folge heftig kritisiert. Die Verantwortlichen des Salzburger Modells führten an, das Bakom habe für seine Messungen die falschen Sendestandorte ausgewählt – nämlich vor allem solche von Betreibern, die sich nicht auf das Modell verpflichtet hätten. Der Salzburger Stadtrat Johann Padutsch beschwerte sich in Bern über das Vorgehen des Bakom. Die *Wochenzeitung* schrieb unter dem Titel «Handlanger der Handylobby»: «Im Streit um die Strahlungsgrenzwerte tut das Bakom alles, um das ‹Salzburger Modell› zu desavouieren.»[91] Die Sendestandorte waren jedoch – auf Vorschlag der Landessanitätsdirektion Salzburg – unter notarieller Aufsicht durch das Los bestimmt worden. «Es wurde bewusst darauf verzichtet, die bereits bekannten, bezüglich der Immissionslage besonders kritischen Sendestandorte zu untersuchen», schrieb das Bakom in seiner Zusammenfassung der Studie. Und der damalige Bakom-Chef Marc Furrer entgegnete, es habe sich lediglich ein einziger Salzburger Stadtrat beschwert. «Die Kritik kommt von Leuten, denen die Resultate nicht passen», meinte Furrer.[92]

Ungeachtet dieses Resultats wird das Salzburger Modell von Mobilfunkkritikern weiterhin als Beweis angeführt, dass tiefere Feldstärken problemlos realisierbar seien. Die grüne Nationalrätin Pia Hollenstein etwa forderte im Jahr 2002 den Bundesrat auf, den schweizerischen Anlagegrenzwert zu senken – mit dem Argument des Salzburger Modells: «Nachdem in Salzburg der Beweis erbracht wurde, dass Mobilfunk auch mit wesentlich tieferen Immissionen funktioniert, ist es angezeigt, den Anlagegrenzwert in der NISV wenigstens auf 1 V/m, das heisst auf ein Fünftel des heutigen Wertes, zu senken», schrieb Hollenstein in ihrem Vorstoss.[93] Von einem Beweis in Salzburg kann aber nicht die Rede sein – selbst wenn man den Messungen des Bakom kritisch gegenübersteht.

Den Nutzen des Mobilfunks nicht vergessen

Letztlich ist es ein gesellschaftlicher Entscheid, wie stark Mobilfunkfelder begrenzt werden sollen. Es braucht eine Güterabwägung, in die nicht nur mögliche Gefahren einfliessen müssen, sondern auch der Nutzen der Mobilkommunikation für die Gesellschaft. Die Anwendungen des Mobilfunks und lückenlose Funknetze werden zwar oft als überflüssiger Luxus bezeichnet. Gerade die Verfügbarkeit des Mobilfunks bringt aber auch einen gesundheitlichen Nutzen: Dank dem Handy können heute verunglückte Bergsteiger gerettet werden, die früher vergeblich auf Hilfe hofften. Verletzte Verkehrsopfer können dank unmittelbarer Alarmierung der Sanität schneller geborgen werden. Dazu ermöglichen neue Anwendungen wie die Telemedizin vielen gesundheitlich Beeinträchtigten (etwa Herzinfarktpatienten) ein Leben in grösserer Bewegungsfreiheit.

«Erstaunlicherweise gibt es keine verlässlichen Zahlen darüber, wie viele Menschen Jahr für Jahr durch das Mobiltelefon gerettet werden», schreiben die deutschen Publizisten Dirk Maxeiner und Michael Miersch.[94] «Aber selbst bei vorsichtiger Schätzung dürften es weltweit viele Tausend sein.» Dieser konkrete Nutzen fliesse aber kaum in die Diskussion um den Mobilfunk ein: «Auf der einen Seite stehen seine nachweisbaren und tausendfach lebensrettenden Verdienste. Auf der anderen Seite stehen lediglich nicht nachweisbare und nur vermutete Nebenwirkungen, konkret aber keine wirklichen Schäden an Menschen. Die gesellschaftliche Bilanz des Mobilfunks fällt damit eindeutig zu seinen Gunsten aus.» Den Mangel an Zahlen zum gesundheitlichen Nutzen kritisierte auch die deutsche Fachzeitschrift *Umweltmedizin Forschung und Praxis*: Mit Sicherheit sei die Wahrscheinlichkeit für bessere Lebensqualität oder verlängertes Leben durch Mobilfunktechnologie klarer und eindeutiger als die fragwürdigen Ergebnisse zum erhöhten Krebsrisiko. «Aber frei nach dem Motto, ‹nur eine schlechte Nachricht ist eine gute Nachricht›, werden diese Zahlen weder wissenschaftlich dargestellt noch einer breiten Öffentlichkeit zugänglich gemacht.»[95]

Grenzwertabsenkungen zur Entschärfung der Diskussion?

Unter Berufung auf das Vorsorgeprinzip verlangen Mobilfunkkritiker tiefere Grenzwerte für Sendeanlagen. Es gebe genügend Belege dafür, dass die menschliche Gesundheit durch die Strahlung und den Bau neuer Antennen gefährdet sei. Für schärfere Vorschriften könnte sich aber auch aussprechen, wer sich davon eine Versöhnung zwischen Mobilfunkgegnern und -befürwortern erhofft: Die Absenkung der Grenzwerte wäre dann als eine Art «Befreiungsschlag» anzusehen, der die Diskussion um mögliche Gefahren aus der Welt schaffen würde: Die Gegner des Mobilfunks hätten ihr Ziel – einen stärkeren vorsorglichen Schutz – erreicht, die Betreiber und Anwender könnten die Technologie mit Einschränkungen weiter nutzen. Wer so denkt, dürfte allerdings einem verhängnisvollen Trugschluss aufsitzen.

Zum einen gibt es zu fast jedem konkreten tieferen Grenzwert wiederum Stimmen, die auch diesen noch als zu hoch und bedenklich für die Gesundheit bezeichnen. Thomas Grasberger und Franz Kotteder etwa torpedieren in ihrem Buch «Mobilfunk – Ein Freilandversuch am Menschen» ihre Forderung nach tieferen Feldstärken gleich selber. Sie nehmen Bezug auf das deutsche Ecolog-Institut, das aus Vorsorgegründen Werte unterhalb der Schweizer Anlagegrenzwerte fordert, und schreiben: «Die Grenzwertempfehlungen der Ecolog-Studie sind zahlreichen Mobilfunkkritikern immer noch viel zu hoch.» Es gebe wissenschaftliche Resultate, die Auswirkungen auch unterhalb den vom Ecolog-Institut empfohlenen Werten belegten. Dabei handle es sich etwa um falsche Signale von Nervenzellen, Durchlässigkeit der Blut-Hirn-Schranke, Hormonstörungen, verminderte Reaktion, DNA-Schäden und Missgeburten bei Tieren. Weiter schreiben die Autoren: «Ob niedrige Grenzwerte schon ausreichen, um die Bevölkerung vor Gesundheitsschäden zu schützen, ist natürlich nicht sicher.» In Schweden etwa gebe es Befunde, dass niedere Strahlungswerte bei Handys gar einen stärkeren Effekt hätten als hohe. «Nicht immer muss eine geringere Dosis auch gleichbedeutend mit geringem Schaden sein.» Es gebe Hinweise auf sogenannte Fenstereffekte, bei denen Schäden bei niederer Bestrahlung auftreten, bei höherer hingegen nicht.[96]

Die mobilfunkkritische Organisation «Diagnose Funk» führt in einer Liste Untersuchungen auf, die die gesundheitlichen Gefahren der Mobilfunkstrahlung angeblich belegen, und verbindet diese Studien mit der Feldstärke, bei der die entsprechenden Effekten nachgewiesen worden seien.[97] Dabei sind auch Studien zu finden, gemäss denen sogar unterhalb des (sehr tiefen) Salzburger Vorsorgewertes von 0,6 V/m mit gesundheitlichen Beeinträchtigungen zu rechnen sei: Das Spektrum reicht wiederum von Kopfschmerzen, Schwindel, Herzrasen und Müdigkeit über Gedächtnisprobleme, Übelkeit, Herz-Kreislauf-Symptome bis hin zu DNA-Schäden und Krebs.

Vorsorgemassnahmen verstärken Ängste

Mit tieferen Grenzwerten würde sich am Streit um die Mobilfunkstrahlung ziemlich sicher überhaupt nichts ändern – denn die Ausgangslage wäre noch immer die gleiche: Gewisse Mobilfunkgegner würden Studien ins Feld führen, die von Schäden auch unterhalb der tieferen Grenzwerte sprechen. Sie würden behaupten, dass auch die tieferen Werte die Bevölkerung nicht ausreichend schützten und darum die Technologie weiter eingeschränkt werden müsse. Denn die generelle Unschädlichkeit der Strahlung lässt sich natürlich auch bei abgesenkten Grenzwerten nicht beweisen.

Man muss im Gegenteil sogar erwarten, dass eine Absenkung der Grenzwerte den Gegnern zusätzlichen Aufwind verschaffen und die Auseinandersetzungen verschärfen würde. Man stelle sich vor, die Bundesbehörden würden eines Tages tiefere Grenzwerte beschliessen: Ein «Also doch!» würde durch das Land rauschen – die schärferen Vorschriften würden als Indiz für die Gefährlichkeit der Strahlung gewertet. Denn warum sonst müsste man die Werte nach unten anpassen?

In diesem Zusammenhang ist eine Untersuchung interessant, die 2004 und 2005 in der Schweiz durchgeführt wurde.[98] Insgesamt 640 Personen aus dem Umfeld der Universitäten Fribourg und St. Gallen wurden Texte zum Lesen vorgelegt, in denen es um die Risiken des Mobilfunks ging. In einem Teil der Texte war zusätzlich zu Basisinformationen über die wissenschaftliche Risikoeinschätzung (die allen Probanden gegeben wurden) von vorsorglichen Massnahmen zum Schutz der Bevölkerung die Rede, wie etwa eine Absenkung der Grenzwerte. Alle Probanden mussten nach dem Lesen angeben, wie sehr sie sich durch die Mobilfunkstrahlung bedroht fühlten. Dabei zeigte sich, dass diejenigen Personen, die über Vorsorgemassnahmen informiert worden waren, im Schnitt deutlich besorgter waren. Vorsorgemassnahmen verstärken die Risikowahrnehmung, lautete das Fazit der Studie: «Probanden, die zusätzlich zur Risikobewertung … die Information bekommen, dass Vorsorgemassnahmen implementiert werden, fühlen sich signifikant stärker durch den Mobilfunk bedroht als Probanden, denen diese Zusatzinformation nicht gegeben wird.» Im Weiteren zeigte die Studie, dass Vorsorgemassnahmen keinen Effekt auf das Vertrauen in den öffentlichen Gesundheitsschutz haben. Den Forderungen der Kritiker nach strengeren Vorsorgemassnahmen nachkommen kann also heissen, die Ängste der Bevölkerung vor dem Mobilfunk zu verstärken: «Diese Wirkung ist das Gegenteil dessen, was Politiker und Regulationsbehörden durch Vorsorgemassnahmen – neben dem Gesundheitsschutz – erreichen wollen; nämlich die Verminderung von Ängsten in der Bevölkerung», schreiben die Autoren der Studie. «Gerade Vorsorgemassnahmen, die den Schutz von sensiblen Räumen (z. B. Schulen, Spitäler) thematisieren, werden als Gefahrenhinweise interpretiert. Auf diese Weise führen sie zu einer Erhöhung der Risikowahrnehmung.»

Fazit

Bis heute konnte die Wissenschaft keine gesundheitlichen Schäden durch Hochfrequenzstrahlung nachweisen, die von Handys, Basisstationen oder andern Telekommunikationsanwendungen ausgeht (bei Einhaltung der Grenzwerte). Allerdings ist nicht ausgeschlossen, dass sich in Zukunft negative Wirkungen belegen lassen, da einige Zusammenhänge noch wenig erforscht sind. Die Strahlungsbelastung, die bei der Benutzung von Handys entsteht, ist deutlich grösser als die, die von Mobilfunkantennen ausgeht. Darum sind negative Wirkungen – wenn schon – am ehesten beim Handygebrauch zu erwarten. Trotzdem hat der Schweizer Gesetzgeber auch mögliche Gesundheitsschäden durch die Strahlung von Basisstationen nicht ausser Acht gelassen und für Orte häufigen Aufenthalts im internationalen Vergleich sehr strenge Grenzwerte erlassen (Anlagegrenzwerte). Messungen zeigen, dass die tatsächlich vorhandenen Feldstärken meist nochmals deutlich unter diesen Grenzwerten liegen.

Gewisse Mobilfunkkritiker reden der Bevölkerung aber seit Jahren ein, Mobilfunkstrahlung erzeuge nicht nur Kopfweh und schlaflose Nächte, sondern auch Krebs, Leukämie und Erbschäden. Das sei wissenschaftlich längst belegt, oder es gebe zumindest starke Hinweise dafür. Diese Kritiker zitieren dabei immer wieder Studien von wissenschaftlich geringem Wert und stellen unbestätigte Hinweise auf mögliche negative Wirkungen in den Vordergrund. Daneben werfen sie allen Forschern, die ihnen widersprechen, vor, unredlich zu handeln oder gar von Interessenvertretern «gekauft» zu sein. Zu beobachten ist, dass auch manche Medien die Ängste vor Mobilfunkstrahlung bewusst schüren, indem sie Forschungsresultate einseitig und ideologisch verzerrt darstellen. Viele Menschen sind darum überzeugt, dass vor allem die von Basisstationen ausgehende Strahlung ihnen schade. Sie wehren sich mit Einsprachen und Initiativen gegen den Ausbau der Mobilkommunikation – oftmals unterstützt von kommunalen Behörden. Dabei werden aufgrund falscher Vorstellungen über die Mobilfunkstrahlung oft sachlich unsinnige Forderungen aufgestellt, die die Strahlenbelastung für den Einzelnen eher vergrössern statt verringern.

Der Entscheid, ob die Belastung durch Mobilfunk-Basisstationen aus gesundheitlichen Überlegungen verringert werden muss oder nicht, hängt davon ob, wie restriktiv das Vorsorgeprinzip angewendet werden soll. Die Behauptung vieler Mobilfunkkritiker, die Strahlenbelastung könne sofort, ohne Einbussen bei der Versorgung, deutlich gesenkt werden, ist dabei wenig glaubwürdig und konnte in der Realität bisher nicht hinreichend belegt werden. Ausserdem gilt es zu bedenken, dass die Öffentlichkeit eine allfällige Senkung der Grenzwerte ziemlich sicher als Indiz für die Gefährlichkeit der Strahlung interpretieren würde, sodass tiefere Grenzwerte vermutlich zu noch stärkeren Ängsten führen würden.

Amalgam
Den Teufel mit dem Beelzebub ausgetrieben

«Wahr ist eine Botschaft dann, wenn ihre
Intention gut begründet ist und sie beim Empfänger
ankommt.»
*(Hans-Jochen Luhmann, Leiter
Abteilung Klimapolitik am Wuppertal-Institut)*

Es ist ruhig geworden um das Thema Amalgam. Die erschütternden
Berichte von Menschen, die wegen des Quecksilbers in ihren Zähnen
angeblich vergiftet wurden und jahrelang dahinvegetieren mussten, sind
weitgehend verschwunden. Zeitungsartikel, Radioberichte oder Fernseh-
sendungen, in denen Gegner und Befürworter des Amalgams die Klingen
kreuzen, gibt es heute kaum noch. Sogar der schweizerische Verein der
Amalgamgeschädigten hat sich mittlerweile aufgelöst.

Die ziemlich «eingeschlafene» Auseinandersetzung um Amalgam
weist viele Parallelen zum heutigen Streit um die Mobilfunkstrahlung
auf. Hier wie dort geht es um Risiken, die potenziell einen Grossteil der
Bevölkerung betreffen. Bei beiden Themen stehen Gefahren für Leib und
Leben im Raum, die aber von den massgebenden wissenschaftlichen
Fachgremien nicht anerkannt werden. Sowohl beim Amalgam wie auch
bei der Mobilfunkstrahlung gab und gibt es Vorwürfe, die Risiken würden bewusst heruntergespielt, verschwiegen und die Bevölkerung dadurch gefährdet.

Die Ängste haben sich durchgesetzt

Der Grund, dass es um Amalgam so still geworden ist, liegt auf der
Hand: Der Anlass für die einst hitzigen Diskussionen ist weggefallen.
Amalgam wird heute kaum mehr verwendet. Die Zahnärzte sind auf
andere Stoffe ausgewichen, um die Löcher in den Zähnen ihrer Patienten
zu füllen – es sind dies sogenannte Komposite und Kompomere, deren
Werkstoffeigenschaften in den letzten Jahren stetig weiterentwickelt und
verbessert wurden. Diese Alternativen sind mittlerweile nicht nur ein
valabler Ersatz für Amalgam geworden, sie bewahren die Zahnärzte auch
vor ständigen Diskussionen mit ihrer Kundschaft. Denn diese akzeptiert

längst nicht mehr, dass ihre Zähne mit einer Substanz gefüllt werden, die zu einem grossen Teil aus Quecksilber besteht.

Die Gegner von Amalgam haben also ihr Ziel erreicht: Der Werkstoff ist aus den Zahnarztpraxen fast ganz verschwunden. Erica Brühlmann, Gründerin des ehemaligen Vereins Amalgamgeschädigter, bestätigt: «Es war ein harter Kampf, doch der Paradigmawechsel hat stattgefunden. Das Ziel ist erreicht.»[99] Es scheint, als hätten die Argumente der Gegner gesiegt. Durchgesetzt haben sich aber nur die Ängste der Patienten – die Gefahren, die diese Ängste ausgelöst haben, sind von der Wissenschaft noch immer nicht bestätigt. Das ist nicht überall klar: «Dank Erica Brühlmann ist heute anerkannt, dass Amalgam krankmachen kann», schrieb etwa das *Limmattaler Tagblatt* im Zusammenhang mit einem Interview. Davon kann aber keine Rede sein. Das deutsche Bundesinstitut für Arzneimittel und Medizinprodukte formuliert es in seiner Informationsschrift – Stand 2005 – klar: «Nach dem gegenwärtigen Kenntnisstand besteht kein begründeter Verdacht dafür, dass ordnungsgemäss gelegte Amalgamfüllungen negative Auswirkungen auf die Gesundheit des zahnärztlichen Patienten haben.»[100] Ausnahmen seien lediglich die selten auftretenden lokalen Reaktionen in der Mundhöhle sowie die sehr seltenen Fälle allergischer Reaktionen (Reaktionen, die seit Langem bekannt und anerkannt und nicht der Anlass für den Streit um Amalgam sind).

Belastung des Organismus durch Amalgam

Die folgenden Ausführungen stützen sich auf die Informationen des erwähnten deutschen Bundesinstituts für Arzneimittel und Medizinprodukte BfArM sowie der Kassenzahnärztlichen Bundesvereinigung Deutschland KZBV.[101] Amalgam entsteht durch Vermischen von jeweils etwa 50 Prozent eines Legierungspulvers und von Quecksilber zu einer plastischen Masse, die nach kurzer Zeit erhärtet. Das Legierungspulver besteht aus verschiedenen Metallen – vor allem aus Silber, Zinn und Kupfer. Bei der Erhärtung des Amalgams bildet sich zwischen Quecksilber und Silber eine sogenannte feste metallische Phase.

Quecksilber ist eine toxische Substanz, wobei die giftige Wirkung wie bei allen Stoffen von der Dosis abhängt und hier im Speziellen auch von der chemischen Form: Zu unterscheiden sind metallisches, anorganisch gebundenes und organisch gebundenes Quecksilber. Im Zusammenhang mit Amalgamfüllungen sind ausschliesslich die metallische und die anorganisch gebundene Variante von Bedeutung. Metallisches Quecksilber aus Plomben kann als Gas über die Atemorgane in die Blutbahn gelangen oder im Speichel gelöst nach Verschlucken über den Magen-Darm-Trakt aufgenommen werden. Die Aufnahmequote des eingeatmeten metallischen Quecksilbers durch den Körper liegt bei etwa 80 Prozent, diejenige des gelösten metallischen Quecksilbers hingegen nur bei etwa 1 Prozent. Die Aufnahme von anorganisch gebundenem Quecksilber erfolgt ebenfalls durch den Magen-Darm-Trakt – die Aufnahmequote liegt hier bei etwa 10 Prozent. Über die Blutbahn gelangt das Quecksilber in verschiedene Organe – zum Beispiel in die Nieren, die Leber oder ins Gehirn. Die mittlere Halbwertszeit für Quecksilber im Organismus beträgt etwa 60 Tage – das bedeutet, dass nach dieser Zeit jeweils noch die Hälfte der ursprünglichen Menge vorhanden ist. Quecksilber, das sich im Zentralnervensystem angereichert hat, bleibt möglicherweise jedoch deutlich länger im Körper, eventuell sogar jahrelang.

Unbestritten ist heute, dass Amalgam in den Zähnen eine Quelle für die Quecksilberbelastung des Organismus darstellt. Daneben gibt es andere Quecksilberquellen wie etwa die Nahrung – wobei hier vor allem der Verzehr von Fisch und Fischprodukten von Bedeutung ist. Durch die Nahrung wird in erster Linie organisch gebundenes Quecksilber aufgenommen, das als besonders toxisch gilt. Im Mittel beträgt die tägliche Menge etwa 2 bis 3 Mikrogramm Quecksilber pro Person – wobei sie bei häufigem Konsum von Fisch bedeutend höher liegen kann. Die Aufnahme von Quecksilber, das aus Amalgamplomben stammt, beträgt gemäss neuen Veröffentlichungen etwa 2 Mikrogramm pro Tag. Eine Forschergruppe, die von der Europäischen Kommission eingesetzt wurde, kam zum Schluss, dass bei der überwiegenden Mehrheit der Patienten mit Amalgamfüllungen die Quecksilberaufnahme pro Tag unter 5 Mikrogramm beträgt.

Wie gefährlich sind diese Mengen für den menschlichen Organismus? Bei gasförmigem metallischem Quecksilber in der Atemluft gilt eine Konzentration von 100 Mikrogramm pro Kubikmeter Luft als Schwelle für klinische Vergiftungssymptome, 25 Mikrogramm gelten als industrieller Schwellenwert ohne beobachtbare Symptome. Eine Konzentration von 5 Mikrogramm ist der Grenzwert für die Allgemeinbevölkerung, 1 Mikrogramm derjenige für Kinder und Schwangere. Schätzt man ausgehend von 1 Mikrogramm pro Kubikmeter Luft ab, wie viel Quecksilber eine Person in einer entsprechend belasteten Atemluft im Körper aufnimmt, ergeben sich etwa 20 Mikrogramm pro Tag – eine

Menge, die deutlich über dem geschätzten Beitrag der Amalgamplomben zur Quecksilberbelastung liegt. Gemäss dieser Rechnung ist die aufgenommene Quecksilbermenge, die aus dem Amalgam in den Zähnen stammt, eindeutig zu klein, um Vergiftungen zu erzeugen.

Um die Quecksilberbelastung einer Person abzuschätzen, sind gemäss BfArM vor allem Messungen der Quecksilberkonzentration in Blut und Urin von Bedeutung. Studien zeigen, dass in Deutschland die durchschnittliche Quecksilberkonzentration bei Erwachsenen im Blut bei 0,6 Mikrogramm pro Liter liegt, im Urin bei 0,5 Mikrogramm pro Liter (wobei bei diesen Werten nicht unterschieden ist, ob Amalgamfüllungen vorhanden sind oder nicht). Im Vergleich dazu weist die Bevölkerung in Ländern mit hohem Fischkonsum (wie etwa Schweden) bedeutend höhere Werte auf – sie liegen im Bereich von 3 bis 4 Mikrogramm pro Liter Blut bzw. Urin. Bei Menschen mit hohem Fischkonsum lassen sich aber keine Schäden durch die erhöhte Quecksilberbelastung nachweisen – dies zeigen zahlreiche Studien aus Japan und Skandinavien, wo traditionell viel Fisch auf dem Speiseplan steht. Auch bei Berufsgruppen, die intensiv mit Quecksilber arbeiten, führt das Einatmen von Quecksilberdämpfen nicht zu einer Häufung von Erkrankungen im Vergleich zur Normalbevölkerung.

Grosses Interesse an wissenschaftlichen Resultaten

Bei Amalgam handelt es sich um einen gut erforschten Zahnwerkstoff. Trotzdem ist eine krankmachende Wirkung des darin enthaltenen Quecksilbers wie erwähnt bis heute von den wissenschaftlichen Fachgremien nicht anerkannt. Ebenfalls unbewiesen ist, dass es (wie behauptet) Personen gebe, die auf die Quecksilberbelastung aus Amalgamfüllungen besonders sensibel reagierten oder eine eigentliche Amalgamunverträglichkeit aufwiesen. Umgekehrt gibt es natürlich keinen allgemeinen Beweis, dass Amalgam definitiv und völlig unbedenklich für die Gesundheit sei. Auch hier gilt, dass ein solcher Unbedenklichkeitsnachweis durch die Wissenschaft prinzipiell nie erbracht werden kann. Wie bei der Mobilfunkstrahlung ist nicht ausgeschlossen, dass sich in Zukunft eine krankmachende Wirkung von Amalgam tatsächlich nachweisen lässt. (Wobei Amalgam seit weit über 100 Jahren verwendet wird. Die Beobachtungszeit ist somit viel länger als beim Mobilfunk.)

Eine weitere Analogie zur Mobilfunkstrahlung liegt darin, dass auch beim Amalgam die wissenschaftliche Auseinandersetzung jahrelang von der Öffentlichkeit intensiv mitverfolgt wurde – einmal erfuhr die Bevölkerung von neuen Verdachtsmomenten und Hinweisen auf die Gefährlichkeit der Plomben, ein andermal wieder davon, dass sich diese Hinweise nicht bestätigt hätten.

1996 etwa konnte man von einer Studie der Universität Tübingen lesen, gemäss der es einen direkten Zusammenhang zwischen der Zahl der Amalgamfüllungen in den Zähnen und der Quecksilberkonzentration im Speichel gebe.[102] Zahnärztegesellschaften und die Weltgesundheitsorganisation WHO wiesen jedoch darauf hin, dass Quecksilber im Speichel ein schlechter Indikator für die Belastung des Organismus sei, denn dieses werde im Gegensatz zu gasförmigem Quecksilber kaum aufgenommen. 1999 erfuhr die Öffentlichkeit davon, dass der Verdacht eines Zusammenhangs zwischen Amalgamfüllungen und Alzheimererkrankungen definitiv ausgeräumt sei[103]: Eine Studie der US-Zahnärztegesellschaft hatte ergeben, dass Patienten mit Amalgamfüllungen nicht häufiger an Alzheimer erkrankten als Menschen, die sich für Gold- oder Porzellanplomben entschieden hatten. Zwei Jahre später erschien jedoch eine Schweizer Untersuchung, gemäss der die Gehirne von Personen, die an Alzheimer gestorben waren, stärker mit Quecksilber belastet waren als bei andern Verstorbenen[104] – der Verdacht, Amalgam verursache Alzheimer, war wieder da. Zu reden gab auch eine Studie der Universität Giessen, bei der 80 Personen mit vergleichbaren Mengen Amalgam im Mund untersucht worden waren[105]: Die eine Hälfte der Testpersonen hatte verschiedene gesundheitliche Beschwerden und führte diese auf ihre Amalgamplomben zurück, die andere war beschwerdefrei. Die Quecksilberkonzentration in Blut und Urin der beiden Gruppen unterschied sich jedoch nicht – sie entsprach dem Bevölkerungsdurchschnitt. Probanden mit gesundheitlichen Beschwerden litten jedoch häufiger an psychischen Beeinträchtigungen wie Depressionen oder sogenannten Somatisierungsstörungen, bei denen die Psyche körperliche Symptome auslöst.

Falsche Behauptungen im Umlauf

Wer als wissenschaftlicher Laie die Diskussionen um Amalgam mitverfolgt, aber die Bedeutung der einzelnen Resultate nicht selber einschätzen und einordnen kann, steht am Ende genau wie bei der Mobilfunkstrahlung vor einem undurchsichtigen Gestrüpp von angeblich wissenschaftlich belegten Argumenten, die sich oft widersprechen. Dieses scheinbare Durcheinander lässt das Vertrauen des Laien in die Zuverlässigkeit der Wissenschaft schwinden und vergrössert seine Ängste. Für Wissenschaftler hingegen präsentiert sich die Datenlage anders: «Amalgam ist keine Glaubensfrage», hielten die Schweizer Forscher Hermann und Carlo Metzler bereits 1998 in einer Übersicht und Wertung aktueller Literatur über Amalgam fest.[106] Gemäss den vorliegenden Daten sei Amalgam ausser bei Allergikern als nicht gesundheitsschädigend einzustufen. Und das Datenmaterial sei sehr reichhaltig: «Es muss kaum noch etwas neu erarbeitet werden.» Festzustellen sei, dass auf dem Dentalamalgamgebiet gar ein Überschwang an Daten, Fakten und Veröffentlichungen existiere: «Jeder darf sich aus diesem Wust aussuchen, was ihm am besten passt.» Amalgamgegner tun das denn auch fleissig: Sie kolportieren unhaltbare Behauptungen und aus dem Zusammenhang gerissene Einzelresultate. Hier seien einige Beispiele angeführt:

Die Schweizerische Gesellschaft für Ganzheitliche Zahnmedizin schreibt in ihrem Internet-Auftritt: «Verschiedene Metalle (Amalgam, Gold-, Stahllegierungen) in der Mundhöhle zu haben, kann zu Störungen führen, da sich eine Batterie (galvanisches Element) aufbauen kann.»[107] Stromflüsse in der Mundhöhle – eine unschöne Vorstellung! Doch die Befürchtung weitreichender elektrochemischer oder galvanisch bedingter Störungen durch Amalgam ist unbegründet. Das deutsche Bundesinstitut für Arzneimittel und Medizinprodukte BfArM meint dazu: «So sind die Ergebnisse direkter Strommessungen zwischen metallischen Restaurationen in der Mundhöhe, bei denen kurzzeitig hohe Stromstärken gemessen werden, nicht aussagekräftig, da hier ein Stromfluss über einen künstlichen Leiter (entsprechend einer Kurzschlusssituation), der so in der Mundhöhle nicht vorhanden ist, erfolgt.»

Auf der Internetseite Amalgam-Info (die Seite des inzwischen aufgelösten Vereins der Amalgamgeschädigten, die von privater Seite weitergeführt wird) ist zu lesen, Ungeborene seien durch die Amalgamfüllungen der Mutter besonders gefährdet: «Bis zu 50 Prozent des gespeicherten Quecksilbers der Mutter geht auf den Fötus über.»[108] Ähnlich warnt auch die deutsche Internetseite NaturMedNet, die über Naturheilkunde und Umweltmedizin informieren will, und hinter der eine «Naturheilkunde Tagesklinik AG» steht: «Das Nervensystem des Kindes kann schon vor der Geburt geschädigt werden.» Das habe Folgen: «Bereits vorgeschädigte Kinder reagieren später, wenn sie Amalgame in die Zähne bekommen, besonders sensibel.»[109] Auch diese Behauptungen sind unhaltbar: «Nach derzeitigem Stand des Wissens gibt es … keinen

Beleg dafür, dass die Belastung des Ungeborenen mit Quecksilber aus den Amalgamfüllungen der Mutter gesundheitliche Schäden beim Kind verursacht», schreibt das BfArM zur Gefährdung von Ungeborenen. Weiter behauptet NaturMedNet, Zahnärzte seien durch ihre berufliche Tätigkeit besonders betroffen durch Amalgamvergiftungen: «Eine schwedische Untersuchung ergab, dass Zahnärzte eine unterdurchschnittliche Lebenserwartung haben, öfter an Hirntumoren erkranken und eine überdurchschnittlich hohe Selbstmordrate haben.» Auch für Erica Brühlmann, Gründerin des ehemaligen Vereins der Amalgamgeschädigten in der Schweiz, stehen häufigere Suizide unter Zahnärzten in einem Zusammenhang mit Amalgam: «Man weiss heute, dass Quecksilber sich in der Hirnanhangdrüse ansetzt. Die Folge davon können Depressionen sein.»[110] Doch von Zahnärzten, die durch Amalgam körperlich oder seelisch krank werden, kann keine Rede sein: Die Kassenzahnärztliche Bundesvereinigung stellt klar: «Untersuchungen haben … gezeigt, dass selbst nach jahrelanger Tätigkeit Zahnärzte und ihr Personal nicht mehr Gesundheitsschäden oder Befindlichkeitsstörungen haben als die Normalbevölkerung.»

Gewisse Interessenvertreter, Ideologen und Journalisten würden auch durch Fakten und Zahlen nicht einsichtig, kritisieren Hermann und Carlo Metzler die sich hartnäckig haltenden Behauptungen und Schlagzeilen, Amalgam sei erwiesenermassen gefährlich für die Gesundheit. Diesen Akteuren sei allerdings gesagt, «dass sie einer grossen Mehrheit der Bevölkerung einen schlechten, aus unserer Sicht gar verwerflichen Dienst erweisen, wenn sie das moderne Dentalamalgam undifferenziert als ‹Gift› anprangern.»

Erfahrungsberichte mit grosser Wirkung

Noch mehr als wissenschaftlich unhaltbare Behauptungen heizen Erfahrungsberichte Einzelner die Ängste vor dem Quecksilber im Mund an. Personen, die sich als Amalgamopfer sehen, schildern ihre Leiden, ihre Odyssee durch die Medizin sowie die Linderung ihrer Beschwerden nach dem Entfernen der Amalgamplomben. Solche Berichte haben eine grosse Überzeugungskraft – vor allem, weil sie emotional sehr aufgeladen sind. Es scheint dem Leser oder der Leserin, Amalgam stehe als Ursache der diversen Beschwerden offensichtlich und zweifelsfrei fest.

Ein typischer Erfahrungsbericht ist etwa der von Irene L., der 1997 in der *SonntagsZeitung* erschien: «Irene L., 53, ist ein Amalgam-Opfer», wird schon am Anfang des Artikels klargestellt. Dann folgt eine Aufzählung der Symptome, an denen diese Frau jahrelang litt: Herzklopfen, Ohren- und Halsschmerzen, Muskelkrämpfe, Zungenbrennen, Haarausfall, Sehstörungen, Ohrenpfeifen, Verdauungsprobleme, dumpfe Schmerzen in den Kieferknochen usw. «Ich war einfach gaga», fasst Irene L. ihren vorherigen Zustand zusammen. Anschliessend wird der Ärztemarathon geschildert, den Irene L. absolvieren musste, bevor sie Amalgam als angebliche Ursache ihrer Beschwerden erkannte: Ein Neurologe habe ihr zu Fitnesstraining geraten, ein Internist sei angesichts ihrer Symptome gar völlig ratlos gewesen, ein weiterer Arzt habe ihr den Gang zum Psychiater empfohlen. «Ich kam mir vor wie abgestempelt», kommentiert Irene L. den Ratschlag, die Ursache in der Psyche zu suchen. Die Wende habe dann die Lektüre eines amalgamkritischen Buches gebracht: «Jeder Satz traf genau auf mich zu.» Sie meldete sich beim Zahnarzt an, liess sich innerhalb von zweieinhalb Monaten vom «Giftgemisch» in ihren Zähnen befreien und ihre Amalgamplomben ersetzen. Kostenpunkt: rund 20 000 Franken. Während der Zeit der Amalgamentfernung seien etliche Symptome verstärkt aufgetreten: «Das klingt ein wenig komisch», meint Irene L. dazu, «doch ich war über diese Schmerzen beinahe erleichtert, weil sie Beweis dafür waren, dass ich mich auf dem richtigen Weg befand.» Nachdem alle Plomben ersetzt waren, konsultierte Irene L. einen «Ganzheits-Mediziner». Dieser bestimmte mit Elektro-Akupunktur den Quecksilberpegel und «regte den Körper über elektrische Impulse dazu an, das gelagerte Quecksilber auszuscheiden». Es sei ihr schnell viel besser gegangen. Heute sei es ein «enorm gutes Gefühl», einen amalgamfreien Mund zu haben – auch wenn sie noch nicht ganz geheilt sei: Noch immer unterziehe sie sich regelmässig homöopathischen Therapien, schlucke täglich ihre Mittel und leide unter erheblichen Darmproblemen. Am Ende des Berichts folgen Adresse und Telefonnummer des Vereins Amalgamgeschädigter – wohl in der Absicht, auch andern «Amalgamgeschädigten» weiterzuhelfen.[111]

Auffallend an den Schilderungen von Irene L. ist, dass sie nach der Lektüre des amalgamkritischen Buches nie mehr daran zweifelte, dass Amalgam die Ursache ihrer Beschwerden sei – obwohl diese offenbar auch nach dem Ersatz aller Amalgamplomben teilweise noch immer vorhanden sind. Typisch ist auch, dass sie von sogenannten Ganzheits-Medizinern mit einem Hang zu esoterischen Methoden in ihrer Überzeugung bestärkt wurde.

Zweifelhafte Methoden der «Ganzheits-Mediziner»

Generell wenden sogenannte Ganzheits-Mediziner seltsame Methoden an, wenn es darum geht, eine angebliche Amalgamvergiftung zu diagnostizieren und nach der Entfernung aller Amalgamplomben den entsprechenden Erfolg nachzuweisen. Die Schweizerische Gesellschaft für Ganzheitliche Zahnmedizin schreibt etwa: «Bei der Diagnose toxischer Belastungen im lebenden Gewebe haben sich die bioenergetischen Verfahren (EAV, Vega, BFD, Aurikulomedizin, Kinesiologie ...) bewährt. Mit diesen Verfahren können die einzelnen Organe und Organsysteme auf die Belastung nicht nur mit einem Einzelstoff (z. B. Quecksilber) hin untersucht werden. Vielmehr ist eine Belastung auch mit einem Metallgemisch (z. B. Amalgam) als solche diagnostizierbar.» Solche Verfahren würden daher eine gezielte Abklärung ermöglichen, in welchem Ausmass es im individuellen Fall zu einer toxischen Amalgambelastung gekommen sei.

Der «ganzheitliche» Zahnarzt Werner Maurer beschreibt seine Behandlung von «Amalgam-Opfern» in seiner Praxis so[112]: «Zunächst ersetzen wir die Füllungen durch Provisorien, dann leiten wir Quecksilber aus dem Körper. Da gibt es verschiedenste Vorgehensweisen: mit Hilfe der Homöopathie, der Bioresonanz, der Kinesiologie, der Hypnotherapie oder Akupunktur. Ich persönlich mache eine Kombination aus feinstofflicher und grobstofflicher Ausleitung, verabreiche also auch chemische Präparate, die die entsprechenden Substanzen bilden und ausschwemmen.» Das Resultat werde «im Resonanztest überprüft, bis mir der Biotensor keine Quecksilberbelastung mehr angibt». Erst dann folge die Sanierung der Zähne.

Solche Vorgehensweisen mit esoterischen Nachweis- und Behandlungsmethoden bestärken natürlich bereits verunsicherte Patienten in ihren Ängsten. Die Kassenzahnärztliche Bundesvereinigung Deutschland kritisiert: Es sei zwar verständlich, dass Menschen, die unter Beeinträchtigung ihrer Gesundheit leiden, jede mögliche Chance zur Heilung ergreifen wollen. «Nicht ganz der medizinischen Ethik entsprechend verhalten sich allerdings Ärzte, die ohne nachgewiesene Zusammenhänge zur Entfernung intakter Füllungen raten und sich weiterer, oft langwieriger Diagnostik, wo die wahren Ursachen der Übel liegen, verschliessen. Die Therapieempfehlung gleicht oft einem Heilversprechen – und kann das, wie viele Fälle von Patientenbeschwerden zeigen, nicht halten. Das Amalgam ist raus – aber nach kurzer Zeit treten die Beschwerden erneut auf.»

Nachweis einer Amalgamvergiftung gemäss NaturMedNet

Menschen, die unter diffusen Gesundheitsbeschwerden leiden und eine Erklärung dafür suchen, wird gezielt suggeriert, ihre Leiden seien durch Amalgamplomben verursacht. Ein besonders krasses Beispiel, wie verunsicherte Personen zu fraglichen Behandlungen und «Sanierungen» motiviert werden, stellen die Informationen auf der Internetseite Natur-MedNet dar: Hier wird zuerst ausführlich aufgezählt, welche gesundheitlich schädlichen Wirkungen Amalgam angeblich hat, und dass diese Wirkungen zweifelsfrei belegt seien. Anschliessend schildert NaturMed-Net unter dem Titel «Haben Sie vielleicht eine Amalgamvergiftung?», wie sich eine solche Vergiftung bemerkbar machen soll: «Anfangs bemerkt man gar nichts, später fühlt man sich ab und zu, immer phasenweise, unwohl, dafür lassen sich dann leicht andere Faktoren wie Stress oder Ärger verantwortlich machen. Über die Jahre hinweg kommen dann mehr Krankheitssymptome hinzu, an die man sich unmerklich gewöhnt hat und sein Leben schon darauf eingestellt hat, soweit möglich. Zum Beispiel hat man sich schon längst daran gewöhnt, dass man latent etwas müde und erschöpft ist, und hält wenn möglich eine Mittagsruhe.» Auch wenn es zwischenzeitlich ganz gut gehe, solle man sich dadurch nicht täuschen lassen: «Erschwerend für das Erkennen einer chronischen Vergiftung ist, dass es dazwischen immer wieder Phasen gibt, in denen es scheinbar besser geht.» Anschliessend folgt nun eine fast endlose Liste von gesundheitlichen Beschwerden, die gemäss NaturMedNet Anzeichen einer Amalgamvergiftung sein können. In dieser Liste stehen viele «Symptome», die auch bei bester Gesundheit immer wieder mal auftauchen, wie etwa Zahnfleischbluten, Kopfschmerzen, Migräne, Müdigkeit, Erschöpfung, Schlafprobleme, Depressionen, Schwindel, Allergien, Verstopfung, Durchfall, Appetitlosigkeit, Muskel- und Gliederschmerzen, kalte Hände und Füsse sowie verstopfte Nase. NaturMedNet schreibt dazu: «Gehen Sie die Liste durch und kreuzen Sie an, was auf Sie zutrifft. Trifft ein Grossteil der Beschwerden auf Sie zu, ist die Wahrscheinlichkeit, dass Sie eine Amalgamvergiftung haben, gross.» Die Fülle der Symptome bestätige, wie umfangreich und komplex die Schädigung des Organismus durch eine «langjährige, chronische Amalgamvergiftung» sein könne. Auch diejenigen, die trotz der langen Liste der möglichen Symptome nur auf wenige Kreuzchen kommen, dürfen sich gemäss NaturMedNet nicht in falscher Sicherheit wiegen: «Vielleicht haben Sie bis jetzt noch Glück gehabt, Sie konnten Ihre Gesundheit mit einem intakten Immunsystem verteidigen.» Amalgam sei aber eine «Zeitbombe», die jederzeit gezündet werden könne.

NaturMedNet fordert nun diejenigen, die eine Amalgamvergiftung vermuten, auf, diese Einschätzung mit einem «einfachen, kleinen Test» zu überprüfen: «Besorgen Sie sich in der Apotheke das homöopathische Medikament Mercurius solubilis compositum .... Dies ist ein Medikament zur Therapie von Amalgamvergiftungen, es eignet sich aber auch gut für einen Test.» Es folgt eine Anleitung, wie man dieses Mittel anwendet: auf die Zunge geben und dort einziehen lassen, oder kräftig auf die Stirn oberhalb der Augenbrauen reiben. «Am besten führen Sie den Test an einem Ruhetag aus, so dass Sie auch Zeit haben, um Ihre Reaktionen auszuleben und gut zu beobachten.» Erfolge keine Reaktion, sei eine Amalgamvergiftung unwahrscheinlich. «Stellen sich Reaktionen ein, können Sie an Ihrer Heftigkeit in etwa das Ausmass oder den Grad Ihrer Vergiftung abschätzen, eine rein subjektive Beurteilung. Manche Menschen reagieren schon innerhalb von 3–4 Stunden, bei anderen dauert es 8–12 Stunden.» Bei diesen Reaktionen handle es sich um Unwohlsein, Kopfschmerz, Schwindel und Benommenheit, bei schweren Vergiftungen auch Übelkeit, Durchfall und «breiigen Stuhl». Falls man innerhalb von 24 Stunden keine Reaktion spüre, dürfe man sich freuen – man sei dann «vom Zahn der Zeit noch nicht angenagt worden». Allen andern rät NaturMedNet: «Sehen Sie Ihrer Krankheit ins Auge, sozusagen Zahn um Zahn, und packen Sie ihre Gesundung aktiv an.»

Als weitere Methoden zum Nachweis von Amalgamvergiftungen propagiert NaturMedNet unter anderem den Elektroakupunkturtest («bei diesem Test wird nicht, wie bei vielen andern Tests, gemessen, was an Quecksilber aus dem Körper herauskommt, sondern entlang von Meridianen (Energieleitbahnen im Körper) wird gemessen, was an Quecksilberamalgam im Körper drin ist») sowie den Kaugummi-Speicheltest: Während zehn Minuten wird intensiv Kaugummi gekaut, anschliessend der Quecksilbergehalt im Speichel gemessen. Das deutsche Bundesinstitut für Arzneimittel und Medizinprodukte hat zu solchen Messmethoden eine klare Haltung: Sie taugen nichts. Zum Kaugummi-Speicheltest schreibt das Institut: «Durch das Kauen entsteht ein Abrieb an den Amalgamoberflächen, das heisst im Speichel finden sich vorwiegend intakte metallische Partikel und anorganisches Quecksilber. Diese werden nur zu einem geringen Teil im Magen-Darm-Trakt resorbiert.» Und zu den übrigen Methoden heisst es: «Weitere Methoden wie die Elektro-akupunktur nach Voll, die Bioresonanztherapie, die Kinesiologie oder vergleichbare Verfahren, die oftmals in Zusammenhang mit Amalgam angewendet werden, sind zur Abschätzung einer Belastung durch Amalgam oder andere Stoffe nicht geeignet.»

Amalgamentfernung mit fraglichem Nutzen

Ratschläge, wie sie NaturMedNet und «ganzheitliche» Ärzte abgeben, bestätigen wohl viele Leute in ihrem Verdacht, an einer «Amalgamvergiftung» zu leiden. Es folgt dann oft eine teure und körperlich belastende Behandlung: Alle Amalgamplomben werden beim Zahnarzt entfernt. Die Weltgesundheitsorganisation WHO beobachtete dies schon 1997 mit Sorge: «Die allgemeine Besorgnis um die schädliche Wirkung von Quecksilber veranlasst manche Patienten dazu, Amalgamrestaurationen entfernen zu lassen, ganz gleich, ob in den jeweiligen Fällen entsprechende Symptome auftreten oder nicht. Trotz der grossen Zahl von Fallstudien und informellen Berichten liegen bislang keine kontrollierten Studien vor, die auf die Entstehung systemischer Nebenwirkungen durch Amalgam hinweisen. Umgekehrt ist bislang kein wissenschaftlicher Beweis darüber erbracht worden, dass das Entfernen von Amalgamrestaurationen zur Beseitigung von allgemeinen Symptomen führt.»[113]

Die Kassenzahnärztliche Bundesvereinigung Deutschland KZBV ist überzeugt, dass die Ursache der dem Amalgam zugeschriebenen Symptome häufig im psychosomatischen Bereich liege. Solche Erklärungen hören die Patienten von ihren Zahnärzten natürlich überhaupt nicht gern. Sie fühlen sich nicht ernst genommen, wenn psychische Ursachen für ihre Beschwerden in Erwägung gezogen werden. Darum vermeiden viele Ärzte das heikle Thema Psyche anzusprechen und lassen ihre Patienten lieber im Glauben einer Amalgamvergiftung. «Sowohl mit der Diagnose als auch mit Therapieempfehlungen tun sich manche Ärzte und auch Zahnärzte schwer: Sie spüren, dass sie auf Unverständnis stossen», schreibt die KZBV. Doch das Verständnis für psychosomatische Zusammenhänge wachse: «An dem Thema kommt inzwischen auch kein Therapeut mehr vorbei, denn in unserer heutigen Zeit gibt es sehr viele Menschen, die erkennbar unter solchen typischen Befindlichkeitsstörungen bzw. psychosomatisch bedingten Erkrankungen leiden.»

Die Beobachtungen von Paul Engel

Überzeugt von der Wirksamkeit der Amalgamentfernungen ist hingegen der Bieler Zahnarzt Paul Engel. Seine Beobachtungen, die 1998 in der *Schweizer Monatszeitschrift für Zahnmedizin* veröffentlicht wurden, fand grosse Resonanz. Engel hatte 75 Patienten, bei denen er die Amalgamplomben entfernt und durch Füllungen aus andern Materialien ersetzt hatte, anschliessend an diese Behandlung nach einer allfälligen Veränderung des Wohlbefindens befragt. Diese Patienten hatten zuvor über diffuse Symptome wie Migräne, Kopfweh, Magen-Darm-Probleme, Nackenverspannungen, Schwindel oder Sehstörungen geklagt. Das Resultat verblüffte Engel selber: 68 Prozent der Patienten bezeichneten ihre Gesundheit nach der Entfernung der Amalgamplomben als «viel besser», 12 Prozent als «etwas besser». Nur 7 Prozent meinten, keine Besserung zu spüren, und lediglich 1 Prozent stellte eine Verschlechterung fest. «Dies ist sicher ein erstaunliches, ja fast unglaubliches Ergebnis», schrieb Engel. «Hatten die Patienten oder der Zahnarzt die Resultate beschönigt? Ich glaube es nicht.» Engel führte seine Beobachtungen fort, die positiven Erfahrungen seiner Patienten nach einer Amalgamentfernung blieben.[114]

Verschiedene Medien nahmen die Veröffentlichung Engels im grossen Stil auf, unter ihnen auch die Gesundheits-Zeitschrift *Puls-Tipp*. Unter dem Titel «Amalgam war schuld»[115] schrieb *Puls-Tipp*: «Die Ursache mancher chronischer Krankheiten liegt in den Zähnen.» In diesem Bericht meldeten Schweizer Zahnmediziner Zweifel an der Aussagekraft von Engels Beobachtungen an. Professor Adrian Lussi von der Universität Bern wies darauf hin, dass es sich bei Engels Bericht nicht etwa um ein wissenschaftliches Resultat handle. Insbesondere habe Engel keine Kontrollgruppe gebildet: «Als Kontrollgruppe könnten Menschen dienen, die Amalgamfüllungen und Beschwerden haben, aber keine Behandlung wollen», meinte Lussi. «Ein Vergleich der beiden Gruppen zeigt dann, ob es tatsächlich der Ersatz der Amalgamfüllungen ist, der das Befinden der Patienten bessert.» Professor Jakob Wirz von der Universität Basel gab sich überzeugt, dass an den Beschwerden, über die Engels Patienten klagen, die Psyche und die Umwelt schuld seien: «Amalgam dient hier als Sündenbock. Dabei ist es der am besten untersuchte Werkstoff der Zahnmedizin.» Paul Engel wiederum wandte ein: «Ich bin Zahnarzt, kein Wissenschaftler. Ich veröffentlichte meine Beobachtungen, mehr nicht. Alles Weitere ist Sache der Professoren.»

Engel kann natürlich nicht zum Vorwurf gemacht werden, dass seine Beobachtungen wissenschaftlichen Kriterien nicht genügten. Er hat das Recht, seine Patienten zu beobachten und zu befragen und die Resultate zu veröffentlichen. Andererseits dürfen sie nicht als Beleg oder Beweis für die Wirksamkeit der Amalgamentfernungen herangezogen werden. Denn das grosse «Aber» bei Engels Beobachtungen ist tatsächlich, dass seine Patienten ihren Gesundheitszustand selber eingeschätzt haben, und es durchaus möglich ist, dass dabei erhebliche psychologische Faktoren von Bedeutung waren. Dazu handelte es sich bei Engels Patienten um Personen, die schon vor der Amalgamentfernung von der schädlichen Wirkung des Quecksilbers in ihren Zähnen überzeugt waren und sich gerade darum einer teuren und aufwendigen Behandlung unterzogen hatten. Wer möchte da anschliessend zugeben, diese Prozedur habe nichts gebracht – und das erst noch gegenüber dem Zahnarzt, der diese Prozedur durchgeführt hat? Engels Beobachtungen müssen als Hinweise sicher ernst genommen werden. Wissenschaftliche Belege aber, dass die Entfernung der Amalgamplomben die Gesundheit tatsächlich positiv beeinflusse, liegen bis heute keine vor.

Wirkungen auf die Politik

Die ständigen Warnungen vor dem Quecksilber in den Zähnen und die verzerrte Darstellung wissenschaftlicher Resultate durch gewisse Amalgamgegner beeinflussen aber nicht nur Personen, die an diversen diffusen Symptomen leiden, sondern auch einen weiten Kreis von Politikern. Im Jahr 2003 verlangte die grüne Nationalrätin Pia Hollenstein vom Bundesrat, die Verwendung von Amalgam als Zahnwerkstoff einzuschränken.[116] Wörtlich heisst es in ihrem Vorstoss: «Der Bundesrat wird beauftragt, die neuen Erkenntnisse aus dem Ausland betreffend Quecksilber zur Kenntnis zu nehmen, eine Bewertung vorzunehmen und die nötigen Gesetzesänderungen einzuleiten, damit die Bevölkerung in Zukunft vor Gesundheitsrisiken durch quecksilberhaltige Medizinalstoffe weitgehend verschont bleibt.» Hollenstein nahm unter anderem explizit Bezug auf Engels Beobachtungen und schrieb in ihrer Begründung: «Da auch in der Schweiz damit gerechnet werden muss, dass ein noch unbekannter Anteil der Bevölkerung, aber wohl weniger als 10 Prozent, besonders empfindlich auf Quecksilber reagiert, muss auch bei uns mit quecksilberbedingten Schäden gerechnet werden, die aber bis heute in der Regel nicht als solche erkannt und behandelt werden.» Pia Hollenstein stand mit dieser Einschätzung nicht alleine da: 70 von insgesamt 200 Nationalräten hatten den Vorstoss mitunterzeichnet – fast das gesamt links-grüne Lager, aber auch vereinzelte bürgerliche Politiker. Der Vorstoss kam allerdings nicht durch und wurde 2005 abgeschrieben.

Vorsorgliche Massnahmen verstärken die Angst

Obwohl bis heute Gesundheitsschäden durch Amalgam nicht nachgewiesen werden konnten, haben verschiedene Länder die Verwendung von Amalgam eingeschränkt oder zumindest Empfehlungen für einen zurückhaltenden Einsatz abgegeben. Dies erfolgte jeweils aus Gründen der Vorsorge: Auch potenziellen Gefahren und schädlichen Auswirkungen, die sich möglicherweise erst in der Zukunft belegen lassen, sollte Rechnung getragen werden. In Schweden ist der Einsatz von Amalgam in Zahnarztpraxen seit den 1990er-Jahren ganz verboten – allerdings nicht wegen möglicher Vergiftungen der Patienten, sondern wegen der Belastung der Umwelt durch Plombenrückstände. Die deutschen Behörden raten in einem Konsenspapier zu besonderen Vorsichtsvorkehrungen[117]: So sollen etwa bei Schwangeren und Kindern möglichst keine Amalgamfüllungen gelegt werden. Es wird in diesem Papier aber betont, es gebe keinen Beleg, dass die Belastung Ungeborener mit Quecksilber aus Amalgamfüllungen der Mutter gesundheitliche Schäden beim Kind verursacht. Zur empfohlenen Zurückhaltung bei Kindern heisst es: «Da eine Behandlung mit Amalgam zu einer Belastung des Organismus mit Quecksilber führt, sollte aus Gründen des vorbeugenden Gesundheitsschutzes sorgfältig geprüft werden, ob eine Amalgamtherapie notwenig ist.» Der Verzicht auf Amalgam wird weiter in Fällen der seltenen Amalgamallergien sowie bei Nierenkranken empfohlen. In der EU steht dazu ein grundsätzliches Verbot von Quecksilberfüllungen zur Diskussion.[118] Weniger weit gehen die Empfehlungen der Weltgesundheitsorganisation WHO, die lediglich zu einem Amalgamverzicht bei Schwangeren und Kindern rät. An diese Empfehlungen hält sich auch die Schweizerische Zahnärztegesellschaft SSO.

In der Öffentlichkeit werden solche vorsorglichen Anweisungen und Empfehlungen allerdings als Indiz gewertet, dass an den Gefahren doch etwas dran sein muss – was die Ängste verstärkt statt abschwächt. Entsprechende Behördenempfehlungen werden auch in den Medien immer wieder angeführt als Hinweis für die Risiken von Amalgamfüllungen.

Aufschlussreich ist in diesem Zusammenhang der Verlauf eines Interviews mit Zahnmedizin-Professor Peter Hotz von der Universität Bern, das der *Beobachter* 1995 führte.[119] Zu diesem Zeitpunkt wurde in der Schweiz ein Verbot für den Amalgameinsatz bei Schwangeren diskutiert, während im Ausland Verbote und Einschränkungen schon Realität waren. Auf die Frage der *Beobachters*, warum in Deutschland für Kinder, Schwangere und Frauen im gebärfähigen Alter restriktive Bestimmungen gelten, antwortete Hotz: «Die deutschen Gesundheitsbehörden haben, sagen wir es mal so, einen niedrigen Schwellenwert für das Amalgam festgelegt. Sie sagen, wir wollen einfach ganz sicher sein, dass wirklich alle Möglichkeiten einer Schädigung ausgeschlossen werden.» Rückfrage des *Beobachters*: «Vertragen Schweizer Kinder Quecksilber besser? Es muss doch exakt darum gehen, alle Möglichkeiten einer Schädigung auszuschliessen ...» Hotz wies nun darauf hin, dass es keine wissenschaftlichen Resultate gebe, die eine Schädigung von Kindern durch Amalgam belegen, und meinte zu den Ängsten vor Amalgam: «Ich verstehe, dass Leute davor Angst haben. Die deutschen Behörden haben sich nun offensichtlich entschlossen, den Gebrauch einzuschränken – nur um dieser Angst vorzubeugen.» Der *Beobachter* gab sich mit dieser Antwort nicht zufrieden: «Muss man wirklich so lange warten, bis man die Beweise hat? Genügt nicht schon die Möglichkeit einer Schädigung? Abgesehen davon, kann man die Unschädlichkeit ja auch nicht beweisen.» Hotz bestätigte nun, dass sich die Unschädlichkeit tatsächlich nicht beweisen lasse. Er meinte aber, dass man abwägen müsse, wie zweckdienlich Amalgam sei und ob es sich überhaupt ersetzen lasse. «Steht die Zweckdienlichkeit im Vordergrund oder eine allfällige Gesundheitsschädigung?» hakte der *Beobachter* nach. Hotz antwortete: «Ich bin verpflichtet, abzuwägen zwischen dem Risiko und dem Nutzen von Amalgam, denn wir müssen die Bevölkerung zahnmedizinisch versorgen können.» Auch die Alternativen von Amalgam würden Risiken und Nebenwirkungen aufweisen. In Zukunft befürworte man Amalgam aber nur noch in jenen Fällen, in denen es kein einigermassen gleichwertiges Konkurrenzprodukt gebe – was den *Beobachter* nachfragen liess: «Warum eigentlich, wenn es doch anscheinend so risikoarm ist?» Peter Hotz: «Wir vertreten jetzt ja nicht eine absolute Kehrtwende. Aber es ist zum Beispiel problemlos, bei Frauen während der Schwangerschaft auf die Anwendung von Amalgam zu verzichten. Um allfälligen Ängsten der Schwangeren vorzubeugen, ist eine solche Weisung vernünftig.» *Beobachter:* «Aber sie kommt spät.» Peter Hotz: «Uns scheint der Zeitpunkt richtig.»

Die Interviewsequenz zeigt eindrücklich, in welches Dilemma Wissenschaftler und verantwortliche Behörden getrieben werden: Von ihnen werden einerseits vorsorgliche Massnahmen gefordert, auch wenn wissenschaftliche Beweise fehlen. Sind sie dazu bereit, wird dies aber als Beleg für die Gefährlichkeit von Amalgam ausgelegt. Typisch im Interview ist auch die Erwartung, die Verantwortlichen müssten mit ihrem Handeln sämtliche potenziellen und hypothetischen Risiken verhindern – eine Forderung, die sicher nie erfüllt werden kann.

Auch die WHO hat die zwiespältige Wirkung vorsorglicher Schutzmassnahmen beim Amalgam erkannt. Sie schrieb schon 1997: «In den Ländern, wo restriktive Massnahmen eingeführt wurden, hat die Darstellung der Situation seitens der Massenmedien für eine vielfach verzerrte Auffassung in der Öffentlichkeit gesorgt. Dies führte zu zahlreichen Anfragen bezüglich der Sicherheit und Unbedenklichkeit von Dentalamalgam sowie zu einer gesteigerten Nachfrage hinsichtlich des Entfernens von Amalgamfüllungen.»

Alternative Materialien mit Nachteilen und Risiken

Die Forderungen nach einem Verbot von Amalgam sind inzwischen allerdings fast hinfällig geworden – auch ohne Auflagen der Behörden ist der Werkstoff wie erwähnt aus den meisten Zahnarztpraxen verschwunden. Die Patienten akzeptieren Amalgam wegen der ständigen Diskussionen um die damit verbundenen Gesundheitsrisiken kaum noch, gleichzeitig sind andere Zahnfüllstoffe inzwischen soweit entwickelt worden, dass sie als Alternative zu Amalgam eingesetzt werden können.

Die *SonntagsZeitung* beerdigte Amalgam bereits 1997: «Das Amalgam hat seine Schuldigkeit getan, es kann gehen. Der Füllstoff, dem Zahnärzte und Patienten 150 Jahre lang vertrauten, ist kaum jemandem mehr geheuer.»[120] Das Schweizer Heilmittelinstitut Swissmedic schätzte 2002, dass nur noch 10 Prozent aller Zahnfüllungen mit Amalgam ausgeführt werden.[121] Und an der Universität Zürich lernten die Studenten der Zahnmedizin schon zu diesem Zeitpunkt nicht mehr, wie Amalgam verarbeitet und angewendet wird. Die Kassenzahnärztliche Bundesvereinigung Deutschland KZBV meint zur Akzeptanz von Amalgam: «Ob eine Amalgamfüllung gelegt wird oder nicht, ist heute oft keine medizinisch begründete Frage mehr, sondern eher eine weltanschauliche. Wer Naturwissenschaft misstraut, misstraut auch dem Amalgam.» Und offensichtlich vertrauen viele Leute lieber zweifelhaften «Ganzheits-Medizinern» als der klassischen Wissenschaft.

Amalgam kommt also kaum mehr zum Einsatz – die Zahnärzte füllen die Karieslöcher ihrer Patienten mit andern Stoffen. Mit Amalgam ist ein bestens erforschter Werkstoff mit hervorragenden technischen Eigenschaften aus den Zahnarztpraxen verschwunden. Die KZBV schreibt: «Das Material wurde laufend weiter verbessert und gilt in Fachkreisen als der bestuntersuchte zahnärztliche Werkstoff überhaupt. Ein Plus, das nicht alle modernen Materialien vorweisen können, die als Amalgam-Alternativen gehandelt werden.» Mit Amalgamfüllungen liessen sich sogar dann Defekte am Zahn ausgleichen, wenn auch Zahnseitenwände zerstört seien. Amalgamfüllungen seien stabil genug, selbst in diesen schwierigen Bereichen allen Anforderungen standzuhalten. «Es gibt also kaum ein ‹Loch› im Zahn, das nicht mit Amalgam preiswert, gut und haltbar gefüllt werden könnte.»

Ist nun die Patientensicherheit durch die Abkehr von Amalgam gestiegen? Sind die Leute mit dem Einsatz alternativer Zahnwerkstoffe gesundheitlich besser geschützt? Gemäss dem deutschen Bundesinstitut für Arzneimittel und Medizinprodukte BfArM sind es vor allem drei Gruppen von Werkstoffen, die heute anstelle von Amalgam zum Einsatz kommen: Glasionomere, Kompomere und Komposite. Die drei Gruppen weisen unterschiedliche Eigenschaften auf: Glasionomere seien preiswert und relativ einfach zu verarbeiten, schreibt das BfArM. «Als Nachteile dieser Materialien sind die niedrige Festigkeit … und die geringe Abrasionsbeständigkeit zu nennen.» (Abrasion bedeutet Substanzverlust durch Reibung.) Die mittlere Lebensdauer einer Glasionomerfüllung sei darum deutlich geringer als die einer Komposit- oder Amalgamfüllung. Kompomere als zweite Werkstoffgruppe würden in ihren chemischen Eigenschaften stark den Kompositen gleichen, besässen aber «reaktive, ionenfreisetzende Glaspartikel». Im Gegensatz zu den Glasionomeren sei bei der Anwendung von Kompomeren ein Haftvermittler erforderlich. «Kompomere sind einfacher als Komposite zu verarbeiten, haben aber eine geringere Abrasionsfestigkeit.» Komposite schliesslich sind gemäss dem BfArM in ihren Eigenschaften (etwa bezüglich Abrasionsbeständigkeit oder Frakturfestigkeit) entscheidend verbessert worden. Die Lebensdauer von Kompositfüllungen könne bei richtiger Verarbeitung derjenigen von Amalgamfüllungen entsprechen. Allerdings: «Die Verarbeitung von Kompositen ist zeitaufwendiger und technikintensiver als bei Amalgam.» Gemäss einer Umfrage der Universität Mainz unter Zahnärzten des deutschen Bundeslandes Rheinland-Pfalz, die 2001 publiziert wurde, sind bei Kompositfüllungen deutlich häufiger Nachbesserungen notwendig als bei Amalgamfüllungen[122]: Die Revisionsrate der Komposite im Erwachsenengebiss liegt bei 21 Prozent, diejenige von Amalgam dagegen nur bei 3 Prozent. Das BfArM schreibt: «Bei den Kompositen gibt es dazu offene Fragen bezüglich der Verträglichkeit: Aufgrund ihrer chemischen Zusammensetzung und der Freisetzung kleinster Mengen an Monomeren und kurzkettigen Molekülen kann auch für Kompositfüllungen und die entsprechenden Haftvermittler (Adhäsive) ein biologisches ‹Restrisiko› nicht völlig ausgeschlossen werden. Bekannt ist das Auftreten allergischer Reaktionen. Begründete Hinweise auf andere gesundheitsschädigende Auswirkungen durch werkstoffkundlich und klinisch ausreichend geprüfte Komposite bestehen nach dem gegenwärtigen wissenschaftlichen Kenntnisstand jedoch nicht.»

Damit gilt für die alternativen Werkstoffe dasselbe wie für Amalgam: Es gibt eine kleine Zahl von Personen, die allergisch darauf reagiert (das allergene Potenzial von Kompositen soll sogar grösser sein als das von Amalgam). Weitergehende gesundheitsschädigende Wirkungen lassen sich bis heute zwar nicht belegen, umgekehrt ist der «Unschädlichkeitsbeweis» genauso wenig erbracht. Es gibt bei den Kompositen sogar Forschungsresultate, die Anlass zu Spekulationen über deren Gefährlichkeit geben könnten. Gemäss einer Studie, die 2001 in der *Deutschen Zahnärztlichen Zeitschrift* publiziert wurde, wirken Komposite im Reagenzglas als Zellgift. Wörtlich heisst es dort: «Es wurden die Zelldichte, die Anzahl der normalen, veränderten und toten Zellen ermittelt und einer unbehandelten Zellkontrollgruppe gegenübergestellt. Die statistische Auswertung der Daten ergab, dass alle Materialien zytotoxische Effekte hervorriefen.»[123] Eine andere Studie besagt, dass Kunststoffe in der Zahnmedizin genetische Veränderungen bewirken und damit potenziell auch Krebs auslösen können. Wären nicht alternative Füllwerkstoffe, sondern Amalgam Gegenstand dieser Untersuchungen, wären sie in der Öffentlichkeit mit Sicherheit gross beachtet worden. So aber wurden sie kaum zur Kenntnis genommen.

Insgesamt kann zu den alternativen Werkstoffen gesagt werden: Sie sind in den letzten Jahren entscheidend verbessert worden. Die meisten weisen punkto Verarbeitung und Zuverlässigkeit gegenüber Amalgam aber noch immer Nachteile auf, was sich in einer kürzeren Lebensdauer der Füllungen oder in einem höheren Potenzial zu erneuter Karies zeigen kann. Bezüglich der gesundheitlichen Verträglichkeit der Alternativstoffe gibt es belegte Nachteile (Allergiepotenzial) sowie offene Fragen zu Nebenwirkungen und Gefahren. Angesichts dieser Situation meinte Rainer Voelksen von Swissmedic zum Verschwinden von Amalgam aus den Zahnarztpraxen: «Man muss sich die Frage stellen, ob man durch den ausschliesslichen Einsatz von Alternativmaterialien nicht den Teufel mit dem Beelzebub austreibt.»

Fazit

Amalgam in den Zähnen führt zu einer gewissen Belastung des Organismus mit Quecksilber. Bis heute konnte gemäss massgebenden Fachgremien aber nicht belegt werden, dass diese Belastung gesundheitlich negative Folgen für die Träger von Amalgamfüllungen hat – abgesehen von den anerkannten, aber selten auftretenden Allergien und Effekten in der Mundhöhle. Die Gegner sind jedoch überzeugt, dass Amalgam in den Zähnen viele Leute schädigt und vergiftet. Sie suggerieren Personen, die an diffusen gesundheitlichen Beschwerden leiden, einen Zusammenhang ihrer Beschwerden mit Amalgam und raten ihnen zur Entfernung sämtlicher Amalgamplomben. Dabei wenden sie zum Teil esoterisch anmutende, fragliche Methoden an, um entsprechende «Vergiftungen» nachzuweisen und zu behandeln. Obwohl man immer wieder davon hört, dass es vielen Patienten nach dem Ersatz der Amalgamplomben gesundheitlich besser gehe, konnte dies von der Wissenschaft bisher nicht belegt werden.

Mit Blick auf mögliche, heute noch unbelegte schädliche Auswirkungen ist es sicher richtig, auf den Einsatz von Amalgam bei potenziellen Risikogruppen wie Schwangeren oder Kindern so weit als möglich zu verzichten. Um allfälligen Risiken vorzubeugen, haben verschiedene Staaten auch entsprechende Massnahmen empfohlen oder verordnet. Vermutlich haben diese Massnahmen die Ängste vor Amalgam allerdings verstärkt.

Insgesamt haben die ständigen Warnungen vor gravierenden gesundheitlichen Folgen dazu geführt, dass die Patienten Amalgam heute kaum mehr akzeptieren. Amalgam ist darum aus den Zahnarztpraxen weitgehend verschwunden. Heute setzen die Zahnärzte fast ausschliesslich alternative Werkstoffe ein (vor allem Glasionomere, Kompomere und Komposite), deren Eigenschaften in den vergangenen Jahren deutlich verbessert worden sind. Noch immer weisen diese Alternativen gegenüber Amalgam aber gewisse technische Nachteile bei der Verarbeitung und der Zuverlässigkeit auf. Ob es für die Gesundheit der Patienten ein Vorteil war, Amalgam weitgehend zu ersetzen, ist fraglich – denn auch die alternativen Werkstoffe bergen potenzielle gesundheitliche Risiken.

Grüne Gentechnik
Das perfekte Feindbild

«Wer Neues schaffen will, hat alle zu Feinden,
die aus dem Alten Nutzen ziehen.»
(Niccolò Machiavelli)

«Ich spüre schon eine gewisse Erleichterung», meinte ETH-Forscher Christof Sautter im Oktober 2003.[124] Das Bundesamt für Umwelt, Wald und Landschaft Buwal hatte soeben grünes Licht gegeben für Sautters Freisetzungsversuch von gentechnisch verändertem Weizen im zürcherischen Lindau. Dass Sautter nur eine «gewisse» Erleichterung verspürte, lag wohl daran, dass die Möglichkeiten seiner Gegner, den Versuch weiter zu behindern und zu verzögern, noch immer nicht ausgeschöpft waren. Bereits kündigte die Umweltschutzorganisation Greenpeace denn auch erneute Beschwerde beim Eidgenössischen Departement für Umwelt, Verkehr, Energie und Kommunikation Uvek an. Die Begründung des Buwal für die Bewilligung sei absolut willkürlich und Ausdruck davon, dass das Amt dem Druck von Forschung und Industrie nachgegeben habe, liess Greenpeace verlauten.

Endloser Kampf für ein Forschungsvorhaben

Sautter hatte im Oktober 2003 bereits einen vierjährigen Kampf hinter sich, um seinen Freisetzungsversuch auf gerade mal 8 Quadratmetern durchzuführen. Bei diesem Versuch sollte es um die Erprobung einer Weizensorte gehen, die mit einem zusätzlich eingepflanzten Gen resistenter gegen Pilzbefall gemacht wurde. Die Pilzresistenz, die sich im Labor gezeigt hatte, sollte nun im Freien erprobt werden. Die Auflagen, die Sautter dabei erfüllen musste, waren so gigantisch, dass dieser Versuch in den Medien als «weltweit sicherster Freisetzungsversuch» bezeichnet wurde. Die Sicherheitsauflagen sahen gemäss *Tages-Anzeiger* so aus: «Ein Maschendrahtzaun umschliesst das gesamte, aus Angst vor Beschädigungen und Besetzungen rund um die Uhr bewachte Versuchsgelände. Ein Vogelschutznetz verhindert, dass Tiere aus der Luft eindringen. Schneckenbleche sorgen dafür, dass weder die schleimigen Gartenbesucher noch Mäuse oder Ratten vom veränderten Weizen fressen.

Blüht das Getreide, dann schützen während dreier Wochen 16 sturmer-
probte Pollenzelte davor, dass sich die Pollen ausbreiten.»[125] Christof
Sautter musste dazu über jeden einzelnen Samen genau Buch führen[126]:
1600 Samen sollten ausgesät werden, die nicht gekeimten mussten erfasst
und eingesammelt werden. Kein gentechnisch verändertes Weizenkorn
durfte verloren gehen. Weiter wurde verlangt, den Boden nach Ende des
Versuchs nach dem Verbleib transgener DNA abzusuchen.[127]

Obwohl die Forscher der ETH bereit waren, solch hohe Sicherheitsauflagen der zuständigen Behörden zu akzeptieren, war es ein fast end-
loser Kampf bis zur Aussaat des neu entwickelten Weizens auf den wenigen Quadratmetern Versuchsfläche: Im November 1999 hatte das Buwal
ein erstes Gesuch für den Freisetzungsversuch aus formellen Gründen
zurückgewiesen. Ein gutes Jahr später reichte die ETH ein zweites
Gesuch ein, das im November 2001 vom Buwal abgelehnt wurde. Die
Forscher gaben sich damit nicht zufrieden: Sie reichten Verwaltungs-
beschwerde beim Uvek ein. Dieses hiess die Beschwerde im September
2002 gut und wies das Buwal an, das Gesuch neu zu beurteilen. Das
Buwal bewilligte im Dezember 2002 den Versuch mit Auflagen. Dies
wollten wiederum die Gentechgegner nicht akzeptieren: Sie reichten
beim Uvek eine Beschwerde ein gegen die Bewilligung. Im März 2003
schritt gar das Bundesgericht ein: Es stellte formale Mängel im Bewilligungsverfahren des Buwal fest und hob folglich das Verfahren auf. Die
ETH-Forscher um Christof Sautter mussten ein neues Gesuch einrei-
chen, was im Juli 2003 geschah. Die Gentechgegner erhoben wiederum
Einsprache gegen den Freisetzungsversuch, was aber die erwähnte Bewilligung im Oktober 2003 nicht verhindern konnte.

Die Gegner des ETH-Versuchs waren auch zu illegalen Aktionen
bereit: Im März 2003 fuhren Greenpeaceaktivisten und Bauern mit Trak-
toren auf dem Gelände des geplanten Versuchs vor, luden Mist ab und
bedrohten Mitarbeiter der Hochschule.[128] Der Sachschaden der Mist-
Aktion belief sich auf mehrere Tausend Franken. Die ETH musste
danach abklären, ob das vorgesehene Gelände noch zu gebrauchen war,
oder ob der Mist den geplanten Versuch zu stark verfälschen würde.

Wie befürchtet, war das Tauziehen zwischen Christof Sautter und
den Gegnern des Versuchs mit der Bewilligung im Oktober 2003 noch
nicht abgeschlossen: Im Dezember 2003 reichte Greenpeace beim Uvek
wiederum Beschwerde gegen die Bewilligung des Buwal ein. Das Uvek
lehnte diese im Februar 2004 jedoch ab. Im März 2004 konnten die ETH-

Forscher auf ihrer badezimmergrossen Versuchsfläche dann tatsächlich beginnen.[129] Die Aussaat wurde von einer Delegation des Buwal begleitet, die die Einhaltung der Sicherheitsvorschriften überwachte. Für den Fall «ausserordentlicher Ereignisse» war zudem ein Notfallkonzept vorgesehen. Begleitet wurde die Aussaat von Greenpeaceprotesten. Die Umweltorganisation behauptete trotz der immensen Sicherheitsauflagen, die ETH gehe «grosse ökologische Risiken» ein und «ignoriere die Bedenken von Anwohnern, Bauern-, Konsumenten- und Umweltorganisationen». Bei dem zur Diskussion stehenden Gentechweizen handle es sich um ein «Risikokonstrukt». Es seien zwar Massnahmen zur Verhinderung des Pollenflugs und damit von Auskreuzungen erfolgt, mahnte Bruno Heinzer von Greenpeace, «aber keine, um den Austausch zwischen Pflanzen und Bodenorganismen zu verhindern».[130] Der Freisetzungsversuch sei darum «eine Black Box für alle Beteiligten».

Dabei wäre die ETH ein Jahr vorher noch bereit gewesen, auf den Freisetzungsversuch in Lindau zu verzichten, wenn man sich mit den Gentechgegnern auf ein zukünftiges, einvernehmliches Vorgehen bei Freilandversuchen hätte einigen können. Doch dieses Angebot schlug Greenpeace aus und machte klar, dass keine Kompromisse denkbar waren. Greenpeace lehnte jede Freisetzung von gentechnisch veränderten Pflanzen kategorisch ab – sei es zu kommerziellen Zwecken oder für die Forschung.

Im September 2005 konnten die ETH-Forscher das Resultat des inzwischen abgeschlossenen Versuchs in Lindau präsentieren. Dabei zeigte sich, dass die Genmutation in der Praxis zu einer um 10 Prozent gesteigerten Pilzresistenz des Weizens führt. Schon zuvor hatte es allerdings Diskussionen gegeben, ob es sich bei dieser Sorte von gentechnisch verändertem Weizen nicht um eine inzwischen wissenschaftlich veraltete Sorte handle. Das mag durchaus zutreffend sein. Denn eine Entwicklung in einem Forschungsgebiet mit raschen Fortschritten läuft nach so vielen Jahren der Verzögerung und Verhinderung wohl zwangsläufig Gefahr, veraltet zu sein. Das Interesse der ETH, den Versuch durchzuziehen, lag jedoch auf der Hand: Es ging längst nicht mehr nur um den wissenschaftlichen Nutzen des Versuchs, sondern auch darum, diese jahrelange Odyssee durch die Instanzen zu einem erfolgreichen Abschluss zu führen und die Forschungsfreiheit zu verteidigen – ansonsten wäre die wissenschaftliche Freisetzung von gentechnisch veränderten Organismen auf lange Zeit hinaus sowieso faktisch unmöglich geworden.

Die ETH konnte den Versuch letzten Endes zwar durchführen, doch zu einem äusserst hohen Preis: «Das ganze Projekt hätte 350 000 Franken gekostet, wenn es vor fünf Jahren ordentlich bewilligt worden wäre», rechnete Christof Sautter vor.[131] Wegen immer neuer Verzögerungen musste schliesslich fast das Dreifache ausgegeben werden. Und Sautter hatte wichtige Mitarbeiterinnen verloren: «Die jungen Leute werden vom Nationalfonds für zwei bis vier Jahre bezahlt. In dieser Zeit müssen sie in einer angesehenen wissenschaftlichen Zeitschrift etwas publizieren, sonst sind sie weg vom Fenster.» Die endlosen Verzögerungen hätten solche Publikationen aber verunmöglicht: «Zwei Post-Doktorandinnen gaben deshalb auf – sie sind der Wissenschaft verloren gegangen.» Die Durchführung des Versuchs im Jahr 2004 als Sieg der ETH zu bezeichnen, wäre also vermessen – dafür waren der finanzielle Aufwand zu gross, die Verzögerungen zu lange. Unter diesen Bedingungen konnte kein Forscher wirklich arbeiten. So sah man es auch beim Schweizerischen Nationalfonds, der für viele Forscher eine wichtige Geldquelle darstellt. Der Nationalfonds versuche die Gentechforscher beim beschwerlichen Marsch durch die Bewilligungsinstanzen zwar zu unterstützen, meinte Dieter Imboden, Präsident des Forschungsrates des Nationalfonds. «Aber der Nationalfonds kann keine Gesuche unterstützen, wenn sie weiterhin so komplizierte Wege gehen müssen.»

Im weltweiten Vergleich sehr strenges Gentechnik-Gesetz

Man darf annehmen, dass es beim Freisetzungsversuch der ETH auch darum ging festzustellen, ob unter dem neuen *Gentechnik-Gesetz* wissenschaftliche Arbeit im Bereich der grünen Gentechnik (also der Gentechnik, die sich mit Pflanzen und Landwirtschaft befasst) weiterhin möglich war. Das Gentechnik-Gesetz – auch Gen-Lex genannt – trat Anfang 2004 nach jahrelangem zähem Ringen in Kraft. Den Ursprung hatte es 1997 in einer Motion des eidgenössischen Parlaments im Vorfeld der Abstimmung über die Genschutz-Initiative. Das Parlament hatte den Bundesrat beauftragt, das Rechtsetzungsverfahren im nicht humanen Bereich der Gentechnik zu vervollständigen und zu beschleunigen. Die Gen-Lex, die daraufhin entstand, lässt zwar Forschung und Anwendungen im Bereich der grünen Gentechnik weiterhin zu, unterstellt sie aber einem äusserst rigiden Bewilligungsregime und zahlreichen Auflagen.[132] Bewilligungen für Vorhaben mit gentechnisch veränderten Organismen GVO erfolgen demnach nur Schritt für Schritt und sind abhängig von strengen behördlichen Prüfungen durch Bund, Kantone und Expertengremien für Biosicherheit und Bioethik. Um Information und Wahlfreiheit der Konsumenten zu gewährleisten, wurden lückenlose Trenn- und Kennzeichnungsvorschriften eingeführt. Die gentechnikfreie Produktion andererseits ist ausdrücklich unter Schutz gestellt. Dazu haben Umweltorganisationen für die Inverkehrbringung von GVOs ein Verbandsbeschwerderecht (gilt nicht für Forschungsvorhaben). Freisetzungsversuche mit GVOs werden nur bewilligt, wenn deren Zweck gerechtfertigt und der Nachweis erbracht ist, dass das Ziel nicht anders erreicht werden kann. Schliesslich gilt für Saatguthersteller eine äusserst strenge Haftung. Damit geht die Schweiz weiter als andere Staaten und hat eines der schärfsten Gentechnik-Gesetze der Welt. Die Schweiz habe das weitweit beste Gesetz, rühmte der damalige Buwal-Direktor Philippe Roch.[133] Weniger euphorisch sah es Klaus Ammann, der ehemalige Direktor des Botanischen Gartens der Universität Bern und ein profunder Gentechnikkenner: Das Gesetz sei ein «verfassungswidriges Tangieren der Forschungsfreiheit».[134]

Ja zum fünfjährigen Moratorium

Doch Umweltschutz- und Konsumentenorganisationen ist die Gen-Lex noch immer nicht streng genug. Sie sind der Meinung, dass selbst mit den geschilderten strikten Vorschriften und Kontrollen unabsehbare Gefahren für Mensch und Umwelt drohen. Darum lancierten sie die sogenannte *Gentechfrei-Initiative* und forderten für die Schweiz ein fünfjähriges Moratorium für den kommerziellen Anbau von gentechnisch veränderten Pflanzen. Während fünf Jahren sollte die schweizerische Landwirtschaft gentechnikfrei sein. Das Schweizer Stimmvolk gab am 27. November 2005 seinen Segen zu diesem Moratorium – mit einer Mehrheit von 55,7 Prozent. Alle 26 Kantone stimmten zu.

Im genehmigten Verfassungsartikel steht nichts von einer Beschränkung der Forschung. Die Initianten betonten im Vorfeld der Abstimmung auch immer wieder, das Moratorium betreffe die Forschung nicht, es gehe nur um die kommerziellen Anwendungen der Gentechnik. Die Forschungsfreiheit sei gewährleistet und Freisetzungsversuche seien weiterhin möglich. Ja, man zähle gar auf verstärkte Forschungstätigkeit, denn während der Zeit des Moratoriums sollten die angeblichen Risiken abgeklärt und eine Antwort gefunden werden, ob Gentechnik in der Landwirtschaft genügend sicher betrieben werden könne oder nicht.

Dass aber Forschung in einem Land Zukunft haben kann, in dem sämtliche Anwendungen verboten werden, bestritten Wissenschaftler vor der Abstimmung vehement. Zu ihnen zählte etwa der Biotechnologie-Professor Wilhelm Gruissem von der ETH Zürich. Forschungsarbeit mache keinen Sinn, wenn die praktische Anwendung verboten werde, meinte Gruissem.[135] Die forschungsfeindliche Stimmung in der Schweiz schrecke Studierende und Doktorierende ab: «Die Schweiz ist weltweit in der Pflanzenforschung die Nummer vier. Mit einem Ja zur Initiative laufen wir Gefahr, uns zu isolieren und diesen Spitzenplatz abzugeben, weil uns plötzlich das Expertenwissen verloren gehen könnte, das es braucht, um mit der Gentechnologie umgehen zu können.» Schon seit einigen Jahren würden die Hochschulen in Zürich und Bern einen starken Rückgang bei den Studentenzahlen auf dem Gebiet der grünen Gentechnik verzeichnen[136], meinte Gruissem. «Die Studenten sind frustriert, sie haben den Versuch von Sautter verfolgt und gesehen, wie schwierig es in der Schweiz jetzt schon ist, auf diesem Gebiet vorwärts zu kommen. Welcher Student wählt schon einen Karrieregang, der in die Sackgasse führt?». Beat Keller, Leiter des Instituts für Pflanzenbiologie an der Universität Zürich, warnte, Schweizer Forscher würden nach einer Annahme des Moratoriums auch für ihre Kollegen im Ausland uninteressant: «Uns ginge eine ganze Forschergeneration verloren, die wir später wieder aufbauen oder teuer aus dem Ausland einkaufen müssten.» Auch Alexander Zehnder, Präsident des ETH-Rates, war überzeugt, es sei ein Trugschluss zu glauben, das Moratorium tangiere die Forschung nicht: «Wer Pflanzenbiotechnologie studiert, will sein Wissen auch anwenden.»[137] Gegen das Moratorium setzte sich auch Ernst Hafen ein, Entwicklungsbiologe und später kurzzeitig ETH-Präsident: Wenn die Grundlagenforschung neue Erkenntnisse gewinne, müsse sie auch die Chance haben, diese unter kontrollierten Bedingungen zu testen. «Diese Bedingungen sind im neuen Gentechnik-Gesetz klar und streng formuliert. Es gibt im Moment keinen Grund, diese Vorschriften schon wieder zu ändern.»[138] Auch Wirtschaftswissenschaftler warnten vor dem Moratorium: «Die Schweizer Wirtschaft würde einen ihrer wenigen Wachstumsmotoren verlieren», meinte etwa Bernd Schips, damaliger Leiter der ETH-Konjunkturforschungsstelle.[139] Dieser Verlust ist teilweise bereits eingetreten: 2004 verlegte der Basler Agrokonzern Syngenta seine Gentechnikforschung von der Schweiz nach Amerika. «Jeder Wissenschaftler wird doch in Europa depressiv, wenn er sich in unerwünschter Umgebung fühlt oder ihm ständig Steine in den Weg gelegt werden», kommentierte der damalige Syngenta-Chef Michael Pragnell den Entscheid.[140]

Auf Zustimmung stiess das Moratorium hingegen nicht nur bei Gegnern der Gentechnik, sondern auch bei Leuten, die sich mit der fünfjährigen Auszeit eine Entspannung der öffentlichen Diskussion erhofften. Cesare Gessler etwa, Professor für Pflanzenbiologie an der ETH Zürich, sah das Moratorium als Chance, «um die latenten Ängste in der Gesellschaft gegen die grüne Gentechnik zu beseitigen». Die fünf Jahre sollten dazu genutzt werden, sich zu unterhalten, welche gentechnischen Produkte Sinn machten und welche die Bevölkerung akzeptieren könne.[141] Dass die Forschung unter dem Moratorium zu leiden habe, glaubte Gessler nicht. In seiner Forschungsgruppe, die sich mit gentechnisch veränderten Äpfeln befasst, arbeiteten noch immer enthusiastische junge Leute.

Die Initianten selber beteuerten im Vorfeld der Abstimmung, es ginge ihnen beim Moratorium nicht um ein definitives Verbot der Gentechnologie, sondern nur um eine Denkpause. Das wurde von Gegnerseite bezweifelt. Wilhelm Gruissem etwa meinte: «Die Initianten sind unehrlich. Es geht ihnen in Tat und Wahrheit nicht um ein Moratorium, sondern darum, die Gentechnologie ganz zu unterbinden.» Mit kommerziellen Freisetzungen sei für die Zeit des vorgesehenen Moratoriums sowieso nicht zu rechnen, meinte man beim Bund: Es gebe zurzeit keine GV-Produkte, die für die Schweizer Landwirtschaft interessant seien, sagte Georg Karlaganis vom Buwal. «Und sollte es plötzlich welche geben, würde allein das Genehmigungsverfahren um die fünf Jahre in Anspruch nehmen.»[142] Die Initianten wollten mit dem Moratorium vordergründig also verhindern, was faktisch längst verhindert war.

Ein Blick in die Europäische Union zeigt, dass ein Freisetzungsmoratorium für gentechnisch veränderte Organismen auch über seine Dauer hinaus wirkt: Von 1998 bis 2004 liessen die EU-Staaten keine *neuen* GV-Pflanzen mehr zu. Vor Beginn dieser als *De-facto-Moratorium* bezeichneten Phase wurden in der EU jedes Jahr über 200 Freisetzungen von GV-Organismen beantragt.[143] Während des De-facto-Moratoriums sank die Zahl auf etwa 50 bis 100 pro Jahr. Auch nach Ende des Zulassungsstopps blieb die Zahl der Anträge tief und verharrte auf 50 bis 100 pro Jahr. Erst 2007 waren es erstmals wieder über 100. Das Moratorium war also nicht eine «Denkpause», die folgenlos wieder aufgehoben werden konnte, sondern hat die Gentechforschung und Gentechindustrie nachhaltig geschädigt. Vermutlich haben Forscher auf diesem Gebiet ihre Tätigkeit aufgegeben oder sind abgewandert.

Unerfüllbare Bedingung

Die Gentechgegner versicherten vor der Abstimmung in der Schweiz, nach Ablauf der fünf Jahre sei ein Entscheid für gentechnologische Anwendungen in der Landwirtschaft denkbar, falls sich die befürchteten negativen Auswirkungen widerlegen liessen. Es braucht allerdings eine bemerkenswerte Zuversicht, um zu glauben, die Initianten würden nach Ablauf des Moratoriums tatsächlich von ihrem fundamentalen Widerstand gegen Freisetzungen ablassen. Denn die Bedingung, die sie dafür gestellt haben, ist unerfüllbar. Nichts weniger als der generelle Unschädlichkeitsbeweis für Gentechpflanzen ist gefordert, und das erst noch innerhalb von fünf Jahren. Wie schon bei den Themen Mobilfunk und Amalgam dargelegt, ist ein solcher Beweis wissenschaftlich nie zu erbringen. Es ist lediglich möglich, gezielten Fragen nachzugehen und die entsprechenden Risiken abzuklären. Hier muss man aber beachten, dass die fundamentalen Gentechgegner Studien, die angebliche Risiken widerlegen, bisher konsequent verkennen – im Gegenzug aber immer neue Gefahren heraufbeschwören und dementsprechend neue Untersuchungen fordern. Warum sollte sich an dieser Haltung bis zum Ablauf des Moratoriums etwas ändern?

Aufschlussreich waren auch die ersten Reaktionen der Befürworter auf den Abstimmungssieg vom November 2005. Die Grünen etwa riefen dazu auf, in den nächsten Jahren intensive Risikoforschung zu betreiben. Klar sei jedoch: «Neue Technologien dürfen erst dann eingeführt werden, wenn feststeht, dass sie ungefährlich sind.»[144] Auch Bio Suisse forderte, «in fünf Jahren auf ungelöste Fragen wie Koexistenz und Wahlfreiheit klar Antworten zu haben.» Das Komitee Gentechfrei-Initiative schrieb, was nach Ablauf des Moratoriums geschehe, hänge davon ab, ob der Bund «zuverlässige Bedingungen» schaffe. Zuverlässige Bedingungen schaffen, das hatte der Bund aber soeben mit der Schaffung der Gen-Lex getan.

Die Initianten der Genfrei-Initiative sind äusserst geschickt vorgegangen: Sie haben dem Stimmvolk vorgegaukelt, bezüglich der weiteren Zukunft der Gentechnik in der Landwirtschaft offen und unvoreingenommen zu sein. Die Bedingungen dafür, dass sie sich nach Ablauf des Moratoriums tatsächlich für gentechnische Anwendungen aussprechen, sind aber unerfüllbar. Mit Sicherheit werden sie darum am Ende der Frist behaupten, die Risiken seien leider nicht widerlegt und viele mögliche Gefahren noch immer nicht abgeklärt – darum seien kommerzielle Freisetzungen gentechnisch veränderter Pflanzen auch weiterhin nicht zu verantworten. Diese Haltung ist etwa in einem Papier einsehbar, in dem die Schweizerische Arbeitsgruppe Gentechnologie SAG und die Westschweizer StopOGM (beides Zusammenschlüsse von Gentechgegnern) ein Jahr nach der gewonnenen Abstimmung ein vorläufiges Fazit gezogen habe. Zur Frage, was nach Ablauf des Moratoriums geschehen soll, schrieben die beiden Organisationen: «Denkbar ist ein verlängertes Moratorium durch einen Parlamentsbeschluss (durch Ergänzung des Gentechnikgesetzes oder des Landwirtschaftsgesetzes). Möglicherweise aber wird eine zweite Gentechfrei-Initiative notwendig sein, über die das Volk entscheidet.»[145] Davon, dass man sich wie versprochen möglicherweise auch für Anwendungen der Gentechnik in der Landwirtschaft aussprechen werde, war bereits keine Rede mehr.

Was die Gentechgegner unter Forschungsfreiheit verstehen

Die Initianten hatten vor der Abstimmung zugesichert, das Moratorium betreffe die Forschung nicht – die Forschungsfreiheit bleibe unangetastet. Die Berner Ständerätin und Gentechgegnerin Simonetta Sommaruga hatte geschrieben: «Die Forschung wird durch die Gentechfrei-Initiative in keiner Art und Weise behindert.»[146] Und die grüne Baselbieter Nationalrätin Maya Graf hatte behauptet, es entspreche nicht der Wahrheit, dass das Moratorium die Forschungsfreiheit beschränke: «Die Gentechfrei-Initiative verlangt ein Moratorium für den kommerziellen Anbau. Die Forschung ist davon nicht betroffen, sie ist vielmehr durch das Gentechnik-Gesetz geregelt.»[147]

Doch in der Zwischenzeit hat sich gezeigt, dass die Zusicherung, die Forschungsfreiheit während der Zeit des Moratoriums zu respektieren, eine leere Versprechung war. Die Gentechgegner verstehen nach dem Abstimmungserfolg ihre Rolle vielmehr so, dass sie sich in die Forschung einmischen, dort nach selber aufgestellten Kriterien zwischen «guter» und «schlechter» Forschung unterscheiden und sich vorbehalten, gegen «schlechte» Forschung weiterhin Opposition zu machen.

Daniel Ammann, der Geschäftsleiter der SAG, wurde einige Monate nach der gewonnenen Abstimmung gefragt, ob vonseiten der Gentechgegner bei allfälligen Freisetzungsversuchen zu Forschungszwecken mit

Sabotageaktionen zu rechnen sei. Würde Ammann die Forschungsfreiheit wie zugesichert respektieren, hätte er sich klar von allfälligen illegalen Aktionen distanzieren müssen. Seine Antwort aber lautete vielsagend: «Vielleicht. Doch ich bin kein Prophet.»[148]

Was die Gentechgegner unter Forschungsfreiheit verstehen, zeigte sich im Frühling 2007, als das Bundesamt für Umwelt drei Gesuche für Freisetzungsversuche publizierte – dies im Rahmen des nach der Moratoriumsabstimmung an die Hand genommenen Forschungsprojekts «Nutzen und Risiken der Freisetzung gentechnisch veränderter Pflanzen» des Nationalfonds (NFP 59). Es handelte sich um Gesuche zur Erprobung von gentechnisch verändertem Weizen im Freien – zwei von der Universität Zürich, eines von der ETH Zürich. Mit diesen Versuchen solle untersucht werden, ob die gentechnisch veränderten Weizenpflanzen auch im Feldexperiment eine erhöhte Pilzresistenz aufweisen, schrieb das Bundesamt für Umwelt dazu.[149] (Obwohl es um Weizen und Pilzresistenz geht, sind die Projekte inhaltlich von demjenigen von Sautter im Jahr 2004 verschieden.) In der Medienmitteilung hiess es weiter: «Gleichzeitig sollen Aspekte der Biosicherheit geklärt werden, so z. B. die Frage, ob Auswirkungen auf andere Organismen wie Bodenlebewesen oder Insekten ... feststellbar sind. Zudem sollen auch die Folgen einer Übertragung von gentechnisch eingebrachten Eigenschaften auf Wildpflanzen untersucht werden ...»

Den Gentechgegner passten diese Versuche zu Forschungszwecken nun aber nicht. «Die SAG bezweifelt die Eignung von Weizen als Versuchspflanze», kommentierte die Schweizerische Arbeitsgruppe Gentechnologie.[150] Weltweit werde noch kein Gentechweizen angebaut. Die Weizenproduzenten und die Backindustrie möchten «die Natürlichkeit des Lebensmittels Brot» bei den Konsumenten nicht infrage stellen. «Ein erster Blick auf die Gesuchsunterlagen zeigt, dass die Biosicherheit bei mindestens zwei Gesuchen nur sekundäres Ziel ist.» Für die SAG handelte es sich bei den drei Versuchen also um «schlechte» Forschung. Es gehe um «Gewöhnungsversuche unter wissenschaftlichem Deckmantel». Noch schärfer reagierte Bio Suisse auf die Freisetzungsgesuche: «Bio Suisse hegt gegenüber Freisetzungsversuchen mit gentechnisch veränderten Pflanzen tiefes Misstrauen und will nicht, dass die Forschung gentechveränderte Pflanzen freisetzt. Ziel der auch von Bio Suisse dringend gewünschten Gentechforschung muss sein, Antworten auf drängende Fragen wie Koexistenz und Wahlfreiheit zu erhalten.»[151] Eine widersprüchliche Argumentation: Wie soll die Frage der Koexistenz beantwortet werden, wenn Bio Suisse generell gegen alle Freisetzungsversuche ist? Man plädiere für eine Gentechforschung, «die in geschlossenen Systemen stattfindet», schrieb Bio Suisse dazu. In weiteren geschlossenen Vorversuchen müssten die Risiken abgeklärt werden. «Ansonsten sind die drei Freisetzungsgesuche abzulehnen.»

Die Haltung von Bio Suisse entspricht der des Vaters, der dem Sohn sagt, er bekomme dann ein Klavier, wenn er Klavier spielen könne: Einerseits wird gefordert, die Forschung solle endlich die Risiken abklären – macht sie sich aber daran, wird ihr gerade das wiederum vorgeworfen. Diese widersprüchliche Haltung vieler Gentechgegner ist auch den deutschen Publizisten Dirk Maxeiner und Michael Miersch nicht entgangen. Sie schreiben: «Öffentlichkeit und Verbraucher werden konsequent verunsichert. Ob dieser Verunsicherung werden dann von den Gentechnikgegnern ständig neue Tests gefordert. Und sobald ein Unternehmen sich anschickt, die Tests tatsächlich zu machen, wird mit allen Mitteln versucht, sie zu verhindern.»[152]

Das seltsame Verhältnis der Gentechgegner zur Forschungsfreiheit wird auch im erwähnten Papier von SAG und StopOGM sichtbar. Zur Haltung gegenüber dem Nationalfondsprojekt NFP 59 steht hier: «Wir stehen Freisetzungsversuchen mit gentechnisch veränderten Pflanzen zwar skeptisch gegenüber. Aus rechtlicher Beurteilung sind während dem Anbau-Moratorium wissenschaftliche Freisetzungsversuche aber zulässig, wenn das Gentechnikgesetz und die Freisetzungsverordnung korrekt angewendet werden.» Doch dann werden Bedingungen aufgelistet, die erfüllt sein müssten, damit man Freisetzungsversuche eben nicht doch mit Beschwerden anfechte. Mit Beschwerden drohen die Gentechgegner etwa, wenn mit den Versuchen «nicht primär ein Erkenntnisgewinn über Risiken angestrebt wird». Freisetzungsversuche würden gar «in jedem Fall» mittels Beschwerden angefochten, wenn die Bewilligung im vereinfachten Verfahren gemäss Bundesverordnung erteilt werde. Das bedeutet, dass die Gentechgegner auch Opposition gegen Versuche ankündigen, die vom Bund rechtmässig bewilligt werden. Als Begründung dafür geben SAG und StopOGM lapidar an: «Freisetzungsversuche nach den Kriterien des vereinfachten Verfahrens erfüllen die Anforderungen des NFP 59 für einen wichtigen wissenschaftlichen Erkenntnisgewinn nicht.» Weiter liest man: «Werden Freisetzungsversuche ohne rechtliches Gehör bewilligt oder werden Beschwerden ohne Begründung oder offensichtlich parteiisch entschieden, sind die Organisationen frei, direkten Widerstand zu leisten.»

Im Juni 2007 forderten 14 Organisationen das Bundesamt für Umwelt auf, alle drei Freisetzungsversuche im Rahmen des NFP 59 abzulehnen – unter ihnen Greenpeace, Pro Natura, die Stiftung für Konsumentenschutz, der WWF Schweiz, Bio Suisse und StopOGM.[153] Als Begründung gaben sie unter anderem an: «In einer der Gentech-Weizenlinien wird ein Grippevirus-Bestandteil aus einem gegenwärtig zirkulierenden Influenzatyp verwendet. Weizen mit gefährlichen Viren-Teilen zu bestücken, ist verwerflich.» Das Gerücht vom gefährlichen «Grippe-Weizen» hatte der *Blick* einige Tage zuvor erstmals kolportiert.[154] Beat Keller, der Leiter des Instituts für Pflanzenbiologie an der Universität Zürich, hatte es inzwischen bereits als absolut unsinnig entlarvt: Der Gentechweizen enthalte zwar Aminosäuren eines Proteins, das ursprünglich aus einem Grippevirus stamme. «Dieses winzige Bruchstück des Proteins hat mit dem Gesamtvirus überhaupt nichts mehr zu tun. Gesundheitlich ist es unbedenklich. In der Forschung arbeiten Tausende von Menschen täglich mit diesen Aminosäuren, es gibt nicht einmal Sicherheitsvorschriften dazu.»[155]

Als das Bundesamt für Umwelt Bafu (vormals Buwal) die drei Freisetzungsversuche im September 2007 bewilligte, protestierten die Gentechgegner erneut und warfen dem Amt sogar vor, das Gentechnik-Gesetz zu missachten.[156] Vor Versuchen im Freien müssten laut diesem Gesetz nämlich ausgewertete Vorversuche in geschlossenen Systemen stattfinden, was hier nicht der Fall sei. Wichtige Biosicherheitsaspekte würden stattdessen direkt im Freiland untersucht. Das Bafu widersprach den Vorwürfen: Es läge gerade in der Natur eines Forschungsprojekts, dass eben nicht alle Aspekte schon vorher bekannt seien. Und ETH-Professor Willhelm Gruissem wies als Sprecher des Projekts darauf hin, dass man jahrelang Versuche im Gewächshaus gemacht habe. Weitere sinnvolle Daten zur Biosicherheit seien auf diese Weise aber nicht mehr zu gewinnen.

Das Verhalten der Gentechgegner zeigt, dass es ihnen nur darum geht, die grüne Gentechnik vollständig und definitiv zu verbieten. Den Weg des Moratoriums, also des vorübergehenden Verbots, wählten sie lediglich aus taktischen Gründen, um beim Volk eine Mehrheit zu erlangen. In Wahrheit sind die Gegner aber nicht an vernünftigen Regelungen interessiert. Denn der Kampf gegen Gentechnik ist für sie längst zu einem Prestigekampf geworden. Sie haben gesehen, dass sie sich mit der

Totalopposition in der Öffentlichkeit profilieren können. Darum sind sie nicht bereit, Hand zu bieten zu Lösungen, die den möglichen Risiken der Gentechnik zwar Rechnung tragen, gleichzeitig aber auch Raum für Chancen lassen.

Keine neuartigen Risiken

Zur Strategie der Gegner gehört, gentechnische Methoden als «unnatürlich» darzustellen: Mit dem gezielten Versetzen von Genen würden Pflanzen und Lebensmittel unwiderruflich ihre Ursprünglichkeit verlieren, und aus diesem Vorgang gingen neue, nicht abschätzbare Risiken für Mensch und Umwelt hervor. Dies ist eine absolut willkürliche Darstellung, denn schon lange vermischt der Mensch die Gene von Pflanzen und Tieren: Bei Züchtungen und Kreuzungen werden Gene seit Urzeiten wild durcheinandergebracht, im Gegensatz zu gentechnologischen Methoden unkontrolliert und ohne jegliche Abschätzung der möglichen Folgen und Risiken. Nutzpflanzen, die Grundlage unserer Nahrung, sind fast allesamt genetisch endlos verändert und kommen in der Natur ursprünglich nicht vor – sie sind also keineswegs «natürlich». Das Neue bei den modernen gentechnischen Methoden besteht nur darin, dass hier einzelne Gene gezielt versetzt werden können. Nicht vergessen darf man, dass in der Natur auch ohne Einwirkung des Menschen ständig Genvermischungen stattfinden: Sorten kreuzen sich aus, neue Pflanzen und Tiere entstehen, gewisse entwickeln sich weiter, gewisse sterben aus.

Wer einwendet, dass es sich bei den bisherigen Methoden der Menschheit um sanfte und stetige Methoden handle, dem sei vor Augen geführt, was das Spektrum der konventionellen Genvermischung alles umfasst. Zum Beispiel Protoplastenfusion (Verschmelzung des Erbmaterials von zwei verschiedenen Pflanzenarten zu einer neuen Art), Hybridisierung (Vermehrung des Chromosomensatzes zur Ertragssteigerung) oder die Behandlung von Saatgut mit radioaktiver Strahlung und erbgutverändernden Chemikalien.[157] Gen Suisse, die PR-Plattform der Gentechbefürworter und der Industrie, listet Beispiele von vermeintlich «natürlichen» Nahrungspflanzen auf, die ursprünglich in der Natur nie vorgekommen sind: «Mais beispielsweise ist verglichen mit seinen natürlichen Vorfahren eine reine Monstrosität. Weizen ist ein Konglomerat aus drei verschiedenen Gräserarten, ergänzt mit Chromosomenbruchstücken weiterer Arten. Ein Sammelsurium von Erbanlagen, welches so in der Natur nie entstanden wäre. Sämtliche heutigen Hartweizensorten

zur Herstellung von Teigwaren entstanden durch Strahlenmutations-
zucht. Direkt im Feld draussen wurden die Pflanzen mit Gammastrahlen
bombardiert, um die Mutationsrate zu erhöhen und anschliessend eine
gute Auslese zu treffen.»

Klaus Ammann, der ehemalige Direktor des Botanisches Gartens
Bern, meinte zur «Natürlichkeit» des Weizens: «Unsere Kulturpflanzen
sind schon lange nicht mehr natürlich. Der Weizen, den wir zur Spaghet-
tiherstellung brauchen, ist nur so gut geworden, weil er durch eine harte
Strahlungsmutationszucht gegangen ist.»[158] Beda Stadler von der Universität Bern schrieb zum gleichen Thema: «Seit 80 Jahren hat man die
Mutationszucht verwendet, um neue Pflanzensorten herzustellen. Pflanzen werden genetisch manipuliert, oft durch radioaktive Bestrahlung,
aber ohne ein neues Gen einzufügen. Mit solchen Methoden sind mehr
als 2000 verschiedene neue Pflanzensorten entstanden, die längst auch
von Biobauern verwendet werden.»[159] Ernst Hafen von der ETH Zürich
meinte zum Unterschied zwischen konventioneller Züchtung und Gentechnik: «Bei einer Züchtung werden zwei Gen-Anlagen vermischt, was
viel unvorhersehbarer ist als bei der Gentechnik. Da geht es nur um ein
einziges, ganz bestimmtes Gen. Vom rational-wissenschaftlichen Standpunkt gibt es keinen Unterschied in den gesundheitlichen Risiken zwischen einer neu gezüchteten Variante oder einer gezielt GVO-veränder-
ten Variante.»[160] Gleicher Meinung ist auch Ingo Potrykus, Miterfinder
des gentechnisch veränderten Golden Rice an der ETH Zürich: «Traditionelle Pflanzenzüchtung hat zu einer Unzahl von nicht vorhersehbaren
Veränderungen des Informationsspeichers des Pflanzengenoms geführt.
Im Vergleich dazu ist die relativ geringe und präzise Veränderung durch
Gentechnologie geradezu lächerlich.» Die Gentechnik bringe keine neuartigen Risiken: «Sämtliche Nahrungsmittel, die wir verwenden, stammen aus Pflanzen mit potenziell ‹giftigen› Genen, die durch irgendeinen
Zufall eingeschaltet werden können. Er gibt keine Garantie, dass dies
nicht irgendwann oder irgendwo geschieht.»[161]

Auch die Weltgesundheitsorganisation WHO stellte in einer 2005
publizierten Übersichts-Studie fest: «GM foods currently available on
the international market have undergone risk assessments and are not
likely to present risks for human health any more than their conventional
counterparts.»[162] Die WHO kommt also zum Schluss, dass die derzeit
auf den internationalen Märkten angebotene Gentechnahrung Risiko-
einschätzungen durchlaufen habe und wahrscheinlich kein grösseres

Risiko für die menschliche Gesundheit darstelle als konventionell erzeugte Nahrung.

Gentechnisch veränderte Pflanzen bringen im Vergleich zu Arten, die aus konventioneller Genvermischung hervorgehen, nicht nur keine neuartigen Risiken mit sich, sie sind auch noch besser untersucht als diese. Agroscope Reckenholz-Tänikon (ART), die landwirtschaftliche Forschungsanstalt des Bundes, veröffentlichte 2006 eine Übersicht zu den wissenschaftlichen Erkenntnissen über Umweltauswirkungen von gentechnisch veränderten Pflanzen.[163] Nach Durchsicht der weltweit vorhandenen Risikoforschung kamen die Autoren zum Schluss: «Die Sicherheit von gentechnisch veränderten Pflanzensorten wird im Vergleich zu konventionell gezüchteten Sorten sorgfältiger untersucht. Zusätzlich zu dem in der klassischen Züchtung durchgeführten Selektionsprozess ist für die Zulassung einer gentechnisch veränderten Pflanzensorte eine eingehende Risikobewertung möglicher Umweltauswirkungen vorgeschrieben.»

Keine Hinweise auf Schäden

Die Gegner bekämpfen gentechnisch veränderte Pflanzen mit dem Argument, diese würden für Mensch und Umwelt unabsehbare Gefahren bergen. Negative Auswirkungen von Genpflanzen sind gemäss Darstellung der Gegner einerseits bereits in der Realität zu beobachten, andererseits aber auch erst für die Zukunft zu befürchten oder nicht auszuschliessen. Dabei muss man zwischen verschiedenen Arten von Negativfolgen unterscheiden: Zum einen geht es um direkte gesundheitliche Schäden beim Verzehr von GV-Pflanzen (oder daraus produzierten Nahrungsmitteln), also um eine direkte toxische Wirkung. Eine solche Wirkung ist nicht nur beim Menschen denkbar, sondern auch bei Tieren (was zu Veränderungen in der Tierwelt führen könnte – Stichwort Artensterben). Dann stehen mögliche allergische Reaktionen, die GV-Pflanzen auslösen können, zur Diskussion. Befürchtet wird hier vor allem eine allgemeine Zunahme von Allergien durch die Kreation von neuen Pflanzen mit «unnatürlichen» Bestandteilen und Wirkstoffen. Weiter geht es um unerwünschte biologische Wirkungen auf andere Pflanzen und Organismen, die nicht direkt zu Schäden führen, aber unabsehbare Folgen mit sich bringen könnten: Durch Auskreuzung von gentechnisch veränderten Pflanzen mit artverwandten Sorten könnten sich etwa Resistenzen gegen Insekten oder Herbizide weiterverbreiten und zur Bildung von

«Superunkräutern» führen, die sich mit den neu gewonnenen Eigenschaften unkontrolliert ausbreiten. Befürchtet wird, dass solche Vorgänge das natürliche Gleichgewicht der Arten durcheinanderbringen und gewisse Tiere und Pflanzen gar ganz verdrängen könnten – oder auch, dass schwer bekämpfbare Schädlinge entstehen, die die Landwirtschaft nur durch gesteigerten Einsatz von Chemie unter Kontrolle halten könnte. Die SAG schrieb etwa: «Es ist wohl nur noch eine Frage der Zeit, bis der Verbrauch an Unkrautvertilgungsmitteln … ansteigt, da die neu entstandenen ‹Superunkräuter› nur mit Herbiziden, gegen welche sie nicht resistent sind, zu bekämpfen sind.»[164]

Die Gentechgegner sind der Meinung, dass vor der Freisetzung von gentechnisch veränderten Pflanzen sämtliche möglichen und denkbaren negativen Folgen abgeklärt und ausgeschlossen werden müssten – denn die Freisetzung von gentechnisch veränderten Organismen sei ein unumkehrbarer Vorgang. Allfälligen negativen Auswirkungen erst dann nachzugehen, wenn sie sich nach einer Freisetzung manifestierten, sei unverantwortlich. Ein grosser Teil der Gentechgegner ist überzeugt, dass es auch mit sehr gründlicher Forschung nicht gelingt, alle möglichen negativen Folgen vorauszusehen und zu verhindern – für sie sind Freisetzungen von GV-Pflanzen deswegen prinzipiell nicht zu verantworten und darum zu verhindern.

Die Überzeugung, gentechnisch veränderte Pflanzen könnten in der Natur zu unumkehrbaren katastrophalen Folgen führen, knüpft im Wesentlichen an die Vorstellung an, in der Natur herrsche ein immerwährendes Gleichgewicht der Arten, das nicht durch den Menschen gestört werden dürfe. Eine Freisetzung «künstlicher» Pflanzen wäre aber eine solche Störung und könnte dieses labile Gleichgewicht unumkehrbar zerstören.

Was ist von diesen Risikoszenarien zu halten? Gemäss der erwähnten, 2006 erschienenen Übersichtsstudie der Forschungsanstalt Agroscope Reckenholz-Tänikon ART wurden im Jahr 2005 weltweit auf einer Fläche von 90 Millionen Hektaren gentechnisch veränderte Pflanzen angebaut (mittlerweile sind es weit über 100 Millionen Hektaren). Der Anbau erfolgte durch 8,5 Millionen Landwirte in 21 verschiedenen Ländern. Fast 95 Prozent dieser Anbauflächen befanden sich in den fünf Ländern USA, Argentinien, Brasilien, Kanada und China. Weltweit wurden hauptsächlich vier gentechnisch veränderte Kulturpflanzen angebaut: Sojabohnen als flächenmässig häufigste Kultur, gefolgt von Mais, Baumwolle und Raps. Gemäss dem International Service for the Acquisition of Agri-biotech Applications (ISAAA) wuchsen 2004 auf gut 70 Prozent der GV-Anbauflächen Pflanzen mit Resistenzen gegen Herbizide.[165] Auf weiteren gut 20 Prozent wuchsen Pflanzen, die mittels eingefügter Gene des Bakteriums Bacillus thuringiensis verschiedene sogenannte Bt-Toxine produzieren, die jeweils für bestimmte Insekten giftig sind (es sind also Pflanzen, die selber Insektizide produzieren). Auf den restlichen knapp 10 Prozent der Fläche standen Pflanzen, die sowohl Bt-Gene als auch Herbizidresistenzen aufwiesen.

ART kam nach Durchsicht der weltweiten Forschung zu genveränderten Pflanzen GVP zu folgendem Schluss: «Die bisher vorliegenden Erkenntnisse liefern keine wissenschaftlich begründeten Hinweise, dass der kommerzielle Anbau von GVP zu Umweltschäden führten.» Es würden dennoch bei der Interpretation der vorhandenen wissenschaftlichen Daten verschiedene Punkte kontrovers debattiert, was daran liege, dass wissenschaftliche Daten immer mit Unsicherheiten behaftet seien. Zudem seien Voraussagen zu potenziellen langfristigen oder kumulativen Auswirkungen schwierig – sei es, weil noch nicht genügend Forschungsdaten vorhanden seien, oder weil die zu lösenden Fragen mit wissenschaftlichen Methoden nicht beantwortet werden könnten (hier ist wohl der wissenschaftlich unmögliche generelle Unbedenklichkeitsbeweis gemeint). Aber, schrieb ART weiter: «Die momentan geführte Debatte entstammt nicht primär einem Mangel an Erfahrungen und soliden wissenschaftlichen Daten, sondern eher einer unklaren Interpretation, welche Umweltauswirkungen einer GVP als ökologisch relevant zu bewerten sind.»

ART ging in der Studie einigen zentral diskutierten konkreten Auswirkungen von GV-Kulturen nach – etwa der Befürchtung, Bt-Pflanzen könnten mit ihren selber produzierten Toxinen nicht nur wie beabsichtigt einzelne Schädlinge treffen (z. B. den Maiszünsler), sondern auch Nützlinge. «Weder in Labor- noch in Feldstudien konnte eine direkte toxische Wirkung der exprimierten Bt-Toxine auf Nützlinge beobachtet werden», stellte ART fest. Auch die befürchtete Anhäufung von Bt-Toxinen im Boden sei nicht zu beobachten, ebenso wenig wie eine Schädigung von Bodenorganismen wie Regenwürmern, Springschwänzen, Milben, Asseln oder Nematoden.

Zur Auskreuzung von Genen zwischen GV-Pflanzen und verwandten Wildarten hielt ART fest, dass es wissenschaftlich zwar unumstritten sei, dass es dazu kommen könne. Allerdings: «Obwohl die Möglichkeit besteht, dass das Unkrautpotenzial durch Auskreuzung erhöht wird, ist es eher unwahrscheinlich, dass herbizidtolerante Unkräuter stärkere agronomische Probleme als normale Unkräuter verursachen.» Die Gefahr von nicht mehr kontrollierbaren «Superunkräutern» durch die Freisetzung von GV-Pflanzen wurde also als gering eingeschätzt. Es sei bisher auch nicht beobachtet worden, dass gentechnisch veränderte Sequenzen in ernsthaftem Mass zu wilden Pflanzenarten gewandert seien und so zum Aussterben von wilden Pflanzenarten geführt hätten.

Zur möglichen unkontrollierten Verbreitung von Resistenzen schrieb ART, dass der Einfluss von GV-Pflanzen auf das Management von Unkräutern und Schädlingen sowie daraus entstehende ökologische Konsequenzen allgemein schwierig zu ermitteln seien. Denn: «Bereits vor Einführung von herbizidtoleranten GVP haben zahlreiche Unkrautarten Resistenzen gegen eine Reihe von Herbiziden entwickelt. Die Erkenntnisse aus Gegenden mit grossflächigem Anbau von herbizidtoleranten GVP bestätigen, dass die Entwicklung von Herbizidresistenzen in Unkräutern nicht primär eine Frage der Gentechnik, sondern des Anbau- und Herbizidmanagements ist.» Es seien Fälle dokumentiert, wo die Behandlung von GV-Kulturen mit nur noch einem Herbizid zu Resistenzen bei Unkräutern geführt habe. In diesen Fällen sei der Einsatz weiterer Herbizide nötig geworden.

ART mahnte aber auch, die möglichen Auswirkungen von GV-Pflanzen nicht an einem Idealzustand zu messen: «In der Diskussion um Risiken von GVP sollte berücksichtigt werden, dass Landwirte und Konsumenten nicht zwischen der Pflanzenbiotechnologie mit ihren möglichen Risiken und einer vollkommen sicheren Alternative wählen können. In Wirklichkeit besteht die Wahl zwischen Anbausystemen mit GVP oder Anbausystemen mit den heute üblichen Schädlings- und Unkrautbekämpfungsstrategien, die beide sowohl positive wie negative Folgen haben können.» Bei Entscheidungen zur Anwendung der Pflanzenbiotechnologie sollten darum Risiken und Nutzen aller Anbausysteme miteinander verglichen werden. Insgesamt konnte die ART-Übersichtsstudie die Befürchtungen der Gentechgegner also keineswegs bestätigen.

Wie steht es mit direkten Auswirkungen auf die Gesundheit beim Verzehr von gentechnisch veränderten Nahrungsmitteln? Die WHO kam 2005 nach vierjähriger Forschungsarbeit zum Schluss, dass der Konsum von GV-Nahrungsmitteln bisher keine negativen Folgen für die Gesundheit gezeigt habe.[166] Um jedoch die völlige Unbedenklichkeit eines GV-Produkts festzustellen, müsste dieses während 40 Jahren an einer Millionenbevölkerung getestet werden.

Konventionelle Pflanzen weisen die gleichen Risiken auf

Den Dschungel einzelner Studien und Gegenstudien zu negativen Auswirkungen auf Mensch und Umwelt zu durchblicken, ist auch beim Thema grüne Gentechnik für Laien fast unmöglich. Selbst für Fachleute ist es nicht einfach, das wissenschaftliche Gewicht einzelner Resultate korrekt einzuschätzen. Gerade darum sind fundierte Übersichten angesehener Institutionen wie etwa der WHO, die nach jahrelanger Recherchearbeit entstehen, von grosser Bedeutung. Diese Feststellung gilt bei der Auseinandersetzung um Gentechnik genauso wie bei den Themen Mobilfunk oder Amalgam. In der breiten Öffentlichkeit gelangen hingegen immer wieder isolierte Einzelergebnisse zu grosser Beachtung – vor allem dann, wenn sie die befürchteten Auswirkungen gentechnischer Freisetzungen bestätigen. «Viele Organisationen haben ein Interesse, Forschungsarbeiten nur selektiv in ihrem Sinne zu interpretieren», meinte Olivier Sanvido, einer der Mitverfasser der erwähnten ART-Übersichtsstudie. Viele dieser Einzelresultate, bei denen es sich oft auch um unwissenschaftliche Behauptungen handelt, werden zwar in der Wissenschaft widerlegt. Davon bekommt die Öffentlichkeit aber kaum etwas mit – auch darum, weil viele Medien widerlegten Gentechrisiken wenig Platz einräumen.

Andererseits ist unbestritten, dass mit der Freisetzung von GV-Pflanzen tatsächlich gewisse Risiken verbunden sind: Es besteht eine reale Gefahr, dass diese Pflanzen Allergien hervorrufen, unerwünschte Auskreuzungen produzieren oder zu resistenten Unkräutern führen können. In einigen Fällen sind unerwünschte und schädliche Folgen gentechnisch veränderter Kulturen sogar dokumentiert. Nur: Das alles ist auch bei der konventionellen Landwirtschaft möglich – und kommt vor. Auch herkömmlich gezüchtete Pflanzen mit Resistenzen können diese auf andere Organismen übertragen, traditionell produzierte Nahrungsmittel können Allergien auslösen, auch «normal» erzeugte Pflanzen enthalten Toxine und können krank machen. Dasselbe gilt sogar für ursprünglich in der Natur vorkommende Organismen, die nie vom Menschen verändert wurden.

Es lassen sich Beispiele von Schäden und negativen Folgen durch konventionelle Pflanzen aufzählen: Gemäss dem Genetiker Norman Ellstrand von der University of California ist im Nordosten Kaliforniens der Roggenanbau aufgegeben worden, nachdem sich aus Roggen und einem wilden Verwandten ein schwer kontrollierbares Unkraut gebildet hatte.[167] In Europa breitet sich die Unkrautrübe aus, die aus einer Kreuzung der Zuckerrübe und einer wilden Runkelrübe entstanden ist. Ebenso soll der Reisanbau in Taiwan der Grund für das Verschwinden einer wilden Reisart sein. Die Kokospalme existiert gemäss Berichten kaum mehr in ihrer genetisch reinen Wildform, sondern ist durchsetzt mit Genen von Kulturpflanzen. Auch die Eigenschaft, auf ein bestimmtes Herbizid resistent zu sein, ist natürlich nicht auf gentechnisch veränderte Pflanzen beschränkt: Es gibt konventionell gezüchtete Nutzpflanzen wie Sonnenblumen, Raps oder Mais, die gegen das Unkrautvernichtungsmittel Imidazolinon resistent sind. Bei ihrer Züchtung wurden im Erbgut der Ursprungssorte durch Chemikalien Mutationen hervorgerufen und dann die günstige Veränderung «Herbizidresistenz» ausgelesen.

Wer vor den Gefahren gentechnisch veränderter Pflanzen warnt, müsste konsequenterweise auch vor ebensolchen Gefahren bei herkömmlichen Pflanzen warnen – und möglicherweise sogar ein Verbot für die Freisetzung von Züchtungen fordern. Das passiert aus ideologischen Gründen aber nicht: Konventionelle Pflanzen gelten als natürlich und harmlos.

Gentechgegner messen die möglichen Gefahren von GV-Kulturen an einem idealen Zustand der Landwirtschaft, den es in der Realität nicht gibt. Eine Arbeit der amerikanischen Santa Clara University, die verschiedene Studien analysierte, kam zum Schluss, dass sich gentechnisch veränderte Bt-Pflanzen eindeutig auch auf Nützlinge und Schädlinge auswirken, für die das Bt-Insektizid nicht bestimmt war[168] – für Gentechgegner wohl eine nicht hinzunehmende Auswirkung. Die Autoren der Arbeit stellten allerdings auch fest, dass diese Auswirkungen je nach Vergleich dramatisch oder wenig dramatisch erscheinen: Vergleiche man die Auswirkungen von Bt-Pflanzen mit denjenigen von konventionellen Pflanzen, die mit einem herkömmlichen Insektizid behandelt wurden, stünden die Bt-Pflanzen gut da. Vergleiche man sie aber mit unbehandelten Kulturen (also mit einem Idealzustand), sehe das Bild negativer aus.

Es zählt nur, was die Ängste verstärkt

Die erwähnten Übersichtsstudien von WHO und ART, die zum Schluss kamen, bis heute seien keine Umwelt- und Gesundheitsschäden durch GV-Pflanzen belegt, wurden in der Öffentlichkeit kaum zur Kenntnis genommen. Das Echo auf beide Publikationen war in den Schweizer Medien bescheiden.

Die fundamentalen Gentechgegner reagieren meist ungehalten auf Publikationen, die den von ihnen verbreiteten Ängsten widersprechen. Den zuständigen Wissenschaftlern werfen sie regelmässig vor, von den Interessen der Industrie beeinflusst zu sein und die Gefahren zu verharmlosen. Nach dem Erscheinen der ART-Übersichtsstudie zeigte sich etwa Pro Natura in einem Communiqué «enttäuscht» über die Forschungsanstalt Agroscope.[169] Deren Studie werde «in keiner Art und Weise der ökologischen Forschung im Bereich Gentechnologie gerecht». Es gebe genügend «Hinweise» darauf, dass durch gentechnische Methoden entwickelte Anbaumethoden negative Auswirkungen auf die Artenvielfalt hätten. «In der Studie werden sie systematisch verharmlost.» Die ART-Studie werde so zu einem «bedenklichen Plädoyer der Unbedenklichkeit».

Auch die erwähnte WHO-Übersichtsstudie, die 2005 kurz vor der Moratoriums-Abstimmung erschien, beeinflusste die Diskussion um die Risiken der Gentechnik kaum. Als Gegenargumente gegen das Fazit der WHO führten die Gentechgegner Einzelresultate an, die zeigen sollten, dass die Befürchtungen zu Recht bestünden. Oder sie führten völlig lapidare Argumente an – wie etwa Daniel Ammann von der gentechfeindlichen SAG: Trotz den Schlüssen der WHO sei das Nichtwissen nach wie vor «enorm gross», und: «Die Wissenschaft stösst hier an ihre Grenzen.»[170] Und CVP-Nationalrätin Elvira Bader, Mitglied des Initiativkomitees, verwies darauf, dass eine Mehrheit der Schweizer Bevölkerung gentechnisch veränderte Lebensmittel ablehne. «Die Ängste existieren nun mal», meinte Bader, «sie lassen sich auch mit einer WHO-Studie nicht beseitigen.»

Gerade dieses zuletzt erwähnte Argument ist typisch: Zuerst werden Gefahren der Gentechnik heraufbeschworen und die Bevölkerung damit verunsichert. Erweisen sich diese Gefahren als hochgespielt oder gar inexistent, wird auf die zuvor erzeugten Ängste verwiesen – als Rechtfertigung dafür, dass der Kampf gegen Gentechnik weitergehen müsse.

Gleichzeitig Kulturen mit und ohne Gentechnik anbauen?

Um die Wahlfreiheit der Konsumenten für oder gegen gentechnisch veränderte Nahrungsmittel zu garantieren, schreiben die Schweizer Gesetze eine klare Deklaration von GV-Produkten vor. Deklariert werden müssen alle Produkte, deren GV-Anteil über 0,9 Prozent liegt. Dieser Wert gilt als Toleranzgrenze – darunter ist keine Deklaration nötig. Beim Saatgut liegt der Toleranzwert tiefer – dort darf nur eine Kontamination von 0,5 Prozent hingenommen werden, wenn das Saatgut nicht als GV-Produkt gelten soll.

Die Schweizer Konsumentinnen und Konsumenten lehnen heute GV-Nahrungsmittel grossmehrheitlich ab. Eine repräsentative Umfrage von Coop zeigte im Sommer 2007, dass 85 Prozent der Bevölkerung den Verkauf von Gentechlebensmitteln *gar nicht gut* (56 Prozent) oder *weniger gut* (29 Prozent) finden.[171] 81 Prozent der Befragten gaben an, solche Produkte nicht zu kaufen. Ohne Zweifel haben die ständigen Warnungen der Gegner und negative Geschichten in den Medien zu dieser Haltung geführt. Die Gentechgegner knüpfen nun an dieser Ablehnung selber an, und führen sie als weiteren Grund an, warum in der Schweiz der Anbau sämtlicher GV-Kulturen verhindert werden müsse. Sie argumentieren dabei mit der Wahlfreiheit der Konsumenten und behaupten, dass ein Anbau von GV-Pflanzen zwangsläufig zur Kontamination von andern landwirtschaftlichen Produkten führe – in einem nicht hinnehmbaren Mass. Es sei nicht möglich, in der Schweiz mit ihren kleinräumigen landwirtschaftlichen Strukturen die Reinheit der gentechfreien Produkte zu garantieren, wenn gleichzeitig auch Gentechkulturen angepflanzt würden. Die Reinhaltung vor Gentechbestandteilen müsse aber in hohem Mass oder gar absolut garantiert werden, argumentieren die Gegner – sonst werde der freie Entscheid der Konsumenten gegen Gentechnahrung missachtet.

Die Frage der sogenannten Koexistenz von Anbausystemen mit und ohne Gentechnik wurde vor der Moratoriums-Abstimmung heftig diskutiert. Zur Koexistenz sind zuerst zwei Dinge festzuhalten: Erstens handelt es sich beim Argument der angeblich nicht möglichen Koexistenz um ein *sekundäres* Argument der Gegner. Die Forderung nach Produkten, die absolut gentechfrei sind, beruht auf dem *primären* Argument der schädlichen Auswirkungen. Nur für Menschen, die überzeugt sind von der Gefährlichkeit von GV-Pflanzen und GV-Organismen, stellen selbst geringe Kontaminationen ein Problem dar. Zweitens ist das Anliegen der

Sortenreinheit natürlich nicht eine Frage, die sich ausschliesslich beim Anbau von Gentechkulturen stellt. Wer eine Sorte züchtet und daraus Produkte herstellt, will und muss dafür sorgen, dass diese so rein als möglich gehalten wird und Fremdkontaminationen verhindert werden.

Vor der Moratoriums-Abstimmung gaben zwei Schweizer Studien zur Koexistenz von Anbausystemen mit und ohne Gentechnik besonders zu reden, die zu scheinbar völlig widersprüchlichen Schlüssen kamen. Die landwirtschaftliche Forschungsanstalt Agroscope Reckenholz stellte in einer Studie im Auftrag des Bundesamts für Landwirtschaft fest, dass bei den Kulturen Mais, Raps und Weizen eine Koexistenz in der Schweiz möglich sei – vorausgesetzt, die Landwirte treffen einige Massnahmen, wie etwa die Einhaltung von Mindestabständen zwischen den Kulturen, entsprechende Absprachen und eine gründliche Warenflusstrennung.[172] Dieser Schluss beruhte auf der Grundlage, dass gemäss der internationalen Forschung über die Vermischung der Sorten bei Weizen keine Sicherheitsabstände zwischen Kulturen mit und ohne Gentechnik nötig seien, bei Mais ein Abstand von 50 Metern und bei Raps je nach Sorte zwischen 50 und 400 Metern. Das Forschungsinstitut für biologischen Landbau (FiBL) kam hingegen in seiner Studie, die vom WWF Schweiz in Auftrag gegeben wurde, zum gegenteiligen Schluss[173]: Der gleichzeitige Anbau von Kulturen mit und ohne Gentechnik in der Schweiz sei nicht möglich, weil der Aufwand für die Sortenreinhaltung mit einem unverhältnismässigen Aufwand verbunden sei. Das FiBL stützte sich dabei auf völlig andere Sicherheitsabstände, die zwischen den Kulturen nötig seien: bei Weizen mindestens 100 Meter, bei Mais mehr als 1 Kilometer und bei Raps je nach Sorte sogar zwischen 600 Meter und 4 Kilometer.

Die Ursache für diesen Widerspruch lag darin, dass die Forschungsanstalt Agroscope und das FiBL von andern Voraussetzungen ausgegangen waren. Agroscope ging von einer maximal möglichen Kontamination von 0,9 Prozent aus, wie sie die Schweiz (und auch die EU) vorschreiben. Das FiBL hingegen setzte voraus, dass die Verunreinigung 0,1 Prozent nicht übersteigen dürfe – was entsprechend grössere Sicherheitsabstände zwischen Kulturen mit und ohne Gentechnik nötig macht. Das FiBL begründete die Wahl des fast zehnmal strengeren Toleranzwertes damit, dass nur bei einer maximalen Kontamination von 0,1 Prozent von gentechfreier Produktion gesprochen werden könne. Weil dieser Grad an Reinheit mit vernünftigem Aufwand aber nicht einzuhalten sei, drohe der gentechfreien Produktion Schlimmes, wenn in der Schweiz auch Gentechkulturen angebaut würden: «Die Einführung der Gentechnik in der Schweizer Landwirtschaft würde bisherige erfolgreiche Anstrengungen in der Zusammenarbeit unter den Bauern zunichte machen, beispielsweise in der Vermarktung oder in der ökologischen Vernetzung.» Das FiBL machte in seinen Schlussfolgerungen auch politische Aussagen: Die Toleranzwerte bezüglich Kontaminationen seien in der Schweiz zu hoch: «Die Reinheit des Saatgutes ist entscheidend dafür, ob es in Zukunft noch eine gentechnikfreie Produktion geben wird. Die geltende Saatgutverordnung der Schweiz ist keine Basis dafür, da sie den tolerierbaren Verunreinigungsgrad mit GVO viel zu hoch ansetzt. Die Verordnung muss dringend überarbeitet werden.»

Das FiBL ging in seiner Studie also von der Forderung des Biolandbaus aus, wonach bei Kontaminationen mit gentechnisch verändertem Material ein strenger Toleranzwert von 0,1 Prozent einzuhalten sei. Für diese Forderung gibt es allerdings kaum sachliche Gründe, nur weltanschauliche. Die FiBL-Studie hat somit nur gezeigt, dass der Anbau von GV-Kulturen in der Schweiz *unter den vom Biolandbau selber festgelegten Bedingungen* schwer machbar ist – nicht aber unter den Bedingungen des geltenden Gesetzes. Es entsteht der Verdacht, dass die Gentechgegner von ihrem Ziel eines Verbots von Gentechkulturen ausgegangen sind und den Toleranzwert so tief angesetzt haben, dass dieser kaum eingehalten werden kann. Agroscope stellte demgegenüber klar, dass nicht der Staat für die Einhaltung von willkürlich gewählten strengeren Limiten garantieren müsse: «Labelprodukte (Bio Suisse, IP Suisse, Tierhaltungslabels usw.) unterliegen privatrechtlichen Vereinbarungen. Sie sind frei, tiefere Grenzwerte festzulegen, müssen dann jedoch auch die Verantwortung zur Einhaltung dieser Toleranzwerte tragen.»[174]

Gentechgegner bezeichneten hingegen die Agroscope-Studie als unseriös. Sie gehe völlig an den landwirtschaftlichen und biologischen Realitäten der Schweiz vorbei und nehme auf deren Kleinräumigkeit keine Rücksicht, meinte etwa Maya Graf, die Präsidentin der SAG.[175] Die Resultate sagten nichts über Kontaminationen in den Mühlen und in der späteren Feinverteilung der Produkte aus, sondern seien eine «reine, hochintellektuelle Zahlenbeigerei». «Die Studie nimmt gentechnische Verunreinigungen in Kauf, sie ist extrem fragwürdig», klagte Graf.

Grafs Argument, zusätzliche Kontaminationen bei der Verarbeitung und beim Transport würden insgesamt zu einer zu hohen Verunreinigung durch GV-Material führen, ist kaum stichhaltig. 2001 etwa kam das Bundesamt für Gesundheit BAG unter Einbezug weltweiter Erfahrungen in einer Studie zum Schluss, dass es möglich sei, die Warenflüsse von gentechnisch veränderten und herkömmlichen Erzeugnissen genügend zu trennen. Es sei mit geeigneten Massnahmen möglich, die Verunreinigungen unter 1 Prozent zu halten. Bei biologisch produzierten Lebensmitteln sei sogar eine Gentechkontamination von unter 0,1 Prozent in der Regel einzuhalten.[176]

Wenig stichhaltig ist auch das oft vorgebrachte Argument, die Toleranzwerte seien allenfalls in der Anfangsphase des GV-Anbaus einzuhalten, im Laufe der Zeit steige der Prozentsatz der Gentechkontamination durch immer neue Verunreinigungen aber kontinuierlich und unaufhörlich an. Denn Saatgut wird heute nicht aus dem Feldanbau gewonnen, wo bereits allfällige Kontaminationen stattgefunden haben, sondern greift auf die primäre Zucht einer Sorte zurück, die unter viel strengeren Qualitätsauflagen stattfindet. Wäre es unmöglich, ständig steigende Fremdkontaminationen im Saatgut zu verhindern, würde dieses Problem die Saatgutproduktion generell treffen – völlig unabhängig vom Vorhandensein gentechnisch veränderter Kulturen. Offensichtlich gelingt es den Saatgutherstellern aber, ihre Produkte in ausreichender Reinheit zur Verfügung zu stellen. Es ist nicht ersichtlich, warum dies bei einer Einführung von GV-Kulturen plötzlich nicht mehr möglich sein soll.

Limiten absenken, um andere Marktteilnehmer zu verhindern

Mit der Forderung nach Nulltoleranz bei Kontaminationen wollen die Gentechgegner offensichtlich ihr Ziel durchsetzen, den Anbau gentechnischer Kulturen definitiv zu verbieten. SAG-Geschäftsführer Daniel Ammann schrieb bereits im November 2003: «Die wirtschaftlich, ökologisch und gesellschaftlich beste Lösung für die Schweiz ist eine flächendeckende gentechnikfreie Zone.»[177] Als Argument für das Totalverbot von GV-Kulturen wird der in der Schweiz erfolgreiche Biolandbau angeführt, der bereits durch geringfügige Kontaminationen angeblich gefährdet ist. Die Grüne Partei der Schweiz schrieb in einer Medienmitteilung zum Markt der biologischen Produkte: «Dieser Markt ist akut gefährdet.»[178] Durch Anbau gentechnisch veränderter Nutzpflanzen verbreite sich genmanipuliertes Erbgut unkontrolliert. «Die heutige Gesetzgebung ist nicht in der Lage, den Biolandbau und namentlich die Biosaatgutzucht vor Kontaminationen durch genmanipulierte Organismen zu schützen.» Die Gentechgegner wollen darum eine Senkung der Toleranzlimiten durchsetzen. In einem Vorstoss im Parlament verlangte Nationalrätin Ruth Genner, die Präsidentin der Grünen Partei, im Herbst 2006: «Der Bundesrat wird aufgefordert, die GVO-Deklarationslimite für Saatgut in der Saatgutverordnung von 0,5 Prozent auf 0,1 Prozent abzusenken.» Begründung: «Die geltenden Regelungen genügen namentlich nicht, um die Biosaatgutproduktion vor GVO-Kontaminationen im Sinne der Bioproduzenten und Biokonsumenten zu schützen.» Kämen die Behörden dieser Forderung nach, würden wegen den selbstgewählten Anforderungen des Biolandbaus andere Teilnehmer wohl aus dem Markt gedrängt bzw. gar nicht erst zugelassen. Die wirtschaftlichen Interessen des Biolandbaus würden also über diejenigen der Konkurrenz gestellt. Diese Gefahr hat die EU-Kommission erkannt. Sie hat sich darum gegen gentechnikfreie Zonen innerhalb der EU ausgesprochen, die für alle Bauern verbindlich sein sollen. Der Schutz wirtschaftlicher Interessen sei keine ausreichende rechtsgültige Begründung für derart einschneidende Beschränkungen grundlegender Freiheiten, meinte die EU-Kommission.[179]

Die Gentechgegner versuchen aber nicht nur auf politischem Weg, den Anbau von GV-Kulturen zu verhindern, sondern auch durch freiwillige Verzichtserklärungen der Bauern. Die Freiwilligkeit relativiert sich allerdings, weil die Gentechgegner bewusst sozialen Druck auf die Bauern ausüben. Der Verein «Gentechfrei Ja» brachte etwa eine «Erklärung zur Gentechfreiheit» in Umlauf, mit deren Unterzeichnung die Landwirte sich verpflichten, auf dem eigenen Betrieb auf den Einsatz gentechnisch veränderter Pflanzen und Tiere zu verzichten.[180] Der Verein stellte in Aussicht, dass eine Gemeinde zur «gentechfreien Gemeinde» erklärt würde, wenn alle ansässigen Bauern die Erklärung unterschrieben. Falls dies in einer Region zustandekomme, ergäbe sich sogar eine «gentechfreie Region». Unterschreibt also nur ein einziger Bauer die «Erklärung» nicht, muss er sich schuldig fühlen, die gentechfreie Gemeinde oder Region verhindert zu haben. In der Erklärung heisst es zudem zu einer allfälligen «Kündigung» der Unterzeichnung: «Die Kündigung ist dem Verein ‹Gentechfrei Ja› mitzuteilen. Dieser bewahrt das Blatt mit den Originalunterschriften auf und informiert die anderen Unterzeichner.» Mit Gruppendruck wird also versucht, gentechfreundliche Landwirte gefügig zu machen.

Gentechnik als Verkörperung des Bösen

Die erwähnte «Erklärung zur Gentechfreiheit» erinnert an ein Glaubensbekenntnis. Ganz allgemein weist der Kampf fundamentaler Gegner gegen Gentechprodukte religionsähnliche Züge auf: Rationale Argumente haben kaum mehr Gewicht – alles, was irgendwie mit «Gen» zu tun hat, gilt als Verkörperung des Bösen. Das führt zu Diskussionen in der Öffentlichkeit, die immer groteskere Züge annehmen. Dazu drei Beispiele:

Für die Gegner stellt offenbar nicht nur gentechnisch veränderte Nahrung ein Gesundheitsrisiko dar, sondern sogar Fleisch von Tieren, die mit Gentechfutter aufgezogen wurden. Sie verlangen darum, dass die Deklaration auf entsprechende Produkte erweitert werde. Die damalige Nationalrätin und heutige Ständerätin Géraldine Savary von der SP forderte 2006 den Bundesrat in einem von 33 Parlamentariern unterzeichneten Vorstoss auf, eine entsprechende Deklarationspflicht einzuführen.[181] Die Tatsache, dass Lebensmittel von mit GVO gefütterten Tieren nicht deklariert werden müssen, stehe «im Widerspruch zur Wahlfreiheit der Konsumentinnen und Konsumenten», begründete Savary ihre Forderung. Eine Deklaration wird allerdings zusehends hinfällig: Die Grossverteiler Migros, Coop, Denner und Spar verzichten inzwischen ganz auf den Verkauf entsprechender Fleischprodukte – dies nach Protestkampagnen von Greenpeace gegen das «Gentechfleisch».[182]

Einen grossen Aufruhr gab es, als im September 2006 bekannt wurde, dass sich in importiertem Langkornreis aus den USA minimale Spuren der gentechnisch veränderten Sorte LLRice 601 nachweisen liessen. Diese Reissorte war damals weltweit nicht zugelassen. Weil sie auch in der Schweiz keine Zulassungsbewilligung hatte, mussten die Behörden gemäss der geltenden Gesetzgebung zwingend ein Verbot für die kontaminierten Reisprodukte aussprechen – auch wenn die Spuren der unerlaubten Reissorte darin äusserst klein waren: Bei Messungen betrug der Anteil 0,06 Prozent – also 6 Körner auf 10 000. Bei einer betroffenen Charge der Migros wurde sogar ein Anteil von nur 0,01 Prozent nachgewiesen. Eine Gefahr für die Gesundheit war weit und breit nicht erkennbar. «Wir sehen keine Gesundheitsgefährdung», meinte Martin Schrott vom Bundesamt für Gesundheit.[183] Das Problem sei vielmehr, dass diese Reissorte für den Verzehr nicht bewilligt sei. Denn bei nicht zugelassenen Sorten gebe es gemäss Gesetz keinen Toleranzbereich.

Migros und Coop reagierten auch hier heftig und räumten sogar sämtlichen Langkornreis aus ihren Verkaufsregalen weg. Dafür gab es keinerlei sachliche Gründe, aber die Grossverteiler hatten Angst vor einem Imageschaden: «Dieses hoch emotionale Thema lässt sich den Leuten kommunikativ kaum erklären», meinte Monica Glisenti von der Migros.[184] Diejenigen Reissorten, die sich als frei von Kontaminationen erwiesen hatten, kehrten zwar einige Tage später wieder in die Regale zurück, nicht aber die Chargen, in denen die minimen Spuren gefunden worden waren. Die *NZZ am Sonntag* schrieb dazu: «Es gibt keine Toleranzgrenze, und das Ergebnis ist grotesk: Coop und Migros halten jetzt, um nicht in die Illegalität zu geraten, Tonnen von toxikologisch unbedenklichem Reis zurück, ja sie werden ihn womöglich vernichten, während andernorts die Menschen den Bauch nicht voll bekommen.»[185] Die Befürchtung bestätigte sich dann tatsächlich: Die Migros gab im September 2007 die geplante Vernichtung von 200 Tonnen «kontaminiertem» Reis bekannt.[186] Für die restlichen in den Lagern blockierten 1300 Tonnen suche man nach andern Lösungen mit den amerikanischen Lieferanten, meinte die Migros weiter. Gemäss BAG wäre die Vergärung zu Bioethanol eine solche Alternative.[187] Bei Coop war noch nicht klar, was mit den betroffenen Reis-Chargen geschieht.

Als Posse muss bezeichnet werden, dass in Basel Gentechgegner gegen kompostierbare Becher Sturm liefen, die bei Fussballspielen abgegeben wurden: Weil der Rohstoff für die aus Mais produzierten Becher aus den USA stammte, musste angenommen werden, dass Gentechmais bei der Produktion verwendet worden war. Denn der Anbau von Genmais ist in den USA verbreitet. Die Gegner mussten zwar eingestehen, dass die Becher selber kein gentechnisch verändertes Erbmaterial enthielten: Für deren Herstellung wurde nur Maisstärke verwendet, die von einer (allfälligen) gentechnischen Veränderung nicht betroffen war.[188] Doch sie argumentierten, mit der Verwendung der Becher werde der ungeliebte Anbau von Genmais indirekt unterstützt. Der Basler SP-Grossrat Beat Jans mahnte: «Man kann nicht etwas als ökologisch verkaufen und sich gleichzeitig mit der Gentechindustrie einlassen.» Und die SAG schrieb: «Der Gentech-Maisanbau wird mit diesem Abfallkonzept … gefördert und der Rohstoff Gentech-Mais wird im Endprodukt nicht deklariert.»[189] Hier bestehe «eine gravierende Deklarationslücke». Die Firma Biopower, die bislang für die Kompostierung der Becher zuständig war, gab schliesslich dem öffentlichen Druck nach und verzichtete auf die weitere Entgegennahme des «Gentech-Bechers». In einer Mitteilung schrieb Biopower zwar: «Der Verwertung des Geschirrs ist weder aus rechtlicher noch biologischer Sicht etwas entgegen zu setzen.» Doch Beat Andrist, der Präsident des Unternehmens, gestand ein: «Wir sind auf unser Image als ‹grüne Firma› angewiesen.»[190] Den Vorwurf, sich «mit der Gentechindustrie einzulassen», konnte Biopower aus wirtschaftlichen Gründen nicht auf sich sitzen lassen.

Kein Gegensatz zwischen Gentech und Bio

Die Gegner von gentechnischen Methoden stellen diese als das Gegenteil von biologischem Landbau dar. Sie vermitteln das Bild, «bio» sei naturnah und sanft, «gen» hingegen naturfern und manipulativ. Unablässig warnen sie davor, ein möglicher Anbau von GV-Kulturen sei den Interessen des Biolandbaus diametral entgegengesetzt, ja bedeute sogar das Ende der «reinen» Bioprodukte. Nicht nur in der Schweiz, sondern weltweit müsse die Landwirtschaft sich darum entscheiden, ob sie auf die angeblich riskante Gentechnik setze, die nur zu grösseren Profiten von Grosskonzernen führe, oder auf den «nachhaltigen» Biolandbau, der die Ressourcen schone und den Ärmsten in der Welt diene.

Dieses Bild ist stark ideologisch geprägt. Es ist kein Grund ersichtlich, warum Gentechmethoden den Anstrengungen des Biolandbaus entgegenlaufen sollten. Im Gegenteil, mit der Entwicklung von GV-Pflanzen und GV-Produkten ist es sogar möglich, die Ziele des Biolandbaus zu unterstützen: den Einsatz von Giftstoffen zur landwirtschaftlichen Ertragssteigerung verringern, eine nachhaltigere Landwirtschaft ermöglichen und die natürlichen Ressourcen schonen. Hier seien einige Beispiele von Forschungsprojekten und -resultaten aufgezählt, die in diese Richtung zielen:

- An der ETH Zürich arbeitet der Agronom Cesare Gessler an Äpfeln, die gegen Schorf und Mehltau resistent sind.[191] Schweizer Bauern verspritzen heute alljährlich Fungizide im Wert von 6 Millionen Franken, um ihre Äpfel vor diesen Pilzkrankheiten zu schützen. Gessler versucht, mithilfe von aus der Gentechnik gewonnenen Erkenntnissen einen (konventionellen) Apfel zu züchten, den man mit weniger Fungiziden produzieren kann.

- Wilhelm Gruissem, ebenfalls von der ETH Zürich, kreiert gentechnisch veränderte Maniokpflanzen, die resistent gegen Viren sind, einen höheren Eiweissgehalt aufweisen und deren Blätter langlebiger sind. Damit soll der Fehlernährung von Millionen von Afrikanern entgegengetreten werden.

• US-Forscher haben Tomatenpflanzen gentechnisch verändert und anschliessend gekreuzt, sodass sie bis zu 25-mal mehr Folsäure enthalten als konventionelle Tomaten.[192] Der Konsum dieser Früchte könnte nützlich sein gegen Missbildungen bei menschlichen Föten, die durch Folsäurcmangel verursacht werden.

• Wissenschaftler der Universität Freiburg (D) haben eine gentechnisch veränderte Pappel entwickelt, die toleranter ist gegenüber Schwermetallen wie Cadmium oder Kupfer. In Gewächshausversuchen konnten die Forscher nachweisen, dass diese Pappel bis zu 15 Prozent des im Boden vorhandenen Cadmiums aufnimmt. Es besteht die Hoffnung, dass diese Entwicklung mithilft, verseuchte Böden zu sanieren.

• Forscher haben eine Kartoffelsorte gentechnisch so verändert, dass sie immun ist gegen den Algenpilz Phytophtora. Eignet sich diese Sorte für den kommerziellen Anbau, könnte dadurch der Einsatz von schädlichen Kupferpräparaten reduziert werden, die die Böden belasten. (Auch Biobauern setzen Kupfer gegen schädliche Pilze ein.)

• Amerikanische Forscher der Universität Georgia züchteten mit gentechnischen Methoden Senfpflanzen, die durch ihre Wurzeln Quecksilber aufnehmen und in eine für die Umwelt weniger schädliche chemische Verbindung umwandeln.[193] Gelingt es, diese Eigenschaften vom Labor in die Praxis zu übertragen, könnte ebenfalls ein Beitrag gegen belastete Böden geleistet werden.

• Gentechnisch veränderte Apfelsorten könnten ein Mittel gegen den Feuerbrand sein – eine Bakterienerkrankung, die auch in der Schweiz immer wieder Obstbaumkulturen zerstört und ein grosses Problem für die betroffenen Bauern darstellt. So könnte verhindert werden, dass gegen diese Erkrankung Antibiotika zum Einsatz kommen, deren Rückstände dann möglicherweise im Honig nachweisbar sind. Versuche mit feuerbrandresistenten Äpfeln wurden in Amerika bereits gemacht.[194] (Wegen der Fundamentalopposition gegen Gentechprodukte geht die Schweizer Forschung dieser Option derzeit allerdings nicht nach. Zwar könnte man relativ schnell eine Gensequenz mit Feuerbrandresistenz in einen «Gala» oder «Elstar» übertragen, wie Markus Kellerhals von der Forschungsanstalt Agroscope Changins-Wädenswil in einem Interview sagte: «Aber nachher bräuchte es ein langes Zulassungsverfahren für diese Pflanzen. Zudem ist in der Schweiz ein Anbau in der Landwirtschaft mit transgenen Pflanzen nicht gestattet. Und viele Konsumenten wollen diese Früchte nicht ...»).

Ernährungsexperten sehen in der Gentechnik Chancen

Mit der grünen Gentechnik sind weltweit viele Hoffnungen verbunden: Die Gentechnik soll ermöglichen, dass in der Landwirtschaft weniger Pestizide eingesetzt werden müssen, damit die Natur geschont wird. Sie soll helfen, mit der Erhöhung gewisser Substanzen in den Pflanzen Krankheiten und Mangelerscheinungen zu vermindern. Sie soll die landwirtschaftlichen Erträge steigern und damit den Hunger bekämpfen. Es ist klar: Viele Hoffnungen sind übertrieben und werden durch die Gentechnik wohl nicht erfüllt werden.

Die WHO und die FAO, die Uno-Unterorganisation für Landwirtschaft und Ernährung, sind aber überzeugt, dass die Gentechnik für die nachhaltige Entwicklung der Landwirtschaft grosse Chancen bietet.[195] In einem Bericht kam die FAO 2004 zu folgendem Schluss[196]: Biotechnologische Verfahren, darunter die Gentechnik, könnten einen Beitrag zur Linderung des Hungers in den Ländern des Südens leisten. Allerdings müsste dazu die Forschung im Bereich der Pflanzenzucht stärker auf die Probleme der Kleinbauern ausgerichtet werden. Biotechnologie sei aber kein Allerheilmittel, denn strukturelle Schwierigkeiten wie eine veraltete Infrastruktur oder ein fehlender Zugang zu den Märkten würden alle Bemühungen zunichte machen, das Leben der verarmten Landbevölkerung zu verbessern.[197] Gemäss der FAO soll Biotechnologie konventionelle Zuchtmethoden bloss ergänzen, nicht aber ersetzen. Gentechnisch veränderte Pflanzen würden die Welt nicht retten, meinte Shivaji Pandey, Direktor der Abteilung für landwirtschaftliche Unterstützungssysteme bei der FAO, sie seien aber eine von vielen Möglichkeiten, das Problem der Unterernährung in den Griff zu bekommen. Und Andrea Sonnino, Agrarexperte bei der FAO, zeigte sich überzeugt, dass die gewaltigen Herausforderungen punkto Ernährung der Weltbevölkerung nicht zu meistern seien ohne massive Investitionen seitens der Entwicklungsländer im Bereich der Agrarforschung: «Zusammen mit den lokalen Bauern müssen jene Technologien entwickelt werden, mit denen sie ihre Produktion steigern können.» Auch die Schweizer Direktion für Entwicklung und Zusammenarbeit (Deza) sieht Chancen in der Gentechnik.

Barbara Ekwall von der Deza meinte: «Nach unserer Ansicht kann die Gentechnik durchaus zur Armutsbekämpfung, Ernährungssicherung sowie zur nachhaltigen Bewirtschaftung von natürlichen Ressourcen beitragen. Sofern den Entwicklungsländern der Zugang dazu nicht durch unlautere Patente oder unfaire Marktbedingungen erschwert wird.» Die Haltung der FAO und anderer Ernährungs-Experten ist also ein «Ja, aber» zur Gentechnik. Deren Methoden können einen positiven Beitrag zur Welternährung leisten, wenn die Bedürfnisse der Bevölkerung konsequent in den Mittelpunkt gestellt werden.

Die fundamentalen Gegner sprechen gentechnischen Methoden hingegen sämtlichen Nutzen ab. Sie verwerfen in Bausch und Bogen jede positive Meldung bezüglich GV-Organismen. Auch die Haltung der FAO ist für sie darum inakzeptabel. Die Entwicklungshilfeorganisation Swissaid zum Beispiel, deren Präsidentin die gentechfeindliche Berner SP-Ständerätin Simonetta Sommaruga ist, warf der FAO eine zwiespältige Haltung in Sachen Biodiversität vor. Die FAO wolle einerseits die Biodiversität fördern, andererseits aber auch die Gentechnik, die der Bioidiversität diametral entgegenlaufe. «Das eine schliesst das andere aus», schrieb Swissaid.[198] Im Kampf gegen den Hunger müsse statt auf Gentechnik auf die Weiterentwicklung einer «angepassten biologischen Landwirtschaft» gesetzt werden. Anderer Meinung ist Klaus Leisinger, der Leiter der Novartis-Stiftung für nachhaltige Entwicklung und UNO-Sonderberater: «Die Gentechnologie ist ein zusätzlicher Pfeil im Köcher zur Lösung der Ernährungsprobleme – nicht mehr, aber auch nicht weniger.»[199]

Nutzen von Gentechpflanzen ist belegt

In einem Brief an die Spender von Swissaid behauptete Simonetta Sommaruga 2005 Folgendes: «In keinem Land der Welt hat der Einsatz von Gentech-Nahrungsmitteln bisher die Erträge gesteigert. Gesteigert wurde einzig und allein der Einsatz von Pestiziden, weil die High-Tech-Pflanzen auf Krankheiten und Dürre bedeutend anfälliger sind als traditionelle Sorten.»[200]

Sommarugas Behauptungen entsprechen keineswegs der Wahrheit. Darauf wies etwa der Berner Immunologieprofessor Beda Stadler hin[201]: Gemäss der FAO hat zum Beispiel der Einsatz von gentechnisch veränderter Bt-Baumwolle zu folgenden Ertragssteigerungen gegenüber konventionellen Sorten geführt[202]: 33 Prozent Ertragssteigerung in Argentinien, 19 Prozent in China, 80 Prozent in Indien, 11 Prozent in Mexiko und 65 Prozent in Südafrika. Gleichzeitig konnte der Einsatz von Chemikalien massiv reduziert werden, in Südafrika, China und Mexiko sogar zwischen 58 und 77 Prozent. Eine in der Wissenschaftszeitschrift *Science* publizierte Studie wies nach, dass bei Kulturen von gentechnisch verändertem Bt-Reis in China etwa zehnmal weniger Pestizid eingesetzt wird als bei Kulturen von konventionellem Reis – dies sogar bei leichter Steigerung der Erträge.[203]

Auch die bereits zitierte Übersichtsstudie der Forschungsanstalt Agroscope Reckenholz-Tänikon von 2006 widerspricht Sommarugas Behauptungen: «Die Abnahme der Insektizidanwendungen in Bt-Baumwolle hat, speziell in Entwicklungsländern, nachweislich auch zu gesundheitlichen Vorteilen für die Landwirte geführt.» Weiter schrieb ART zu den bereits realisierten Vorteilen mit gentechnisch veränderten Pflanzen: «Die Einführung von herbizid-toleranten GVP hat vielerorts den Wechsel zu einer konservierenden pfluglosen Bodenbearbeitung gefördert. Auf diese Weise können Landwirte Bodenerosion effizient vermeiden.» Gemäss einem Bericht des ISAAA hat Biotech-Saatgut bereits heute das Einkommen von etwa 7,7 Millionen Bauern in den Entwicklungsländern markant verbessert.[204] Caroline Morel, Geschäftleiterin von Swissaid, schrieb hingegen: «Wenn sich die Gentechnik in der Landwirtschaft durchsetzt, werden künftig noch mehr Menschen hungern.»[205]

Der Anteil der Hungernden, gemessen an der Weltbevölkerung, hat in den letzten Jahrzehnten erwiesenermassen deutlich abgenommen. Das wurde massgeblich durch neue Agrartechniken und weiterentwickelte Nutzpflanzen möglich. Dirk Maxeiner und Michael Miersch schreiben: «‹Grüne Revolution› nannte man in den sechziger Jahren des vergangenen Jahrhunderts die Ertragssteigerung durch verbesserte Getreidesorten und Anbautechniken. Diese Revolution führte zu einem der grössten sozialen Fortschritte der Menschheitsgeschichte und sorgte dafür, dass es in Indien und China seit Jahrzehnten keine Hungerkatastrophen mehr gegeben hat.» Die Ertragssteigerungen dank technologischer Neuerungen seien massiv gewesen: «Die Reiserträge in Asien stiegen seit den sechziger Jahren des 20. Jahrhunderts von 1,9 auf 4 Tonnen pro Hektar, die Weizenerträge von 0,7 auf 2,7 Tonnen. Im Jahr 2000 produzierte Indien 204 Millionen Tonnen Getreide. Mit den Techniken der sechziger Jahre hätte man die dreifache Fläche Ackerland dafür benötigt.»

Weltweit kann man denn auch von einem Boom der GV-Kulturen sprechen: Sie haben sich zwischen 1995 und 2005 verfünzigfacht.[206]

Allein 2005 betrug der Zuwachs 23 Prozent. 2006 wuchsen erstmals auf über 100 Millionen Hektaren weltweit gentechnisch veränderte Pflanzen.[207] 10,3 Millionen Bauern setzten gentechnisch verändertes Saatgut ein – der grösste Teil von ihnen lebt in Entwicklungsländern. Dass all diese Bauern skrupellosen Konzernen auf den Leim gekrochen sind, die sich an ihnen nur bereichern wollen, ist wenig glaubwürdig. Offensichtlich bringt das neue Saatgut diesen Bauern einen Vorteil.

Afrikanische Staaten lehnen Lebensmittelhilfe ab

Im Jahr 2002 zeichnete sich im südlichen Afrika eine humanitäre Katastrophe ab. Eine Hungersnot bedrohte 14 Millionen Menschen.[208] Man musste befürchten, dass innerhalb eines halben Jahres 300 000 Menschen an den Folgen von Unterernährung sterben. Nach einem Aufruf des Uno-Welternährungsprogramms WFP, Nahrungsmittel und medizinische Hilfsgüter zu spenden, boten die USA den betroffenen Staaten an, 500 000 Tonnen Lebensmittel zu liefern. Weil gentechnisch veränderte Kulturen in den USA weit verbreitet sind, war zu erwarten, dass ein Teil der zugesagten Lieferungen aus Gentechmais besteht. Eine Reihe von Staaten lehnte die amerikanischen Hilfslieferungen darum ab, darunter Moçambique, Zimbabwe und Sambia. Als Grund gaben sie Risiken für die Gesundheit an, die von Gentechmais angeblich ausgingen: «Wir mögen zwar arm sein und keine Nahrung haben, aber wir werden unsere Bevölkerung diesem Risiko nicht aussetzen», sagt etwa Sambias Präsident Levy Mwanawasa.[209] Die Regierungen dieser afrikanischen Staaten befürchteten zudem, ein Teil des Gentechmais könnte in den ökologischen Kreislauf geraten, weil ihn die Bauern nicht nur zum Essen, sondern auch als Saatgut verwenden würden. Den betroffenen Staaten wurde daraufhin angeboten, die Maislieferungen in gemahlener Form entgegenzunehmen. So wäre ein Aussäen unmöglich und eine Kontamination der einheimischen Kulturen ausgeschlossen. Moçambique und Zimbabwe akzeptierten das schliesslich, doch Sambia lehnte weiterhin jede Hilfe kategorisch ab. Sambia habe sich entschieden, gentechfrei zu bleiben und dafür «härter zu arbeiten», begründete Landwirtschaftsminister Mundia Sikatana die Ablehnung.[210]

Dass dringend benötigte Hilfslieferungen zurückgewiesen wurden wegen unbelegten Gefahren für die Gesundheit, löste international Kopfschütteln, ja Entsetzen aus. Tony Hall zum Beispiel, US-Botschafter bei den Vereinten Nationen, bezeichnete die Ablehnung als «Verbrechen gegen die Menschheit».[211] Beifall bekam Sambia hingegen von Gentech-gegnern, vor allem aus Europa. Sambia habe richtig gehandelt, meinten diese, denn bei den Hilfslieferungen handle es sich um einen Versuch der USA, den Widerstand afrikanischer Staaten gegen die Gentechnik zu brechen. Die USA lieferten bewusst gentechnisch veränderte Nahrungs-mittel mit dem Ziel einer Kontamination des afrikanischen Saatgutes, so die Gentechgegner. Es gehe bei den Hilfslieferungen nicht darum, den Hunger zu bekämpfen, sondern die Profitmöglichkeiten der Konzerne zu erweitern, die gentechnisch verändertes Saatgut produzieren. Chuck Benbrook, ehemaliger Direktor des Board on Agriculture der Nationalen Wissenschaftsakademie der USA, behauptete gar, die Hungerkrise in Afrika sei von denen heraufbeschworen, die nach einem neuen Terrain für die Promotion der Gentechnik Ausschau hielten: «Es gibt keinen rea-len Mangel an gentechfreien Nahrungsmitteln für Sambia.» Es sei unethisch und schamlos, Sambias Nöte auszunutzen, um für Gentechnik Punkte zu schinden.

Die Schweizer Gentechgegnerin Florianne Koechlin führte noch einen weiteren Grund an, der das Verhalten Sambias rechtfertige: die ablehnende Haltung Europas gegenüber Gentechnahrung: «Eine Aus-kreuzung von Gentech-Pollen auf einheimische Maissorten könnte lang-fristig die Option, dass Sambia nach Europa exportiert, verunmöglichen, weil Europa keinen Gentechfood will», schrieb Koechlin in der *Wochen-zeitung*. Diesen Zusammenhang akzeptierte auch die *Neue Zürcher Zei-tung*: «Viele afrikanische Länder befürchten, dass sie mit der Zulassung von gentechnisch verändertem Saatgut Exporteinbussen bei ihren Agrar-produkten hinnehmen müssten.»[212] Gemäss diesem Argument führt also die ablehnende Haltung der europäischen Konsumenten dazu, dass die Exportchancen von Entwicklungsländern in Gefahr sind, wenn sie nicht eine fundamentale Abwehrstrategie gegen Gentechnahrungsmittel verfolgen. Das bedeutet, dass diese Länder Hilfslieferungen wegen mögli-chen Kontaminationen ablehnen müssen, wenn es um gentechnisch ver-änderte Nahrungsmittel geht, selbst wenn die eigene Bevölkerung die Hilfe dringend nötig hätte.

Man kann diese Haltung als ökologischen Imperialismus ansehen: Die Phobie der Europäer vor Gentechnahrung bewirkt, dass Afrikaner hungern müssen. So sieht es zumindest der amerikanische Autor Paul K. Driessen in seinem Buch «Öko-Imperialismus – Grüne Politik mit tödli-chen Folgen».[213] Die afrikanischen Regierungen würden Hilfslieferungen nicht wie behauptet wegen angeblicher Gesundheitsgefahren ablehnen: «Wirklich Angst haben diese afrikanischen Eliten … nicht vor ‹unreinen› Nahrungsmitteln, sondern vor europäischen Nahrungsmittelfanatikern, die beschliessen könnten, dass afrikanische Produkte von amerikanischen, gentechnisch veränderten Pollen verschmutzt worden sind. In der Zwischenzeit wird die verzweifelte Bevölkerung weiter hungern.» Driessen zitiert W. K. Tushemereirwe, den Direktor des ugandischen Bananenforschungsprogramms, mit den Worten: «Die Europäer leisten sich den Luxus einer Verzögerung. Die haben genug zu essen. Aber wir Afrikaner nicht.» Driessen warnt vor den Folgen der strengen Gentechverordnungen der EU: Deswegen müssten auch Entwicklungsländer auf Gentechkulturen verzichten und würden so um die Chancen neuer Technologien im Agrarbereich gebracht: «Die EU-Verordnungen zur Gentechnik zeigen vor allem eins: Zur Verschleierung puren Eigeninteresses am Schutz der EU-Landwirtschaft vor ausländischen Konkurrenten und an der Förderung der ‹ökologischen› Landwirtschaft werden minimale, hypothetische und weit hergeholte Risiken aufgeblasen, um den technologischen Fortschritt aufzuhalten.» Das habe Folgen für die Entwicklungsländer: «Die Regelungswut trifft vor allem die Armen in der Dritten Welt, die den grössten Nutzen von der Biotechnologie hätten, weil sie deren Überleben sichern könnte.»

Die konkreten Auswirkungen der Gentechhysterie in Europa lässt sich am Beispiel Thailand zeigen: Thailands Regierung unterstützte in den 1990er-Jahren noch gentechnische Experimente bei der Herstellung von Früchten, verfügte 2001 aber einen abrupten Stopp dieser Aktivitäten, aus Rücksicht auf die Wünsche der Europäer und anderer gentechablehnenden Staaten.[214] Deutschland hatte gedroht, den Import von Früchten aus Thailand zu stoppen, sollten darin gentechnisch veränderte Papayas enthalten sein. Als auch Japan Ähnliches ankündigte, liess die thailändische Regierung Papayabäume fällen, die zu Forschungszwecken angepflanzt und gentechnisch gegen Schädlinge immunisiert worden waren.

Fundamentalopposition verhindert sinnvolle Gentechentwicklungen

Gentechnik führe dazu, dass arme Bauern in Entwicklungsländern von profitgierigen internationalen Konzernen ausgenommen würden, meinen dagegen die Gegner. Florianne Koechlin schrieb etwa: «Agrotechnik wird masslos überschätzt. Sie ist zur Symbolfigur einer hoch problematischen Industrielandwirtschaft nach US-Manier geworden. Sie ist eine wichtige Pokerkarte in einem globalisierten Wettbewerb, bei dem es um Kontrolle und Märkte, nicht aber um Hungerbekämpfung geht. Sonst müsste der Norden aufhören, mit subventionierten Billigprodukten die Agrarmärkte des Südens kaputt zu machen.»[215] UNO-Sonderberichterstatter Jean Ziegler ist überzeugt, dass es den Produzenten von GV-Saatgut nur darum gehe, Jahr für Jahr ihre Patentgebühren von armen Bauern einzuziehen.[216] Die Konzerne würden sogar Spione einsetzen, um Bauern aufzuspüren, die ohne Lizenz das von ihnen produzierte Saatgut einsetzten.

Für Gentechbefürworter handelt es sich bei diesen Darstellungen allerdings um Märchen. «Das sind lächerliche Verschwörungstheorien», meint etwa Klaus Ammann. Konzerne würden bei afrikanischen Bauern erst Geld beanspruchen, wenn diese mit Gentechprodukten Umsätze über 10 000 Dollar erzielten, was nur selten der Fall sei. Und gemäss UNO-Sonderberater Klaus Leisinger können afrikanische Bauern problemlos aus der eigenen Ernte die Saat für das nächste Jahr beiseitelegen: «Den von Jean Ziegler zitierten Multis wird das egal sein, denn diese Bauern sind keine Kunden, dazu fehlt ihnen die Kaufkraft.»

Sicher ist es so, dass internationale Konzerne bei der Verbreitung von Gentechnahrung und Gentechsaatgut vielerorts eine schlechte Rolle spielen. Dass diese Unternehmen vor allem die Bedürfnisse der armen Bevölkerung in Entwicklungsländern ins Zentrum ihres Handelns setzen, ist wenig glaubwürdig. Ernährungsexperten auf der ganzen Welt bemängeln denn auch, dass viele der heute kommerziell erhältlichen GV-Pflanzen nicht für die Bedürfnisse der Entwicklungsländer taugten.[217] Leider fehle in Europa öffentliches Geld, um gentechnisch veränderte Pflanzen für spezifische Probleme der Entwicklungsländer zu erarbeiten, schrieb die *Neue Zürcher Zeitung*: «An solchen Fragestellungen ist die Industrie in der Regel nicht interessiert, da Produkte für kleine regionale Märkte mit finanzschwacher Klientel wenig bis keinen Profit versprechen.»

Gerade um den Bedürfnissen der armen Bevölkerung gerecht zu werden, darf die Gentechnik darum nicht internationalen Konzernen allein überlassen werden. Die fundamentale Opposition der Gentechgegner könnte aber genau das bewirken: Sie verunmöglicht Forschung von öffentlichen Instituten, indem diesen endlos viele Hürden in den Weg gestellt werden. Christian Schwägerl, Wissenschaftskorrespondent der *Frankfurter Allgemeinen Zeitung*, schrieb dazu: «Für global arbeitende

Unternehmen ist es ... vergleichsweise leicht, ausserhalb von Europa ihre neuen Pflanzen zu erproben, in Lateinarmerika oder Nordamerika. Die staatlich besoldeten Gentechniker sowie die mittelständisch geprägten Pflanzenzüchter, wie es sie in vielen europäischen Ländern gibt, können aber nicht oder nur schwer ausweichen.»[218] So verhindern Gentechgegner sinnvolle Anwendungen der Biotechnologie und fördern dadurch möglicherweise sogar die von ihnen angeprangerten Zustände.

Erbitterter Widerstand gegen Golden Rice

Welch schlechte Auswirkungen die Fundamentalopposition gegen sämtliche gentechnischen Optionen haben kann, zeigt die Geschichte des «Golden Rice». Diese gentechnisch veränderte Reissorte wurde von Ingo Potrykus von der ETH Zürich und Peter Beyer von der Universität Freiburg (D) entwickelt – als Mittel im Kampf gegen Vitamin-A-Mangel in Entwicklungsländern. Vor allem in Asien leiden schätzungsweise 100 Millionen Menschen an Vitamin-A-Mangel, der dramatische Folgen hat: Etwa 500 000 Kinder erblinden jährlich deswegen, jeden Tag sterben Tausende von Personen daran.[219] Golden Rice enthält nun infolge einer gezielten gentechnischen Veränderung deutlich mehr Provitamin A als konventioneller Reis. Provitamin A wird im menschlichen Körper in Vitamin A umgewandelt.

Der Golden Rice von Potrykus und Beyer wurde 1999 öffentlich vorgestellt, nach fast 20 Jahren Grundlagenforschung. Potrykus schaffte es dadurch gar auf das Titelblatt des renommierten amerikanischen *Time Magazine*. Eine Studie der Weltbank kam zum Schluss, dass die Einführung von Golden Rice bei der armen Bevölkerung Asiens «substanzielle Verbesserungen der Wohlfahrt» zur Folge habe.[220] Von Anfang an wollten Potrykus und Beyer, dass ihre Erfindung den unter Vitamin-A-Mangel leidenden Menschen zugute komme, und nicht etwa grossen Konzernen zur Mehrung des Gewinns diene. Ihre Absicht war und ist es, Golden Rice den Betroffenen zu verschenken, statt zu verkaufen. Die Erfinder waren aber auf grosse Biotechnologieunternehmen angewiesen, um den Golden Rice weiterzuentwickeln und im grossen Stil zu produzieren. Im Jahr 2000 trafen sie eine Abmachung mit der Industrie: Potrykus und Beyer verzichteten auf die Erfinderrechte und bekamen dafür von der Industrie (etwa Syngenta) Unterstützung für ihr humanitäres Projekt.[221] Finanzielle Unterstützung leistete auch die Bill & Melinda-Gates-Stiftung mit einem Beitrag von bisher über 11 Millionen Dollar.

Dadurch waren die Voraussetzungen eigentlich geschaffen, um der betroffenen Bevölkerung den Golden Rice rasch zukommen zu lassen. Doch noch heute wächst kein Golden Rice in Asien. Schuld daran sind die aufwendigen Zulassungsbedingungen für neu entwickelte gentechnische Kulturen in der ganzen Welt – und der erbitterte Widerstand der Gentechgegner, namentlich von Greenpeace. Die Einführung des Golden Rice verzögerte sich so immer von Neuem. Das löste bei Erfinder Ingo Potrykus Kopfschütteln und Verzweiflung aus: «Es wird furchtbar viel Zeit verschwendet, täglich sterben 6000 Menschen an Vitamin-A-Mangel. Doch dem Golden Rice legt man dauernd Steine in den Weg.»

Greenpeace aber hetzt unentwegt gegen den Golden Rice. Nachzulesen sind die Argumente für den Widerstand der Umweltorganisation in einem Dokument mit dem Titel «Nicht alles, was glänzt, ist Gold»[222]: Der Gehalt an Betacarotin im Golden Rice, einer Vorstufe von Vitamin A, sei so gering, dass der Mensch zwölf Tagesportionen essen müsste, um einen Vitamin-A-Mangel zu verhindern, meint Greenpeace etwa. Richtig ist, dass der Golden Rice anfangs tatsächlich eine noch zu kleine Konzentration der gefragten Substanzen aufwies. Mittlerweile wurde er aber weiterentwickelt: Dadurch genügen nun schon Rationen von weniger als 100 Gramm pro Tag, um den Mangel zu überwinden – was dem normalen Reiskonsum in Asien entspricht. Für Greenpeace ist dies aber kein Grund, vom erbitterten Widerstand abzulassen: «Das Projekt scheint von Anfang an darauf angelegt, der Industrie zu helfen, die Ablehnung der Verbraucher gegenüber Gen-Food zu überwinden – und weniger, um Krankheiten zu verringern.» Ingo Potrykus bestätigt allerdings auf Anfrage, dass der Golden Rice, wenn er denn endlich zugelassen wird, den Reisbauern kostenlos und ohne jede Einschränkung durch irgendwelche Patente zur Verfügung steht. Greenpeace warnt weiter vor gesundheitlichen Risiken: Es könne «keinesfalls ausgeschlossen werden, dass in diesem Reis weitere unerwünschte Produkte mit eventuell sogar giftiger oder allergener Wirkung entstehen.» Da Reis in Asien ein Hauptnahrungsmittel sei, müssten Gefahren für die menschliche Gesundheit aber definitiv ausgeschlossen werden. Dies erscheine «derzeit aber unmöglich». Schliesslich meint Greenpeace, es gebe viele andere Möglichkeiten, den Mangel an Vitamin A zu bekämpfen.

Greenpeace stellt also hypothetische Gesundheitsgefahren in den Vordergrund – und nimmt in Kauf, dass die betroffene Bevölkerung darum noch jahrelang auf den Golden Rice warten muss. Der Vorwurf, die Fundamentalopposition der Gentechgegner töte Menschen, liegt nahe.

Wären Potrykus und Beyer nicht so hartnäckig, würde Golden Rice wohl nie auf den asiatischen Reisfeldern wachsen. Dieses Ziel rückt nun aber näher: Etwa ab 2010 soll der Golden Rice auf den Philippinen, in Bangladesch, Vietnam, Indonesien und Indien wachsen. Diejenigen Bauern, die weniger als 10 000 Dollar im Jahr verdienen, haben wie versprochen Anrecht, den Golden Rice geschenkt zu bekommen – und können daraus auch ohne Patentverletzung ihr eigenes Saatgut produzieren. Bei Ingo Potrykus bleibt allerdings Unverständnis über den erbitterten Widerstand der Gentechgegner. Mit der grünen Gentechnik wäre noch viel zu erreichen, meinte er gegenüber der *Basler Zeitung*. Aber die entwickelte Welt leiste sich den Luxus, alle Fortschritte auf dem Gebiet der Pflanzen-Gentechnik zu blockieren. Nützliche Projekte erhielten auch in der Schweiz aus politischen Gründen kein Geld mehr. «Die Schweiz hat innert weniger Jahre ihre Spitzenstellung auf dem Gebiet verloren. Da ist bald nichts mehr.» Und zum fundamentalen Kurs von Greenpeace meinte Ingo Potrykus: «Ich denke, dass für Greenpeace die Gentechnik ein ideales Thema ist, um unterschwellig vorhandene Ängste zu instrumentalisieren. Vermutlich kann sich Greenpeace Kompromisse in dieser Frage gar nicht leisten, da die Organisation damit an Schlagkraft einbüssen würde.»[223]

«Debatte der Reichen auf Kosten der Armen»

Zum Schluss des Kapitels soll der amerikanische Agrarwissenschaftler Norman Borlaug zu Wort kommen. Borlaug war wesentlich an der sogenannten «grünen Revolution» vergangener Jahrzehnte beteiligt und entwickelte insbesondere Weizensorten, mit denen die Erträge massgebend gesteigert werden konnten. Man darf behaupten, dass Borlaug mit seinen Bestrebungen und Arbeiten Millionen von Menschen vor dem Hungertod bewahrt hat. Dafür erhielt er 1970 den Friedensnobelpreis.

In einem Interview im Herbst 2007 meinte er auf die Frage, ob die grüne Revolution angesichts 850 Millionen noch immer hungernder Menschen gescheitert sei: «1960 waren 40 Prozent der Menschheit unterernährt. Wäre es bei dieser Relation geblieben, hätten heute über zwei Milliarden Menschen nicht genug zu essen.»[224] Mit der Agrartechnik, die 1950 üblich gewesen sei und etwa dem Biolandbau von heute entsprochen habe, bräuchte man 1,1 Milliarden Hektaren Ackerfläche mehr, um die 2,2 Milliarden Tonnen Getreide zu erzeugen, die 70 Prozent der Welternährung sicherstellten. «Durch Wissenschaft und Technik haben wir den Ertrag pro Hektar in 50 Jahren verdreifacht. Dank diesem Erfolg musste das Ackerland im gleichen Zeitraum nur um 10 Prozent ausgeweitet werden. Was wäre mit den Wäldern, den Steppen, den Wildtieren geschehen ohne diesen wissenschaftlichen Fortschritt? Alles wäre unter den Pflug gekommen, um das nötige Getreide zu produzieren.» Mit Biolandbau die heutige Weltbevölkerung ernähren zu wollen, hält Borlaug für eine Illusion: «Ohne Kunstdünger könnte die Landwirtschaft weltweit nur 2,5 bis 3 Milliarden Menschen ernähren.»

Borlaug ist überzeugt, dass grüne Gentechnik die Chance für weitere Erfolge in der Landwirtschaft bietet: «Die nächste Generation von gentechnisch veränderten Pflanzen wird verbesserte Nährstoffgehalte haben, zum Beispiel weniger Cholesterin, mehr Mineralstoffe und Vitamine. Diese Pflanzen stehen kurz vor der kommerziellen Anwendung.» Umgekehrt gebe es nach zehn Jahren kommerziellem Anbau von gentechnisch veränderten Pflanzen keinen nachgewiesenen Schadensfall, der durch diese Technologie hervorgerufen worden sei: «Das ist ein erstaunlicher Sicherheitsrekord, speziell für eine neue Technologie.» Das Problem sei aber, dass die Reichen und Verwöhnten eine Null-Risiko-Gesellschaft wollten. «Reiche Gesellschaften können sich den Luxus leisten, eine Null-Risiko-Mentalität gegenüber dem Fortschritt zu entwickeln, selbst wenn es sich später als Unsinn herausstellt. Aber die grosse Mehrheit der Menschen kann sich das nicht leisten.» Die Debatte um grüne Gentechnik bezeichnet Borlaug als eine Debatte der Reichen auf Kosten der Armen. Die Idee, diese neue Technik zu unterdrücken, bis endgültig bewiesen sei, dass sie vollkommen harmlos ist, sei zudem unrealistisch: «Wissenschaftlicher Fortschritt bringt immer ein gewisses Risiko mit sich.»

Auf die Frage, ob es denn nicht vor allem grosse Agrokonzerne seien, die von der Gentechnik profitierten, weil die Bauern die patentierten Samen immer wieder neu kaufen müssten, meinte Norman Borlaug: «Wir hätten nicht 102 Millionen Hektaren Ackerland mit gentechnisch veränderten Pflanzen auf der Welt, wenn die Bauern keinen Vorteil davon hätten.» Er mache sich aber auch Sorgen über die mögliche Konzentration von Besitzrechten an Pflanzensorten in den Händen relativ weniger Firmen: «Wir brauchen mehr gemeinnützige Forschung, damit dies nicht so kommt.»

Fazit

Es sind keine sachlichen Gründe erkennbar, warum gentechnisch veränderte Pflanzen grössere Risiken für Mensch und Umwelt bergen sollen als konventionell gezüchtete. Trotzdem warnen fundamentale Gentechgegner unablässig vor angeblich unabsehbaren Gefahren von GV-Pflanzen. Sie fordern einerseits, dass die Risiken vor Freisetzungen gründlich erforscht werden müssen, verhindern gleichzeitig aber wissenschaftliche Versuche, mit denen genau das geschehen soll. Viele gegen die Gentechnik eingestellte Organisationen verfolgen offensichtlich nicht das Ziel vernünftiger Regelungen, die sowohl den Risiken wie auch den Chancen der Biotechnologie Rechnung tragen. Ihr Kampf ist vielmehr zum Selbstzweck geworden: Mit der Totalopposition gegen Gentechnik gelingt es ihnen, sich in der Öffentlichkeit immer wieder neu zu profilieren.

Die ständigen Warnungen der Gentechgegner haben dazu geführt, dass eine Mehrheit der Bevölkerung GV-Lebensmittel ablehnt. Diese Ablehnung wird von den Gegnern selber wieder als Argument gegen sämtliche kommerziellen Anwendungen der Gentechnik angeführt. Sie suggerieren zudem, ein gleichzeitiger Anbau von Kulturen mit und ohne Gentechnik sei in der Schweiz nicht möglich. Dabei stellen sie mögliche minime Kontaminationen anderer Kulturen mit GV-Organismen als nicht hinzunehmende Verunreinigung dar.

Die Gegner bestreiten dazu konsequent jeden Nutzen von GV-Kulturen – selbst wenn dieser belegt ist. Sie behaupten, Gentechnik diene ausschliesslich dem Profitstreben von Grosskonzernen und vergrössere weltweit die Probleme hungernder Menschen. Mit ihrer Fundamentalopposition verhindern die Gegner aber gerade, dass GV-Produkte entwickelt werden, die sich an den Bedürfnissen der Bevölkerung in den Entwicklungsländern orientieren – etwa durch Forschung an öffentlichen Universitäten. Das Beispiel des Golden Rice zeigt, wie durch überhöhte Bewilligungsauflagen und öffentliche Diffamierung eine gentechnische Entwicklung jahrelang verzögert wird, die Millionen von Menschen helfen könnte.

Trinkwasser
Sturm im Wasserglas

«Alle Dinge sind Gift, und nichts ohne Gift. Allein
die Dosis macht, dass ein Ding kein Gift ist.»
(Paracelsus)

Schweizer Trinkwasser – liebevoll auch «Hahnenburger» genannt –
galt bis vor Kurzem als einwandfreies Produkt. Kaum Schadstoffe, fast
keine Krankheitserreger, beste Qualität. In der Region Basel verlor allerdings ein Teil der Bevölkerung im Sommer 2006 das Vertrauen in den
heimischen Wasserhahnen: «Ich bin nicht gewillt, dieses Wasser weiterhin zu trinken», zitierte die *Basler Zeitung* eine Passantin, die sich im
Rahmen einer Strassenumfrage äusserte.[225] «Ich habe bis jetzt immer
Hahnenburger getrunken. Seit jedoch unklar ist und darüber diskutiert
wird, wie belastet das Wasser ist, trinke ich Mineralwasser aus der Fla-
sche.» Eine andere Passantin meinte: «Vor eineinhalb Wochen bin ich
auf gekauftes Wasser umgestiegen, Wasser aus dem Laden.»

Der Grund für die auch heute noch andauernde Verunsicherung sind
Spuren von Schadstoffen, die im Trinkwasser der Region Basel nachgewiesen worden sind. Dem angeblichen Trinkwasserproblem angenommen hat sich vor allem das «Forum besorgter TrinkwasserkonsumentInnen», hinter dem rund 50 Bundes- und Kantonsparlamentarier der
Region Basel stehen. Nach Meinung dieses Forums bestehen die Ängste
in der Bevölkerung zu Recht. Es sei klar, dass die nachgewiesenen Che-
mikalienspuren im Trinkwasser aus ehemaligen Chemiemülldeponien in
der Baselbieter Vorortsgemeinde Muttenz stammten. Die Forderung des
«Forums besorgter TrinkwasserkonsumentInnen»: die sofortige Totalsanierung dieser Deponien, bezahlt durch deren ehemalige Betreiberin, die
Basler Chemische Industrie.

Der Imageverlust des Basler Trinkwassers macht Wolfgang Märki zu
schaffen. Er ist Geschäftsführer der Hardwasser AG, die für die Trinkwas-
serversorgung der Stadt Basel und Umgebung zuständig ist. «Ein ‹Cheibegschtürm› das Ganze», meinte Märki im erwähnten Zeitungsartikel.
Dieses «Cheibegschtürm» war in den vorangegangenen Monaten von der
Umweltschutzorganisation Greenpeace, zahlreichen links-grünen Politi-

kern und der Presse inszeniert worden. Ihnen gelang es, durch eine gezielte Kampagne einem Teil der Bevölkerung einzureden, das Trinkwasser sei giftig.

Abfallsünden früherer Jahre

In den drei Muttenzer Deponien *Margelacker, Feldreben* und *Rothausstrasse* lagerten die Basler Chemie- und Pharmafirmen in den vierziger- und fünfziger Jahren des vergangenen Jahrhunderts allerhand Chemiemüll ab. Diese Deponien wurden gleichzeitig auch vom lokalen Gewerbe und von der Gemeinde Muttenz zur Entsorgung von Abfällen aller Art benutzt. Die Basler Chemie hatte zuvor eine noch einfachere Entsorgung praktiziert: die sogenannte «Hollandisierung» – man warf den giftigen Müll kurzerhand in den Rhein. Zu Beginn der 1940er-Jahre wurde dann allerdings einige Kilometer flussabwärts die Kembser Schleuse gebaut, die keine festen Stoffe mehr durchliess und so diese Art der Abfallentsorgung erschwerte. Die Industrie wich auf Kiesgruben aus, zuerst im grenznahen Deutschland, dann in Muttenz. Hier lagerten die Basler Firmen ihren giftigen Chemiemüll jahrelang völlig sorglos in den drei Deponien ab, obschon in der Nähe Trinkwasser gewonnen wurde. Als dann 1957 auf einem benachbarten Firmengelände eine «rötliche, trübe und schäumende Brühe» zum Vorschein kam, verbot die Baselbieter Regierung die unkontrollierte Entsorgung chemischer Abfälle in Muttenz. Die Industrie verfrachtete ihren Müll danach noch jahrelang in Gruben im grenznahen Frankreich – bevor sie endlich von dieser unverantwortlichen Art der Abfallentsorgung wegkam.

In Muttenz ruhen die unbekannten Chemieabfälle nun seit Jahrzehnten im Untergrund. Dass dies eine potenzielle Gefahr für die Trinkwassergewinnung in der nahen Birsfelder Hard darstellt, war während langer Zeit kaum ein Thema. In den 1990er-Jahren erinnerte man sich jedoch an die Altlasten im Boden – zum Teil auf Druck von Umweltschutzorganisationen, aber auch aufgrund einer neuen Gesetzgebung (Altlastenverordnung). Es setzte sich die Einsicht durch, dass die Grundwasserströme untersucht und angemessene Sanierungsmassnahmen bei den Deponien ins Auge gefasst werden müssen. Obwohl Messungen keine relevante Verseuchung des Trinkwassers zeigten, begannen die Kantone Basel-Stadt und Baselland sowie die involvierten Pharma- und Chemiefirmen das Risiko abzuklären. Im Sommer 2001 starteten bei den ehemaligen Muttenzer Deponien Margelacker, Feldreben und Rothausstrasse geologische und hydrologische Untersuchungen, durchgeführt vom Geotechnischen Institut Basel.[226] Die Resultate lagen im Januar 2002 vor: Sie ergaben keine konkrete Gefährdung des Trinkwassers und seiner Konsumenten. Sofortmassnahmen waren nicht nötig – man konnte den Sanierungsbedarf in Ruhe und gründlich abklären. Dazu setzte die Gemeinde Muttenz im März 2002 ein Projekt ein. Die Leitung der Untersuchungen übernahm der ehemalige Baselbieter SP-Landrat Andres Klein. Zur Beaufsichtigung des Projekts wurde zudem ein Lenkungsgremium eingesetzt, in dem neben drei unabhängigen Experten für Analyse, Geologie und Toxikologie auch alle Interessengruppen vertreten waren. Die Untersuchungen standen zudem unter Aufsicht des Baselbieter Amtes für Umweltschutz und Energie. Drei Jahre später, im Februar 2005, war die erste Phase der sogenannten *technischen Untersuchung* abgeschlossen. Sie zeigte bei den Deponien Feldreben und Rothausstrasse an einigen Stellen erhöhte Konzentrationen einzelner problematischer Stoffe, während sich bei der Deponie Margelacker keine Probleme abzeichneten. Im Herbst 2005 wurde die zweite Phase der Untersuchungen in Angriff genommen. Im Rahmen eines sogenannten *Screenings* zeigten Grundwasseranalysen bei der Deponie Feldreben Spuren von rund 70 Chemikalien, 13 davon waren unbekannt. Beim Margelacker wurden 15 Substanzen nachgewiesen, bei der Rothausstrasse 80, ein Teil davon unidentifizierbar. Einige Konzentrationen lagen über den Grenzwerten der Altlastenverordnung, was zwar auf einen Sanierungsbedarf hinweist, aber nicht eine Verseuchung des Trinkwassers bedeutet. Die Verantwortlichen für die Wassergewinnung betonten, das Trinkwasser sei von einwandfreier Qualität. Andres Klein, der Leiter der Deponie-Untersuchungen, hielt fest, dass weder die kantonalen Aufsichtsbehörden noch die drei unabhängigen Experten einen unmittelbaren Handlungsbedarf sähen.[227]

Stoffe in Nanogramm-Bereich

Im Juni 2006 lud nun Greenpeace zu einer Medienkonferenz ein. Sie hatte in den Brunnen der Hardwasser AG Proben entnommen und diese im französischen Labor Suez Environnement untersuchen lassen.[228] Die Hardwasser AG gewinnt ihr Trinkwasser in einem Waldgebiet der Gemeinde Muttenz und beliefert damit die Konsumenten des Kantons Basel-Stadt und mehrerer Gemeinden im Kanton Baselland. Die Resultate stellte Greenpeace jetzt der Öffentlichkeit vor: In den Proben wurden Spuren von Chemikalien nachgewiesen, darunter Perchlorethen, Trichlorethen und Hexachlorbutadien. Die Konzentration dieser Stoffe lag allerdings im Nanogramm-Bereich, also im Bereich von Milliardstel Grammen – weit unterhalb von gesundheitsgefährdenden Mengen. Die Greenpeace-Vertreter sprachen trotzdem von einer unmittelbaren Gefahr für die öffentliche Gesundheit. Die Resultate dieser Untersuchung seien «brisant», meinte Matthias Wüthrich von Greenpeace.[229] Es sei verantwortungslos, wenn gewisse Experten bei diesen Verunreinigungen von einem Restrisiko sprächen, das sich nicht ausschalten lasse. Greenpeace bezeichnete die nachgewiesenen Substanzen als «typische Deponie-Chemikalien» – für sie stand fest, dass diese minimalen Verunreinigungen aus den drei Muttenzer Deponien stammen mussten: «Die Deponien laufen nachweislich aus und bilden damit ein Risiko für 100 000 Menschen. Bei diesen Dimensionen braucht es aber ganz klar eine absolute Sicherheit.» Die Forderung von Greenpeace: die umgehende Totalsanierung der drei Deponien.

Die Umweltschutzorganisation beschwor damit eine Gefahr für die Trinkwasserkonsumenten herauf, die nach objektiven Gesichtspunkten nicht bestand, denn die nachgewiesenen Spuren von Chemikalien lagen weit unterhalb gesundheitsgefährdender Mengen. Bei den flüchtigen Halogenkohlenwasserstoffen zum Beispiel (dazu zählt u. a. Hexachlorbutadien) wurden in den Greenpeace-Messungen 290 Nanogramm pro Liter registriert.[230] Das liegt um Faktor 27 unter dem Toleranzwert. Bei Perchlorethen betrug die höchste gefundene Konzentration 311 Nanogramm, 130-mal weniger als der Grenzwert. Die Industriellen Werke Basel IWB geben auf Anfrage bekannt, dass ein Mensch täglich etwa 3000 Liter Wasser trinken müsste, um eine gesundheitsgefährdende Menge Perchlorethen aufzunehmen. Die Baselbieter Regierung schrieb: «Bei einer Überschreitung eines Grenzwertes gilt ein Lebensmittel als nicht mehr genusstauglich und potenziell gesundheitsgefährdend. Diese Grenzwerte wurden in der Regel nach toxikologischen Risikoabschätzungen festgelegt und beinhalten ihrerseits meist einen zusätzlichen Schutzfaktor von 100 x.» Und der Baselbieter Kantonschemiker Niklaus Jäggi meinte, auf angeblich unterschätzte Gesundheitsgefahren angesprochen: «Die Substanzen sind in so geringen Mengen gefunden worden, dass sie für den Menschen absolut ungefährlich sind.»[231]

Für die involvierten Behörden und Fachleute waren die Messresultate von Greenpeace denn auch überhaupt kein Grund, um vom eingeschlagenen Weg der Analysen und Untersuchungen abzuweichen. Alberto Isenburg, der Leiter des Baselbieter Amtes für Umweltschutz und Energie, versicherte, das Trinkwasser und die Gesundheit der Bevölkerung seien prioritär.[232] Nach dem Stand des Wissens sei zwar bereits klar, dass zumindest die Feldreben-Deponie saniert werden müsse. Solange aber keine unmittelbare Gefahr erkennbar sei, müsse man sich Zeit für seriöse Abklärungen nehmen. Für Wolfgang Märki von der Hardwasser AG stellten die Messresultate von Greenpeace ebenfalls alles andere als eine Überraschung dar: In eigenen Messungen habe man die gleichen Chemikalien ebenfalls nachgewiesen.[233] Auch die IWB bestätigten, dass bei Routinekontrollen schon seit Jahren immer wieder Chemikalien im Nanogramm-Bereich gefunden würden (die in den regelmässig veröffentlichten Informationsbroschüren über die Wasserqualität auch publiziert würden).

Aus diesen Aussagen über frühere Messungen konstruierten die Presse und Politiker aus dem links-grünen Spektrum einen Skandal. Einige Monate zuvor hatte Wolfgang Märki die Aussage gemacht, das Trinkwasser sei einwandfrei, es seien keine Substanzen in toxisch wirkenden Konzentrationen gefunden worden. Zitiert wurde er in den Medien allerdings mit den Worten, es seien *keine toxischen Substanzen* gefunden worden. Auch Richard Wülser von den IWB hatte im Frühjahr 2006 von einwandfreiem Trinkwasser gesprochen. Jetzt müssten die Verantwortlichen für das Trinkwasser eingestehen, dass schon vorher Spuren von Giftstoffen gefunden worden seien, kommentierte die *Basler Zeitung*. Das Verhalten der Behörden und der Trinkwasserproduzenten sei erschreckend: «Nach der Enthüllung von Greenpeace geben sie plötzlich zu, dass ihr Persilschein fürs Basler Wasser ein Schwindel ist.» Es falle schwer, den «Schönfärbern» zu glauben, wenn sie jetzt beteuerten, dass für die Trinkwasserkonsumenten keine Gefahr bestehe. Da nützte es auch nichts, dass Wolfgang Märki von der Hardwasser AG einer angeblichen Verheimlichung widersprach: «Wir haben die Stoffe in so geringen Mengen entdeckt, dass sie für den Konsumenten absolut ungefährlich sind.» Man habe angesichts der fehlenden Gesundheitsgefährdung auch bewusst auf eine Warnung der Bevölkerung verzichtet, weil dies zu unnötigen Ängsten geführt hätte.

Die Baselbieter Regierung schrieb zum Nachweis von problematischen Stoffen (in der Beantwortung eines parlamentarischen Vorstosses): «In der heutigen industrialisierten Welt und erst recht in der kleinräumigen, dichtbesiedelten Schweiz sind sogenannte Umweltkontaminanten in der Luft, im Boden, im Oberflächen- und Grundwasser und deshalb auch in tierischen und pflanzlichen Lebensmitteln vorhanden und mit den heutigen analytischen Mitteln meist auch nachzuweisen. Weil bei genügendem Aufwand fast überall Rückstände zu finden sind, definiert das Lebensmittelgesetz Höchstwerte.»

Entsprechend kommentierte auch die *Neue Zürcher Zeitung* die Geschehnisse in der Nachbarstadt. Die IWB hätten sich bei der öffentlich kommunizierten Beurteilung der Wasserqualität an die Lebensmittelver ordnung zu halten.[234] Gemessen an diesen Standards könne das Wasser als einwandfrei bezeichnet werden. «Geht man indessen in den Spurenbereich, wo mit Hilfe modernster Analysemethoden Substanzen in Nano-Dimensionen gemessen werden können, lässt sich eine Verunreinigung nachweisen.»

Verzerrte Risikowahrnehmung

Angst vor kleinsten Mengen von Chemikalien, Bedenken wegen potenziell krankmachender Stoffe in Lebensmitteln, Gefahr durch Spuren von Giftstoffen in Luft und Wasser – wer sich in der Region Basel wegen der nachgewiesenen Milliardstel Gramm Schadstoffen im Trinkwasser ängstigt, befindet sich in guter Gesellschaft. Der Statistiker Walter Krämer und der Wissenschaftsjournalist Gerald Mackenthun schreiben in ihrem Buch «Die Panikmacher» über solche Ängste und über die verzerrte Risikowahrnehmung der Öffentlichkeit.[235] Sie zeigen auf, dass in Nahrungsmitteln dutzendweise natürliche und künstlich erzeugte Stoffe vorhanden sind, die der Gesundheit des Menschen gefährlich werden könnten – dass aber die Forderung nach Eliminierung all dieser Stoffe nicht nur unsinnig, sondern auch unmöglich zu erfüllen ist: «Mit jedem Atemzug, mit jedem Schluck Wasser, den wir trinken, mit jedem Stück Brot, das wir essen, mit jeder Tasse Kaffee nehmen wir zugleich mit diesen Lebensmitteln notwendigerweise auch Hunderte von giftigen und krebserregenden Substanzen auf, von Alkylphenolen über Dioxin und Quecksilber bis Zyankali, die meisten davon ohne menschliches Zutun seit jeher in der Natur vorhanden, und die einzige Möglichkeit, diese Stoffe zu vermeiden, ist, das Atmen und das Essen ersatzlos einzustellen.»

Die Autoren warnen vor allem vor dem weitverbreiteten Irrglauben, natürlich auftretende Stoffe seien generell unbedenklich, während «chemische» prinzipiell schädlich seien. «Wahr ist: Ionenstrahlen, Pestizide, Asbeststaub oder Dieselabgase können Krebs erzeugen. Genauso wie Rotwein, Kaffee oder Erdnussbutter (Letztere enthält das hochgiftige und krebserzeugende Aflatoxin).» Die Forderung nach 0 Prozent Chemikalien (wie sie etwa Greenpeace mit ihrem Ruf nach sofortiger Totalsanierung der Muttenzer Deponien aufstellte) sei wissenschaftlicher Unsinn: «Denn ‹Null-Prozent-Schadstoffgehalt› kann niemals heissen: Der Stoff ist nicht vorhanden, sondern nur: Der Stoff liegt unterhalb der Nachweisgrenze.» Der Grund, dass dauernd neue Chemikalien und Giftstoffe in Wasser und Nahrungsmitteln gefunden würden, sei nicht eine immer grössere Verschmutzung, sondern immer perfektere Messmethoden, schreiben Krämer und Mackenthun. Letztlich lasse sich fast jeder Stoff an jedem Ort nachweisen: «Denn fast alle Lebensmittel wie auch der menschliche Körper selbst enthalten, wenn auch in kleinster Menge, fast alle bekannten und unbekannten giftigen und ungiftigen Substanzen dieser Erde.» Der Nachweis, dass ein bestimmter Stoff in einem bestimmten Lebensmittel oder im Trinkwasser vorhanden sei, sei darum eine unbrauchbare Information. Relevant sei vielmehr, in welcher Konzentration ein gewisser Stoff auftrete, und ein Vergleich mit der Dosis, die es brauche, um dem Menschen oder der Natur zu schaden. «Mit einer Null-Prozent-Forderung machen wir uns damit zu Sklaven der chemischen und physikalischen Analysemethoden, die täglich ausgefeilter werden und mittlerweile den Nachweis auch mikroskopisch kleiner Mengen aller möglichen Substanzen erlauben, die früher als ‹nicht vorhanden› angesehen worden wären.» Die Unkenntnisse darüber seien leider gerade bei Journalisten weitverbreitet, stellen Krämer und Mackenthun fest: «Journalisten kennen oft nicht den Unterschied zwischen Möglichkeit und Wahrscheinlichkeit. Sie vergessen leicht, dass es die Dosis macht, ob ein Stoff ein Gift ist, das heisst, sie haben keinen guten Überblick über Grössenordungen und Wirkungszusammenhänge. Bei krebsanregenden oder krebserzeugenden Stoffen wird von den Medien so gut wie nie die Dosis angegeben, die einen Stoff (meist im Labor- und Tiertest) zum Giftstoff macht. Viele Journalisten begreifen nur schwer, dass das Vorhandensein eines Stoffes noch nicht Krankheit und noch nicht einmal Gefährdung bedeuten muss.»

Allgemein könne festgestellt werden, dass in der Öffentlichkeit jede noch so kleine Störung der Sicherheit umso sensibler wahrgenommen werde, je höher die Sicherheit schon sei, meinen Krämer und Mackenthun weiter. «Es scheint sich um einen Verwöhnungseffekt zu handeln. Niemand mehr muss in unseren Breiten fürchten, durch Trinkwasser Cholera zu bekommen. Weil alles so wunderbar sicher ist, erregen uns winzigste Spuren nebensächlicher Chemikalien im Trinkwasser.» Das führe zu ständig neuer, aber unnötiger Verängstigung in der Bevölkerung: «Die moderne Aufregung um alle möglichen Gefahren und der Aufwand zu ihrer Beseitigung sind fast umgekehrt proportional zu den Gefahren selbst. Wir leben immer länger, unsere Atemluft wird reiner, unsere Flüsse sauberer, unsere Autos sicherer, unser Essen gesünder – aber die Panikmacher erzeugen das Gefühl des Gegenteils.»

Die immer ausgefeilteren Methoden der modernen Technik und die immer neuen Stoffe, die damit nachgewiesen werden können, sind auch Thema im Buch «Die Angsttrompeter» des deutschen Chemikers Heinz Hug.[236] Mit den Resultaten solcher Messungen werde unnötig Panik erzeugt, mit den Grenzwerten Schabernack betrieben: «Tatsächlich sind Grenzwerte schon lange nicht mehr am realen Gefährdungspotenzial, sondern an den Möglichkeiten der modernen analytischen Chemie ausgerichtet. Im Gegensatz zur Zeit um 1950 kann man heute problemlos die Zuckerkonzentration im Wasser eines Schwimmbads bestimmen, wenn ein Kind einige Krümel von seiner Zuckerwaffel reinfallen lässt. Ist das jetzt für einen Schwimmer mit Diabetes ein reales oder ein virtuelles Risiko? Dem Vorsichtsprinzip entsprechend, müsste der Bademeister den Diabetiker wegen akuter Gesundheitsgefährdung sofort aus dem Wasser ziehen.»

Wie ausgefeilt heutige Mess- und Analysetechniken sind, zeigt sich etwa beim Umweltgift Dioxin. Gemäss Michael Oehme, Spezialist für organische Analytik an der Universität Basel, liegt die Nachweisgrenze von Dioxin heute bei einem halben Pikogramm pro Liter, also einem halben Billionstel Gramm.[237] Das entspricht einem Tropfen im Bodensee. Dank der Empfindlichkeit moderner Analysemethoden kann das Seveso-Gift heute praktisch überall in den Böden nachgewiesen werden. Oehme selbst hat als Spezialist den Auftrag, in der Umgebung der Basler Deponien nach Dioxin zu suchen. Dass Dioxin hier ebenfalls in Spuren vorkommt, ist für ihn kein Grund zur Beunruhigung. «Wie zu erwarten, treten auch dort gelegentlich Ultraspuren auf, was aber für die Gesundheit von Mensch und Tier komplett irrelevant ist.»[238]

Unsinnige Forderungen

Es sei hier aber auch klar festgehalten, dass die im Boden lagernden Chemieabfälle keine Lappalie sind. Die Industrie vergrub diese Abfälle mit einer heute unverständlichen Sorglosigkeit. Schwer wiegt vor allem, dass nicht einmal genau Buch geführt wurde, welche Stoffe in welchen Mengen und an welchen Orten entsorgt wurden. Das führt immer wieder zu unangenehmen Überraschungen und Entdeckungen und macht nachträgliche Sanierungen umso schwieriger und aufwendiger. Es ist die Pflicht der involvierten Unternehmen und der Behörden, die Folgen dieser Abfallsünden zu bewältigen und den Schutz von Bevölkerung und Umwelt sicherzustellen. Die Kosten der Untersuchungen und allfälligen Sanierungen haben die Verursacher zu tragen. Wenn Umweltorganisationen hier den Finger auf wunde Punkte legen, vergangenes Fehlverhalten anprangern und auch allfällige Missstände bei der Bewältigung des Deponienproblems öffentlich machen, ist dies eine Notwendigkeit und entspricht ihrer gesellschaftlichen Aufgabe.

Umweltorganisationen, aber auch Politik und Medien sollten dabei allerdings der Sachlichkeit verpflichtet bleiben: Ein angemessener Schutz der Menschen muss im Zentrum stehen – nicht die Profilierung mit einem populären Thema. Bei der Basler Deponien-Diskussion werden aber Forderungen aufgestellt, die nicht nur unverhältnismässig, sondern teilweise auch ökologisch fragwürdig sind. Dazu werden Vorwürfe erhoben, mit denen Behörden und Industrie offenbar schikaniert werden sollen. Es geht nicht mehr darum, gemeinsam mit ihnen optimale Lösungen für das Deponienproblem zu finden, sondern darum, die Bevölkerung mit übertriebenen Darstellungen zu verunsichern und sich selber in einem ideologisch geführten Kampf politisch zu profilieren.

Anzulasten ist Greenpeace, dem «Forum besorgter TrinkwasserkonsumentInnen» und verschiedenen Politikern der Region Basel in erster Linie, dass sie immer wieder den falschen Eindruck erzeugen, das Trinkwasser sei vergiftet. Obwohl die nachgewiesenen Schadstoffspuren keineswegs gesundheitsgefährdend sind, suggerieren sie mit symbolischen Aktionen und markigen Worten unablässig Gefahren, um die Bevölkerung gegen Behörden und Industrie aufzuhetzen. Greenpeace etwa verteilte im März 2007 in Basel Flaschen, die mit «Basler Trinkwasser toxique» angeschrieben waren.[239] Basta, eine linke Partei in Basel-Stadt, verkündete im gleichen Monat: «Basler Trinkwasser ist bedroht.»[240] Jürg Wiedemann, Gründer des besagten «Forums» und Baselbieter Kantonsparlamentarier der Grünen, meinte im August 2007 in einem Interview auf die Frage, ob das Trinkwasser sauber sei oder nicht: «Es ist nicht sauber. Es enthält Dutzende von Chemikalien, die zum Teil krebserregend sind.»[241] Auf den Einwand des Journalisten, es sei bisher aber noch zu keinen Erkrankungen gekommen, entgegnete Wiedemann: «Wer sagt, dass nicht Leute wegen des Trinkwassers Gesundheitsprobleme haben, die Ursache aber nicht kennen?» Auch die Baselbieter Parlamentarierin Esther Maag, ebenfalls Mitglied der grünen Fraktion, warnte in einer Kolumne, niemand wisse, was «so ein Chemiecocktail» über die Jahre hinweg bewirke: «Die alten Römer starben auch nicht von heute auf morgen, sondern an schleichender Bleivergiftung aus ihren Trinkwasser-Bleileitungen.»[242] Unterstützt wurde die Skandalierung immer wieder von den Medien: Die *Basellandschaftliche Zeitung* etwa setzte den Titel «Aus dem Hahnen fliesst ein Chemie-Cocktail»[243] und die Gratiszeitung *heute* titelte mit «Verseuchtes Hahnenburger»[244].

Ein häufig angewandter Kniff, minimale Schadstoffspuren bedrohlicher aussehen zu lassen, ist, die nachgewiesenen Mengen von unterschiedlichen Substanzen einfach zusammenzuzählen. So machte es etwa die *Basler Zeitung* im September 2006: «Zählt man die Stoffmengen zusammen, ist das nicht wenig.»[245] In einer Wasserprobe der IWB vom November 2005 seien 13 Substanzen gefunden worden. Summiere man deren Mengen, ergäben sich total 508 Nanogramm pro Liter Trinkwasser. «Damit gelangt die Analyse wieder in einen Bereich, der gesundheitlich bedenklich ist. Denn die Grenzwerte einzelner chemischer Substanzen liegen bei 100 bis 500 Nanogramm pro Liter Wasser.»

Die Trinkwasserproduzenten und die Behörden werden dazu mit Verheimlichungs-Vorwürfen eingedeckt, selbst wenn sie lediglich ihre Arbeit nach wissenschaftlichen Kriterien erledigen. Im Frühling 2007 warfen das «Forum besorgter TrinkwasserkonsumentInnen» und die Grünen der Hardwasser AG und den IWB bewusste Manipulation vor, weil sie in einem Bericht zu einer Screeninganalyse nur diejenigen Schadstoffe publiziert hatten, deren Konzentration über 100 Nanogramm pro Liter lag. Jürg Wiedemann sah darin «ein Täuschungsmanöver der Hardwasser AG, ein Kunstgriff, damit die Bilanz besser aussieht und das Wasser nicht so nach Giftcocktail tönt».[246] Die Grünen sprachen von einer «Unterschlagung von Daten», die beweise, «dass es im Bericht faule Eier hat». In einer Screeninganalyse sind aber bei Messresultaten unter 100 Nanogramm die messtechnischen Unsicherheiten sehr gross, darum ist die Mindestmarke von 100 Nanogramm sinnvoll und auch international gebräuchlich. «Es wird nur veröffentlicht, was validiert ist», begründete Richard Wülser von den IWB diesen Publikationsgrundsatz.[247] Die Trinkwasser-Skandalierer aber versuchen regelmässig, mit messtechnisch unsicheren Kleinstkontaminationen und nicht validierten Einzelresultaten öffentlich Ängste zu erzeugen. Verlangen sie Einsicht in interne Messprotokolle der Trinkwasserproduzenten, stehen diese jeweils vor einem Dilemma: Verweigern sie die Einsicht, müssen sie mit dem Vorwurf der «Verheimlichung» rechnen. Gewähren sie Einsicht, besteht die Gefahr, dass interne Resultate zu Propagandazwecken missbraucht werden. So geschah es etwa im Frühling 2007: Vertreter des Trinkwasserforums und des Aktionskomitees «Chemiemüll weg» machten nach Einblick in die Messanalyse der Basler Trinkwasserproduzenten öffentlich, dass in einer Probe eine unbekannte Substanz mit einer Konzentration von 6789 Nanogramm festgestellt worden war, die dann im offiziellen Bericht aber nicht erwähnt worden war.[248] Das sei ein «Skandal» und «widerspreche guter Laborpraxis». Richard Wülser von den IWB musste öffentlich entgegnen: Ein solcher Wert sei irrelevant, solange es sich wie hier um einen Einzelfall handle: «Der erwähnte Wert kam in einer einzigen Probe vor, deshalb ging von ihm keine Gefahr aus.»[249] Erst wenn ein Stoff regelmässig in den Wasserproben auftauche, gehe man der Sache nach und schreite zur Einzelstoffanalyse.

Das «Forum besorgter TrinkwasserkonsumentInnen» beharrt demgegenüber auf einer unsinnigen Null-Toleranz: «Im Trinkwasser dürfen keine Chemikalien enthalten sein – nicht einmal Spuren davon», fordert Jürg Wiedemann.[250] Wie absurd die Forderung nach einer Null-Toleranz bei Schadstoffspuren im Basler Trinkwasser ist, zeigt eine Messreihe des Baselbieter Kantonslabors: Es untersuchte im Sommer 2007 verschiedene im Verkauf erhältliche Mineralwasser nach Kontaminationen.[251] In einigen Proben liessen sich Spuren von Trichlorethan in Konzentrationen zwischen 120 und 300 Nanogramm nachweisen. Hätte es sich um Trinkwasser der Region Basel gehandelt, wäre bestimmt erneut von «Chemiecocktail» gesprochen worden.

«Sofortige Totalsanierung» – ökologisch kontraproduktiv?

Zentrale Forderung von Greenpeace, dem Trinkwasserforum und zahlreicher Politiker ist die sofortige Totalsanierung aller Chemiemülldeponien auf Kosten der Industrie. Bei sofortigen Totalsanierungen müssten wohl grosse Teile der Deponien ausgebaggert und deren Inhalt abtransportiert werden. Dabei würde es sich aber nicht nur um gefährlichen Chemiemüll handeln, sondern auch um unproblematische Ablagerungen wie etwa Bauschutt. Die Industrie und die Behörden andererseits beabsichtigen, vor allfälligen Sanierungen mittels Voruntersuchungen abzuklären, wo die sogenannten *Hot Spots* liegen (also die problematischen Teile der Deponien). Dazu soll geologisch im Detail geklärt werden, welche unterirdischen Wasserströme das Trinkwasser potenziell gefährden.

Gegen eine sofortige Totalsanierung der Muttenzer Deponien sprach sich im Sommer 2006 Peter Huggenberger aus, Beauftragter der Universität Basel für Kantonsgeologie. Wenn sich im Trinkwasser Stoffe befinden, die nicht dorthin gehören, müsse man sich zwar Gedanken machen, weshalb und wie diese Stoffe dorthin gelangen, sagte Huggenberger. «Dieser Prozess ist im Gang, aber er benötigt Zeit und einen Aufwand.» Man müsse die Ergebnisse der laufenden Untersuchungen abwarten. «Ohne diese Ergebnisse lassen sich Sanierungsszenarien kaum sinnvoll evaluieren.»[252]

Die «sofortige Totalsanierung» aller Chemiemüll-Deponien wäre aus ökologischer Sicht möglicherweise sogar kontraproduktiv: Gemäss Berechnungen wären für den Abtransport des Materials mehrere Hunderttausend LKW-Fahrten notwendig, was eine beträchtliche Luft- und Lärmbelastung nach sich ziehen würde. Conrad Engler von der Interessengemeinschaft Deponiesicherheit (ein Zusammenschluss der involvierten Basler Unternehmen zur Bewältigung der Deponieprobleme) meinte: «Eine Totalsanierung aller drei Muttenzer Deponien wäre nur schon aus ökologischen Gründen nicht zu verantworten. Es müssten rund zwei Millionen Kubikmeter praktisch unbelastetes Material ausgegraben werden, was rund 200 000 unnötige Lastwagenfahrten bedeuten würde.»[253] Andere Schätzungen gehen sogar von 250 000 Fahrten aus. Greenpeace widersprach dieser Argumentation: Es müsse natürlich nur das belastete Material entfernt werden. Wie das aber ohne entsprechende Vorabklärungen möglich sein soll, bleibt offen. Jürg Wiedemann vom Trinkwasserforum ist offenbar sogar bereit, für den Abtransport sämtlichen Materials Hunderttausende von belastenden Lastwagenfahrten in Kauf zu nehmen. Der Hinweis auf die ökologische Belastung durch diese Fahrten sei «zynisch», wird er in der Presse zitiert, denn: «Täglich fahren Tausende LKWs durch die Schweiz. Selbst wenn die Zahl 250 000 stimmt, wären das bei einer Sanierung, die zehn oder mehr Jahre dauert, täglich nicht viel.» Eine kurze Rechnung zeigt hingegen, dass bei angenommenen 250 000 Lastwagenfahrten selbst bei einer zehnjährigen Sanierungsdauer etwa 100 Fahrten pro Arbeitstag in Kauf zu nehmen wären.

Die Forderung nach sofortiger Totalsanierung aller Deponien ist auch darum unsinnig, weil ihr Nutzen mehr als fraglich ist. Denn es ist trotz gegenteiliger Behauptung alles andere als klar, dass die im Trinkwasser registrierten Kontaminationen aus den Muttenzer Deponien stammen. Die registrierten Schadstoffe hätten kaum etwas mit den Deponien zu tun, sondern kämen eher aus dem nahen Rhein, hielt Wolfgang Märki von der Hardwasser AG fest. Denn Grundwasserzuflüsse aus dem Gebiet der Deponien gebe es mit grosser Sicherheit keine mehr: «Es ist zu 99,9 Prozent eine Tatsache, dass wir keinen Zustrom mehr haben aus der Umgebung.» Das Abwehrsystem funktioniere, was früher noch anders gewesen sei. Auch die Vorstellung, die Deponien würden nun langsam leck, sei falsch. Noch vor 25 Jahren habe es zehnmal mehr Substanzen im Wasser gehabt als heute. «Vor 50 Jahren war alles offen. Seit 1960 fliesst aber nichts mehr von der Deponie ins Trinkwasser.» Auch gemäss Christoph Wenger, beim Bundesamt für Umwelt für Altlasten und Industrieabfälle zuständig, geben die von Greenpeace präsentierten Resultate keinen Aufschluss darüber, ob die nachgewiesenen Chemikalien tatsächlich aus den Muttenzer Deponien stammen.[254] Da das fragliche Gebiet seit vielen Jahren intensiv industriell genutzt werde, könnten die minimalen Verunreinigungen auch aus andern Quellen stammen, meinte Wenger. Für Richard Wülser von den IWB sind die Rheinhäfen, der Muttenzer Rangierbahnhof oder das Industriegebiet von Schweizerhalle mögliche andere Schadstoffquellen.

Das «Forum besorgter TrinkwasserkonsumentInnen» und Greenpeace aber sind der Meinung, dass die nachgewiesenen Schadstoffspuren eindeutig aus den ehemaligen Muttenzer Deponien stammen. Sie stützen sich dabei vor allem auf eine von eigener Seite in Auftrag gegebene Studie des Basler Altlastenexperten Martin Forter ab. Forter kam zum Schluss, brisante Erkenntnisse einer Untersuchung aus dem Jahr 1980 würden zwar auf eine Gefährdung des Trinkwassers durch die Deponien hindeuten, die damaligen Resultate würden aber in den laufenden Abklärungen übergangen.[255]

Trotzdem kann man davon ausgehen, dass die festgestellte Kontamination des Trinkwassers auch nach einer totalen Sanierung der Muttenzer Deponien nicht verschwinden würde. Andere, möglicherweise viel bedeutendere Schadstoffquellen wie etwa Zuflüsse aus dem Rhein bestünden weiterhin. Möchte man die Schadstoffspuren ganz vermeiden, wäre wohl eine totale Verlagerung der Trinkwassergewinnung aus der industriell genutzten Region Basel nötig. Analysespezialist Michael Oehme von der Universität Basel schlug vor, die Trinkwasserproduktion ins aargauische Zurzach zu verlagern.[256] Allein die Kosten, um die Leitungen zu verlegen, schätzte er auf 150 bis 200 Millionen Franken. Die Basler Trinkwasserproduzenten bezeichneten eine solche Verlagerung als unnötig, denn die Qualität des Wassers sei trotz der minimalen Kontaminationen gut.

Generell gehen Greenpeace und das Trinkwasserforum unbeirrt davon aus, dass Industrie und Behörden an einem sinnvollen Umgang mit Altlasten nicht interessiert sind, Informationen verheimlichen und Lügen verbreiten. Sie interpretieren Handlungen und Äusserungen der vermeintlichen Gegner konsequent negativ und finden so immer wieder Indizien, die ihr Bild weiter zementieren. So meinte etwa Jürg Wiedemann, angesprochen auf die IWB: «Das sind alles Chemiker, die mit Herz und Seele hinter der Chemie stehen. Ich sage nicht, dass sie gekauft sind, aber denkbar ist es.»

Die Autoren Walter Krämer und Gerald Mackenthun stellen fest, dass diese Art der selektiven Wahrnehmung und tendenziösen Interpretation in der Umwelt- und Gesundheitsbewegung weitverbreitet sei und durch einseitig geprägte und dieser Bewegung nahestehende Medien in der ganzen Bevölkerung verbreitet werde. Zur Rolle der Medien schreiben die Autoren: «Neben fehlendem Fachwissen offenbart die moderne Art der Berichterstattung einen bestürzenden Mangel an Wissen über das Menschliche. Unvermeidliche Fehler einer grossen Behörde werden zu Skandalen, nie ganz herstellbare Eindeutigkeit der Kommunikation zu Kontroversen und Streitereien, noch nicht veröffentlichte Überlegungen zu ‹Geheimpapieren›, Verschleierungsversuchen, gar Verschwörungen.»

Öffentlicher Druck führt zu vorsorglichen Massnahmen

Kurz vor Weihnachten 2007 gab es in der Region Basel neuen Aufruhr um die Trinkwasserqualität: Das Kantonslabor Baselland hatte verfügt, dass das Wasser aus der Muttenzer Hard mit einem sogenannten Aktivkohlefilter vorgereinigt werden müsse.[257] Mit einem solchen Filter können Schadstoffspuren eliminiert werden. Anlass für die Verfügung war einerseits ein Beurteilungsbericht des Technologiezentrums Wasser Karlsruhe (TZW), der von der Hardwasser AG in Auftrag gegeben worden war. In diesem Bericht kam das TZW nach Prüfung aller Daten zum Schluss, dass eine zusätzliche Aufbereitung des Wassers aus der Muttenzer

Hard sinnvoll sei. Andererseits wurden in den vorangegangenen Wochen im Trinkwasser der Hardwasser AG erhöhte Werte bei einer Schadstoffgruppe, den chlorierten Butadienen, registriert. Zu diesen erhöhten Werten meinte der Baselbieter Kantonschemiker Niklaus Jäggi: «Wir bewegen uns im Nanogrammbereich, aber deutlich höher als bei den bisherigen Messungen.»[258] In einer Medienmitteilung hielten die Baselbieter Behörden fest: «Die gefundenen Mengen bewegen sich nach wie vor im Nanogramm-pro-Liter-Bereich, das heisst, es besteht kein Grund zur Annahme, dass die gefundenen Mengen gesundheitsgefährdend sind.» Bei der Hardwasser AG stiess die Verfügung des Kantonslabors auf Skepsis: «Das Hardwasser mit einem Aktivkohlefilter zu behandeln, ist eher ein politischer Entscheid», sagte Wolfgang Märki von der Hardwasser AG.[259]

Die IWB als Abnehmer der Hardwasser AG reduzierten jedoch den Bezug von Trinkwasser aus der Muttenzer Hard zumindest bis zur Inbetriebnahme des Aktivkohlefilters auf das vertraglich vereinbarte Minimum. Die IWB betrachteten diese rasch eingeleitete Reduktion als vertrauensbildenden Akt gegenüber der Bevölkerung und vorsorgliche Massnahme. Daniel Moll von den IWB begründete in einem späteren Interview den Teilverzicht so: «Im Interesse einer möglichst guten Trinkwasserqualität war es gerechtfertigt, den Wasserbezug aus der Hard auf ein Minimum zu beschränken. Die Überschreitung des sogenannten TCC, eines bewusst tief angesetzten Vorsorgewertes, bildet zwar keine akute Gefahr, aber wir wollten vorsichtshalber das kurzfristig Machbare tun.»[260]

Die Verfügung einer Aktivkohlereinigung und der reduzierte Bezug von Trinkwasser aus der Muttenzer Hard durch die IWB wurden in der regionalen Presse hämisch kommentiert. «Die Zeit des Schönredens ist vorbei», schrieb die *Basler Zeitung*.[261] Nach jahrzehntelangem «Abwiegeln» werde jetzt urplötzlich gehandelt. Die Behörden und Trinkwasserproduzenten hätten «mit einer an Unaufrichtigkeit grenzenden Penetranz stets behauptet, alles sei im Griff und es gebe überhaupt kein Problem, auch wenn da ein bisschen was drin ist im Trinkwasser.» Und Greenpeace behauptete erneut, die registrierten Schadstoffspuren stammten eindeutig aus den ehemaligen Muttenzer Deponien: «Je genauer man hinschaut, desto offensichtlicher ist die Verschmutzung durch Deponie-Chemikalien.»[262] Die IWB widersprachen: «Auch die neuen Messresultate deuten durchaus nicht einfach auf die Deponien hin. Substanzen wie Tetrachlorbutadien sind Abbauprodukte von ehemaligen Lösungsmitteln, die in der Vergangenheit überall verwendet wurden», meinte Heinrich Schwendener von den IWB. Dass diese Argumentation richtig ist, zeigt etwa auch folgende Massnahme: Im Januar 2008 beschlossen die IWB, sogar das Trinkwasser aus den Basler Langen Erlen mit einem Aktivkohlefilter vorzureinigen.[263] Auch dort lassen sich die gleichen Schadstoffe wie im Trinkwasser aus der Muttenzer Hard finden, obwohl das Gebiet fernab der Muttenzer Deponien liegt.

Die verfügten Massnahmen zeigen keineswegs, dass die Trinkwasserproduzenten vorher fahrlässig mit der Gesundheit der Bevölkerung umgesprungen sind, wie von Umweltschützern und Medien behauptet. Die Vorsichtshaltung in diesem Bereich wird lediglich immer ausgeprägter. Sobald eine Gefährdung durch registrierte Schadstoffe nicht mit allerletzter Gewissheit ausgeschlossen werden kann, reagieren die Trinkwasserproduzenten. Sobald Stoffe auftauchen, die auch nur potenziell und in kleinstem Mass schädlich sein könnten, werden vorsorgliche Massnahmen verhängt. Auch wenn das Gefährdungspotenzial solcher Substanzen minimal ist im Vergleich zu andern Lebensmittel- und Lebensrisiken, gehen die Behörden unter dem Druck der aufgebrachten Öffentlichkeit «auf Nummer sicher».

Diese geradezu pedantische Nullrisiko-Haltung wird von verschiedenen Fachleuten kritisiert. Christoph Wenger, der Chef der Sektion Altlasten beim Bundesamt für Umwelt, hält die Analysen, die im Rahmen der Untersuchung der Chemiemülldeponien in der Region Basel unter dem Druck der Öffentlichkeit gemacht werden, für übertrieben: «In Basel wird übers Ziel hinausgeschossen.»[264] Lebensmittelingenieur Pierre Studer schrieb Anfang 2008 im Organ des Schweizerischen Vereins des Gas- und Wasserfaches: «Gewisse Kreise scheinen manchmal zu vergessen, dass die Nachweisbarkeit einer Substanz in erster Linie von der angewandten Analytik abhängt und direkt nicht mit einer Gefährdung zu tun hat.»[265] Vorsorgliche Auflagen, die aus der Entdeckung von immer neuen Substanzen abgeleitet würden, hätten aber immer kompliziertere und aufwendigere Verfahren zu Folge. Studers Folgerung: «Da das Trinkwasser ein Gut ist, das der ganzen Bevölkerung zugänglich sein muss, ist es unbedingt erforderlich, zusätzliche Auflagen wissenschaftlich begründen zu können.»

Die Trinkwasserproduzenten und Behörden können aber oft gar nicht anders, als die Vorsorge vor potenziell schädlichen Schadstoffspuren in immer fraglichere Höhen zu schrauben: Tun sie es nicht, wird ihnen «Verharmlosung» und «Schönfärberei» vorgeworfen. Fatalerweise führt aber eine solch aufgezwungene Nullrisiko-Haltung nicht zu einer Beruhigung des öffentlichen Aufruhrs, sondern zum Gegenteil: Die verhängten Massnahmen werden als Schuldeingeständnis aufgefasst, stärken die Skandalierer und haben so oft noch drastischere Forderungen zur Folge.

Sanierungsentscheide fallen bald

Seit November 2007 liegen alle Schlussberichte der zweiten Untersuchungsphase zu den Muttenzer Deponien vor. Der Bericht zur Deponie Feldreben kommt zum Schluss, dass eine Sanierung angezeigt sei.[266] Das hatte sich schon nach der ersten Untersuchungsphase abgezeichnet: Bei dieser Deponie ist eine relevante Belastung des umgebenden Grundwassers (nicht des Trinkwassers) mit Schadstoffen erkennbar.[267] Bei den Deponien Rothausstrasse und Margelacker genügt hingegen eine langfristige Überwachung. Eine akute Gefährdung des Trinkwassers besteht gemäss den Untersuchungen bei keiner Deponie. Gestützt auf diese Abklärungen muss der Kanton Baselland nun 2008 über die Sanierungen entscheiden.

Im September 2007 gab dazu der Basler Konzern Novartis (dessen Vorgängerfirmen massgeblich Chemiemüll in den Deponien der Region abgelagert haben) bekannt, 200 Millionen Franken in eine eigene Stiftung für die Altlastensanierung einzubringen.[268] Damit wolle man ein «klares Signal an Behörden und Öffentlichkeit» setzen, dass es Novartis ernst sei mit der nachhaltigen Sanierung der Deponien. Greenpeace verbuchte diese Ankündigung in einem Spendenaufruf einige Wochen später als «Teilerfolg», der auf das eigene Engagement zurückzuführen sei. Mit abgebildeten Totenschädeln forderte die Umweltorganisation die Bevölkerung dazu auf, weiterhin «Dampf zu machen» – und Greenpeace Geld zu spenden.

Fazit

Die Basler Industrie ging in früheren Jahrzehnten fahrlässig mit ihrem Chemiemüll um und lagerte ihn in verantwortungsloser Weise in diversen Deponien. Die Bevölkerung hat ein Anrecht auf angemessenen Schutz vor den Auswirkungen dieser Ablagerungen und insbesondere auf Trinkwasser von einwandfreier Qualität. Darum ist es richtig, dass die involvierten Unternehmen die Folgen ihrer früheren Abfallentsorgung tragen müssen und nötig werdende Massnahmen und Sanierungen finanzieren – zumindest anteilmässig.

Greenpeace und zahlreichen Politikern geht es aber offenbar nicht um eine sinnvolle Bewältigung des Deponienproblems, sondern nur um möglichst laute Polemik. Sie suggerieren der Bevölkerung bewusst, das Trinkwasser sei verseucht, um sie gegen Behörden und Industrie aufzuhetzen. Ergreifen Trinkwasserproduzenten und Behörden unter öffentlichem Druck Vorsorgemassnahmen, um selbst minimale Gefahren auszuschliessen, wird dies als Rechtfertigung für die eigenen extremen Forderungen dargestellt. Insbesondere der Ruf nach sofortiger Totalsanierung sämtlicher Deponien ist unsinnig, weil deren Nutzen in keinem Verhältnis zum Aufwand stünde und ökologisch sogar kontraproduktiv sein könnte (zusätzliche Lastwagenfahrten). Behörden und Verantwortliche, die sich an wissenschaftliche Fakten halten und auf fundierte Vorabklärungen vor allfälligen Sanierungen drängen, werden jedoch als «Verharmloser» gebrandmarkt und öffentlich desavouiert.

Acrylamid
Ein Volk von Hypochondern

«Nichts zu essen – ein Problem. Viel zu essen –
viele Probleme.»
(Herkunft unbekannt)

Nicht nur beim Trinkwasser, sondern bei Lebensmitteln überhaupt
herrscht in weiten Teilen der Bevölkerung eine verzerrte Risikowahrnehmung. Kleinste Spuren von Stoffen werden als grosse Bedrohung der
Gesundheit empfunden, obwohl die Gefährdung – sofern überhaupt
objektiv vorhanden – verglichen mit andern Lebensrisiken minim bis
völlig vernachlässigbar ist. Die Tatsache wird übersehen, dass jedes
menschliche Handeln mit Risiken verbunden ist und jedes Nahrungsmittel von Natur aus unzählige Stoffe enthält, die der Gesundheit potenziell gefährlich werden können. Immer neue «Lebensmittelskandale»
machen die Runde, und Meldungen über den Nachweis gefährlicher
Stoffe schrecken die Bevölkerung auf. Zu den aufsehenerregendsten
«Skandalen» der letzten Jahre gehört sicher derjenige um Acrylamid.

In Nahrungsmitteln wurde Acrylamid das erste Mal von schwedischen Forschern nachgewiesen. Im April 2002 informierte die schwedische Nahrungsmittelbehörde die Öffentlichkeit, dass das unter Krebsverdacht stehende Acrylamid in Grundnahrungsmitteln wie Brot,
Kartoffelprodukten und Gebäck gefunden worden sei. Die in Kartoffelchips oder Pommes frites gemessenen Konzentrationen überstiegen die
für Acrylamid im Trinkwasser festgelegten Grenzwerte zum Teil um das
Zehntausendfache. Die Substanz war schon vorher bekannt: Sie wird seit
Langem in der Wasseraufbereitung zur Klärung eingesetzt.[269] Weitere
Anwendungen finden in der Kunststoff- und Papierproduktion statt.
Neu ist allerdings, dass Acrylamid auch in Esswaren nachgewiesen werden kann. Weil die schwedische Nahrungsmittelbehörde dies als brisant
erachtete, informierte sie die Öffentlichkeit, noch bevor die wissenschaftliche Publikation der entsprechenden Studie erfolgte.

Unter Krebsverdacht

Die folgenden Ausführungen beziehen sich auf Informationen des deutschen Bundesinstituts für Risikobewertung BfR vom November 2002.[270] Im Vordergrund der allenfalls gesundheitlich relevanten Risiken von Acrylamid steht die Krebsgefahr. Belegt ist, dass Acrylamid bei Ratten Tumore auslösen kann, und zwar ab einer täglichen Menge von 1 bis 2 Milligramm pro Kilogramm Körpergewicht. Die krebserzeugende Wirkung beim Menschen ist allerdings nicht nachgewiesen. Unbestritten ist, dass Acrylamid bei sehr hohen Dosen das menschliche Nervensystem und die Fruchtbarkeit beeinträchtigen kann – diese Gefahr ist bei den in Lebensmitteln nachgewiesenen Konzentrationen aber nicht gegeben.

Unklar ist gemäss BfR, ob man aus der krebserzeugenden Wirkung auf Ratten auf eine entsprechende Wirkung beim Menschen schliessen kann. Unklar ist auch, ob es eine Schwelle der Acrylamidkonzentration gibt, unterhalb derer eine Schädigung des Menschen ausgeschlossen werden kann. Ohne eine solche Schwellendosis wären beliebig kleine Mengen von Acrylamid als potenziell gefährlich zu betrachten.

Erschwerend bei der Abschätzung einer allfälligen Krebsgefahr von Acrylamid kommt hinzu, dass nicht klar ist, welche Mengen der menschliche Körper während des Verdauungsvorgangs aus belasteten Nahrungsmitteln aufnimmt. Schätzungen gehen davon aus, dass die tägliche Durchschnittsbelastung mit Acrylamid in Nahrungsmitteln zwischen 0,3 und 1,0 Mikrogramm pro Kilo Körpergewicht liegt. Statistische Modelle berechnen daraus, dass die lebenslange Aufnahme von Acrylamid zu 700 bis 10 000 Krebsfällen pro Million Menschen führen könnte. Das BfR schreibt dazu: «Schon die starke Schwankungsbreite spiegelt die Unsicherheit der Abschätzung wider.» Auch liegt die im Tierversuch minimale krebsauslösende Konzentration rund tausendmal höher als die für den Menschen geschätzte tägliche Menge (immer pro Kilogramm Körpergewicht). Insgesamt laufen die Risikoabschätzungen so weit auseinander, dass das Krebsrisiko gemäss BfR von «relativ gering» bis «nicht hinzunehmen» reicht. Trotz dieser grossen Unsicherheit kam das Bundesamt für Risikobewertung im November 2002 zum Schluss, dass die Acrylamidbelastung durch Lebensmittel «schnellstmöglich drastisch gesenkt werden muss».

Ein weitverbreiteter Stoff

Die Frage ist allerdings, wie man eine solche Senkung mit einem verhältnismässigen Aufwand erreichen kann. Denn einerseits ist klar, dass Acrylamid in einer sehr breiten Palette von Nahrungsmitteln auftritt, die von Rösti über Pommes frites, Chips, Müesliflocken, Brot, Knäckebrot bis hin zu Kaffee reicht. In allen Produkten, die geröstet oder frittiert sind, muss man mit Acrylamid rechnen. All diese Lebensmittel zu meiden, ist offensichtlich unsinnig und unmöglich. Andererseits war nach der Entdeckung von Acrylamid in Nahrungsmitteln bald klar, dass die höchsten Konzentrationen nicht in der industriellen Fertigung entstehen, sondern am heimischen Herd – etwa beim Frittieren oder Rösten von Kartoffeln. Mit der Entstehung von Acrylamid muss man immer dann rechnen, wenn stärkehaltige Lebensmittel trocken erhitzt werden. Zwar wurden in der Lebensmittelindustrie nach den ersten Acrylamidalarmen rasch Verfahren entwickelt, um die Konzentration zu senken. Doch was nützen die perfektesten Produktionstechniken, wenn in den Privathaushalten gleichzeitig Acrylamidkonzentrationen entstehen, die um ein Vielfaches höher sind als die in der industriellen Fertigung?

Insgesamt stand man 2002 bezüglich Acrylamid vor folgender Situation: Ein potenziell krebsauslösender Stoff wird in einer breiten Palette von Nahrungsmitteln nachgewiesen. Es ist völlig offen, wie gross der allfällige gesundheitliche Schaden ist, den dieser Stoff verursacht. Es handelt sich zudem um einen Stoff, der mit grosser Wahrscheinlichkeit seit Menschengedenken auftritt. Schon seit Urzeiten dürften die Menschen beim Verspeisen von gerösteten oder grillierten Lebensmitteln Acrylamid aufgenommen haben. Neu ist nur, dass dieser Stoff, der lange Zeit nicht einmal bekannt war, nun auch in Lebensmitteln nachgewiesen wird. Weil er zudem durch elementare Vorgänge bei der Zubereitung entsteht (rösten, frittieren), ist es undenkbar, ihn ganz aus Lebensmitteln zu eliminieren. Möglich scheint allenfalls eine Herabsetzung der Konzentration durch entsprechende Massnahmen.

Die Weltgesundheitsorganisation WHO zeigte sich 2002 an einer Konferenz zwar besorgt über das Auftreten von Acrylamid in Nahrungsmitteln.[271] Trotzdem schien es ihr unsinnig, angesichts der beschriebenen Umstände Panik zu erzeugen. Die WHO verzichtete darum etwa auf die Empfehlung, einzelne Nahrungsmittel zu meiden. Wichtig sei eine ausgewogene Ernährung. Das Schweizerische Bundesamt für Gesundheit BAG hielt sich in seiner Stellungnahme zu Acrylamid an die WHO und legte den Konsumentinnen und Konsumenten folgende Grundsätze nahe: «Beibehaltung einer gesunden und ausgewogenen Ernähung mit etwas reduziertem Fettanteil, reich an Früchten und Gemüse», dazu die Empfehlung, die Lebensmittel nicht übermässig zu erhitzen, «das heisst nicht zu lange und nicht bei zu hoher Temperatur»[272]. Margret Schlumpf, Umwelttoxikologin an der Universität Zürich, antwortete auf die Frage, ob die gefundenen Acrylamidwerte für die Bevölkerung alarmierend seien: «Alarmierend nicht, aber sicher sind die gemessenen Werte hoch. Man darf jedoch nicht vergessen, dass die Belastung mit Acrylamid nichts Neues darstellt. Neu ist einzig, dass man die Substanz in der Nahrung nachweisen kann.»[273] Mehr Sorgen über die Konzentration von Acrylamid in Lebensmitteln machte sich die Krebsliga Schweiz. Sie forderte die Gesundheitsbehörden auf, rasch Grenzwerte einzuführen und diese durchzusetzen.[274] Die Behörden standen und stehen jedoch vor dem Problem, dass sinnvolle Grenzwerte nur dann eingeführt werden können, wenn der Zusammenhang zwischen der Dosis eines Stoffes und deren schädigender Wirkung bekannt ist oder zumindest zuverlässig abgeschätzt werden kann. Das ist bei Acrylamid aber nicht in ausreichendem Mass der Fall. (Das deutsche Ministerium für Verbraucherschutz fand angesichts dieser Schwierigkeiten einen sehr fragwürdigen Ausweg und kreierte kurzum «Signalwerte»[275]: Bei jeder Lebensmittelgruppe wurden diejenigen 10 Prozent der Produkte ermittelt, die am meisten mit Acrylamid belastet waren. Das am wenigsten belastete Produkt dieser 10 Prozent wurde dann für die Festlegung des entsprechenden Signalwertes herangezogen. Diese Signalwerte haben aber offensichtlich nichts mit der effektiven Gesundheitsgefährdung zu tun.)

Aus «krebsverdächtig» wird «krebserzeugend»

Die Medien stürzten sich geradezu auf das Thema Acrylamid. Kein Wunder, denn es bot alle Zutaten für eine aufsehenerregende Geschichte: Eine bislang ziemlich unbekannte Substanz wird plötzlich in einer Vielzahl von Lebensmitteln nachgewiesen. Die Schädlichkeit dieses Stoffes kann nicht klar abgeschätzt werden, was Raum lässt für wilde Spekulationen und düstere Szenarien. Nahezu jedermann ist von Acrylamid betroffen, der unheimliche Stoff tritt sozusagen «mitten im Leben» auf.

Bei der Berichterstattung in den Medien fällt vor allem auf, dass immer wieder tatsachenwidrig vom *krebserregenden* Acrylamid berichtet wird. Die krebserregende Wirkung für den Menschen ist wissenschaftlich aber bis heute nicht belegt – der Stoff gilt lediglich als *krebsverdächtig*. Die Wirtschaftszeitung *Cash* schrieb etwa: «Die Skandinavier fanden in stärkehaltigen Nahrungsmitteln, die bei trockener Hitze verarbeitet werden, den Krebs erregenden und erbgutschädigenden Stoff Acrylamid.» Erst weiter hinten im Text heisst es: «Ein Zusammenhang zwischen Acrylamid, das über die Nahrung aufgenommen wird, und einem erhöhten Krebsrisiko ist wissenschaftlich nicht belegt.»[276] (Der Untertitel des *Cash*-Artikels war raffiniert gewählt: «Zweifelsfrei nachgewiesen: In Chips steckt giftiges Acrylamid». Richtig war sicher, dass Acrylamid *zweifelsfrei in Chips nachgewiesen* worden war – suggeriert wurde allerdings, dass es *zweifelsfrei giftig* sei.)

Die Konsumentensendung *Kassensturz* des Schweizer Fernsehens sprach im Internet von «Hochgiftigem Stoff in Chips und Birchermüesli»[277], später dann vom «Krebsgift Acrylamid»[278], und schliesslich von «Acrylamid: Viel schlimmer als Rinderwahnsinn»[279]. Auch der renommierte *Tages-Anzeiger* schrieb vom «Krebs erregenden Stoff Acrylamid».[280] Die *Basler Zeitung* titelte «Krebserreger vor allem in Pommes Chips» und sprach von der «krebsfördernden Substanz Acrylamid».[281] Der *Blick* schrieb im Titel «Krebsgift – Gefahr lauert im Härdöpfel» und warnte «Achtung! Röstibrutzeln kann Ihre Gesundheit gefährden».[282] Im *St. Galler Tagblatt* war der Titel «Gift auf dem Teller» zu lesen.[283] Auch die Zeitschrift *Facts* bezeichnete Acrylamid als «Krebsgift».[284] Ebenso suggerierten viele deutsche Medien der Öffentlichkeit, die gesundheitsgefährdende Wirkung von Acrylamid in Nahrungsmitteln sei unbestritten. Die *Süddeutsche Zeitung* etwa setzte den Titel «Knuspriges Gift»[285], die Zeitschrift *Der Spiegel* schrieb vom «Gift aus dem Ofen»[286] und der *Stern* titelte in übergrossen Buchstaben zuerst mit «Giftalarm bei Pommes & Co»[287], ein halbes Jahr später dann mit «Risiko Acrylamid – die Gefahr durch das Gift im Gebäck»[288].

Unzählige krebsverdächtige Substanzen

Auf den ersten Blick erscheint die Forderung, einen potenziell krebserregenden Stoff aus den Nahrungsmitteln zu eliminieren, gerechtfertigt. Man muss allerdings wissen, dass darin unzählige Stoffe auftreten, die im Tierversuch krebserregend wirken und als krebsverdächtig für den Menschen gelten. Die Aufnahme all dieser Stoffe zu verhindern, ist unmöglich, die Forderung nach Elimination unsinnig. Dirk Maxeiner und Michael Miersch hinterfragen im «Lexikon der Öko-Irrtümer» die

Bedeutung der Erkenntnis, dass eine bestimmte Substanz in Tierversuchen krebserregend wirkt: «In diesen Tierversuchen erweisen sich 59 Prozent aller künstlichen und 57 Prozent aller natürlichen Stoffe als krebserregend.»[289] Das sei auch nicht weiter erstaunlich, würden die Tiere doch in solchen Tests mit höchsten Dosen eines Stoffes belastet. (Bei Acrylamid etwa zeigte sich die kanzerogene Wirkung auf Ratten erst ab einer Konzentration, die 1000-mal höher ist als die geschätzte tägliche Aufnahme durch den Menschen – immer pro Kilogramm.) Maxeiner und Miersch schreiben weiter, die Bezeichnung *krebsverdächtig* (bezüglich der Wirkung auf den Menschen) bedeute oftmals lediglich, dass die Mediziner eine Gefahr nicht mit letzter Sicherheit ausschliessen können. Jedoch: «Viele künstliche und natürliche Stoffe, die mit dem Etikett ‹krebsverdächtig› versehen werden können, bedeuten für den Menschen keine über das normale Lebensrisiko hinausgehende Gefahr.» Die Bezeichnung krebsverdächtig lasse es aber zu, in der Öffentlichkeit Panik vor fast beliebig vielen Substanzen zu schüren. «Der Homo sapiens kommt … seit Adam und Eva mit einer grossen Anzahl von im Tierversuch krebserregenden Stoffen in Berührung, allerdings liest er erst seit etwa 30 Jahren davon in der Zeitung.»

Mehrere Autoren, die sich kritisch mit in der Öffentlichkeit kolportierten Lebensmittelrisiken auseinandersetzen, zitieren die amerikanischen Wissenschaftler Bruce N. Ames und Louis L. Gold, die zur krebserregenden Wirkung von Stoffen in Lebensmitteln geforscht haben. Walter Krämer und Gerold Mackenthun schreiben in «Die Panikmacher»: «Nach einer vielzitierten Arbeit des amerikanischen Biochemikers Bruce N. Ames von der University of Berkeley sind 99,99 Prozent aller giftigen oder krebserregenden Substanzen in unserer Nahrung von der Natur gemacht; angefangen von den 49 natürlichen Giften im guten deutschen Kopfsalat über das tödliche Solanin in den Knollen und Blättern von Kartoffeln, das Nervengift Carotatoxin in den Karotten (die noch eine Reihe weiterer gefährlicher Substanzen wie Myristicin, ein Halluzinogen, und sogenannte Isoflavone enthalten, die eine östrogene Wirkung besitzen, also weibliche Sexualhormone imitieren) über Kaffeesäure in Äpfeln, Birnen oder Pflaumen, Chlorogensäure in Aprikosen bis hin zu Perchlorethylen in kaltgepresstem Olivenöl.» Und weiter: «Die in zwei Muskatnüssen enthaltenen Mengen der Gifte Myristicin und Elemicin reichen aus, ein Kind umzubringen; einer der stärksten krebsfördernden Stoffe überhaupt, das Aflatoxin, wird in der Natur von einem

Schimmelpilz gebildet, der auf Brot, Wurst oder Käse wächst; und das stärkste Nervengift der Welt, Botulinustoxin, von dem 2 Milliardstel Gramm einen Menschen töten, wird von einem Bakterium produziert, das in Fleischwaren gedeiht: Weniger als 1 Gramm davon würde ausreichen, ganz Deutschland zu entvölkern.»[290] Der dänische Statistiker Björn Lomborg bezieht sich in «Apocalypse No!» ebenfalls auf die Arbeit von Bruce Ames: «Kaffee enthält zum Beispiel rund 1000 chemische Stoffe, von denen bislang nur 30 an Ratten und Mäusen auf Krebsgefährlichkeit getestet wurden. 21 der getesteten chemischen Stoffe sind bei den Nagetieren krebserregend.»[291] Maxeiner und Miersch liefern eine ganze Liste von Lebensmitteln mit Stoffen, die gemäss Ames im Tierversuch krebserregend wirken: «Ananas, Anis, Apfel, Aubergine, Banane, Basilikum, Birne, Blumenkohl, Brokkoli, Endiviensalat, Erdbeere, Estragon, Fenchel, Gewürznelke, Grapefruit, Himbeere, Honigmelone, Kaffee, Kakao, Karotte, Kirsche, Kopfsalat, Kümmel, Mango, Meerrettich, Muskatnuss, Orange, Pastinake, Petersilie, Pfeffer, Pfirsich, Pflaume, Pilze, Rettich, Rosenkohl, Rosmarin, Salbei, Sellerie, Senf, Sesamsamen, Thymian, Weintraube, weisse Rübe, Weisskohl, Zimt, Zuckermelone, Zwetschge.» Krämer und Mackenthun haben etwa die Himbeere genauer unter die Lupe genommen: «So konnten z. B. mit Hilfe moderner Analyseverfahren in Himbeeren die folgenden natürlich produzierten Chemikalien nachgewiesen werden: 34 verschiedene Aldehyde und Ketone, 32 verschiedene Alkohole, 20 verschiedene Ester, 14 verschiedene Säuren, 3 Kohlenwasserstoffe und 7 Verbindungen anderer Stoffklassen, darunter das für die Leber gefährliche Cumarin. Würden Himbeeren, statt in der Natur zu wachsen, künstlich hergestellt, müssten sie laut deutschem Lebensmittelrecht verboten werden.»

Auch der deutsche Chemiker Heinz Hug bezieht sich in «Die Angsttrompeter» auf die Arbeiten von Ames und Gold und bringt Beispiele von Lebensmitteln aus der Natur, die viele krebserregende oder krebsverdächtige Substanzen enthalten.[292] Zum Beispiel Kohl: «Allein die Kohlpflanze produziert nach Ames und Gold zur ‹Abwehr von Frassfeinden› 49 giftige Pestizide. Darunter Allylisothiocyanat, das bei Ratten Blasenkrebs hervorruft.» Das deutsche Verbraucherministerium müsste eigentlich vor dem Verzehr von Kohl warnen, folgert Hug. Zu Brokkoli schreibt er: «Brokkoli enthält in grossen Mengen Indolcarbinol, mit dem man im Tierversuch Krebs auslösen kann. Das Molekül bindet an den gleichen Rezeptor wie Dioxin und wirkt ebenso wie Dioxin im Tierversuch eindeutig karzinogen.» Würde wegen diesem Stoff ein Grenzwert festgelegt, dürfte ein Erwachsener pro Tag nicht mehr als 1 Milligramm Brokkoli zu sich nehmen.

Hug geht explizit auch auf Acrylamid in Lebensmitteln ein. Der Maillardprozess, die chemische Bezeichnung für die Entstehung von Krusten bei stärkehaltigen Nahrungsmitteln, sei naturgemäss mit Stoffen mit hohem karzinogenem und erbgutveränderndem Potenzial verbunden, «wie heterocyclische Amine und Imidazolidinone, die zu den stärksten Mutagenen zählen». Dass beim Rösten und Frittieren auch Acrylamid entstehe, liege in der Natur: «Acrylamid entsteht beim Erhitzen von Lebensmitteln aus dem Naturstoff Glukose (Traubenzucker) und der natürlichen Aminosäure Asparagin – und ist seit Anbeginn der Menschheit fester Nahrungsbestandteil.» Hug erinnert weiter daran, dass Acrylamid bei Ratten erst ab einer Dosis von 1 bis 2 Milligramm pro Kilogramm Körpergewicht Krebs erzeugt: «Um diese Dosis zu erreichen, müsste ein durchschnittlicher Erwachsener täglich rund 70 Kilogramm Kartoffelchips knabbern.»

Der deutsche Ernährungsexperte Udo Pollmer weist darauf hin, dass der natürliche Aromastoff Methyleugenol, der in vielen Gewürzen und Kräutern enthalten ist (v. a. im Basilikum), zu grösseren Sorgen Anlass geben müsste als Acrylamid.[293] Methyleugenol verursache im Tierversuch Krebs und Leberschäden, und zwar im Gegensatz zu Acrylamid bei vielen Tierarten und in vielfältiger Weise. «Wie wär's mit einer Warnung vor frischen Salatkräutern, verbunden mit der Empfehlung, ab morgen nur noch mit synthetischen Aromen zu würzen?», fragt Pollmer.

Immer neue Meldungen über das «Krebsgift»

Bei Acrylamid ist also nicht nur bis heute unbekannt, ob und in welchem Ausmass es beim Menschen tatsächlich Krebs erzeugt, es muss auch bezweifelt werden, ob es angesichts der unzähligen übrigen potenziell schädlichen Stoffe in (natürlichen) Nahrungsmitteln überhaupt eine über das normale Lebensrisiko hinausgehende Gefahr darstellt. Dazu kommt, dass andere mit Lebensmitteln verbundene Gefahren um Grössenordnungen höher sind. Der ehemalige Basler Kantonschemiker André Herrmann wies 2002 darauf hin, dass Salmonellen, Listerien und Viren als Folge mangelnder Hygiene das weit grössere unmittelbare Gefährdungspotenzial darstellten als die als Lebensmittelskandale präsentierten Probleme mit festgestellten Rückständen: «Die Medien prägen die Wahrnehmung in der Bevölkerung. Sie sind einflussreich. Aber sie neigen dazu, die Dinge aufzubauschen. Abgesehen von hygienischen Problemen besteht kaum eine unmittelbare Gesundheitsgefährdung durch unsere Lebensmittel.»[294]

Doch nach der Entdeckung von Acrylamid in der Nahrung jagten sich Berichte über das «Krebsgift» und suggerierten der Bevölkerung eine dramatische Gefahr beim Verzehr alltäglicher Lebensmittel. «Acrylamid ist mit Abstand das grösste Problem, das wir in den letzten Jahren hatten. Dagegen waren andere Skandale für den Verbraucher harmlos», zitierte etwa die *Süddeutsche Zeitung* Irene Lukassowitz, die Sprecherin des deutschen Bundesinstituts für Risikobewertung.[295] Auch in gemässigteren Medien erschienen unzählige Berichte, in denen etwa der Acrylamidgehalt verschiedener Produkte verglichen wurde und die die Bevölkerung instruierten, wie die Acrylamidkonzentration am heimischen Herd gering gehalten werden könne.

Die Konsumentenzeitschrift *K-Tipp* zum Beispiel publizierte 2003 einen Vergleich der verschiedenen im Handel erhältlichen Kartoffelchips. Der Titel des Artikels: «Snacks mit Nervengift». (Es sei daran erinnert, dass Acrylamid zwar im Verdacht steht, Krebs zu erzeugen, dass aber von einer Schädigung des Nervensystems bei den vorgefundenen Konzentrationen in Lebensmitteln nie die Rede war.) *K-Tipp* liess den Acrylamidgehalt der Chips im Naturwissenschaftlichen Forschungs- und Untersuchungslaboratorium (Nafu) in Berlin messen und schrieb: «Ein Labortest hat gezeigt: Der bedenkliche Stoff Acrylamid ist auch in Knabbersnacks enthalten.»[296] Am meisten Acrylamid wurde dabei ausgerechnet in Biochips nachgewiesen.

Auch die Konsumentenzeitschrift *Saldo* liess im gleichen Jahr Chips und Pommes frites auf Acrylamid untersuchen.[297] Resultat: «Chips und Pommes frites enthalten weniger giftiges Acrylamid als früher.» (Mit «früher» waren wohl Messungen aus dem Vorjahr gemeint.) Der Grund liege darin, dass im industriellen Fertigungsprozess nun besser auf die Vermeidung von Acrylamid geachtet werde, schrieb *Saldo*, doch: «Einige Resultate geben noch immer Anlass zu Bedenken.» Acrylamid wurde auch in diesem Artikel mehrmals als «Gift» bezeichnet.

In Deutschland veröffentlichte zum Beispiel der *Stern* mehrere Acrylamidtests. In einem ersten, vom Juni 2002, liess er ebenfalls vom Berliner Nafu den Acrylamidgehalt von insgesamt 20 Proben (Kartoffelchips, Cornflakes, Knäckebrot, Crackers und Pommes frites) messen und vergleichen. Resultat: In allen wurde Acrylamid nachgewiesen. Im Dezember 2002 doppelte er mit einem zweiten, umfangreicheren Test nach. Diesmal wurden nebst Pommes frites, Chips, Süssgebäck und Knäckebrot auch Weihnachtsgebäck wie Christstollen, Lebkuchen oder Magenbrot untersucht. Die gemessenen Acrylamidkonzentrationen reichten dabei von «nicht nachweisbar» bis zu 1500 Mikrogramm pro Kilogramm.

Viele Tipps und Ratschläge

Den Medienberichten waren unzählige Tipps zu entnehmen, worauf die Konsumentinnen und Konsumenten bei der Zubereitung der Nahrung achten müssten, um möglichst wenig Acrylamid entstehen zu lassen. Auch Gesundheitsbehörden und Konsumentenorganisationen gaben Ratschläge zur Vermeidung von hohen Acrylamidkonzentrationen am heimischen Herd. Die häufigsten Tipps lauteten: zuckerarme Kartoffeln verwenden, sie nicht im Kühlschrank lagern und sie nicht zu lange oder bei zu hohen Temperaturen rösten oder frittieren. Der erwähnte *Stern*-Artikel vom Dezember 2002 empfahl den Konsumenten unter dem Titel «Entgiften leicht gemacht» unter anderem, beim Frittieren Öl durch Margarine zu ersetzen, oder zumindest auf die Art des Öls zu achten: «Mit Sonnenblumen- oder Rapsöl wurden geringere Werte gemessen als mit Palmöl.» Dazu solle man beim verwendeten Fett auf die Zusammensetzung achten: «Ist im Fett Silikon (E900) enthalten, lässt man nach Angaben des Chemischen Untersuchungsamts Hagen besser die Finger davon, denn es treibt die Acrylamidwerte hoch.» Beim Backen müsse man dazu Backpapier verwenden: «Statt das Blech zu fetten, ist es besser, Backpapier unterzulegen. So werden die Produkte an der Unterseite nicht ganz so heiss und bilden weniger Acrylamid.»

Akribische Tipps enthielt auch ein Acrylamid-Faltblatt, herausgegeben vom Bundesamt für Gesundheit und dem Kantonalen Labor Zürich.[298] Für die Acrylamidkonzentration von Pommes frites sei die Dicke der Stängel von Bedeutung, liest man hier: «Dickere Pommes frites haben weniger Krustenanteil, müssen aber etwas länger frittiert werden, womit die Acrylamidgehalte ähnlich bleiben. Sehr dünne Stängel (6 mm und weniger) sind allerdings schwierig zu frittieren, weil sie innerhalb weniger Sekunden braun werden und die Acryamidgehalte in die Höhe schiessen.» Zur Zubereitung von Pommes frites heisst es weiter: «Abschnitt eliminieren. Abschnitte von den Randzonen der Kartoffeln vertrocknen schnell, werden braun und enthalten dann sehr viel

Acrylamid. Sie sollten deswegen ausgesondert werden (was bei Vorfabrikaten normalerweise bereits geschehen ist).» In der *SonntagsZeitung* war zu lesen, dass Bratkartoffeln und Rösti weniger Acrylamid enthielten, wenn die Kartoffeln vorher gekocht oder die Kartoffelschnitze eine Stunde in Wasser eingeweicht würden, «dabei gehen allerdings Nährstoffe verloren».[299]

Eine lange Liste mit Handlungsanweisungen fand sich auch in der Zeitschrift *Facts*: Angefangen mit Empfehlungen, welche Kartoffeln zu verwenden («Grüne Kartoffeln nicht verwenden») und wie sie zu lagern seien («Rohe Kartoffeln dunkel und nicht unter 8 Grad Celsius lagern»), über den Hinweis, am besten Backpapier zu verwenden, «um Kontaktbräune zu vermeiden», gab es auch hier die Anweisung, grosse statt kleine Pommes frites zu verwenden und mit Margarine statt mit Öl zu braten. Wer es ganz gut machen wollte, konnte zum Abschluss noch diesen Tipp beherzigen: «Im Frittierfett nicht nur Kartoffelprodukte, sondern ab und zu auch Fleisch frittieren. Dadurch bleibt der pH-Wert im Fett einigermassen neutral, was der Acrylamidbildung entgegenwirkt.»

Nun ist kaum zu bezweifeln, dass all diese Messresultate und Ratschläge sachlich richtig sind. Die gemessenen Acrylamidkonzentrationen in Chips, Pommes frites, Knäckebrot oder Lebkuchen dürften stimmen. Ebenso lässt sich die Entstehung des Stoffes durch die Wahl grosser statt kleiner Pommes frites, durch Entfernung ihrer Randzonen oder durch Verwendung von Backpapier wohl tatsächlich verringern. Die Menge der Medienberichte über Acrylamid in eindringlicher Sprache, die detaillierten Handlungsanweisungen sowie die akribischen Tests von Industrieprodukten vermitteln der Bevölkerung vor aber allem eines: Bei Acrylamid handelt es sich um eine sehr dramatische Sache! Denn warum sonst sollten die verschiedenen Messresultate von solcher Bedeutung sein, warum sonst müsste man beim Kochen und Backen plötzlich akribische Tipps befolgen, wenn es nur um alltägliche Gefahren ginge?

Schuldige gesucht

Ein Thema lässt sich dann besonders leicht skandalieren, wenn Schuldige benannt werden können. Stossen Forscher in Nahrungsmitteln auf synthetisch erzeugte Stoffe, muss in der Regel die Industrie die Rolle des «Sündenbocks» übernehmen. Sie hätte dafür sorgen müssen, dass gewisse Stoffe nicht in die Nahrung gelangen, lauten normalerweise die Vorwürfe – selbst wenn es um Konzentrationen geht, die weit unter gesundheitlich bedenklichen Werten liegen. Bei Acrylamid aber war und ist es schwieriger, jemandem die Schuld für das «Krebsgift» in der Nahrung zu geben. Denn wie beschrieben hängt sein Auftreten keineswegs mit modernen Produktionsmethoden zusammen, sondern der Stoff dürfte sich schon seit Jahrtausenden in der menschlichen Nahrung befinden. Obwohl am Acrylamid niemand ursächlich schuld ist, gibt es trotzdem Schuldzuweisungen gegenüber Lebensmittelindustrie und Behörden. Die Industrie unternehme zu wenig, um die im Fertigungsprozess entstehenden Acrylamidkonzentrationen zu senken, und die Behörden sähen tatenlos zu und verzichteten auf Vorschriften und Kontrollen.

Gerade in Medienberichten tauchen diese Schuldzuweisungen immer wieder auf. Im erwähnten Artikel im *Stern*, der kurz nach den ersten Forschungsergebnisse zu Acrylamid erschien, hiess es etwa: «Hierzulande wiegelten Wissenschaftler und Behörden nach Bekanntwerden der Daten ab – zu übel wurde allen bei solchen Horrornachrichten.» Anlass war eine Äusserung des deutschen Bundesinstituts für gesundheitlichen Verbraucherschutz und Veterinärmedizin, wonach aufgrund fehlender Messungen noch unklar sei, ob auch in Deutschland mit Acrylamid in stärkehaltigen Lebensmitteln zu rechnen sei. Nahrungsmittelindustrie und Behörden müssten jetzt endlich aktiv werden, schrieb der *Stern* weiter; den Kunden wurde empfohlen «Druck auszuüben» und acrylamidbelastete Produkte zu boykottieren.

Die Zeitschrift *Facts* versuchte zu belegen, dass das Bundesamt für Gesundheit (BAG) der Bevölkerung Ratschläge verheimliche, wie bei der Zubereitung von Rösti die Acrylamidkonzentration gering gehalten werden könne. Das Kantonale Labor Zürich kenne zwar diese Ratschläge, dürfe sie aber nicht veröffentlichen: «Wie gesundheitsbewusst geröstet werden kann, ist im Detail allerdings nicht zu erfahren.» *Facts* zitierte einen anonymen Mitarbeiter des Zürcher Labors, gemäss dessen Aussage das BAG die Veröffentlichung der Ergebnisse nicht wolle, und das Labor darum schweigen müsse.

Beim BAG begründete man den «verhängten Maulkorb» damit, dass solch differenzierte Kochanweisungen die Konsumenten eher verwirrten, als dass sie Klarheit schafften. «Das Dilemma ist: Es besteht ein potenzielles Risiko, aber ob es relevant ist, ist nicht gesichert», meinte Otmar Zoller vom BAG. «Wir wollen die Menschen auch nicht mit Warnungen überfluten.»[300] Beim BAG begründete man die Zurückhaltung beim Thema Acrylamid damit, dass man nicht wisse, ob mit der Minimierung von

Acrylamid andere gesundheitliche Risiken einhergingen. So könne etwa durch eine niedrige Frittiertemperatur der Fettgehalt in Pommes frites erhöht werden, womit diese Massnahme zur Verhinderung von Acrylamid der Gesundheit am Ende möglicherweise mehr schade als nütze.

Die Behörden stehen auch darum immer wieder in der Kritik, weil bis heute ein Grenzwert für Acrylamid in Lebensmitteln fehlt. Der *K-Tipp* liess in einem Artikel mit dem Titel «Skandale lassen Bund kalt» den damaligen Berner Kantonschemiker Urs Müller zu Wort kommen.[301] Dieser forderte vom Bundesamt für Gesundheit umgehend einen provisorischen Grenzwert für Acrylamid. Das BAG aber hält dies für nicht praktikabel, weil die Grundlagen für eine Risikoabschätzung fehlten und der grösste Teil sowieso erst bei der Zubereitung entstehe. Trotzdem zeichnete der *K-Tipp* mit Verweis auf andere «Lebensmittelskandale» (Antibiotikarückstände in Poulets und Honig, Herbizidbelastungen in Bioprodukten usw.) das Bild der untätigen Behörden und warf diesen «Trägheit» vor. Die Konsumentenschützerin und SP-Ständerätin Simonetta Sommaruga durfte im Artikel des *K-Tipps* die Vorwürfe kommentieren mit: «In der Schweiz werden Konsumentenanliegen den Interessen der Wirtschaft untergeordnet.»

In einem andern Artikel mit dem Titel «Acrylamid: Viele Firmen haben nichts gelernt» ritt der *K-Tipp* eine weitere Attacke gegen die Lebensmittelindustrie.[302] Dabei wurden Kartoffelchips untersucht. Das vom *K-Tipp* beauftragte Zürcher Labor Veritas fand dabei in allen 13 Proben den «gesundheitsschädigenden Stoff Acrylamid». Die gemessenen Konzentrationen wurden als Beweis angeführt, dass die Industrie das Thema Acrylamid noch immer vernachlässige. Diesmal wurde der Zürcher Kantonschemiker Rolf Etter zitiert: «Nach wie vor nehmen manche Chipsproduzenten die nötige Acrylamidreduktion nicht allzu ernst.» Der Hinweis eines Firmenvertreters, die gesundheitsschädigende Wirkung von Acrylamid sei nicht nachgewiesen, bezeichnete der *K-Tipp* als Beschwichtigung, den Hinweis eines andern Vertreters, vor allem eine ausgewogene Ernährung sei wichtig, als Zynismus.

Immer neue Produkte betroffen

Die Medien publizierten nicht nur Messdaten und ganze Listen von Empfehlungen, sondern verfolgten auch die weitere wissenschaftliche Diskussion um Acrylamid im Detail. In den Jahren 2002 und 2003 konnte man sich im Wochentakt über die neusten wissenschaftlichen

Erkenntnisse informieren. Damit verstärkte sich der Eindruck in der Öffentlichkeit, bei Acrylamid handle es sich um eine zentrale gesundheitliche Frage.

Kurz vor Weihnachten 2002 wurde bekannt, dass sich auch in Lebkuchen Acrylamid finden lässt. Einige Wochen später erfuhr die Öffentlichkeit, dass Kaffee ebenfalls belastet sei und für die Aufnahme von Acrylamid sogar einen Hauptfaktor darstelle.[303] Dies verleitete den *Blick* zur Schlagzeile «Vorsicht! Krebsgift auch im Kaffee».[304] Einen Monat später wurden schwangere und stillende Mütter gewarnt: Eine deutsche Studie hatte nachgewiesen, dass Acrylamid durch die Mutter in den Fötus gelange und auch in der Muttermilch enthalten sei.[305] Deutsche Forscher empfahlen Schwangeren und Stillenden darum, auf acrylamidbelastete Nahrung möglichst zu verzichten. Das Bundesamt für Gesundheit kommentierte allerdings: «Wir haben derzeit keine Hinweise darauf, dass Acrylamid tatsächlich den Fötus schädigen kann.»

Ein Wechselbad der Gefühle musste die Öffentlichkeit durchleben, wenn sie die sich rasch folgenden «Warnungen» und «Entwarnungen» zu Acrylamid verfolgte: Im Dezember 2002 war zu lesen, Acrylamid in Normalportionen von Chips oder Bratkartoffeln sei nun doch unbedenklich – dies besagten neueste Studien. Im Januar 2003 dagegen tauchte die Meldung auf, die von Acrylamid ausgehende Gefahr sei möglicherweise grösser als bisher angenommen: «Einige Studien sagen für Deutschland jährlich zwischen 8000 und 10 000 zusätzliche Krebstote voraus.»[306] (Wieso es sich um «zusätzliche» Krebstote handeln soll, war dabei nicht ersichtlich – denn von einer Zunahme von Acrylamid in Nahrungsmitteln war nie die Rede.) Viel Medienaufsehen erregte dann eine Studie des Karolinska-Instituts in Stockholm.[307] Diese besagte, dass sich bei knapp 1000 untersuchten Patienten kein Beleg für ein erhöhtes Krebsrisiko durch Acrylamid finden liesse. «In den Mengen, in denen es von normalen Essern aufgenommen wird, verursacht Acrylamid nicht Krebs», lautete das Fazit der Forscher.[308] Einige Tage später kam dann die Warnung vor der Entwarnung: Die Daten der schwedischen Forscher seien zu dünn, um daraus auf die Unbedenklichkeit von Acrylamid in der Nahrung zu schliessen, lautete die Kritik aus wissenschaftlichen Kreisen.[309] Insbesondere habe die Belastung der in der Studie berücksichtigten Testpersonen lediglich auf Annahmen und nicht auf Messungen beruht. Im Juni 2003 vermeldete die Universität Lausanne, Acrylamid in Pommes frites und Chips erzeuge keinen Krebs bei Menschen. Eine

Studie zeige, dass diese beiden Produkte selbst dann unbedenklich seien, wenn man grosse Mengen davon verzehre. Dazu seien Fettleibigkeit und Herz-Kreislauf-Erkrankungen im Zusammenhang mit Pommes frites und Chips eindeutig das grössere Problem. 2005 drang eine Studie der Medizinischen Hochschule Hannover an die Öffentlichkeit, die zum Schluss kam, dass das Ernährungsverhalten die Konzentration von Acrylamid im Blut kaum beeinflusse.[310] Egal, ob man viele mit Acrylamid belastete Lebensmittel esse oder nicht, die Konzentration im Blut hänge davon nicht ab. Eine Ausnahme bildeten einzig die Raucher, deren Acrylamidkonzentration im Blut etwa dreimal so hoch sei wie bei Nichtrauchern.

Insgesamt ergab sich für den aussenstehenden Betrachter auch hier das Bild eines hektischen Hin und Her in der Wissenschaft. Einmal wurde bestätigt, Acrylamid sei tatsächlich bedenklich, dann kamen wieder Entwarnungen. Studien, die sich widersprechen, und Resultate, die andere infrage stellen, gehören allerdings zur normalen wissenschaftlichen Auseinandersetzung mit neu gewonnenen Erkenntnissen. Insofern war dieses Hin und Her nichts Aussergewöhnliches. Aussergewöhnlich war nur, dass die Öffentlichkeit diese Auseinandersetzung mit hektischer Aufmerksamkeit verfolgte.

Verhängnisvolle Dynamik

Wie bei andern «Lebensmittelskandalen» ergab sich auch beim Thema Acrylamid eine verhängnisvolle Dynamik: Forscher weisen einen Stoff nach, der dem Menschen gefährlich werden kann. Die Medien nehmen die Meldung in grossem Stil auf, machen aus der potenziellen Gefahr kurzum eine tatsächliche und suggerieren so den Eindruck eines riesigen Problems. Unter dem Druck der öffentlichen Empörung sind Behörden und Industrie wiederum zu Aktionismus gezwungen: Sie müssen zeigen, dass sie die «Bedenken der Bevölkerung ernst nehmen», indem sie Grenzwerte (oder «Signalwerte») erlassen, Fertigungsprozesse anpassen, Kontrollen durchführen und der Öffentlichkeit die Fortschritte rapportieren. Wer angesichts fehlender wissenschaftlicher Grundlagen die Dringlichkeit und Relevanz solcher Massnahmen infrage stellt, wird als «Verharmloser» abgestempelt und öffentlich angeprangert. Solange die Unbedenklichkeit von Acrylamid wissenschaftlich nicht bewiesen werden kann, bleibt auch nach entwarnenden Forschungsresultaten noch genügend Spielraum für Spekulationen – was weitere Vorwürfe nach sich zieht. Das Karussell kommt irgendwann dann doch zum Stillstand – aber nicht etwa, weil die offenen Fragen geklärt und die nötigen Massnahmen bestimmt sind, sondern weil das Thema mangels neuer Meldungen sozusagen «einschläft» und nach und nach vergessen geht.

Acrylamid wurde von vielen Medien als Lebensmittelskandal dargestellt. Der Kommunikationswissenschaftler Hans Mathias Kepplinger ist überzeugt, dass die Grösse eines Medienskandals nicht abhängig sei vom zugrunde liegenden Missstand, sondern von der Intensität seiner Skandalierung: «Ein grosser Skandal ist ein Missstand, den viele Menschen für einen Skandal halten, und sie halten ihn für einen Skandal, weil alle meinungsbildenden Medien ihn immer wieder als solchen präsentieren.»[311] Es gebe zwar immer einige Medien, die der Wahrheit – jener Einsicht, die nach Vorlage aller Fakten sichtbar wird – sehr nahe kämen. «Die Wahrheit geht aber während des Skandals in einer Welle krass übertriebener oder gänzlich falscher Darstellungen unter. Die Oberhand gewinnt sie erst, wenn der Skandal zu Ende und die Flut der anklagenden Berichte verebbt ist.» Zu diesem Zeitpunkt interessiere sich aber kaum noch jemand dafür, weil sich die Medien und mit ihnen das Publikum längst andern Themen zugewandt hätten.

Welchen Druck der öffentliche Aufruhr um Acrylamid erzeugen kann, zeigt der Rückzug der Milupa-Kinderbiskuits im September 2005. Das Kantonale Labor Zürich hatte zuvor im Produkt «Milupino» eine besonders hohe Acrylamidbelastung gemessen und wies die Herstellerfirma Milupa an, die Kinderbiskuits vom Markt zu nehmen. «Einen so hohen Wert hatten wir noch nie», kommentierte das Zürcher Kantonslabor.[312] Milupa tat wie geheissen und zog das Produkt zurück – obwohl die Firmenleitung davon überzeugt war, dass nie eine gesundheitliche Gefahr für Kinder bestanden hatte. Dass der Rückzug im Zusammenhang mit Acrylamid stand, wurde anfänglich nicht kommuniziert, kam dann aber durch Recherchen von Schweizer Radio DRS an die Öffentlichkeit.[313] Am Ende stand Milupa nicht nur als potenzielle Kindervergifterin da, sondern auch als Informationsvertuscherin.

«Lebensmittelskandale» am Laufmeter

Eine weitere seit Urzeiten in Nahrungsmitteln vorkommende problematische Substanz führte vor Weihnachten 2006 zum «Krieg der Zimtsterne»: Cumarin. Der Aromastoff kommt vor allem in Zimt vor, kann bei empfindlichen Menschen zu Leberentzündungen führen und steht (wie so viele andere Stoffe) im Verdacht, Krebs zu erzeugen. Das Bundesamt für Gesundheit schrieb zu dieser Substanz: «Cumarin in Zimt ist kein neues, sondern ein ‹neu› erkanntes Risiko.»[314]

Messungen hatten gezeigt, dass in zimthaltigen Lebensmitteln die Cumarin-Grenzwerte zum Teil deutlich überschritten werden. Die Ursache liegt darin, dass gewisse Zimtsorten (vor allem der sogenannte «Cassia»-Zimt, der häufig für industriell gefertigte Produkte verwendet wird) aufgrund *natürlicher* Eigenschaften erhöhte Werte aufweisen. Deutsche und Schweizer Behörden gaben in der Folge die Empfehlung ab, dass Kinder nicht mehr als drei bis vier Zimtsterne pro Tag essen sollten und Erwachsene nicht mehr als deren 16. Das Bundesamt für Gesundheit wies die Kantonschemiker an, Zimt-Lebensmittel mit einem zu hohem Cumaringehalt vom Markt zu nehmen.

Konsumentenschützer stilisierten die erhöhten Cumarinwerte zu einem Lebensmittelskandal hoch. Die deutsche Konsumentenschutzorganisation Foodwatch zeichnete das Bild der verantwortungslosen Behörden und der rücksichtslosen Industrie, weil diese ihrer radikalen Forderung nach Rückruf aller belasteten Produkte nicht nachkamen: «Foodwatch hat herausgefunden: Die verantwortlichen Politiker planten zunächst eine Rückrufaktion. Doch dann liessen sie sich von der Industrielobby vom Gegenteil überzeugen. Belastete Lebensmittel dürfen weiter verkauft werden.»[315] Auch Jacqueline Bachmann von der Schweizer Stiftung für Konsumentenschutz stimmte in das Skandalgeheul ein und prangerte die Lebensmittelindustrie an: «Die Situation zeigt einmal mehr, dass die Produzenten vor nichts zurückschrecken, um billiger zu produzieren.»[316]

Nach Weihnachten 2006 verschwand das Thema Cumarin ebenso rasch aus den Schlagzeilen, wie es gekommen war. Denn schon stehen die nächsten Skandale aufgrund irgendwelcher problematischer Substanzen vor der Tür. Anlass für neue Vergiftungsängste könnte etwa ein Artikel sein, der im November 2006 im *Spiegel* erschien[317]: Unter dem Titel «Pommes mit Gift» berichtete das deutsche Nachrichtenmagazin nicht etwa über Acrylamid, sondern über andere offenbar gefährliche Substanzen. Ein deutsches Labor habe bedenklich hohe Konzentrationen einer Stoffgruppe namens PFT (Perfluorierte Tenside) nachgewiesen. Es handle sich um eine brisante Entdeckung: Die Substanzen «stehen unter Verdacht, Krebs auszulösen». Die gemessenen PFT-Konzentrationen seien äusserst bedenklich: «PFT in Nahrungsmitteln und im Trinkwasser könnten für Menschen weitaus gefährlicher sein als Nitrofen, Acrylamid oder Gammelfleisch – die Auslöser der Lebensmittelskandale der vergangenen Jahre.» Die gefundenen Werte würden die als unbedenklich geltenden Dosen um das 30-fache übersteigen. Dazu könnten die aus der Industrie stammenden Chemikalien schon jetzt so gut wie überall nachgewiesen werden. «Einmal produziert, wird die Natur die Stoffe von allein nicht wieder los.» Dazu gab es in diesem *Spiegel*-Artikel wie üblich Vorwürfe an die Behörden: «Das Umweltbundesamt in Berlin beschäftigt sich zwar seit Jahren mit PFT, konnte sich aber bisher nicht zu ernsthaften Massnahmen durchringen.» Die Voraussetzung für weitere schlaflose Nächte bei den Konsumenten ist also gegeben.

Fazit

Der Aufruhr um Acrylamid ist ein typisches Beispiel, wie in der modernen Wissenschafts- und Mediengesellschaft selbst untrennbar mit dem Leben verbundene Risiken problematisiert werden: In einer grossen Zahl von Lebensmitteln wird eine Substanz nachgewiesen, die sich möglicherweise negativ auf die Gesundheit auswirkt. Das gesundheitsgefährdende Potenzial lässt sich allerdings nur schwer abschätzen – dazu muss davon ausgegangen werden, dass die Substanz schon seit Urzeiten in einer grossen Zahl von Nahrungsmitteln vorkommt. Konsumentenschützer und Medien machen die Entdeckung aber zu einem Lebensmittelskandal und fordern in schrillen Tönen Massnahmen zur Elimination des Stoffes. Sie berichten akribisch über jede neue wissenschaftliche Erkenntnis und geben der Bevölkerung ganze Listen von Tipps und Ratschlägen, wie sie sich schützen soll. Dabei geht vergessen, dass in Nahrungsmitteln eine grosse Zahl von Stoffen und Substanzen auftreten, die sich potenziell negativ auf die Gesundheit auswirken: Sie alle zu vermeiden, ist unmöglich. Weisen Behörden- und Industrievertreter aber darauf hin, dass eine ausgewogene Ernährung trotz neuer Erkenntnisse über problematische Substanzen noch immer die beste Gesundheitsvorsorge sei, werden sie öffentlich als Zyniker und Verharmloser dargestellt.

Da Acrylamid eine problematische Substanz ist, ist es sicherlich sinnvoll, mittelfristig technische Verfahren zu entwickeln, dank denen die Entstehung so gering als möglich gehalten werden kann. Panikartige Sofortmassnahmen und hektische Betriebsamkeit dienen der Lebensmittelsicherheit jedoch nicht.

Feinstaub
Viel Wirbel um ein altes Problem

«Wenn aber der Wasserhahn tropft, bringt es rein
gar nichts, wenn der Gashahn zugedreht wird.»
(Bruno Muggli, Präsident TCS beider Basel,
zu Tempobeschränkungen
gegen zu viel Feinstaub)

«Was ist Ihre Einschätzung, ist die Luftqualität heute besser oder
schlechter als vor 15 Jahren? Sagen Sie mir bitte, ob die Luftqualität Ihrer
Ansicht nach viel besser, eher besser, eher schlechter oder viel schlechter
ist als vor 15 Jahren.» Diese Frage wurde im Sommer 2006 gut tausend
Einwohnerinnen und Einwohnern der Schweiz gestellt.[318] 49 Prozent
antworteten in dieser repräsentativen Umfrage mit *eher schlechter*, 21 Prozent gar mit *viel schlechter*. Insgesamt waren also 70 Prozent der Befragten der Meinung, die Schweizer Luft sei schmutziger als 15 Jahre zuvor.

Diese deutliche Mehrheit irrte – die Luftqualität in der Schweiz war
in dieser Zeitspanne klar besser geworden. Das dokumentieren die Zahlen des Bundesamts für Umwelt[319]: Zwischen 1988 und 2005 betrug der
Rückgang beim Schwefeldioxid über 80 Prozent, beim Kohlenmonoxid
knapp 70 Prozent, beim Stickoxid etwa 40 Prozent und beim Feinstaub
schätzungsweise 40 Prozent. Besonders kräftige Reduktionen gab es
auch beim Blei (über 80 Prozent) und beim Cadmium (über 70 Prozent). Bei den relevanten Luftschadstoffen war einzig die Reduktion
beim Ozon mit nur einigen Prozenten gering. In der erwähnten Umfrage
gaben allerdings nur 16 Prozent der Befragten an, die Luftqualität sei
eher besser als vor 15 Jahren – und sogar nur 2 Prozent gaben die richtige
Antwort: Die Luftqualität war *viel besser* geworden.

Ursache für die deutliche Verbesserung sind verschiedene Massnahmen zur Luftreinhaltung, die in den 1980er- und 1990er-Jahren umgesetzt worden sind. Stichworte dazu: Abluftreinigung in der Industrie,
emissionsärmere Ölfeuerungen, Katalysatorpflicht für Motorfahrzeuge,
bleifreier Treibstoff. Die deutliche Senkung der Luftschadstoffe bedeutet
allerdings nicht, dass die Luft heute sauber genug ist. Der Rückgang
führte zwar dazu, dass die Werte bei einigen wichtigen Schadstoffen

deutlich unter den gültigen Grenzwerten liegen. Das ist in erster Linie beim Schwefeldioxid der Fall, aber auch beim Kohlenmonoxid, beim Blei oder beim Cadmium. Unbefriedigend ist die Situation aber noch immer beim Stickoxid, beim Ozon und beim Feinstaub – bei diesen Substanzen werden die Grenzwerte noch immer regelmässig überschritten.

Im Zentrum der Diskussion um die Luftverschmutzung stehen heute vor allem Ozon und Feinstaub. Während Ozon als Reizgas gilt, das Asthmatikern, geschwächten Personen und Kindern Beschwerden bereiten kann, werden dem Feinstaub weit schlimmere Folgen zugerechnet – nämlich Tausende von Todesfällen. Feinstaub besteht aus kleinsten Partikeln mit einem Durchmesser von maximal 10 Mikrometer (als PM10 bezeichnet). Diese gelangen über die Atemluft in die Lunge, setzen sich dort fest oder verteilen sich wegen ihrer geringen Grösse im ganzen Körper.

Quellen des Feinstaubs

Wie präsentiert sich die Situation beim Feinstaub in der Schweizer Luft? Die folgenden Informationen stammen aus dem Faktenblatt des Bundesamts für Umwelt zum Thema Feinstaub vom April 2006[320]: Im Jahr 2000 wurden in der Schweiz 21 000 Tonnen Feinstaub emittiert. 44 Prozent davon stammten aus der Verbrennung von Treib- und Brennstoffen inklusive Holz – die restlichen 56 Prozent aus «Nichtverbrennung», womit industrielle Prozesse, mechanischer Abrieb beim Strassen- und Schienenverkehr sowie Staubaufwirbelung auf Strassen, in Ställen, auf landwirtschaftlichen Nutzflächen und auf Baustellen gemeint sind. Beim Feinstaub, der aus Verbrennungen kam, hatte die Dieselverbrennung einen relativ grossen Anteil (17 Prozent der Gesamtmenge). Der Anteil der Benzinverbrennung (1 Prozent) war hingegen marginal.

Betrachtet man die Herkunft des Feinstaubs, machte die Land- und Forstwirtschaft mit 37 Prozent den grössten Anteil aus, dahinter folgten der Verkehr (Strassen- und Schienenverkehr) mit 29 Prozent, die Industrie und das Gewerbe mit 27 Prozent und die Haushalte mit 7 Prozent. (Dabei muss allerdings beachtet werden, dass im Frühjahr 2007 der Anteil des Feinstaubs, der von landwirtschaftlichen Fahrzeugen stammt, von den Bundesbehörden deutlich nach unten korrigiert worden ist – was zur Folge hat, dass der Anteil der Land- und Forstwirtschaft am Feinstaubproblem kleiner sein dürfte als vom Bundesamt für Umwelt im Frühling 2006 angegeben.)

Feinstaub ist nicht gleich Feinstaub: Diejenigen 17 Prozent (oder 3500 Tonnen jährlich), die aus Dieselmotoren stammen, werden als besonders gefährlich eingeschätzt. Dieser Feinstaub besteht aus Russpartikeln, die bei unvollständiger Verbrennung entstehen und als krebserzeugend gelten. Unter anderem kommen 11 Prozent dieser Dieselruss-Emissionen von Personenwagen, 9 Prozent von Lieferwagen, 12 Prozent von schweren Nutzfahrzeugen, 21 Prozent von Baumaschinen und 5 Prozent aus der Industrie. (Der Land- und Forstwirtschaft wurden 35 Prozent des Dieselruss-Feinstaubs zugerechnet, was sich wie erwähnt später als zu hoch herausstellte. Darum dürften die Anteile der übrigen Quellen tendenziell eher höher liegen, aber in den gleichen Verhältnissen zueinander.)

Seit 1998 gelten in der Schweiz gemäss Luftreinhalteverordnung Grenzwerte: Die Konzentration von Feinstaub PM10 darf im Jahresmittel 20 µg/m3 (Mikrogramm pro Kubikmeter Luft) nicht überschreiten, zudem gilt ein Tagesgrenzwert von 50 µg/m3, der höchstens einmal pro Jahr überschritten werden darf. Diese Werte werden heute jedoch an vielen Orten regelmässig überschritten. Wie beschrieben gingen die Feinstaubwerte in den 1990er-Jahren zwar zurück, ungefähr seit dem Jahr 2000 gibt es aber kaum mehr eine Abnahme. So lagen gemäss dem *Nationalen Beobachtungsnetz für Luftfremdstoffe (Nabel)* die Jahresmittelwerte in Städten, Agglomerationen und entlang von Autobahnen in den letzten Jahren zwischen 22 und 40 µg/m3 und im ländlichen Mittelland zwischen 19 und 25 µg/m3. Der Tagesgrenzwert wurde 2005 in Städten und Agglomerationen an 10 bis 50 Tagen überschritten, im ländlichen Mittelland an 5 bis 7 Tagen. Der Feinstaubausstoss müsse um etwa 50 Prozent reduziert werden, um die Grenzwerte einzuhalten, heisst es im Faktenblatt des Bundes.

Gesundheitsschäden durch Feinstaub

Die schädliche Wirkung von Feinstaub ist relativ gut erforscht – auch wenn die detaillierten Wirkungsweisen im Organismus zum Teil noch unklar sind. Das Ausmass der Gesundheitsschäden wird aufgrund statistischer Studien abgeschätzt. Grob gesagt steigt die Zahl der gesundheitlich beeinträchtigten Menschen mit der Konzentration des Feinstaubs in der Luft kontinuierlich und linear an, wobei lang anhaltende Belastungen bedeutender sind als kurzfristige. Insbesondere ist kein Schwellenwert für die Feinstaubkonzentration bekannt, unterhalb derer die Belastung folgenlos ist.

Nach Schätzungen der Weltgesundheitsorganisation (WHO) sterben in Europa jedes Jahr 280 000 Menschen an den Folgen des Feinstaubs.[321] Für Frankreich, Österreich und die Schweiz errechnete die WHO in einer Studie jährlich 40 000 Todesopfer durch die Luftverschmutzung insgesamt, was 6 Prozent der gesamten Todesfälle entspricht.[322] Für die Hälfte dieser Opfer sei der Verkehr verantwortlich. Dazu kämen 25 000 chronische Bronchitiserkrankungen bei Erwachsenen, 290 000 Fälle von Bronchitis bei Kindern, über eine halbe Million Asthmaanfälle und über 16 Millionen Personentage mit eingeschränkter Aktivität in Beruf oder Freizeit. Für die Schweiz ergaben sich 3300 Todesfälle und 87 000 Asthmaattacken pro Jahr.[323] Die Autoren der Studie waren dabei von der wissenschaftlich abgestützten Annahme ausgegangen, dass die Sterblichkeit in der Bevölkerung um 4 Prozent steigt, wenn die Feinstaubbelastung um 10 µg/m3 zunimmt. Als Ausgangspunkt hatten sie 7,5 µg/m3 gewählt. Hätte man 15 µg/m3 als Ausgangspunkt (amerikanischer Grenzwert) genommen, wären die errechneten Krankheits- und Todesraten nur halb so hoch gewesen, bei 20 µg/m3 (Schweizer Grenzwert) käme man sogar nur auf 10 Prozent. «Wäre man von den amerikanischen oder schweizerischen Grenzwerten ausgegangen, sähen die Ergebnisse anders aus», meinte Felix Gutzwiller, Leiter des Zürcher Instituts für Sozial- und Präventivmedizin und FDP-Ständerat. Die Autoren der Studie argumentierten aber, es gebe beim Feinstaub keinen Hinweis auf einen sicheren Schwellenwert – auch unterhalb der Grenzwerte sei mit gesundheitlichen Folgen zu rechnen. Auf jeden Fall handelt es sich bei den errechneten Todes- und Krankheitszahlen um eine grobe Abschätzung des Problems.

Eine andere Studie des Bundesamtes für Raumentwicklung schätzte die durch die Luftverschmutzung bedingten jährlichen Todesfälle in der Schweiz auf gut 3700, wobei fast 1400 dem Strassenverkehr zuzurechnen seien.[324] Man errechnete auch die verlorenen Lebensjahre: Die Luftverschmutzung insgesamt führe jährlich zu 42 500 verlorenen Jahren – etwas über 15 000 davon seien dem Strassenverkehr anzulasten. Diese 15 000 verlorenen Lebensjahre würden in etwa denjenigen der 500 bis 600 jährlichen Todesopfer von Verkehrsunfällen entsprechen (die im Schnitt jünger sind als die vermuteten Feinstaubopfer). Ziel der Studie war es, die externen Gesundheitskosten aufgrund von Luftverschmutzung durch Strassen- und Schienenverkehr zu berechnen. Die Autoren schätzten sie auf jährlich 1,6 Milliarden Franken. Diese Summe setzte sich zusammen aus medizinischen Behandlungskosten, Produktionsausfällen und immateriellen Kosten (Verlust an Wohlbefinden, Schmerz und Leid der betroffenen Personen). Die Gesundheitskosten durch die Luftverschmutzung insgesamt schätzte die Studie gar auf 4,2 Milliarden Franken. (Man beachte, dass gemäss dieser Studie die Luftverschmutzung, die nicht vom Verkehr stammt, mit etwa 2,6 Milliarden Franken die grösseren Gesundheitskosten verursacht.)

Die genannten Resultate sind vor allem mit der *dauernden* Feinstaubbelastung verknüpft – doch auch die *kurzfristige* hat Auswirkungen: Eine Faustregel der Forscher besagt Folgendes: Nimmt der Tagesmittelwert der Feinstaubkonzentration um 10 µg/m3 zu, so steigt die Sterblichkeit in der Bevölkerung in den folgenden Tagen um etwa 1 Prozent.[325]

Feinstaubbelastung muss weiter reduziert werden

Diese Zahlen sind eindrücklich. Es darf aber nicht vergessen werden, dass in früheren Jahrzehnten die Luftverschmutzung insgesamt deutlich höher lag. Auch die Feinstaubbelastung hat abgenommen. (Diese Abnahme beruht auf Schätzungen: Die Gefahren des Feinstaubs sind erst seit einigen Jahren bekannt, und die Feinstaubbelastung wird erst seit 1997 in der heutigen Form gemessen. Die Forschung muss sich darum mit Hochrechnungen zufriedengeben, die sich zum Beispiel aus den früheren Werten der totalen Staubbelastung ableiten.) Wenn heute tatsächlich jedes Jahr zwischen 3000 und 4000 Menschen an den Folgen des Feinstaubs vorzeitig sterben, so dürften es vor 20 oder 30 Jahren noch deutlich mehr gewesen sein.

Gemäss Behördenangaben gibt es eine ganze Reihe von Massnahmen gegen Feinstaub, die der Bund bereits umgesetzt hat. Dazu zählen etwa: Richtlinien für Baumaschinen, Qualitätsanforderungen an Brenn- und Treibstoffe, Feuerungskontrollen, Abgasvorschriften für Motorfahrzeuge, Umrüstung von bisher 600 städtischen Dieselbussen auf Partikelfilter, Lenkungsabgaben, leistungsabhängige Schwerverkehrsabgaben. Weil die Grenzwerte aber noch immer überschritten werden und in den letzten Jahren die Feinstaubbelastung nicht weiter gesunken ist, ist dies nicht genug: Zusätzliche Massnahmen sind nötig.

Hier ist Gesundheitsprävention angesagt – auch wenn die Zahl der durch Feinstaub geschädigten oder getöteten Menschen nur grob geschätzt werden kann und die Wirkung der kleinen Partikel im Körper im Detail noch nicht erforscht ist. Eine weitere Senkung der Belastung ist anzustreben. Weil Dieselruss offenbar besonders schädlich ist, muss vor allem die Partikelfilterpflicht für Dieselmotoren ganz oben auf der Liste der umzusetzenden Massnahmen stehen – dies auch, weil der Trend zu mehr dieselbetriebenen Personenwagen ansonsten die Feinstaubbelastung wieder ansteigen lässt (Dieselmotoren geben sehr viel mehr krebserzeugende Russpartikel ab als Benzinmotoren). Daneben gilt es aber auch den Feinstaub aus Feuerungen aller Art zu minimieren, ob es sich nun um solche der Industrie oder von Privatleuten handelt. Reduziert werden muss auch der Ausstoss von Substanzen, die zu sekundärem Feinstaub führen. (In der Landwirtschaft ist etwa der Einsatz von Schleppschläuchen beim Güllen angezeigt – so gelangt weniger feinstauberzeugendes Ammoniak in die Luft.)

Rekordwerte bei der Feinstaubbelastung?

«Feinstaub wie noch nie» – dieser Titel in der *Südostschweiz* bringt auf den Punkt, wie im Winter 2006 über den Feinstaub berichtet wurde.[326] Wegen einer ausgeprägten Inversionslage (Hochdruckwetter; oben warme Luft, unten kalte, stationäre Luft) lag die Feinstaubbelastung während Tagen und Wochen deutlich über den normalen Werten. Die Grenzwerte wurden im Januar und Februar zum Teil um das Drei- bis Vierfache überschritten. Der fehlende Luftaustausch sorgte dafür, dass zum Beispiel Lausanne maximal 227 µg/m3 Feinstaub verzeichnete, Zürich 202 µg/m3. Inversionslagen treten im Winter immer wieder auf. Dass sie so lange dauern wie 2006, kommt zumindest alle paar Jahre vor. Aussergewöhnlich war damals, wie intensiv die Medien berichteten: Es gab kaum eine Zeitung, ein Radio- oder Fernsehprogramm, wo der Feinstaub nicht zuoberst in den Schlagzeilen stand. Die Bevölkerung bekam den Eindruck, dieses Problem sei in diesem Winter so gross wie nie zuvor. Der *Blick* warnte vor einer «unglaublichen Umweltkatastrophe», die sich anbahne.[327] Der *Tages-Anzeiger* schrieb: «Die Feinstaub-Werte kletterten am Mittwoch auf Rekordhöhen.» Und weiter: «Gestern lagen an verschiedenen Orten der Schweiz die Feinstaub-Messwerte so hoch wie noch nie.»[328] Selbst die sonst zurückhaltende *Neue Zürcher Zeitung* setzte den Titel «Rekordwerte bei der Feinstaubbelastung».[329]

Feinstaub wie noch nie – das ist ziemlich sicher falsch. Gewiss handelte es sich um Rekordwerte für den Winter 2006 – an gewissen Messstationen auch um Rekordwerte seit Beginn der Messungen vor einigen Jahren. In früheren Jahrzehnten aber war die Luftverschmutzung wie beschrieben weit gravierender – und bei entsprechenden Inversionslagen darum wohl auch die Feinstaubbelastung deutlich höher. Die Auswertung der 16 Messstationen des Nationalen Beobachtungsnetzes für Luftfremdstoffe für das ganze Jahr 2006 stützt das Bild der immer schlimmer werdenden «Dreckluft» jedenfalls nicht: Die Luftbelastung im Jahr 2006 habe gegenüber den letzten Jahren keine Auffälligkeiten gezeigt, heisst es hier: «Die Belastung durch Stickstoffdioxid, Feinstaub (PM10), Schwefeldioxid und Ozon lag im Streubereich der Jahre 2000 bis 2005.»[330]

Aufschlussreich in diesem Zusammenhang ist ein Interview, das Hans Mathys als Chef des Berner Immissionsschutzes anlässlich seiner Pensionierung dem *Bund* gab. Als er vor 30 Jahren zum Immissionsschutz gekommen sei, habe es diesen eigentlich noch gar nicht gegeben: «Luftreinhaltung war Neuland. Viele wissenschaftliche Zusammenhänge waren nicht bekannt, auf dem Markt gab es kaum Messgeräte, um die Luftqualität zu messen.» Auf die Frage, ob der Kanton Bern heute ein Problem mit schmutziger Luft habe, antwortete Mathys: «Nur noch bedingt. Die Luftreinhaltung ist eine Erfolgsstory.» Bei neun von zwölf Luftschadstoffen mit Immissionsgrenzwerten sei das Problem gelöst. «Niemand spricht mehr von Sedimentstaub oder Schwefeldioxid.» Auf die Frage, ob die Bevölkerung heute insgesamt mit besserer Luft lebe, meinte der scheidende Chef des Berner Immissionsschutzes: «Ja, wir haben eine gesündere Luft als 1977. Sogar jene Schadstoffe, die noch ein Problem darstellen, weisen rückläufige Trends auf.»[331]

Elf Kantone führten Tempo 80 ein

Wie Umfragen zeigen, ist der weitaus grösste Teil der Bevölkerung aber überzeugt, dass die Luftverschmutzung immer schlimmer werde. Diese falsche Ansicht wird vor allem durch die Berichterstattung in den Medien erzeugt. Das vorherrschende Bild der «Dreckluft», die scheinbar immer mehr Menschen tötet, erzeugt wiederum Druck auf die politisch Verantwortlichen. In Situationen, in denen die Luftverschmutzung wegen besonderer Wetterlagen sehr hoch liegt, müssen sie mit Sofortmassnahmen zeigen, dass sie handeln können – ansonsten trifft sie der Vorwurf der Untätigkeit vonseiten der Umweltschutzbewegung und einem Teil der Medien. So war es auch im Winter 2006, als die Feinstaubwerte wegen der Inversionslage auf das Mehrfache der Grenzwerte angestiegen waren: Zahlreiche Kantone verhängten für ihre Autobahnen Tempo 80 – obwohl niemand sagen konnte, was diese Massnahme gegen zu hohe Feinstaubkonzentrationen in der Luft bewirken sollte.

Den Anfang bildete eine Aufforderung der damaligen Zürcher Regierungsrätin Dorothee Fierz an den Bund, per sofort Tempo 80 auf allen Autobahnen einzuführen. Dieser Forderung schlossen sich die Kantone Bern, Aargau, Solothurn, Basel-Stadt, Baselland und Luzern an. Doch Umweltminister Moritz Leuenberger hielt nichts davon. Nach den Berechnungen des Bundes würde Tempo 80 auf Autobahnen die Feinstaubkonzentration nur marginal senken. «Ich habe aber keine Lust, Massnahmen einzuführen, bei denen ich ehrlich sagen muss: Sie sind eher eine Show», meinte Leuenberger. Denn die wichtigsten Verursacher von Feinstaub beim Verkehr seien Lastwagen, und die dürften auf Autobahnen sowieso nur 80 Kilometer pro Stunde fahren. «Es wäre Augenwischerei, wollten wir mit einer Tempobeschränkung den Eindruck erwecken, etwas Wesentliches gegen den Feinstaub zu tun.» Viel effizienter seien – wenn schon – Fahrbeschränkungen für bestimmte Fahrzeugtypen. Dazu fehlten aber zurzeit die Voraussetzungen: «Man sieht es Fahrzeugen nicht an, ob sie einen Partikelfilter haben.»[332]

Insgesamt elf Kantone verhängten daraufhin – anfangs Februar 2006 – auf eigene Faust Tempo 80: Aargau, Bern, Baselland, Luzern, Nidwalden, Obwalden, Solothurn, Schwyz, Uri, Zug und Zürich. Diese Massnahme war ein offensichtlich untaugliches Mittel im Kampf gegen die zu hohe Feinstaubbelastung: Die meisten Personenwagen fahren mit Benzin und produzieren nur unwesentlich Feinstaub. Lastwagen mit ungefiltertem Dieselausstoss waren von der Temporeduktion nicht betroffen. Einen Beitrag an eine Reduktion leisteten somit eigentlich nur Dieselpersonenwagen, Lieferwagen, Cars und Motorräder, deren Ausstoss bei Tempo 80 etwas geringer ist als bei Tempo 120. Die Reduktion ist insgesamt aber minim, wie sich rasch abschätzen lässt: Feinstaub aus Dieselruss-Emissionen macht gemäss den Angaben des Bundes von 2006 nur 17 Prozent allen Feinstaubs aus. Alle LKWs sind von der Geschwindigkeitsbeschränkung wie erwähnt nicht betroffen. Zu beachten ist weiter, dass nur jeder dritte Kilometer der Dieselfahrzeuge auf Autobahnen gefahren wird, und dass sich mit der Senkung der Geschwindigkeit von 120 auf 80 Kilometer pro Stunde auch wieder nur ein Teil dieses Feinstaubanteils vermeiden lässt. Gemäss Schätzungen bringt Tempo 80 eine Reduktion der Feinstaubemissionen von weniger als 1 Prozent. Zu betonen ist weiter, dass die Tempobeschränkung auch viele Benzinfahrzeuge betraf, die mit der erhöhten Feinstaubkonzentration so gut wie gar nichts zu tun hatten.

Tempo 80 auf Autobahnen sei trotzdem sinnvoll, verteidigten sich deren Befürworter – und verlegten ihre Begründungen mangels sachlicher Argumente auf die moralische Ebene: Die Temporeduktion «setze ein Zeichen» und habe einen «symbolischen Wert». Heribert Bürgy vom Amt für Umweltschutz der Stadt Bern zum Beispiel begründete seine Zustimmung zu Tempo 80 so: «Die Temporeduktion trifft nur den Verkehr, setzt aber ein deutliches Zeichen an die gesamte Bevölkerung, dass die gegenwärtige Situation brisant ist und Massnahmen dringend nötig sind.»[333] Der damalige Zuger Polizeidirektor Hanspeter Uster gab zu, sein Kanton habe die Temporeduktion durchaus im Bewusstsein beschlossen, dass sie nicht viel bringe: «Aber man muss mit etwas anfangen.»[334] Tempo 80 führe zu einer Sensibilisierung der Bevölkerung und veranlasse viele Fahrzeuglenker, freiwillig auf ihr Motorfahrzeug zu verzichten. Das *Magazin* kommentierte Tempo 80 unter dem Titel «Symbolpolitik gut» so: «Es geht darum, Zeichen zu setzen. Wenn ihr Bedeutungsgehalt in die richtige Richtung zeigt, ist dagegen nichts einzuwenden.» Tempo 80 möge zwar nicht sonderlich wirksam sein, aber: «Auf der symbolischen Ebene ist es Gold wert.» Denn es gehe gar nicht darum, mit dieser Massnahme den Feinstaubausstoss wesentlich zu reduzieren, «sondern um jeden einzelnen Autofahrer, der sich bei Tempo 80 auf der Autobahn langweilt und dabei womöglich merkt, dass es im Verhältnis zur Umwelt langsam ernst wird. Natürlich ist damit noch kein Gramm Feinstaub reduziert, aber die Chance, dass eine restriktivere Gesetzgebung rascher kommt, deutlich höher».[335]

Merkwürdige Rechtfertigungen für Tempo 80

In den erwähnten elf Kantonen galt Tempo 80 auf Autobahnen während einiger Tage, bis die Feinstaubbelastung witterungsbedingt wieder tiefere Werte erreicht hatte. Auch nach dem Entfernen der «80»-Tafeln verteidigten die entsprechenden Kantone die verhängte Massnahme und suchten nach Rechtfertigungen. Eine davon lautete, gemäss Messungen sei die Feinstaubkonzentration in der Nähe von Autobahnen in diesen Tagen stärker zurückgegangen als an andern Orten – wegen Tempo 80. Der Kanton Zürich schätzte diesen zusätzlichen Rückgang (der also über die witterungsbedingte Abnahme hinausging) auf etwa 10 Prozent.[336] Das war allerdings eine gewagte Argumentation, denn während der fraglichen Periode wurde ebenfalls eine Verminderung des Verkehrsaufkommens auf Autobahnen registriert – um 10 bis 15 Prozent. Ohne die

Gründe wirklich zu kennen, erklärten die Tempo-80-Kantone diese Verkehrsabnahme aber kurzum zu einer Folge der verhängten Geschwindigkeitsbeschränkung. Die registrierte zusätzliche Reduktion der Feinstaubbelastung war in ihren Augen somit eine «indirekte Folge» von Tempo 80. Ähnlich argumentierte auch die Berner Regierungsrätin Elisabeth Zölch: Entlang von Autobahnen habe es eine «tendenziell feststellbare Minderung» der Feinstaubbelastung gegeben. Mit Tempo 80 sei ein «kleiner Beitrag» zur Besserung der Luftqualität geleistet worden. Allerdings, gab Zölch zu: «Tempo 80 kann längerfristig sicher nicht das Rezept sein.»[337]

Nach nachträglichen Argumenten für Tempo 80 suchte auch der Verkehrsclub der Schweiz (VCS): Auch er führte einen Rückgang des Verkehrsvolumens an und bezeichnete ihn als «erfreuliche Nebenwirkung» von Tempo 80: «Die Sensibilisierung der Bevölkerung, eines der Ziele der Massnahme, wurde also erreicht.» Die Partikelemission sei wegen der Temporeduktion bei Autobahnen um 5 bis 10 Prozent zurückgegangen, an gewissen Orten sogar um 10 bis 20 Prozent: «In Luzern zum Beispiel lagen die Immissionen gegenüber dem Vorsonntag um 18 µg/m3 und gegenüber dem Montag der Vorwoche um 50 µg/m3 tiefer.»[338] Der VCS schrieb also nicht nur die Reduktion des Verkehrs (die möglicherweise rein zufällig erfolgt ist) der Temporeduktion zu, sondern auch die Differenz der an unterschiedlichen Tagen gemessenen Feinstaubbelastung – ohne die veränderte Witterung einzubeziehen.

Das Letztere erscheint mehr als fragwürdig, wenn man die Ergebnisse des Dresdner Fraunhofer-Instituts betrachtet, das während Jahren Messdaten aus verschiedensten Luftmessnetzen Europas auswertete. Dabei kam es zum Schluss, dass Feinstaub zu einem weit geringeren Anteil aus menschlichen Quellen stamme als bisher angenommen. In einer Studie heisst es: «Es ist in erster Linie die Meteorologie, die in der unteren Atmosphärenschicht extreme Schwankungen und Spitzenbelastungen verursacht.» Die kurzfristigen Einflussmöglichkeiten der Menschen auf die Feinstaubbelastung, insbesondere auf die Überschreitung der Tagesgrenzwerte, seien äusserst begrenzt. «Die ganze Feinstaubdiskussion geht in die falsche Richtung», meinte Matthias Klingner vom Fraunhofer-Institut. «Kurzfristige Strassensperrungen und Temporeduktionen führen zu keiner Verbesserung der Situation, solange man die Wetterlage nicht ins Kalkül miteinbezieht.»[339]

In die gleiche Richtung gehen auch die Resultate der Eidgenössischen Materialprüfungsanstalt (Empa). Sie untersuchte die chemische Zusammensetzung des Feinstaubs während der Inversionslage im Januar/Februar 2006.[340] Die Ursache der hohen Feinstaubbelastung in dieser Zeit sei nicht allein bei den primären Partikelemissionen zu suchen, sondern ebenso bei den Emissionen gasförmiger Vorläufersubstanzen, lautete das Fazit der Studie: «Markante Reduktionen der PM10-Belastungen sind deshalb von punktuellen Massnahmen bei einzelnen Quellen nicht zu erwarten. Vielmehr bedarf es breit angelegter Reduktionsszenarien sowohl bei den primären Partikelquellen, wie auch bei den sekundäre Partikel bildenden gasförmigen Emissionen.» Die Empa kam also zum Schluss, dass kurzfristige Massnahmen (wie Temporeduktionen) wenig bringen.

Rechtfertigungsversuch der *Wochenzeitung*

Die *Wochenzeitung* setzte einen Monat nach Ende der Inversionslage zu einem weiteren Rechtfertigungsversuch für die verhängte Temporeduktion auf Autobahnen an – mit abenteuerlicher Argumentation: Ausgehend von der Annahme, dass Tempo 80 auf Autobahnen eine Abnahme der Feinstaubbelastung in den Agglomerationen um 1 Prozent bringt, errechnete die Zeitung einen Rückgang der totalen Sterblichkeit der Bevölkerung um 1 Promille. Hochgerechnet auf die geschätzten vier Millionen Bewohner von Schweizer Agglomerationen mache das alle zehn Tage einen Todesfall weniger aus. Hätte man an allen Tagen mit zu hoher Feinstaubbelastung seit Beginn des Jahres 2006 konsequent Tempo 80 auf allen Autobahnen verhängt (an etwa 25 bis 35 Tagen), hätte man somit insgesamt drei Todesfälle verhindern können, lautete das Fazit. Diese drei Menschen, «die nun doch gestorben sind», hätten zwar keine Namen: «Es sind Resultate einer statistischen Rechnung, dadurch nicht weniger real, doch niemand kann sagen, Frau Müller ist am Feinstaub gestorben und Herr Meier. Hätten die Toten Namen wie etwa das Pitbullopfer Süleyman, man würde eine Massnahme, die abgesehen von der Signalisations-Umstellung nichts kostet, nicht so leicht als ‹Hysterie› bezeichnen.»[341] Die *Wochenzeitung* stellte sich also auf den Standpunkt, ein Verzicht auf flächendeckende Temporeduktionen habe konkret drei Menschen das Leben gekostet (trotz des Hinweises, dass es sich um eine statistische Rechnung handle) und sprach von «Toten ohne Namen». Somit müssen sich diejenigen, die eine Temporeduktion als untaugliche Massnahme bezeichnen, als statistische Mörder fühlen.

Die Argumentation der *Wochenzeitung* ist ein häufig angewandter Trick, wenn es darum geht, Gegner von kaum wirksamen Massnahmen zu diskreditieren: Man rechnet statistische Wahrscheinlichkeiten auf eine grosse Zahl Menschen hoch und kommt auch bei kleinsten theoretischen Differenzen zum Resultat, dass der Verzicht auf die Massnahme zu einer bestimmten Zahl von Toten führe. Die *Wochenzeitung* übersah in diesem Beispiel insbesondere, dass es sich bei den von der Wissenschaft ermittelten Opferzahlen um sehr grobe Schätzungen handelt (wie gesehen können andere Annahmen über die Schädlichkeit von Feinstaub zu ganz andern Opferzahlen führen). Mit Zahlen zu argumentieren, die im Promille-Bereich dieser groben Schätzungen liegen, ist unseriös.

Solch unsinnige Argumentationen tauchen immer wieder auf: In der Zeitschrift *Facts* war zu lesen, gemäss einem schwedisch-amerikanischen Forscherteam *steige* die Sterberate in der Bevölkerung um 0,4 Prozent, wenn die Arbeitslosenquote um 1 Prozent *sinke*.[342] Der Grund dafür: Die erhöhte Produktion ziehe mehr Verkehr und damit mehr Unfälle nach sich. Zudem steige bei höherer wirtschaftlicher Aktivität der Stress. Das führe zu höherem Zigarettenkonsum, schlechterer Ernähung und Übergewicht – und somit zu höherer Sterblichkeit. Aus diesem Bericht liesse sich folgern, dass Programme gegen Arbeitslosigkeit Menschen töten.

Die *Wochenzeitung* übersah in ihrer Argumentation zudem, dass Massnahmen von denen, die sie zu tragen haben, auch akzeptiert werden müssen. Die Chancen dafür stehen am besten, wenn sie tatsächlich wirksam sind. Liegt ihr Effekt wie bei Tempo 80 hingegen fast nur im theoretischen Bereich, wird die Massnahme von den Betroffenen als Schikane empfunden – was auch die Bereitschaft zu wirklich wirksamen Schritten verringern dürfte.

Feindbild Autofahrer

Obwohl von Fachleuten immer wieder als untaugliche Massnahme gegen Feinstaubspitzen bezeichnet, setzen die Kantone weiterhin auf (vorübergehende) Temporeduktionen. Das im September 2006 von den kantonalen Umweltdirektoren verabschiedete Notfallkonzept sieht Tempo 80 ab einer Feinstaubkonzentration von 100 µg/m3 ausdrücklich vor (nebst Massnahmen wie: Überholverbot für Lastwagen, Verbot von Holzfeuern im Freien, Verbot von Zweitheizungen wie Cheminéefeuern).[343] Diese Massnahmen sind zwar für die Kantone rechtlich nicht bindend. Der Druck der Öffentlichkeit werde aber dafür sorgen, dass sich die Kantonsregierungen daran halten würden, versicherte Willi Haag, Präsident der Bau-, Planungs- und Umweltdirektoren-Konferenz.

Der Ruf nach Temporeduktionen ertönt bei zu hoher Luftverschmutzung immer wieder – obwohl diese fast wirkungslos sind. Beim Feinstaub hat die überwiegende Mehrheit der Autofahrer (nämlich alle mit Benzinmotor) sehr wenig mit dem Problem zu tun. Trotzdem sollen auch sie mit einer Temporeduktion für die zu hohe Luftverschmutzung büssen – und sei es nur, um sie zu einem «Umdenken» zu bewegen.

Es ist unbestritten, dass der motorisierte Privatverkehr viele Probleme verursacht, sei es punkto Luftverschmutzung, Ressourcenverschwendung, Lärm oder Platzbedarf. Die Autofeindlichkeit hat sich in der Umweltschutzbewegung aber zu einem Dogma entwickelt, unter dem alle möglichen Probleme jeweils sofort und vor allem mit dem Autofahren in Verbindung gebracht werden. Ein Zeitungsartikel, der dieses Dogma zementierte, erschien im *Beobachter*[344]: In diesem Artikel wurden unter dem Titel «Probiers mal mit Gemütlichkeit» Familien porträtiert, die ohne Auto leben. Hier ist vom «Ekel gegenüber Autos» die Rede, und davon, dass sich autofrei aufwachsende Kinder besser entwickeln würden. Eine Frau ohne Auto bezeichnet es als «schizophren», dass der Bund Kampagnen gegen das Rauchen führe, nicht aber gegen das Autofahren, und meint: «Mir stinkts schon lange!» Zu Beginn der Beziehung mit ihrem heutigen Mann habe es ein Problem gegeben, denn dieser habe «zu ihrem Leidwesen» ein Auto mit in die Beziehung gebracht.

In der am Anfang des Kapitels erwähnten Umfrage wurde den über tausend Personen auch die Frage gestellt: «Was denken Sie, wer ist der grösste Verursacher von Feinstaub?» Zur Auswahl standen Strassenverkehr, Industrie, Heizungen in Privathaushalten, öffentlicher Verkehr, Landwirtschaft und Forstwirtschaft. Weitaus am häufigsten wurde der Strassenverkehr genannt – 43 Prozent der Befragten gaben diese Antwort. Dabei sind die Industrie sowie die Land- und Forstwirtschaft mindestens ebenso grosse Feinstaubverursacher. Viele Leute denken beim Stichwort Luftverschmutzung reflexartig an den Strassenverkehr.

Schädliche Cheminéefeuer

Das Bild der Familie vor dem gemütlichen Holzfeuer im heimischen Cheminée hingegen entspricht dem Klischee der Umweltsünde weit weniger als der autofahrende Zeitgenosse. Wer mit Holz heizt, gilt als naturverbunden – obwohl der individuelle Beitrag zum Feinstaubproblem hier weit grösser ist als der des Autofahrers mit Benzinmotor. Gemäss den Zahlen des Bundes tragen Holzheizungen 18 Prozent zu den

Verbrennungspartikeln bei, offene Verbrennungen 16 Prozent. In einem Positionspapier schreiben das Bundesamt für Energie und das Bundesamt für Umwelt: «Holzheizungen und offene Verbrennung verursachen zusammen annähernd gleich viel Feinstaub wie die Dieselmotoren, welche 39 Prozent der Verbrennungspartikel ausmachen. Die Holzheizungen verursachen zudem ein Mehrfaches an Feinstaub wie sämtliche Öl- und Gasheizungen.»[345] Die Bedeutung der Holzheizungen werde noch dadurch verschärft, dass sie während der kritischen kalten Jahreszeit betrieben würden und ihre Emissionen zudem im Siedlungsraum anfielen. Ihr Beitrag zur lokalen Feinstaubbelastung könne darum im Winter (also insbesondere bei Inversionslagen) noch weit höher ausfallen als im Jahresdurchschnitt.

Das bestätigt auch eine Untersuchung des Paul Scherrer Instituts (PSI), die im feinstaub-intensiven Winter 2006 veröffentlicht wurde[346]: Es wurde in Dörfern, die an stark befahrenen Transitachsen liegen und unter massiv erhöhter Belastung leiden, die Herkunft des Feinstaubs ermittelt. Das Resultat war, dass zum Teil deutlich mehr Feinstaub aus Holzheizungen als aus dem Verkehr stammt. In Roveredo, einem Dorf im unteren Misox, «ist an einem Winterabend die Feinstaubkonzentration aus Holzfeuerungen drei- bis viermal höher als diejenige von der nahen Autobahn». Ein ähnliches Bild ergab sich in Moleno im Tessin, gleich neben der dicht befahrenen Gotthardautobahn. Auch hier sei der Anteil der Holzfeuerungen viel höher ausgefallen als erwartet: «Die Konzentrationen aus Holzheizungen und Verkehr halten sich dort im Winter, ähnlich wie im Stadtzentrum von Zürich, etwa die Waage.» Die PSI-Forscher vermuten, dass der Beitrag der Holzfeuerungen (insbesondere von Kleinfeuerungen und Cheminées) in der Schweiz und in Europa «teilweise klar unterschätzt werden».

Null Feinstaub ist unmöglich

Auch wenn eines Tages jedes Dieselfahrzeug, jede Holzfeuerung und jeder Abluftkamin mit einem Partikelfilter ausgerüstet sein wird, dürfte in der Luft eine gewisse Feinstaubkonzentration verbleiben. Statistisch wird auch dann eine gewisse Zahl von Todesfällen dieser Luftverschmutzung zuzurechnen sein – möglicherweise sogar eine Zahl von über tausend pro Jahr. Wie erwähnt stammen schon heute 56 Prozent der Feinstaubbelastung nicht aus Verbrennungen, sondern aus Quellen wie Abrieb von Pneus, Schienen und Bremsbelägen, Aufwirbelung von

Staub oder Ammoniak in der Landwirtschaft. Die Rede ist auch von Baustellen, die Staub aufwirbeln, und Saharastaub, der in die Schweiz transportiert wird. Der *Tages-Anzeiger* stellte im Sommer 2005 zum Beispiel die Aufwirbelung von Staub durch Reinigungsfahrzeuge als Problem dar: «Beim Aufsaugen des Schmutzes wird mit der Abluft gefährlicher Feinstaub in die Umwelt abgegeben. Und das – je nach Fabrikat – in alarmierenden Mengen.» Dagegen müsse unbedingt eingeschritten werden: «Die Verantwortlichen der kommunalen Stellen müssten sich bewusst werden, dass der Feinstaubausstoss ihrer Strassenreinigungsmaschinen ein Problem darstellt.»[347] Und der ehemalige Berner Immissionsschützer Hans Mathys sagte in seinem Abschiedsinterview, es gebe auch Probleme, bei denen man von einer «Lösung» weit entfernt sei. Dazu gehöre «die dauernde Aufwirbelung von Feinstaub während trockener Zeiten, zum Beispiel Saharastaub. Dagegen kann man nichts machen».

Eine gewisse Feinstaubbelastung und ihre Gefahren gehören aber zu den normalen Lebensrisiken – denn überall, wo gelebt wird, wird auch Staub aufgewirbelt. Das bestätigt eine Studie des Deutschen Allergie- und Asthmabundes über die Feinstaubbelastung in Wohnräumen[348]: In der Raumluft von deutschen Wohnungen mit Teppichböden wurde durchschnittlich 30,9 µg/m3 Feinstaub gemessen, bei Glattböden (Parkett, Laminat, Fliesen usw.) gar 62,9 µg/m3. Als Quellen des Feinstaubs in der Raumluft kommen neben der nach innen dringenden Aussenluft etwa Zigaretten, Kaminfeuer, Kerzen, Räucherstäbchen oder Toner von Druckern in Frage. Die Belastung in den untersuchten Wohnungen lag somit im Schnitt höher als der Schweizer Jahresgrenzwert für Aussenluft (20 µg/m3), in den Wohnungen ohne Teppiche gar höher als der Schweizer Tagesgrenzwert (50 µg/m3). Geht man davon aus, dass die Feinstaubbelastung in Schweizer Wohnungen ähnlich hoch ist, stellt der Aufenthalt in Wohnungen für die Schweizer Bevölkerung im Prinzip eine tödliche Gefahr dar: Statistisch liesse sich wohl ableiten, dass die Luft in Wohnungen und Häusern jedes Jahr Hunderte oder Tausende von Toten fordert. Die Resultate des Deutschen Allergie- und Asthmabundes wären ohne Weiteres auch für Schuldzuweisungen zu verwenden: Weil die Raumluft von Wohnungen mit Teppichen offenbar weniger belastet ist, könnte man die Verkäufer von Parkett- und Laminatböden als statistische Massenmörder hinstellen, weil sie mit ihren Produkten viele Leute vom Kauf lebensrettender Teppiche abhalten.

Eine absurde Problematisierung solcher Alltagsrisiken liess sich im *St. Galler Tagblatt* finden.[349] Es machte im Dezember 2005 den Feinstaub, der von Weihnachtskerzen erzeugt wird, zum Thema: Weihnachten sei wegen der Schlemmerei zwar so oder so ungesund, hiess es im Artikel. «Kaum jemand weiss aber, dass auch in den Weihnachtskerzen Gefahren für die Gesundheit lauern.» Der Feinstaub, der beim Abbrennen von Kerzen erzeugt werde, sei nicht zu verachten: Forscher hätten gezeigt, dass nach dem Anzünden von wenigen Kerzen gleich viel Feinstaub in der Wohnungsluft schwebe wie in der Aussenluft einer Grossstadt. Schon zwei brennende Kerzen produzierten die gleiche Menge Feinstaub wie eine Zigarette. Gemäss einer Studie erhöhe ein Gottesdienst mit Kerzen und Weihrauch die Feinstaubkonzentration in Kirchen auf das 12- bis 20-fache des in Europa maximal erlaubten 24-Stunden-Mittelwerts. (Das *St. Galler Tagblatt* war von der Bedeutung der eigenen Recherche offenbar doch nicht ganz überzeugt. Es fügte an, dass Kerzenfeinstaub weniger gefährlich sei als der von Zigaretten oder Dieselmotoren, und setzte über den Artikel den Titel «Keine Angst vor Weihnachtskerzen». Ein ungutes Gefühl mag bei gewissen Lesern aber doch zurückgeblieben sein.)

Die Dramatisierung von untrennbar mit dem Leben verbundenen Risiken ist eine Entwicklung, die nicht unterschätzt werden darf. Immer neue Lebensrisiken werden problematisiert, ihr Vorhandensein als unzumutbarer Zustand dargestellt. «Gibt es neue Immissionsprobleme?» wurde der Berner Immissionsschützer Hans Mathys in besagtem Interview gefragt. «Das Licht», antwortete dieser. «Achten Sie mal darauf, wie viel Beleuchtung wir nachts haben.» Noch bestünden hier keine Grenzwerte. «In Zukunft wird man aber wohl auch über Bewilligungsverfahren die Lichtstärke eines Betriebs, einer Installation überprüfen müssen.»

Fazit

Die Luftverschmutzung in der Schweiz ist in den vergangenen Jahrzehnten massiv zurückgegangen – dank Massnahmen der Abgas- und Abluftreinigung. Trotzdem ist die Konzentration einiger Schadstoffe noch immer zu hoch. Unbefriedigend ist die Situation vor allem beim Feinstaub, der für die Gesundheit besonders gefährlich ist. Weitere Anstrengungen zur Senkung der Feinstaubbelastung und der Luftverschmutzung allgemein sind darum notwendig. Weil Feinstaub aus Dieselmotoren als besonders schädlich gilt, muss möglichst rasch eine Partikelfilterpflicht für diese Motoren eingeführt werden.

Aus Gründen der Glaubwürdigkeit sollte aber auf Massnahmen verzichtet werden, die kaum Wirkung haben und lediglich auf falschen Vorstellungen und ideologischem Denken beruhen. Dazu zählen vorübergehende Geschwindigkeitsreduktionen auf Autobahnen, die praktisch keinen Einfluss auf die Feinstaubbelastung haben. Im Weiteren sollte man sich bewusst sein, dass das Erzeugen von Staub ein Stück weit untrennbar mit menschlichem Leben verbunden ist. Ein gewisses Mass an Feinstaub in der Atemluft wird auch mit den wirksamsten Massnahmen nicht zu eliminieren sein.

Waldsterben
Mit Volldampf ins Prognose-Fiasko

«Wer eine Prognose stellt, sagt mehr über sich
als über die Zukunft.»
(Gerhard Pretting)

Am 1. September 1983 traf sich in Zofingen eine illustre Schar: CVP-
Bundesrat Alphons Egli, 25 Bundesparlamentarier und etwa 50 Journa-
listen waren einer Einladung der Eidgenössischen Forschungsanstalt für
das forstliche Versuchswesen EAFV gefolgt, um bei einer Waldbegehung
zu sehen, wie schlimm es angeblich um den Schweizer Wald stand.[350]
Walter Bosshard, Direktor der Versuchsanstalt, und Maurice de Coulon,
Chef des Bundesamts für Forstwesen, führten die Leute durch den
Staatswald «Baan» bei Zofingen und zeigten ihnen Bäume mit Nadel-
und Blattverlusten, verlichtete Kronen, «serbelnde» Fichten, Tannen,
Eichen und Buchen – einen sterbenden Wald.[351] Bosshard und de Coulon machten ihre Sache gut – der «Waldspaziergang», wie er später
genannt wurde, beeindruckte die Teilnehmer zutiefst. Die Aktion zeigte
Wirkung. Politiker und Medienleute, die an diesem Tag in Zofingen
dabei waren, trugen die Kunde vom kranken Wald ins ganze Land hinaus – mit aufrüttelnden Zeitungsberichten, mit schockierenden Schlagzeilen, mit parlamentarischen Vorstössen. Die Visite im angeblich sterbenden Wald war der Startschuss zu einer Umweltdebatte, die die
Schweiz für Jahre in Atem halten sollte. Mit dieser Aktion wurde der
Kampf gegen das sogenannte Waldsterben zum Anliegen einer breiten
ökologischen Koalition aus Politikern, Wissenschaftlern und Redaktoren, die weit über die linke und grüne Klientel hinausreichte. Der
Stimmungswandel im Land ist am klarsten zu sehen am prominentesten
Teilnehmer des Zofinger Waldspaziergangs, Bundesrat Alphons Egli. Das
düstere Bild des Schweizer Waldes machte dem konservativen Luzerner
Eindruck. Von diesem Tag an kämpfte er – erst einige Monate zuvor ins
Amt gewählt – energisch für den Schweizer Wald. Aus dem bedächtig
wirkenden Mann war ein Vorkämpfer für den Umweltschutz und ein
unermüdlicher Mahner geworden. Egli wurde damit zu einem Symbol:
Ein konservativer Bundesrat, der sich angesichts der dramatischen Lage

zu einem vehementen Verfechter des Umweltschutzgedankens wandelt –
dieses Bild nahmen die Umweltschützer im Land dankbar auf.

Die Deutschen machten den Anfang

In der Schweiz wurde das Waldsterben 1983 zu einem grossen Thema. Doch schüttere Baumkronen und kahle Wipfel waren im nördlichen
Nachbarland Deutschland zu diesem Zeitpunkt bereits seit Längerem in
den Schlagzeilen. Angefangen hatte es im November 1981, als das deutsche Nachrichtenmagazin *Der Spiegel* den angeblich prekären Zustand
des Waldes ins öffentliche Bewusstsein hievte: «Saurer Regen über
Deutschland – der Wald stirbt», stand da in grossen Buchstaben. Und
weiter: «Über allen Wipfeln liegt der giftige Hauch von Industrieabgasen
… das macht den deutschen Wald krank bis in die Wurzeln.»[352] Weitere
deutsche Zeitungen nahmen das Thema dankbar auf: «O Tannenbaum,
wo sind deine Blätter», titelte die *Zeit*.[353] Und in der Berliner Tageszei-
tung *taz* konnte man lesen: «Bald geben alle Wipfel Ruh.» Der Ton war
scharf, die Schlagzeilen drastisch: «Wir stehen vor einem ökologischen
Hiroshima», schrieb der *Spiegel*.

Die deutschen Medien konnten zur Rechtfertigung so vieler Emoti-
onen auf die Wissenschaft verweisen. Diese sprach von «saurem Regen»
und «unerklärbaren neuartigen Waldschäden». Bereits 1972 waren der
saure Regen und seine Folgen Thema einer Konferenz in Stockholm
gewesen. Im Zentrum standen damals vor allem übersäuerte skandinavi-
sche Seen, die unter dem mit Schwefeldioxid und Stickoxid belasteten
Regen zu leiden hatten. Die These, saurer Regen bringe Schadstoffe in
die Böden und lasse die Bäume absterben, schien sich schon Ende der
1970er-Jahre zu bestätigen: Aus Ost- und Mitteleuropa trafen Meldungen ein von zunehmenden Schäden an Fichten, Tannen, später auch an
Laubbäumen. Herumgereicht wurden Bilder von zerstörten Fichtenwäl-
dern im Erzgebirge, die wegen der ungefilterten Abgase der Kohlekraftwerke in der DDR und der Tschechoslowakei zugrunde gegangen waren.
Überall in Europa verschlechterte sich der Gesundheitszustand der meisten Baumarten rapide – so lautete zumindest die Diagnose zahlreicher
Forstwissenschaftler Anfang der 1980er-Jahre.

Ein führender Wissenschaftler auf dem neuen Gebiet «Waldsterben»
war der Göttinger Professor Bernhard Ulrich. Er war der Meinung, der
saure Regen sei auf die Luftverschmutzung zurückzuführen. Ulrich sagte
das grossflächige Absterben des Waldes als Folge des sauren Regens vo-

raus: «Die ersten grossen Wälder», prophezeite er, «werden schon in den nächsten fünf Jahren sterben. Sie sind nicht mehr zur retten.» Ulrich warnte vor einer sich über mehrere Generationen hinziehenden Waldvernichtung als Folge der industriellen Luftverschmutzung. Andere Forscher folgten seinen Theorien – etwa der Münchner Professor Peter Schütt, der gar «die gigantischste Umweltkatastrophe, die es je gab» auf die Menschheit zukommen sah.

Weil solche Meldungen exakt den Erwartungen einer für Umweltanliegen sensibilisierten Gesellschaft entsprachen, wurde der sterbende Wald für viele Forstwissenschaftler bald zu einem Faktum. Dabei wurde übersehen, dass es sich beim Zusammenhang zwischen dem sauren Regen und den «neuartigen Waldschäden» lediglich um Thesen und Vermutungen handelte.

Betroffenheit im Alpenland Schweiz

Mit etwas Verzögerung kamen die düsteren Szenarien in der Schweiz an. Nachdem 1982 und 1983 auch hier der saure Regen öffentlich breit diskutiert wurde, drang nun auch die Botschaft des sterbenden Waldes ins helvetische Bewusstsein – spätestens mit besagtem Waldspaziergang im Spätsommer 1983. Als Alpenland fühlte sich die Schweiz vom drohenden Kollaps des Waldes besonders betroffen. Falls der Bergwald in sich zusammenfallen würde, wären die Siedlungen in den Alpentälern Steinschlag und Lawinen schutzlos ausgeliefert. Der Alpenraum, so die Befürchtung, könnte gänzlich unbewohnbar werden. Wie das Waldsterben insgesamt schien sich auch diese Prophezeiung erschreckend schnell zu erfüllen: Aus der Alpenregion trafen bald erste Meldungen von gelichteten Schutzwäldern und gefährdeten Siedlungen ein. Bristen, ein Bergdorf im Kanton Uri, stehe kurz vor dem Ende, konnte man 1985 lesen und hören. Der *SonntagsBlick* titelte: «Bristen – Angst vor der Lawine. Evakuierung vorbereitet.»[354] Und die Autoren des Schweizer Waldbeobachtungsprogramms «Sanasilva» warnten, bis in einigen Jahren würden sich «viele Bergwälder ähnlich einem von Motten zerfressenen Fell präsentieren».[355] In der Schweiz waren sich nicht nur Umweltschutzorganisationen und linke Parteien, sondern auch Wissenschaftler, bürgerliche Politiker und Bundesräte einig: Der Schweizer Wald stirbt, und zwar rasend schnell.

Während Jahren wurde der Bevölkerung eingetrichtert, die Luftverschmutzung stehe als Ursache der absehbaren Katastrophe unbestreitbar fest. «Die letzten Zweifel über den Zusammenhang von Luftverschmutzung und Waldsterben ... sind ausgeräumt», schrieb etwa der *Tages-Anzeiger* im März 1984, nachdem Forstwissenschaftler einen geografischen Zusammenhang zwischen Luftbelastung und Waldschäden hergestellt hatten.[356] Selbst die zurückhaltende *Neue Zürcher Zeitung* titelte: «Luftschadstoffe und Waldschäden – Der Nachweis enger Zusammenhänge ist erbracht».[357] Auch der *SonntagsBlick* verkündete zwei Jahre später aufgrund einer Studie des Baselbieter Instituts für angewandte Pflanzenbiologie: «Forscher beweisen – Dreckluft tötet unseren Wald.»[358]

Vorbehalte und Zweifel an der Waldsterbethese und dem Zusammenhang mit der Luftverschmutzung wurden verdrängt. Es gab zwar zur Vorsicht mahnende Worte aus der Wissenschaft und Kritik aus der Politik. Aber wer wollte schon über «wissenschaftlichen Details» brüten und dabei zusehen, wie unterdessen der Wald zusammenbrach? Der Wald stirbt, jetzt und hier – wer das nicht akzeptierte, riskierte, öffentlich als uneinsichtig und rückständig abgestempelt und in Verbindung mit der Autolobby gebracht zu werden. Es lasse sich nicht mehr im Ernst bestreiten, dass der Schweizer Wald krank sei, meinte etwa Bernhard Wehrli, der Präsident der Schweizerischen Gesellschaft für Umweltschutz: «Nur wer mit Gewalt beide Augen zuhält, kann noch behaupten, unsere Wälder seien gesund.»[359] Und Walter Bosshard, der wie erwähnt den «Waldspaziergang» vom September 1983 angeführt hatte, sagte, Zweifel am Waldsterben seien psychologisch begründet, weil Bedrohliches nur ungern angenommen werde. Eine solche «seelische Trägheit» könne man sich angesichts der Folgen des Waldsterbens aber nicht leisten.[360]

Auch in der Schweiz übersahen politische Meinungsmacher und Forscher, dass die Basis für die These des sterbenden Waldes äusserst dünn war. Wissenschaftliche Beobachtungen, die den früheren Zustand der Bäume beschrieben, waren kaum vorhanden. Es war somit unmöglich, die angeblichen Schäden der Gegenwart einzuordnen und mit langjährigen Daten zu vergleichen. Die Schweiz verfügte über wenig Beobachtungsreihen – denn die Idee, den Gesundheitszustand des Waldes zu überwachen, setzte sich erst mit der Sorge um den Wald durch. In den vorangegangenen Jahrzehnten hatte es keinen Anlass gegeben, Waldschäden zu beobachten.

In den Jahren 1983 und 1984 stützte sich die These des sterbenden Schweizer Waldes im Wesentlichen auf Erfahrungen aus dem Ausland ab, vor allem aus den damaligen Ostblockstaaten DDR und Tschechoslowakei. Dazu übernahm man viele Prognosen und Szenarien aus Deutschland. Man schaute die Bäume im eigenen Land an und sah, dass die beschriebenen Schadensbilder sich auch hier finden liessen. Der Schluss lag nahe, die Entwicklung im Schweizer Wald könne nicht völlig anders als in den Nachbarländern sein. Dabei wurde übersehen, dass auch in Deutschland kaum gesicherte Zahlen und Daten über die Entwicklung des Waldes vorlagen und sich die Prognosen der deutschen Waldforscher ebenfalls nur auf Thesen und Vermutungen abstützen konnten.

Sanasilva sollte verlässliche Daten bringen

Der Mangel an langjährigen Datenreihen war natürlich auch den hiesigen Waldforschern aufgefallen. Hier wollte man Abhilfe schaffen – die Entwicklung des Waldes sollte wenigstens in kommenden Jahren nachgezeichnet werden. Der Bund rief darum 1983 «Sanasilva» ins Leben – ein Waldbeobachtungsprogramm, das in den Händen der Eidgenössischen Anstalt für das forstliche Versuchswesen in Birmensdorf lag. Mit einer jährlichen Inventur sollte der Gesundheitszustand des Waldes so objektiv wie möglich beschrieben werden. Der Auftrag an Sanasilva lautete, «den verantwortlichen politischen Behörden Entscheidungsgrundlagen zur Verfügung zu stellen, damit diese rechtzeitig geeignete Massnahmen gegen die Waldschäden in die Wege leiten können».[361] Sanasilva wurde in der Schweiz bald zu einer nicht mehr wegzudenkenden Grösse. War vom Waldsterben die Rede, war immer auch Sanasilva mit im Spiel. Wurde über die düstere Zukunft des Schweizer Waldes debattiert, wurde regelmässig auf Sanasilva verwiesen. Sanasilva war in den 1980er-Jahren sozusagen die Kristallisation der helvetischen Sorge um den Wald, ein Symbol für die Umsicht der Behörden in Anbetracht einer drohenden Katastrophe.

Sanasilva startete im Jahr 1983 mit einer Umfrage unter Förstern, die in ihrem Revier den Gesundheitszustand des Waldes durch Kronenbeobachtung einzuschätzen hatten – nach vorgegebenen Kriterien. Die Förster schätzten im Schnitt 14 Prozent der Bäume als geschädigt ein.[362] Seit 1981 liefen zudem Erhebungen zum Schweizerischen Landesforstinventar (LFI), das ursprünglich in Angriff genommen worden war, um die Holzvorräte in der Schweiz zu erfassen.[363] Weil im LFI explizit einzelne Bäume erfasst sind, wurden die Erhebungen ab 1983 auch für eine Übersicht über die Waldschäden herangezogen. Dies zog sich allerdings – wie geplant – über mehrere Jahre hin, sodass für das Jahr 1983 nur LFI-Zahlen für die Regionen «West» und «Ost» vorlagen (was etwa einem Drittel der Landesfläche entsprach). In diesen beiden Regionen waren im Jahr 1983 14 Prozent der Bäume «kränkelnd», «krank», «absterbend» oder «tot». Es zeigte sich hier also die gleiche durchschnittliche Schädigung wie bei der gleichzeitig im ganzen Land durchgeführten Sanasilva-Försterumfrage.

1984 wurde die Untersuchung dann von der Forschungsanstalt in Birmensdorf selber durchgeführt. Die Forscher überzogen die öffentlichen und erschlossenen Waldflächen mit einem Raster von Probeflächen, in denen systematisch einzelne Bäume eingeschatzt wurden.[364] Erfasst wurde die Kronenverlichtung der Bäume, woraus auf deren Gesundheitszustand geschlossen wurde. Man teilte die Bäume in fünf Kategorien ein – abhängig vom Grad des Nadel- bzw. Blattverlustes: *ohne Schadensmerkmale, schwach geschädigt, mittelstark geschädigt, stark geschädigt* und *abgestorben.* Dieselben Bäume wurden fortan Jahr für Jahr nach denselben Kriterien eingeschätzt, um die Resultate miteinander vergleichen zu können. In den ersten Jahren berichteten die Birmensdorfer Forscher in den Sanasilva-Programmen von einem rasant ansteigenden Anteil geschädigter Bäume in der Schweiz: 1984 waren es 34 Prozent, 1985 36 Prozent, ein Jahr darauf gar 50 Prozent und im Jahr 1987 sogar 56 Prozent. 1988 wurde dann erstmals ein Rückgang der Schäden auf 43 Prozent festgestellt.

Einsicht und Umkehr gefordert

In den 1980er-Jahren war der sterbende Wald für Umweltschutzverbände und viele Politikerinnen und Politiker bis weit ins bürgerliche Lager hinein eine Tatsache, an der es nichts zu rütteln gab. Der Verkehr und die Industrie verschmutzen die Luft, die Luft schädigt die Bäume, die Bäume sterben. Diese Logik war so einfach und einprägsam, dass die Zusammenhänge einfach wahr sein mussten. Die Kunde vom sterbenden Wald traf im deutschsprachigen Raum auf ein Publikum, das die Neuigkeiten begierig aufsog. Die dicken Schlagzeilen waren der Seismograf der vorherrschenden Stimmung. Umweltorganisationen, die schon seit Jahren vor den Folgen menschlicher Unachtsamkeit gewarnt hatten, konnten die schlechten Botschaften aus dem Wald mit dem Kommentar «Wir haben es ja immer gesagt!» durchwinken. Dass die Natur wegen der schlechten Luft zugrunde geht, schien in den 1980er-Jahren nicht nur plausibel, sondern geradezu entwaffnend logisch.

Die schlechten Nachrichten aus dem Wald bildeten für zahlreiche «Bedenkenträger» eine günstige Gelegenheit, öffentlich über den angeblich drohenden Untergang der Natur und des Menschen zu lamentieren.

In Reden, Manifesten, Parlamentsdebatten und Zeitungsartikeln wurde unermüdlich das Bild des rücksichtslosen modernen Menschen gezeichnet, der seine eigenen Lebensgrundlagen zerstört. Gefordert wurde nicht nur eine Bewältigung des Waldsterbens durch einschneidende Massnahmen, sondern darüber hinaus eine Rückbesinnung auf die «wahren Werte» des Lebens und eine Abkehr von wirtschaftlichem Wachstum und Konsumorientierung.

Es gehe um neu anzuerkennende Prioritäten, die den Lebensstil der Menschen beschränken werden, schrieb etwa Bernhard Nievergelt vom Zoologischen Institut der Universität Zürich im Zusammenhang mit dem Waldsterben: «Die Einsicht ist unbequem, und um Verständnis für schmerzhafte Eingriffe in Gewohnheiten muss auf allen politischen Ebenen noch intensiv geworben werden.» Es sei aber eine gesellschaftliche Pflicht, bewusst auf einen Lebensstil hinzusteuern, der den Kapazitätsgrenzen Rechnung trage. «Es geht letztlich also darum, eine neue ethische Grundhaltung aufzubauen, die ein behutsames Nutzen unserer Ressourcen und schonendes Verwalten unserer Umwelt garantiert.» Nievergelt propagierte, ein «Gesamtkonzept» für Lebensstil, Kultur und Zivilisation zu entwerfen, das sich an den Kapazitätsgrenzen und dieser neuen ethischen Grundhaltung orientiere. Beim Festhalten an weiterem wirtschaftlichem Wachstum drohe hingegen «der langfristig programmierte Untergang unserer Gesellschaft.»[365]

Einkehr und Umkehr wurden auch an der nationalen Walddemonstration in Bern im Mai 1984 gefordert, an der zwischen 30 000 und 50 000 Menschen teilnahmen. Zur Diskussion stehe eine Einschränkung des Lebensstils, unter der es sich sinnvoller und gesünder leben lasse, forderte zum Beispiel der Winterthurer alt Oberforstmeister Ernst Krebs in seiner Rede.[366] Es werde eine gewaltige Kraft brauchen, um das «Schwungrad» der heutigen Wirtschaft und der individuellen Ansprüche aufzuhalten. Verschliesse man aber die Augen vor der Situation, drohten «noch härtere Schläge der Natur». Fabio Giacomazzi vom Tessiner WWF bezeichnete in seiner Ansprache den Zusammenhang zwischen Technologie und Lebensstil als einen Teufelskreis, der zur Wiederherstellung des ökologischen Gleichgewichts zu durchbrechen sei. Auch Pater Flurin Maissen führte die angeblich drohenden Gefahren auf das «ungesunde Wirtschaftssystem» zurück.

Im September 1987 übergab der Schriftsteller Adolf Muschg auf dem Rütli mit einer bedeutungsschwangeren Rede die sogenannte *Waldhand-*

schrift «an die Menschheit».[367] Darin hatten 123 Schweizer Schriftsteller aus Sorge um den Wald Plädoyers und Texte verfasst, handschriftlich auf Pergament. «Der Wald ist in vielen Generationen gewachsen, jetzt könnte er innerhalb einer Generation sterben», begründete Muschg die Aktion, um sogleich zu einem Wehklagen über den moralischen Zerfall der Gesellschaft anzusetzen. «Die Gründe für das Waldsterben sitzen in uns selbst. Das Gas, das der Wald nicht mehr aushält, wird in unseren Köpfen erzeugt, bevor es aus Auspuffrohren und Schornsteinen strömt.» Die Waldhandschrift sei eine Kampfansage «gegen unseren bequemen Unverstand, gegen den kurzen Atem unserer Gewohnheiten. Wir sind selbst schuld, wenn wir fortfahren, fremde Richter über uns zu dulden – vom Bruttosozialprodukt bis zur Profitmaximierung.» Für die Zukunft hoffe er, dass man in 700 Jahren noch lesen könne, was man am heutigen Tag auf dem Rütli gehofft und gefürchtet habe: «Im besten Fall werden die paar spezialisierten Leser, die es dann noch gibt, über unsere Sorgen lächeln. Das heisst, unsere Verzweiflung damals war eine Hoffnung. Sie hat gewirkt, sie hat etwas bewirkt. Im schlimmeren Fall wird in 700 Jahren niemand sagen können, wir hätten es nicht gewusst, niemand habe es kommen sehen. Dann ist diese Handschrift ein Zeugnis gegen unsere Unschuld.»

Zweifeln verboten

Während masslose Untergangsszenarien Hochkonjunktur hatten, war es gleichzeitig gesellschaftlich verpönt, das zur Grundwahrheit erhobene Waldsterben in Abrede zu stellen oder auch nur zu hinterfragen. Wer es als Wissenschaftler oder Politiker trotzdem wagte, musste mit heftiger Kritik und Zweifeln an seiner Redlichkeit rechnen. Ausgrenzung und Verachtung drohten. Anlässlich einer Sondersession zu den Waldschäden im Nationalrat fasste die Zürcher Politikerin Verena Grendelmeier diese Grundwahrheit des Waldsterbens so zusammen: «Das Baumsterben ist keine hysterische Panikmache der bösen Medien, sondern ein böses Erwachen aus einem gehätschelten und ungehemmten Wirtschaftswachstumstraum. Wir stehen am Rande eines Abgrundes, einer Katastrophe.»[368]

In der *Neuen Zürcher Zeitung* wagte im Juni 1984 ein A. Vogt den Standpunkt zu vertreten, die Waldschäden würden unter dem Druck der öffentlichen Meinung übertrieben dargestellt. Einige Tage später wusch ihm Bernhard Wehrli, der Präsident der Schweizerischen Gesellschaft für

Umweltschutz, an gleicher Stelle den Kopf: «Derartige Verharmlosungen sind im höchsten Grad unverantwortlich und gefährlich, denn sie behindern die Massnahmen gegen das Waldsterben, die dringend nötig sind.» Wenn alle Fachleute die «katastrophale Situation» bestätigten und anhand eindeutiger Kriterien nachwiesen, dass die Lage brisant sei, «dann dürfen Stimmen wie diejenige von A. Vogt uns nicht am Handeln hindern.»[369] Als 1987 Rodolphe Schlaepfer, der mehr auf Fakten drängte, die Leitung der Eidgenössischen Forschungsanstalt in Birmensdorf übernahm und die Sanasilva-Berichte von da an deutlich zurückhaltender ausfielen, attackierte Greenpeace Schlaepfers Wirken mit einem «Insanasilva»-Pamphlet. Mario Broggi, ab 1998 Schlaepfers Nachfolger, kommentierte später die Reaktionen auf dessen Wirken: «Als mein Vorgänger Rodolphe Schlaepfer Zweifel anmeldete, warf man ihm vor, er stifte nur Verwirrung und sei ein Nestbeschmutzer der Schweizer Forstwirtschaft.»

Schlechte Erfahrungen mit Kritik an der gängigen Waldsterbetheorie machte auch der diplomierte Forstingenieur Gion Caprez, der 1987 zusammen mit weiteren Autoren die Schrift «Wald und Luft» publizierte, in der das Waldsterben und die gängigen Erklärungsmuster in Zweifel gezogen wurden. Alt Oberforstmeister Ernst Krebs sprach danach in einem Zeitungsartikel den Autoren sowohl Sachverstand als auch Verantwortungsbewusstsein ab. «In einer Zeit, in der Fachleute, Waldbesitzer, Umweltschützer, aber auch weite Kreise der Bevölkerung sich um die Zukunft des Waldes sorgen, ist es ein verwerfliches Unterfangen, eine derart polemische Schrift zu publizieren», schrieb Krebs. «Aus ihr spricht nicht Verantwortungsbewusstsein, nicht sachliche Aufklärung und Diskussionsbereitschaft, schon gar nicht besseres Wissen, sondern eine unverständliche Konfrontation.» Er sei aber überzeugt, dass andere Forstwissenschaftler weiterhin den Weg gehen würden, «den ihnen das Berufsgewissen gebietet».[370] Die Publikation «Wald und Luft» fachte nicht wie von den Autoren erhofft eine wissenschaftliche Auseinandersetzung an, sondern wurde weitgehend totgeschwiegen. «Niemand, gar niemand wollte mit uns fachlich diskutieren», bilanzierte Caprez später. Als Gegner der Theorie des Waldsterbens musste Caprez auch vom Titelblatt des Lehrbuches «Die Holzernte» verschwinden. Obwohl er dieses Buch mitverfasst hatte, wurde er als Autor gestrichen und mit 10 000 Franken Schmerzensgeld abgespiesen.

Es habe zwar kritische Stimmen zur Waldsterbethese gegeben, meinte Mario Broggi rückblickend, auch bei der Forschungsanstalt in Birmensdorf. «Aber sie wurden übertönt. Der Druck von Politik und Medien zur Einheitssicht war gross, Gleiches galt innerhalb der Forschung.» Mit der Verunglimpfung jeder Kritik an der Waldsterbethese wurde in der Schweiz der gleiche Kurs gefahren wie in Deutschland. Dort schrieb die *Zeit* schon 1984: «An der Diagnose gibt es nun nichts mehr zu deuteln. 50 Prozent der bundesdeutschen Wälder sind geschädigt.» Am Ausmass des Waldsterbens, «könnte heute nicht einmal der ungläubige Thomas zweifeln, allenfalls ein Ignorant».

Wolfgang Zierhofer, Humangeograf an der Universität Basel, stellte im Rückblick fest, «aus Verantwortungsgefühl, um einen politischen Prozess in Gang zu bringen und um Forschungsmittel zu erhalten», hätten sich die Vertreter der Wissenschaft damals dazu hinreissen lassen, Szenarien zu suggerieren, die nicht durch wissenschaftliche Ergebnisse gestützt gewesen seien. «Der sensationsorientierte Verlautbarungsjournalismus tat seinen Teil dazu. Den Bürgern und Politikern wurde sozusagen auf die Sprünge geholfen.»[371]

Auch in der Politik wurde in den 1980er-Jahren eine offene Diskussion über das Waldsterben möglichst vermieden. Als der Nationalrat über Sofortmassnahmen gegen die Waldschäden debattierte, verkündete die Schwyzer CVP-Vertreterin Elisabeth Blunschy als Berichterstatterin der vorbereitenden Kommission: «Unser Wald ist krank. Wir haben darauf verzichtet, an der Kommissionssitzung über den Zustand des Waldes zu diskutieren. Die Tatsachen sprechen für sich. Wir wollen auch heute nicht über den Wald reden. Wir müssen handeln.» In der Kommission hatte also keine Diskussion stattgefunden, sondern das Waldsterben wurde als unbestreitbar akzeptiert. In einem Interview bestätigte Blunschy ihren vorbehaltslosen Glauben an das Waldsterben: «Niemand bestreitet die Schäden, die da sind, und niemand bestreitet die Luftverschmutzung als Hauptursache dafür.»[372] Elisabeth Blunschy verlangte auch vom Plenum des Nationalrats, dass es das Waldsterben als Faktum zur Kenntnis zu nehmen und nicht darüber zu diskutieren habe. In der gleichen Waldsession warnte auch der spätere SP-Bundesrat Moritz Leuenberger vor allfälligen Diskussionen über das Ausmass der Schäden: «Es ist nicht fünf vor zwölf, sondern es ist längst zwölf Uhr gewesen. Die Sturzfahrt ist in den freien Fall übergegangen. Es ist unsere Aufgabe, tätig zu werden – jetzt und sofort.»

Vehement kämpfte auch der Vorsteher des Departements des Innern, Bundesrat Alphons Egli, gegen Andersdenkende und Zweifler. Im Nationalrat mahnte Egli, das Phänomen Waldsterben nicht grundsätzlich zu hinterfragen: «Niemand weiss heute, wie viel Zeit bis zum Umkippen des Ökosystems bleibt. Der Kampf gegen das Waldsterben ist ein Kampf gegen die Zeit. Es gilt, rasch zu handeln.» Bei einer andern Gelegenheit betonte er im Parlament: «Man kann es nicht genug wiederholen, unser Wald ist krank, sehr krank.» Und an die Adresse derjenigen, die allenfalls daran zweifelten: «Viele Schweizer halten das Waldsterben für ein Hirngespinst, sie irren sich. Es bedroht uns existenziell.» Wer das Waldsterben für inexistent hielt, musste sich von bundesrätlicher Seite sogar schlechte Absichten unterstellen lassen: «Wer heute das Gegenteil behauptet, der ist nach meiner Auffassung, wenn nicht sogar bösgläubig, doch zum mindesten unbelehrbar, oder er hat ein persönliches Interesse daran, dass das nicht wahr sein darf, was er nicht wahrhaben möchte.»

Wissenschaftler, die Zweifel an der gängigen Waldsterbetheorie anmeldeten, wurden totgeschwiegen. Andere Sichtweisen und Erklärungsansätze wurden verunglimpft. Unter solchen Voraussetzungen mache eine aufrichtige Diskussion über ein Problem keinen Sinn, urteilt Wolfgang Zierhofer über die damalige Art der Auseinandersetzung[373]: Die Chance, zu besseren Argumenten vorzustossen, sei verpasst worden. Die fast sektenartige Gleichschaltung der Meinungen in der Schweiz und andern Ländern irritierte schon 1982 zwei Mitglieder der britischen Forestry Commission, die Deutschland bereist hatten, um die «neuartigen Waldschäden» zu studieren. Sie erkannten «in der Bereitschaft der Förster, jeden Rückgang von Baumarten dem kombinierten Wirken von Luftverschmutzung und saurem Regen zuzuschreiben, zweifellos ein Element von Neurose».

Unkritische Wissenschaftler

Wie unkritisch damals selbst die Wissenschaft mit der Theorie des Waldsterbens umging, lässt sich anhand der Sanasilva-Berichte der ersten Jahre nachverfolgen. Das Waldsterben war offenbar für die Birmensdorfer Forscher schon zu Beginn der Beobachtungen ein Faktum, das nicht hinterfragt wurde. Beim Lesen der Berichte entsteht der Eindruck, es sei damals lediglich darum gegangen, das Waldsterben zu bestätigen und in seiner Entwicklung zu beschreiben. Wie erwähnt war der Auftrag an Sanasilva, den politischen Behörden Entscheidungsgrundlagen zur Verfügung zu stellen, um «geeignete Massnahmen gegen die Waldschäden in die Wege leiten zu können». Schon dieser Auftrag unterstellte also, die Waldschäden seien so gravierend, dass Massnahmen ergriffen werden müssten – die Frage war nur noch, welche.

Der Sanasilva-Bericht von 1984 stützte sich auf 27 000 erfasste Bäume in 2500 Probeflächen. Er kam zum Schluss, dass 34 Prozent der Bäume im Schweizer Wald geschädigt seien. Nadelbäume seien dabei mit 38 Prozent stärker geschädigt als Laubbäume (25 Prozent). Daneben wurde festgestellt, dass die Alpenregion stärker betroffen sei als das Mittelland und der Jura, wie auch, dass die Schäden von West nach Ost zunähmen. Unter dem Titel «Die bisherige Entwicklung des Waldsterbens» zogen die Verfasser des Berichts ihr Fazit. Auch dieser Titel zeigt, dass das Waldsterben als Faktum aufgefasst wurde, das nicht infrage gestellt wurde. Die Verfasser stellten zwar fest, dass langjährige Daten für einen Vergleich fehlten: Die Schäden seien vor 1983 nur an wenigen Orten durch lokale Waldinventuren quantitativ erfasst worden. Dann folgte aber unvermittelt der Satz: «Immerhin können wir davon ausgehen, dass bis 1982 nur wenige Prozente des Schweizer Waldes geschädigt waren.» Eine Rechtfertigung für diese gewagte und in diesem Zusammenhang entscheidende Einschätzung gaben die Verfasser nicht an.

Im Bericht folgte weiter der Hinweis, dass die Zahlen dieser ersten Sanasilva-Erhebung von 1984 wegen unterschiedlicher Erfassungsmethoden nicht mit denjenigen der Förster-Einschätzung des Vorjahres zu vergleichen seien. Möglich sei dies jedoch mit den Resultaten der Landesforstinventur, die sich 1983 allerdings nur auf ein Drittel der Landesfläche abgestützt hätten (die Regionen «Ost» und «West»): «Für diesen Teil des Landes hat der Anteil der geschädigten Nadelbäume (ohne Lärche) von 1983 bis 1984 von 13 Prozent auf 41 Prozent zugenommen.» Die Einschränkung, dass es sich bei diesem Vergleich nur um ein Drittel der Landesfläche handelte, wurde nun aber sogleich übergangen: «Innerhalb eines Jahres hat sich der Anteil der geschädigten Nadelbäume in der Schweiz etwa verdreifacht», lautete der Schluss der Verfasser. Eine Grafik mit dem Titel «Die Entwicklung der Waldschäden» zeigte dazu ein schauriges Bild. Suggeriert wurde ein Anstieg der Schäden bereits ab 1982, obwohl zu diesem Jahr keine Vergleichszahlen vorlagen.

Im Dezember 1985 lag der zweite Sanasilva-Bericht vor.[374] Nun hatte man erstmals Vergleichszahlen aus dem Vorjahr, die einen verlässlicheren Vergleich zuliessen. Das Resultat von Sanasilva im Jahr 1985: Die Schäden hatten seit 1984 insgesamt nur geringfügig zugenommen, von 34 auf 36 Prozent. Der Zustand der Nadelhölzer war unverändert, derjenige der Laubbäume etwas schlechter (Zunahme von 25 auf 27 Prozent Schädigung). Spätestens jetzt hätten die Birmensdorfer Forscher die These vom Waldsterben hinterfragen müssen: Der erste echte Vergleich mit früheren Zahlen zeigte keinen wesentlichen Anstieg der Schäden. Doch die Verfasser zogen Argumente bei, wieso das Waldsterben trotz des Stillstandes weitergehe: Erfahrungen aus dem Ausland zeigten, «dass die über Jahre sich hinziehende Verschlechterung des Gesundheitszustandes der Wälder nicht gleichmässig, sondern in Schüben verläuft.» 1984 und 1985 seien klimatisch günstige Jahre gewesen, was dem Wald sicher geholfen habe.

Statt die Prämisse «Waldsterben» zu hinterfragen, gaben die Verfasser im Bericht von 1985 politische Handlungsanweisungen: «Bei allen Erwägungen politischer, administrativer und technischer Art, die das zukünftige Handeln im Zusammenhang mit dem Waldsterben betreffen, sollte man sich nicht nach dem Grad der Wahrscheinlichkeit der Waldverluste richten.» Massgebend für das zukünftige Handeln seien allein der Umfang, das Ausmass und der Zeitpunkt der möglichen Folgeschäden. Das heisst also, etwas salopp ausgedrückt: Entscheidend für Massnahmen können auch Vermutungen und Hypothesen sein – ob sie zutreffen, spielt eine untergeordnete Rolle.

Im Sanasilva-Bericht 1986 schien die Theorie vom Waldsterben in Schüben fürs Erste bestätigt.[375] Die Untersuchung zeigte innert Jahresfrist eine drastische Verschlechterung der Lage: Der Anteil der geschädigten Bäume nahm von 36 auf 50 Prozent zu. Die Laubbäume waren zu 45 Prozent betroffen, die Nadelbäume sogar zu 52 Prozent. Die Erfassungen waren gegenüber 1984 ausgeweitet worden – neben Kronenbeobachtungen auch in nicht öffentlichen und nicht erschlossenen Waldgebieten kamen vermehrt Infrarot-Auswertungen mit Luftbildern hinzu.

Jeder zweite Baum krank! – diese Schlagzeile war markant. Bei soviel Bestätigung für das Waldsterben, an das man von Anfang an geglaubt hatte, kommentierten die Forscher 1986 nun auch die Ursachen der Schäden: «Nach dem aktuellen Wissensstand ist die zivilisationsbedingte Luftverschmutzung in all ihren Einwirkungsformen die Primärursache für die Waldschäden. Neue Forschungsergebnisse erhärten diese Hypothese.» Ursache für Veränderungen in der Zusammensetzung der Pflanzenarten in der Nordschweiz, die in einem Vergleich zwischen 1938 und 1984 beobachtet worden seien, sei «aller Wahrscheinlichkeit nach die Luftverschmutzung».

Auch 1987 fühlten sich die Verfasser in ihren Vorstellungen des Waldsterbens nochmals bestätigt, kletterte der Anteil der angeblich geschädigten Bäume in ihrer Erfassung doch erneut deutlich, auf 56 Prozent. Doch mit diesen extremen Zahlen wurde immer unübersehbarer, dass das von Sanasilva vermittelte Bild eines sterbenskranken Waldes mit der Wirklichkeit nicht viel gemein hatte: Weit über 50 Prozent kranke Bäume und Waldschäden, die sich innerhalb von nur vier Jahren vervierfacht haben sollten – das hätte sich in dramatischen Bildern zeigen müssen: grossflächige Zusammenbrüche, kollabierende Wälder, zerfressener Schutzwald. Davon war aber nichts zu sehen – im Gegenteil: Der Wald sah, wurde der Öffentlichkeit allmählich bewusst, noch immer aus wie früher.

Der Wald hielt sich nicht an die Voraussagen

Unter den beschriebenen Umständen war es nicht erstaunlich, dass die Umweltschutzbewegung samt ihrer Rückendeckung aus der Wissenschaft in ein eigentliches Prognose-Debakel schlitterte – in der Schweiz wie auch anderswo. Der Zeitpunkt kam, an dem die Horrorszenarien offensichtlich haltlos waren und sich die Theorien vom kollabierenden Wald nicht länger aufrechterhalten liessen. Als sich der Bergwald nach Jahren noch immer nicht wie prophezeit in einen «zerfressenen Flickenteppich» wandelte und die Bäume keineswegs grossflächig abstarben, wie vorausgesagt, war es bald vorbei mit den kühnen Prognosen und eindringlichen Appellen. Das Ende des Waldsterbens kam dennoch nicht sofort. Vielmehr folgte der Panik in den 1980er-Jahren ein jahrzehntelanges hartes Ringen über die wahren Verhältnisse im Schweizer Wald.

In der Wissenschaft wurde Kritik nach und nach wieder zugelassen, wurden andere Theorien anerkannt und vorgefasste Meinungen revidiert. Auch die Sanasilva-Forscher gestanden ab 1988 Stück für Stück ein, dass die Horrorszenarien nicht eintreffen. 1988, als der Anteil der geschädigten Bäume in der Statistik auf 43 Prozent zurückging, schrieben sie noch: «Der Zustand des Schweizer Waldes hat sich nicht weiter verschlechtert. Die Luftschadstoffe beeinflussen zusätzlich zu allen natürlichen Stressfaktoren den Wald. ... Die Schäden bleiben in der Schweiz ohne Verschmutzung nicht erklärbar.» 1991 konnte der erstaunte Sanasilva-Leser dann zur Kenntnis nehmen: «Um aus der Sicht der Forschung Empfehlungen für die Prioritäten der Umweltpolitik abzugeben, sind die Kenntnisse über die Ursachen-Wirkungs-Beziehungen im Wald noch zu gering.»

In den 1990er-Jahren zeigte sich immer klarer, dass die düsteren Prognosen nicht der Wirklichkeit entsprochen hatten und der Schweizer Wald keineswegs im Sterben lag. Auch der angeblich unbestreitbare Zusammenhang zwischen Luftverschmutzung und beobachtbaren Waldschäden liess sich wissenschaftlich nicht hinreichend belegen. Selbst die jahrelang praktizierte Methode der Schadenseinschätzung aufgrund der Kronenverlichtung wurde in Zweifel gezogen: Nur vom Laub- oder Nadelverlust allein auf den Zustand der Bäume und des Waldes insgesamt zu schliessen, sei eine unsachgemässe Verkürzung, lautete das revidierte Fazit der Forschung. Insbesondere gelangte man zur Einsicht, dass die Interpretation der Kronenverlichtung zu streng war: Während man jahrelang jeden Baum ab 10 Prozent Kronenverlichtung als krank bezeichnet hatte, wurden nun sogar Blatt- und Nadelverluste bis 40 Prozent als tolerierbar betrachtet – entsprechende Bäume stünden zwar unter Stress, könnten sich aber meist wieder erholen. Mit dieser grösseren Toleranz wäre der Anteil geschädigter Bäume im Schweizer Wald natürlich von Anfang an deutlich kleiner gewesen. Was allerdings die Ursache des in den 1980er-Jahren beobachteten Vitalitätsverlusts des Waldes war, blieb offenbar auch später unklar. Plausibel scheint, dass ungünstige Witterungseinflüsse (Frosteinbrüche, Trockenheit usw.) dem Wald zusetzten, es sich dabei aber um ein zyklisches Phänomen handelte.

Trotz dieser Einsichten hielten die Umweltschutzbewegung und Teile der Politik und der Medien noch jahrelang zäh an ihrer Überzeugung fest, der Wald liege im Sterben. Wolfgang Zierhofer schreibt, ein Teil der Medien habe, «ohne sachliche Gegenargumente, ohne andere Daten oder begründete alternative Deutungen anbieten zu können», die veränderte Sichtweise in der Wissenschaft zurückgewiesen, ja der Wissenschaft gelegentlich sogar vorgeworfen, sie komme ihrer umweltpolitischen Verantwortung nicht nach. In dieser Haltung seien sie von Umweltschutzorganisationen, insbesondere Greenpeace, und von Teilen der Forstpraxis unterstützt worden: «Für diesen Teil der Medien ist die Argumentation auf der Sachebene nicht nur zweitrangig, sondern auch eine Frage der persönlichen, willkürlichen Entscheidung», meint Zierhofer.

Nach und nach wurde dann zwar akzeptiert, dass die Horrorszenarien übertrieben gewesen waren. Manche Akteure warnten aber weiterhin vor einem etwas langsameren Niedergang des Waldes. Als sich auch das nicht bestätigte, verharrten Umweltschützer und ein Teil der Medien in der Vorstellung, die Bäume überlebten nur knapp.

Im Sanasilva-Bericht von 1997 wurde zwar festgestellt, die markanten Kronenverlichtungen im Schweizer Wald hätten seit 1984 kaum mehr zugenommen.[376] Es wurden aber Gefahren angesprochen, die dem Wald langfristig zu schaffen machen könnten – etwa die Übersäuerung des Bodens oder die Ozonkonzentration in der Luft. Der Berner *Bund* kommentierte: «Der neuste Sanasilva-Bericht zeigt: Die Bäume leiden unter versäuerten Böden und Ozon Konzentrationen in der Luft. Sie verlieren Laub und Nadeln. Aber sie schlagen sich durch.» Als der Sanasilva-Bericht im Jahr 2001 gerade noch 18 Prozent der Bäume mit einem Kronenverlust von über einem Viertel auswies, und gleichzeitig – vorsichtig – von einer Stabilisierung des Waldzustandes sprach, setzte die Schweizerische Depeschenagentur den Titel «Schweizer Bäumen geht es seit Jahren gleich schlecht». Und der *Tages-Anzeiger* schrieb: «Dem Schweizer Wald geht es konstant schlecht.»[377]

Doch nicht der Wald zerfiel, sondern das Waldsterben – sogar als Begriff. Statt von «Waldsterben» wurde bald von «neuartigen Waldschäden» oder von «schleichendem Waldsterben» gesprochen. Bereits 1988 hiess es in einem Bericht der Birmensdorfer Forschungsanstalt, die bei den Bäumen festgestellten Symptome «können nicht klassischen Schadensursachen zugeordnet werden. Wir müssen darauf hinweisen, dass der Begriff ‹Waldsterben› nicht unbedingt der geeignetste ist, um das Phänomen zu beschreiben». Später war dann von «Vitalitätsverlusten» oder «biologischem Stress» die Rede, bis auch diese Begriffe fragwürdig erschienen. Und die Luftverschmutzung, einst als sichere Ursache des Problems bezeichnet, wurde zum «Risikofaktor» degradiert.

Nach der Jahrtausendwende kam das definitive Ende der Waldsterbethese rasch – zumindest in der Schweiz. Die Eidgenössische Forschungsanstalt für Wald, Schnee und Landschaft (WSL) (so die aktuelle Bezeichnung der Birmensdorfer Institution) veröffentlichte im Januar 2002 den aktuellen Sanasilva-Bericht ohne begleitende Medienkonferenz.[378] Man habe Zweifel, ob es angesichts der Fakten überhaupt etwas zu sagen gebe, begründete Abteilungsleiter Peter Brang den Verzicht. Dafür zeigte sich Brang erstaunt darüber, dass die Vorstellung vom sterbenden Wald sich vielerorts hartnäckig halte: «Für gute Tipps, wie man aus den Köpfen herausbringt, dass schlechte Luft die Wälder zerstöre, wären wir dankbar.» Peter Brangs Trost: «Es ist doch wunderbar zu sehen, dass es kein akutes Waldsterben gibt, und wer die Augen öffnet, stellt das ja auch selber fest.» 2005 erschien statt eines weiteren Sanasilva-Berichts erstmals der *Schweizer Waldbericht* der WSL und des Bundesamtes für Umwelt, Wald und Landschaft, der die Situation im Wald ganzheitlicher als bisher erfassen sollte.[379] «Der Wald ist gesund», fasste Buwal-Vizedirektor Willy Geiger die Situation zusammen. Es wurde festgestellt, dass der Schweizer Wald keineswegs stirbt, sondern im Gegenteil wächst – jährlich um die Fläche des Thunersees. Das rasante Wachstum des Schweizer Waldes wurde 2007 im Rahmen des dritten Landesforstinventars bestätigt[380]: Innerhalb von elf Jahren war die Waldfläche um 5 Prozent angestiegen.

Glaubwürdigkeit im Keller

Was waren die Folgen der jahrelangen Auseinandersetzung um das Waldsterben? Die finanziellen Folgen waren, dass die von Bundesrat Egli und dessen Nachfolger Flavio Cotti geführte Politik zur «Waldrettung» die Öffentlichkeit ab 1985 jedes Jahr etwa 180 Millionen Franken kostete. Man betrachtete diese Summe damals als gut investiertes Geld: Eine Studie der Schweizerischen Gesellschaft für Umweltschutz hatte 1986 zum Beispiel errechnet, dass das Waldsterben 44 Milliarden Franken Kosten verursachen und 35 000 Arbeitsplätze vernichten werde.[381]

Eine unbestreitbare Folge der Waldsterbediskussion war, dass Massnahmen zur Luftreinhaltung politisch durchgesetzt werden konnten, die ohne Schlagzeilen über den kranken Wald nicht oder noch nicht mehrheitsfähig gewesen wären. Am meisten zu reden gab hier zwar die Senkung der Tempolimiten von 130 auf 120 km/h auf Autobahnen und von 100 auf 80 km/h auf Überlandstrassen, einen weit grösseren Effekt dürften allerdings Neuerungen wie bleifreies Benzin und Katalysatoren erzielt haben, deren Realisierbarkeit von der Automobilbranche hartnäckig bestritten worden waren. Im Weiteren war der Weg frei für strengere Abgasnormen, schwefelarmes Heizöl und weniger schädliche Lösungs- und Treibmittel. Beim öffentlichen Verkehr erleichterten die Diskussionen um das Waldsterben die Modernisierung der Bahn und die Einführung günstiger Tarife (Umweltschutz-Abonnemente). Die Wirkung all dieser Massnahmen blieb nicht aus – die Schweizer Luft wurde sauberer. Bei den Stickoxiden etwa gingen die Werte zurück und lagen 1992 wieder auf dem Stand von 1975 – die Wende bei diesem Luftschadstoff erfolgte exakt Mitte der 1980er-Jahre, als am heftigsten um den Wald gestritten wurde. Beim Waldsterben sei die Diagnose zwar falsch, die Therapie aber richtig gewesen, stellte Mario Broggi, der damalige Direktor der Birmensdorfer Forschungsanstalt WSL, 2003 fest: «So gesehen hat die Debatte

Fortschritte gebracht.» Broggi warnte aber dennoch davor, das Rezept der künstlichen Panik auch in Zukunft anzuwenden, um Fortschritte im Umweltschutz zu erreichen: «Wer wie im Märchen immer ruft, ‹Der Wolf, der Wolf!›, dem glaubt man nicht, wenn der Wolf wirklich kommt.»

Die Fortschritte bei der Luftreinhaltung waren tatsächlich nicht ohne politischen Preis zu haben. Nachdem das Waldsterben anfänglich Rückenwind für die Umweltschutzbewegung und die ihr nahestehenden politischen Parteien bedeutete, drehte dieser Wind bald. Als immer klarer wurde, dass es um den Wald weit weniger schlimm stand als verkündet, fuhr die äusserste Rechte bei Wahlen Erfolge ein. Insbesondere konnte die betont antiökologische Autopartei (später Freiheitspartei) mit der «Waldsterbe-Lüge» an nationalen Wahlen mehrmals Sitze hinzugewinnen. «Kein Wunder, dass überall Autoparteien wie Pilze aus dem Boden schiessen», triumphierte die rechts-konservative *Schweizerzeit.*[382]

Neben auffälligen Wahlerfolgen von Rechtsaussen-Parteien war der Vertrauensverlust gegenüber Politik und Wissenschaft jedoch die weit tiefer gehende Wirkung der falschen Waldsterbeprognosen. Weite Kreise der Bevölkerung hatten den Eindruck, mit übertriebenen Horrorszenarien betrogen worden zu sein. Wie Umfragen zeigten, wurden Umweltthemen in der Folge weit weniger dringlich eingestuft als zu Zeiten, in denen die Untergangsszenarien noch das Vertrauen der Bevölkerung hatten. Das Thema Wald war in der Öffentlichkeit ab etwa 1990 «kalter Kaffee». Die jährlichen Sanasilva-Berichte wurden nur noch am Rande zur Kenntnis genommen. Die dicken Schlagzeilen in den Medien verschwanden. Der *Tages-Anzeiger* kommentierte die Folgen der übertriebenen Waluntergangsprognosen 2003 so: «Was bleibt, ist bei der Wissenschaft ein unrühmliches Kapitel mangelnden Selbstzweifels, bei den Medien eine unbewältigte Altlast, bei der Umweltbewegung der Katzenjammer und bei der Strassenlobby die Schadenfreude.»

Aufarbeitung verpasst

Was führte dazu, dass bei der Auseinandersetzung um das Waldsterben berechtigte Kritik und zur Vorsicht mahnende Stimmen totgeschwiegen, übergangen oder überhört wurden? Welche gesellschaftlichen und politischen Mechanismen spielten, dass die Schweiz, Deutschland und andere Länder sich in ein solches Prognose-Fiasko verrennen konnten? Solche Fragen wurden zwar in der anspruchsvolleren Presse vereinzelt diskutiert, eine fundierte gesellschaftliche Aufarbeitung blieb aber bis heute aus. Die Umweltbewegung hat das Waldsterben nach jahrelangem Widerwillen stillschweigend ad acta gelegt. Auf die früheren verfehlten Prognosen möchten die damaligen Protagonisten möglichst nicht mehr hingewiesen werden. Geschieht es dennoch, wird auf die Erfolge der Luftreinhaltung verwiesen, die dem damaligen Aufruhr eine gewisse Legitimation verleihen sollen.

Eine schonungslose Aufarbeitung der gesellschaftlichen Vorgänge rund um das Waldsterben wagte hingegen Günter Keil, von 1990 bis 2002 im deutschen Bundesforschungsministerium für die Waldschadens- und Waldökosystemforschung zuständig. In der *Zeit* liess Keil 2004 das Waldsterben in Deutschland unter dem Titel «Chronik einer Panik» Revue passieren und warf dabei insbesondere einen kritischen Blick auf die Rolle der Umweltverbände und der Medien. Keil gab sich dabei überzeugt, dass Frosteinbrüche und Trockenphasen die massgeblichen Ursachen des Mitte der 1980er-Jahre beobachteten Vitalitätsverlusts des Waldes waren. Der damals von Forstleuten geprägte Begriff «Waldsterben» habe aber eine grosse psychologische Wirkung entfaltet: «Eine PR-Bombe von ungeheurer Wirkung. Für Laien war jetzt klar: Der Wald stirbt. Die Politik geriet ins Trommelfeuer der aufgeregten Presse und der Umweltverbände, sie musste handeln.» Unter diesem Druck hätten sich Fachleute darauf verständigt, Verluste der Bäume an Nadeln oder Blättern als Mass der Schädigung heranzuziehen, obwohl viele Experten diese Methode als oberflächlich, ungenau und mehrdeutig betrachteten. «Aber die Politik brauchte sofort eine Generaldiagnose der Wälder, sei sie auch noch so grob. Also wurde das Verfahren angewendet.» Bald hätten die Forstexperten allerdings festgestellt, dass die angewandte Klassifikation systematisch zu hohe Schadenzahlen lieferte, und hätten diese anpassen wollen. «Aber der Versuch, nun – wie geplant – ein besseres Verfahren einzuführen, stiess auf vehemente Proteste der Umweltverbände und Medien, die darin den Versuch der Politik witterten, ‹den sterbenden Wald gesundzulügen›». Die Regierung habe darob kapituliert, die provisorische Blatt-Nadel-Verlust-Methode zum Regelverfahren erhoben und unliebsame kritische Forstwissenschaftler aus dem Expertenkreis entlassen. «Seither lieferte das Ministerium Jahr für Jahr einen Bericht ab, der das stets traurige Ergebnis aller Blatt- und Nadel-Verlust-Zahlen zusammenfasste.» Die Umweltbewegung habe diese Berichte benutzt, um ihre Weltsicht zu verbreiten, ist Günter Keil überzeugt: «Das Waldsterben bot … auch die Möglichkeit, endlich dem Hauptfeind der Umweltschützer, dem Auto, die Schuld anzuhängen. So verkündete im Oktober 1988 die SPD: ‹Waldsterben: Kfz-Abgase sind die Hauptsünder›. Auch das entpuppte sich später als falsch.» Stossend sei auch gewesen, dass die Medien einseitig über Waldschäden berichtet hätten. Es habe sich um eine «Negativberichterstattung» gehandelt, in der fast zehn Jahre lang kaum ein kritischer Wissenschaftler direkt oder durch einen Bericht zu Wort gekommen sei. Als das Europäische Forstinstitut 1996 von einem Wachstumstrend der Wälder Europas gesprochen habe, hätten bei den Journalisten sofort die Alarmglocken geklingelt: «Wenn die Wälder rascher wachsen, so ihre Logik, dann sterben sie offenbar nicht. Eine Verleugnung des Waldsterbens also.» Einige Zeitungen hätten anschliessend verbreitet, dieses Wachstum selber sei krankhaft. Und als das Bundesforschungsministerium zur Überzeugung gelangt war, dass ein Absterben ganzer Wälder nicht mehr zu befürchten sei, sei dies von der Presse praktisch totgeschwiegen worden. Die politischen Parteien hätten unverdrossen weiter am Waldsterben festgehalten: «Noch im Mai 2000 stellten die Fraktionen der CDU/CSU und der SPD gleichlautend fest, dass es keinen Grund zur Entwarnung gibt.» Günter Keil sieht die Schuld an den hochgespielten Walduntergangsszenarien aber auch in der Wissenschaft. Einzelne Wissenschaftler seien der Versuchung erlegen, sich medienwirksam mit dramatisch negativen Aussagen nach vorn zu spielen. Das habe zu einem erheblichen Reputationsschaden für die Wissenschaft geführt: «Denn wer als Bürger die insbesondere von Wissenschaftlern angefachte und jahrelang geschürte Panik erlebt hat und den allmählichen Zusammenbruch der potemkinschen Kulissen verfolgt, der glaubt Forschern nichts mehr.» Auch die Umweltverbände könnten am Ende der Waldsterbediskusssion nicht erfreut sein: «Sie haben viele Jahre ihre Macht gegenüber der Politik ausgespielt, sie haben masslos übertrieben und werden letztlich mit Vertrauensverlust bezahlen.» Der Politik schliesslich habe zwar Sachverstand zur Verfügung gestanden, «aber man hat ihn beiseite geschoben, um Pressure-Groups zu gefallen.»[383]

Regelmässige Comebacks des Waldsterbens

Das sogenannte Waldsterben ist zwar angesichts der Fakten aus der Mode gekommen – die alten Denkmuster, die zum Prognose-Fiasko führten, spielen dagegen unvermindert weiter. Das Klischee der Umweltbewegung «Umwelt geht zugrunde – Mensch ist daran schuld» kommt bei jeder sich bietenden Gelegenheit wieder zum Tragen.

Das zeigte sich etwa, als zur Jahrtausendwende ein Orkan dem schon totgesagten Waldsterben zu neuer Blüte verhalf – zumindest vorübergehend. Am Stephanstag 1999 fegte «Lothar» über die Schweiz und warf über zehn Millionen Bäume um. Der Sturm schlug mächtige Schneisen in den Wald – vor allem in den Regionen Bern und Zentralschweiz. Gegen 30 Personen kamen unmittelbar durch den Sturm oder bei den nachfolgenden Aufräumarbeiten im Wald ums Leben – «Lothar» hatte gegen 13 Millionen Kubikmeter Holz zu Boden geworfen. Die Kraft und die Auswirkungen des Sturms schockierten die Schweiz – man suchte nach Erklärungen. Eine solche war bald gefunden: Wegen der globalen Erwärmung, an der der Mensch schuld ist, treten immer stärkere Stürme auf – die stärkeren Stürme werfen immer mehr Bäume um – der Wald ist in Gefahr!

Vier Tage nach «Lothar» titelte der *Blick*: «Todes-Orkan erst der Anfang! Jetzt droht der Horror.»[384] Und der damalige Buwal-Direktor Philippe Roch warnte vor einem neuen Waldsterben: «Wir müssen aufpassen, dass unsere Wälder nicht weiter zerstört werden und ihre Schutzfunktion verlieren. Sonst laufen wir Gefahr, Verhältnisse vorzufinden wie im 19. Jahrhundert, als die Wälder stark dezimiert waren.» Roch hob natürlich auch den altbekannten Mahnfinger: «Und vor allem müssen wir wieder mehr mit der Natur und nicht gegen sie leben.» Der Obwaldner Kantonsoberförster Peter Lienert sinnierte: «Der Wald braucht uns Menschen nicht. Aber wir können ohne ihn nicht leben.» Auch der ehemalige SP-Präsident Helmut Hubacher bediente sich der alten Waldsterbeklischees: «Für uns war ‹Lothar› das erste Schockerlebnis, die erste Warnung, dass die Natur nicht weiterhin straflos geschändet werden kann.»[385] Wissenschaftler Heinz Wanner, Klimatologe an der Universität Bern, wusste schon eine Woche nach «Lothar» genau, was dessen Ursachen waren: «Wenn wir die Atmosphäre weiterhin derart stark verändern, dann müssen wir mit Folgen wie ‹Lothar› rechnen.» Und weiter: «Es ist bereits fünf nach zwölf. Wir müssen etwas tun.»[386] Wanner wusste auch schon was: der Verkehrshalbierungs-Initiative im folgenden März zustimmen. Zu den warnenden Stimmen nach «Lothar» zählte auch der Berner Umwelthistoriker Christian Pfister: «Es besteht die Gefahr, dass es so weitergeht.» Wegen des Klimawandels sei in Zukunft vermehrt mit solchen Orkanen zu rechnen: «Noch immer gibt es Politiker, die das Problem verharmlosen.» Zweifeln verboten – der alte Reflex spielte von Neuem.

Schon ein Jahr später jedoch wurden «Lothar» und seine Folgen für den Wald weit gelassener beurteilt. Für das Buwal und die Forschungsanstalt WSL waren die Auswirkungen des Sturms auf die Natur nun gar eine Art Glücksfall. Die in den Wald geschlagenen Schneisen vergrösserten gemäss WSL-Direktor Mario Broggi wegen des vermehrten Lichteinfalls die biologische Vielfalt: «‹Lothar› war ohne Zweifel eine Chance, den Mittellandwald umzubauen.»[387] Dazu wurden die Auswirkungen des Sturms auch als Gelegenheit bezeichnet, die Entwicklung der Natur in Kahlschlägen wissenschaftlich zu studieren. Forstwissenschaftler Peter Brang zeigte sich später überzeugt, Stürme wie «Lothar» seien nichts Aussergewöhnliches. Bei früheren vergleichbaren Stürmen seien die Schäden aber tendenziell kleiner gewesen, weil deutlich weniger Holz im Wald gestanden sei: «Dass immer mehr Sturmholz anfällt, hängt also direkt damit zusammen, dass der Wald wächst und wächst. Vor ungefähr 150 Jahren gab es etwa 150 Kubikmeter Holz pro Hektare, heute sind es durchschnittlich 350 bis 400 Kubikmeter Holz pro Hektare.» Auf die Frage, ob man in Zukunft öfter mit Stürmen wie «Lothar» rechnen müsse, meinte Brang: «Diese Frage ist aus wissenschaftlicher Sicht nicht geklärt, viele Forscher gehen aber davon aus. Sicher ist jedoch, dass es wieder solche Ereignisse geben wird. Aufgrund der verfügbaren Daten und historischen Quellen können wir sagen, dass es in der Schweiz ungefähr alle 13 Jahre einen Sturm von der Intensität von ‹Lothar› gibt.»[388]

Der Grund, warum «Lothar» in der Schweiz so grosse Mengen Holz schlug, sind in erster Linie die überalterten und zum Teil standortfremden Bestände. Der Sturm schlug Schneisen, sorgte damit für mehr Licht und verhalf der Vegetation zu einer überfälligen Verjüngung. Insofern schädigte «Lothar» den Wald nicht. Der Reflex von Umweltschützern war jedoch der alte aus den 1980er-Jahren: Sie sahen den Wald sofort in Gefahr und wussten im gleichen Moment, dass die Klimaerwärmung, also letztlich der Mensch, an den Schäden schuld sei.

Auch in Deutschland wird kaum eine Gelegenheit ausgelassen, das Waldsterben nochmals hochleben zu lassen: 2004 sprach der Waldzustandsbericht des deutschen Bundesministeriums für Verbraucherschutz, Ernährung und Landwirtschaft nach dem Hitzesommer 2003 erneut von einer besorgniserregenden Zunahme der Schäden im deutschen Wald. Die grüne Bundesverbraucherministerin Renate Künast warnte bei der Vorstellung des Berichts: «Der Zustand unserer Wälder ist alarmierend.» Sie schrieb im Vorwort: «Der Wald leidet heute nicht mehr unter hohen Schadgaskonzentrationen – diese konnten in einer grossen Anstrengung aller Betroffenen seit Anfang der 1990er-Jahre erheblich reduziert werden. ... Was dem Wald heute zu schaffen macht, sind einerseits die in den Waldböden über Jahrzehnte angesammelten Säure- und Stoffeinträge und andererseits die Auswirkungen der beginnenden Klimaveränderung.»[389] Greenpeace Deutschland nahm die Gelegenheit sofort wahr, ewig gleiche Klischees wieder auszugraben, und verkündete: «Die bereits durch Luftschadstoffe geschädigten Wälder waren zusätzlich dem Hitzesommer 2003 ausgesetzt. Die ungewöhnlich hohen Temperaturen sind mit hoher Wahrscheinlichkeit auf den vom Menschen verursachten Klimawandel zurückzuführen.» Weiter jammerte Greenpeace: «Die Schäden werden seit zwei Jahrzehnten in Berichten vorgestellt, ohne dass genug gegen das schleichende Waldsterben getan wird. Von einer Lösung der Probleme sind wir weiter entfernt als je zuvor.»[390]

Die Überzeugung, der Wald sterbe, sitzt in gewissen Köpfen noch immer hartnäckig fest – wenn die Luftverschmutzung als Ursache nicht mehr herangezogen werden kann, werden zu hohe Ozonwerte, Orkane oder die Klimaerwärmung als neue Ursachen bezeichnet. Mario Broggi war 2003 überzeugt, dass die in den 1980er-Jahren in der Waldwissenschaft gemachten Denkfehler zumindest in seiner Forschungsstätte WSL nicht wiederholt würden: «Wir haben die Diskussion entdogmatisiert, und wir sind doppelt vorsichtig geworden. Zweimal machen wir nicht den gleichen Fehler.» Die Gefahr, dass die Wissenschaft einfachen und im Zeitgeist liegenden Vereinfachungen aufsitzt, sieht Broggi dennoch nicht gebannt: «Die Gefahr ist immer da. Auch jetzt ist die Verlockung für Forscher wieder gross, Ereignisse wie den Hitzesommer als zwingende Folge der globalen Klimaerwärmung darzustellen.»

Fazit

Das in den 1980er-Jahren vor allem in Deutschland und in der Schweiz prophezeite Waldsterben hat sich als falsche Voraussage herausgestellt. Auch der einst als bewiesen dargestellte Zusammenhang der Waldschäden mit der Luftverschmutzung konnte nicht hinreichend bestätigt werden. Der Grund für dieses Prognose-Fiasko der Umweltbewegung lag zu einem wesentlichen Teil darin, dass Wissenschaftler, Politiker und Umweltschützer das Phänomen «Waldsterben» kaum kritisch hinterfragten: Die Schäden und die vermutete Ursache Luftverschmutzung wurden vorschnell zu Tatsachen erklärt – weil sie dem gängigen Klischee entsprachen, die Natur gehe wegen der Menschen zugrunde. Kritische Einwände wurden überhört und übergangen. Wer zur Vorsicht gegenüber Untergangsprognosen mahnte, wurde öffentlich abgekanzelt. Die Auseinandersetzungen um das Waldsterben haben einerseits zu deutlichen Fortschritten bei der Luftreinhaltung geführt, andererseits aber auch zu einem Vertrauensverlust der Bevölkerung gegenüber Wissenschaft und Politik. Die Vorgänge rund um das Waldsterben wurden gesellschaftlich kaum aufgearbeitet.

Nachdem man im links-grünen Lager teilweise noch jahrelang vom Sterben des Waldes überzeugt war, obwohl die Wissenschaft ihre Einschätzungen bereits revidiert hatte, ist das Thema heute auch politisch erledigt. Allerdings nur oberflächlich: Bei jeder möglichen Gelegenheit, etwa wegen Stürmen oder Klimawandel, greifen Umweltschützer und Politiker wieder auf die alten Horrorszenarien zurück und warnen erneut vor dem Untergang des Waldes.

Klima
Skeptiker im Schwitzkasten

«Wetter ist immer. Und immer irgendwo
auf dieser Welt katastrophal.»
(Bernold Feuerstein)

Tief beeindruckt, zum Teil sogar schockiert verlassen die Zuschaue-
rinnen und Zuschauer den Kinofilm «An Inconvenient Truth» des ehemaligen amerikanischen Vizepräsidenten und Friedensnobelpreisträgers
Al Gore. Der Film lässt allfällige Skeptiker im Publikum verstummen:
Die von Gore gezeigten Bilder scheinen keinen Zweifel an der Dramatik
des Klimawandels mehr zuzulassen. Als besonders einprägsam erleben
die Zuschauer die Szenen, in denen Gore mittels Animationen riesige
Küstenregionen und Weltstädte im Meer versinken lässt: grosse Teile von
Florida, von Manhattan, von der Bucht von San Francisco, von den Küstenregionen der Niederlande, Chinas und Bangladeschs.

Spekulationen statt realistische Prognosen
Was die Zuschauer nicht ahnen können, ist, dass Al Gore in dieser
Schlüsselszene massiv übertreibt: Er geht nämlich von einem Anstieg des
Meeresspiegels um gegen 6 Meter aus. Im Begleitbuch zum Film liest
man: «Wenn das Grönlandeis schmelzen oder ins Meer abrutschen
würde – oder wenn die Hälfte Grönlands und die Hälfte der Antarktis
schmelzen oder ins Meer abrutschen würden, dann würde der Meeresspiegel weltweit um 5,5 bis 6 Meter steigen.»[391] Anschliessend folgen die
Bilder der versunkenen Küstenlandschaften. Gore setzte diesen Satz
nicht zufällig in den Konjunktiv. Denn es handelt sich um eine Spekula-
tion, die in keiner Art den Erwartungen der Wissenschaft entspricht: Der
Weltklimarat IPCC (Intergovernmental Panel On Climate Change)
schätzt den Anstieg des Meeresspiegels durch die Temperaturerhöhung
bis Ende des 21. Jahrhunderts nicht auf gegen 6 Meter, sondern lediglich
auf 18 bis 59 Zentimeter.[392] Die wenigsten von Gores Zuschauern und
Lesern dürften allerdings das diskrete Wort «würde» in dessen Formulie-
rung bemerkt haben – sie bleiben im Glauben, die Untergangsszenarien
entsprächen den wissenschaftlichen Prognosen.

Al Gores Film weist weitere Übertreibungen auf: Der Amerikaner suggeriert etwa, schmelzendes Grönlandeis würde den Nordatlantikstrom (Golfstrom) zum Abreissen bringen, was für das Klima in Europa verheerende Auswirkungen hätte. Gore warnt: Schon vor 10 000 Jahren sei der Nordatlantikstrom durch Schmelzwasser, das ins Meer floss, unterbrochen worden. «Einige Wissenschaftler gehen davon aus, dass sich dieses Phänomen jederzeit wiederholen könnte.» Auch dieses Szenario entspricht keineswegs den Prognosen des Weltklimarats. Im IPCC-Bericht von 2007 ist zwar davon die Rede, dass sich der Strom mit grosser Wahrscheinlichkeit abschwächen wird. Aber: «It is very unlikely that the Meridional Overturning Circulation will undergo a large abrupt transition during the 21st century.» Der IPCC bezeichnet das Risiko eines abrupten Abbruchs des Stroms im 21. Jahrhundert also als «sehr unwahrscheinlich».

Aufmerksamen Beobachtern sind die Übertreibungen Gores natürlich nicht entgangen. Der deutsche *Spiegel* bezeichnete Gores Film als «Weltuntergangsszenario», bei dem wichtige Informationen vorenthalten würden – etwa die, in welchem Zeitraum die Wissenschaft ein Abschmelzen der Eisschilder Grönlands und der Westantarktis allenfalls für möglich erachtet: «Dieser Vorgang, wenn er denn eintritt, dürfte nach Schätzungen des Weltklimarats mehrere hundert Jahre, vielleicht auch Jahrtausende, dauern. Diese Zeitspanne unterschlägt Gore.»[393] Auch die *Weltwoche* kritisierte Gores Film aus ähnlichen Gründen und bemängelte eine weitere Unsachlichkeit[394]: Die Szene mit der angeblichen Parallelität von Temperatur und Kohlendioxidgehalt, in der Gore glauben macht, die Temperaturkurve folge seit Urzeiten der Kurve des Kohlendioxidgehalts in der Atmosphäre – und darum müsse dem aktuellen Anstieg des Kohlendioxids zwangsläufig ein analoger Anstieg der Welt-Temperatur folgen. «Niemand in der Forschung wäre mit dieser Folgerung einverstanden», zitierte die *Weltwoche* den amerikanischen Klimatologen Kerry Emanuel.

Erstaunlicherweise reagierten selbst renommierte Wissenschaftler gelassen auf Gores Übertreibungen. Der IPCC-Vorsitzende Rajendra Pachauri etwa meinte zum Film: «Er hat mir gefallen. Er emotionalisiert die Debatte zwar, aber das muss er wohl.» Auch Stefan Rahmstorf vom Potsdamer Institut für Klimafolgenforschung lobte Gores Film vorbehaltlos, inklusive der Sequenz, in der New York versinkt: «Gore macht das sehr gut.»

Nicht nur in Gores Film, sondern auch in der Schweiz stellen Klima-warner gerne Spekulationen über weitere Temperaturerhöhungen und deren Folgen in den Vordergrund. Gerald Haug zum Beispiel, Professor für Klimageologie an der ETH Zürich, sprach in einem Interview eben-falls von einem möglichen Anstieg des Meeresspiegels um 6 Meter, was eine Umsiedlung eines Drittels der Weltbevölkerung zur Folge habe. Allerdings: «Das passiert nicht in diesem Jahrhundert.» Die Vorausset-zungen für diesen Anstieg würden aber noch im 21. Jahrhundert geschaf-fen: «Wir werden neben dem aktuellen Klimawandel zusätzlich Prozesse in Gang setzen, die sich erst vielleicht in 200 bis 300 Jahren im vollen Ausmass zeigen und die dann nicht mehr reversibel sind.»[395] Haug unterschlug hier, dass es über mögliche Auswirkungen des Klimawandels in späteren Jahrhunderten kaum wissenschaftlich gesicherte Erkennt-nisse gibt, sondern lediglich Spekulationen. Er stellte hier also bewusst eine dieser Spekulationen in den Vordergrund – natürlich eine mit mög-lichst schaurigen Auswirkungen.

Auch Mario Slongo, langjähriger «Wetterfrosch» von Schweizer Radio DRS, setzt offenbar lieber auf Spekulationen statt auf wissen-schaftliche Prognosen: In einem Artikel im *Schweizer Arbeitgeber* führte er als globale Gefahr des Klimawandels nicht nur das Abschmelzen der Eisgletscher in der Antarktis und in Grönland an, sondern auch den dadurch bedingten möglichen Abbruch des Golfstroms: «Das würde in Europa formell zu einer beträchtlichen Abkühlung führen.»[396] Beides entspricht nicht den wissenschaftlichen Prognosen.

Als Übertreibung muss auch das häufig angeführte Argument be-trachtet werden, eine so rasche Klimaänderung wie die derzeitige (durch den Menschen verursachte) sei erstmalig und einzigartig. Diesem Bild stehen etwa die sogenannten Dansgaard-Oeschger-Zyklen entgegen. Aufgrund von Untersuchungen grönländischer Bohrkerne kamen Kli-maforscher zum Schluss, dass es zwischen 85 000 und 15 000 Jahren vor unserer Zeit mehrmals heftige und rasche Klimaschwankungen gegeben haben muss[397]: Die Temperatur sank während eines solchen Zyklus während mehreren Tausend Jahren stetig und kontinuierlich, um dann plötzlich in weniger als zehn Jahren um mehrere Grad Celsius nach oben zu schiessen. Dabei handelte es sich offenbar nicht um regionale Klima-schwankungen, sondern um globale.

Ein bisschen übertreiben und schaurige Spekulationen in den Vor-dergrund stellen – warum soll das schlecht sein? Schliesslich geht es beim

Klimawandel ja um «die grösste Herausforderung in der Geschichte der Zivilisation» (wie Gore sich gegenüber der *Rundschau* des Schweizer Fernsehens ausdrückte[398]) und darum, die Leute aufzurütteln – um eine gute Sache also! So werden regelmässig Übertreibungen in Sachen Klimawandel legitimiert. Wer aber gezielte Übertreibungen – sei es in Sachen Klima oder anderer Umweltgefahren – als «Kavaliersdelikt» oder gar als wünschenswert bezeichnet, sollte sich bewusst sein, dass es hier um Manipulation von Information geht. Verlässliche Information ist aber eine Voraussetzung, dass demokratische Willensbildung und Entscheidungsprozesse funktionieren können – sie ist ein Grundpfeiler der Demokratie. Wer moralisch oder politisch motivierter Manipulation von Information das Wort spricht, greift somit die Demokratie an – selbst wenn es in vermeintlich edler Absicht geschieht. Denn erkennen die Empfänger moralisch aufbereiteter Botschaften erst einmal die dahinterstehenden Manipulationen (was früher oder später der Fall sein wird), folgt in der Regel ein rascher und ruinöser Vertrauensverlust gegenüber Wissenschaft, Politik und Medien.

Gleichschaltung der Meinungen

«Beim Waldsterben wurden wir angelogen, also wird es beim Klima wieder so sein!» Mit diesem Argument den Klimawandel und seine Folgen zu bestreiten, ist umgekehrt wenig überzeugend. Denn der Sachverhalt ist ein völlig anderer als beim Waldsterben. Aus dem einen Thema sachliche Parallelen zum andern abzuleiten, wäre verfehlt. Während die Sachverhalte verschieden sind, gibt es jedoch bei den gesellschaftlichen Reaktionen auf Waldsterben und Klimawandel frappante Übereinstimmungen: Dazu gehört nicht nur, dass selbst masslose Übertreibungen der Risiken als akzeptabel dargestellt werden (weil angeblich im Dienste einer guten Sache), sondern auch, dass Skeptikern und Kritikern der gängigen Thesen regelmässig die moralische Legitimation ihrer Zweifel abgesprochen wird. «Die drohende Klimakatastrophe wird zu einem Überzeugungs- und Glaubenssystem, das gesellschaftlichen Sinn stiften soll», meint Dirk Maxeiner, ehemaliger Chefredaktor des deutschen Umweltmagazins *Natur*. «Eine von Glaubwürdigkeitskrisen geschüttelte Politik hat die Weltrettung zur neuen Utopie erkoren. Der Klimawandel kommt wie gerufen.»[399]

Meteorologen, die an der Rolle des Menschen bei der globalen Erwärmung zweifeln, solle die berufliche Zulassung entzogen werden, forderte

eine Klimaexpertin des amerikanischen «Weather Channels».[400] Der ehemalige Uno-Generalsekretär Kofi Annan sagte: «Die wenigen Skeptiker,
die immer noch versuchen, Zweifel zu säen, sollten als das angesehen werden, was sie sind: aus dem Tritt, ohne Argumente und von gestern.» Und
Michael Müller, Staatssekretär im deutschen Bundesumweltministerium,
meinte gar, wer den Klimawandel noch immer bezweifle, handle verantwortungslos.[401] Gleicher Meinung ist auch Al Gore, der – angesprochen
von einem Journalisten des Schweizer Fernsehens auf wissenschaftliche
Zweifel am Klimawandel – sagte: «Es gibt eine kleine Gruppe von Skeptikern, von denen viele auf der Lohnliste der grössten Verschmutzer stehen,
der Kohle- und Ölindustrie. Sie sollten Ihren Zuschauern nicht den Eindruck vermitteln, dass es in der Wissenschaft eine Diskussion darüber
gibt. Es gibt keine.» Der amerikanische Klimaforscher Richard Lindzen,
einer der weltweit renommiertesten Kritiker der gängigen Klimawandel-
theorie, berichtet von Versuchen der Ausgrenzung: «Ich habe im *Wall
Street Journal* geschrieben, dass Wissenschaftler unterdrückt wurden,
ihre Arbeit verloren haben, weil sie Skepsis gegenüber einigen ‹Fakten› in
der Klimafrage äusserten.»[402]

Auch in der Schweiz gibt es Versuche, Kritikern der gängigen Thesen
die Legitimation abzusprechen. «Die Auswirkungen der Klimaerwärmung sind unbestreitbar», schrieb etwa das Bundesamt für Umwelt in
einer Medienmitteilung zum IPCC-Bericht – wohlgemerkt das gleiche
Bundesamt, das 20 Jahre zuvor noch überzeugt war, das Waldsterben sei
nicht mehr anzuzweifeln.[403] Unbestreitbar ist der Klimawandel aber
keinesfalls – denn das würde den Prinzipien wissenschaftlicher Forschung zuwiderlaufen, bei der die Infragestellung der gängigen Thesen
nicht nur zugelassen, sondern sogar unabdingbar ist.

Die *SonntagsZeitung* ritt nach Erscheinen des ersten Teils des IPCC-
Berichts im Februar 2007 unter dem Titel «Leugnen, ignorieren und ver-
drehen» eine rüde Attacke gegen die «Klimaskeptiker» und beschrieb
deren Absichten so: «Sie haben zahlreiche Motive. Manche fürchten die
Konsequenzen für den eigenen Lebenswandel. Andere stehen der Erdöl-,
Gas- oder Kohleindustrie nahe. Einige gefallen sich mit provokativen
Ansichten.»[404] Und «einzelne exzentrische Forscher» wollten es gar «besser wissen» als die rund 300 Wissenschaftler des Weltklimarats. Dass
andersdenkende Forscher allerdings durchaus zum Vorteil wissenschaftlicher Erkenntnis arbeiten, zeigt etwa die Geschichte des «Hockeyschlä-
ger-Modells»: Gemäss diesem Modell waren die Temperaturen während

Jahrhunderten gleichmässig und stiegen erst mit der Industrialisierung im 19. Jahrhundert rapide an. Das Modell wurde von führenden Klimaforschern jahrelang zu einer Art Ikone für die menschgemachte Klimaveränderung gemacht. In den Jahren 2004 und 2005 konnten Forscher allerdings nachweisen, dass das Hockeyschläger-Modell nicht der Wahrheit entsprach[405]: Die vorindustriellen Temperaturschwankungen wurden unterschätzt, der Anstieg der Temperatur seit der Industrialisierung überschätzt.

Steckt hinter jedem Unwetter der Klimawandel?

April 2007: In ganz Europa herrschten aussergewöhnlich hohe Temperaturen. Auch in der Schweiz war es während Wochen sommerlich warm. Eigentlich war die Wärmeperiode ein Segen: Auf den Feldern blühte und wuchs es, die Bauern konnten sich auf gute Ernten einstellen, für die übrige Bevölkerung gab es herrliche Sommerbedingungen. Doch an den angenehmen Temperaturen mochte sich niemand wirklich freuen. Über dem Land lag eine seltsame Bedrücktheit, ja geradezu eine Depression. Kein Wunder: Pausenlos prasselten Medienberichte über den Klimawandel und dessen Folgen auf die Bevölkerung nieder. Sich unbekümmert an den warmen Temperaturen zu erfreuen, galt als geradezu «politisch unkorrekt». Wer es trotzdem tat, behielt es lieber für sich. Oder bekam deswegen sogleich ein schlechtes Gewissen – wie etwa die Baselbieter Landrätin Esther Maag, die in einer Kolumne schrieb: «Zugegeben, selbst ich als Grüne habe ein politisches Problem mit der Klimaerwärmung, da ich emotional die warmen Tage und die lauen Sommerabende im April total geniesse. Auch die Blütenpracht und die betörenden Düfte: Flieder, Glyzinien, wohlriechender Schneeball und Rosen – alles gleichzeitig, auf einen Blick und in einem Atemzug.» Doch dann: «Den wenigsten fällt auf, dass dies nicht normal ist.»[406] Maag kam anschliessend auf die Folgen des Klimawandels zu sprechen – aus war es mit der Freude über den angenehmen Frühling!

Es ist Mode geworden, jede Überschwemmung, jede Hitzewelle, jede Trockenheit – ja generell jede aussergewöhnliche Wetterlage sogleich als unmittelbare Folge des Klimawandels anzusehen. Das war unter anderem der Fall nach dem Orkan «Lothar» im Dezember 1999, im Hitzesommer 2003, nach den Überschwemmungen im Sommer 2005, im trockenen Winter 2005/2006 oder im aussergewöhnlich warmen Winter und Frühling 2007. Vergessen geht dabei, dass extreme Wetterereignisse und Unwetterkatastrophen auch in der Vergangenheit regelmässig auftraten und von daher im Prinzip nichts Besonderes sind. Es gibt zwar einen langjährigen Trend zu höheren Temperaturen – aber bei jeder extremen Wetterlage sofort den Klimawandel als Ursache zu sehen, ist schon aus statistischen Gründen unsinnig. Der Weltklimarat stellt zwar mit einer bestimmten Wahrscheinlichkeit fest, dass Hitzewellen, starke Niederschläge, Dürren und Stürme weltweit zugenommen haben. Schon die Frage, ob menschliche Aktivitäten dazu beigetragen haben, scheint hingegen nicht so klar beantwortbar zu sein: Ein solcher Einfluss wird im IPCC-Bericht von 2007 gerade mal als «more likely than not» bezeichnet – was bedeutet, dass die Wahrscheinlichkeit eines menschlichen Einflusses auf die beobachtete Zunahme zwischen 50 und 66 Prozent liegt. Richtig ist, dass der IPCC-Bericht eine weitere Zunahme solcher Ereignisse prognostiziert. Hier geht es aber um eine langjährige, allmähliche Zunahme, die sich über das ganze 21. Jahrhunderts erstreckt – und nicht um eine plötzliche Veränderung.

Viele Medien, Umweltschutzorganisationen und links-grüne Politiker reagieren aber geradezu hysterisch auf jede besondere Wetterlage und stellen dies jeweils als untrügliches Zeichen einer nahenden Katastrophe dar. Ein typisches Beispiel dafür ist ein Beitrag in einer Hauptausgabe der Tagesschau des Schweizer Fernsehens im April 2007, der am Tag nach Erscheinen des zweiten Teils des IPCC-Bericht ausgestrahlt wurde. Der Beitrag begann mit der Information, in den letzten zwölf Monaten sei es in der Schweiz so warm gewesen wie seit 30 Jahren nicht mehr. Die Durchschnittstemperatur habe in dieser Zeit 2,4 Grad Celsius über dem langjährigen Schnitt gelegen. Anschliessend machte Felix Blumer von SF Meteo folgende Aussage: «Das ist einerseits eine Folge der Klimaerwärmung, ganz klar, und vor allem auch des Ausstosses der Treibhausgase. Und dazu eine Folge der Wetterlage, als erhöhender Faktor.» Der Sprecher im Off meinte nun: «2,4 Grad Celsius: Damit ist in der Schweiz bereits Realität, was der UNO-Klimabericht etwa fürs Jahr 2050 prognostiziert.» Blumer bestätigte: «Wir bewegen uns bereits in der Grössenordnung des Jahres 2050. Es stellt sich die Frage, ob nicht schon heute der Klimabericht von gestern überholt ist, und dass die Werte im 2050 noch höher sein werden.» Der Beitrag schloss mit der Feststellung des Sprechers: «Das sind düstere Prognosen.»[407] In diesem Beitrag wurde die zwölfmonatige Wärmephase also nicht nur als unbestrittene Folge des Klimawandels dargestellt, sondern gar als Indiz gewertet, dass die Klimaforscher des IPCC die Auswirkungen unterschätzt hätten und die Klimaerwärmung noch deutlich dramatischer ausfalle. Die Tatsache aber, dass das Klima durch langjährige Durchschnittswerte bestimmt wird und nicht durch Einzelereignisse, wurde in diesem Beitrag übergangen.

Sensibilisierter auf solche Panikmache ist offenbar Blumers SF-Kollege Thomas Bucheli: «Die ganze Klimadiskussion hat die Gemüter überhitzt», meinte er noch im gleichen Monat. «Waren Unwetter früher eine Strafe Gottes, gelten sie heute sofort als unmittelbare Folge der Klimaveränderung.» Das sei aber falsch: «Wir dürfen nicht von jedem Einzelfall sofort aufs Ganze schliessen. Das ist nicht wissenschaftlich.»[408] So sah es auch der *Spiegel*, der einen Monat später zum gleichen Thema schrieb, es sei in Zeiten des Klimawandels zum beliebten Gesellschaftsspiel geworden, in den Wetternachrichten nach Zeichen des Unheils zu suchen. «Hat es je einen so heissen April gegeben wie in diesem Jahr? Ist diese Trockenheit noch normal? Ist das Ende schon nahe?» Mittlerweile traue sich kaum mehr jemand, die immer schrilleren Alarmrufe kritisch zu hinterfragen. «Alle stimmen mit ein in den Chor der Besorgten.»[409]

Auch der Münchner Ökologe und Biologieprofessor Josef Reichholf beobachtet, dass «ganz normale Ereignisse von Wetter- und Naturkatastrophen zu Vorboten einer ganz grossen Katastrophe hochstilisiert werden». Dagegen zeige die historische Rückschau, «dass in den vergangenen Jahrhunderten nicht nur in Mitteleuropa, sondern weltweit grössere und schlimmere Naturkatastrophen stattfanden als in der Gegenwart»[410] Für den deutschen Klimatologen Hans von Storch hat der Trend, jede Wetterkapriole als Folge des Klimawandels zu sehen, ideologische Gründe: «Es ist eine urmenschliche Eigenschaft, dass wir stets glauben, es gebe für alles eine Ursache.» Dass meist der Klimawandel als diese Ursache angesehen werde, habe mit einem Urbedürfnis nach Gerechtigkeit zu tun. Die Leute hätten die Vorstellung, «es wird schlimmer, weil es schlimmer werden muss, weil wir uns versündigen an der Natur, und nun schlägt die Natur zurück.»[411] Hinter dieser Idee steckt gemäss von Storch das tief in der europäischen Kultur verankerte Denkmuster, dass menschliche Aktivität das Klima verschlechtere.

Die scheinbare Flut an Wetterrekorden

Sorgen macht vielen Leuten vor allem die scheinbare Flut an Wetterrekorden. In dichter Folge treffen Meldungen ein von immer neuen Höchstwerten, die einen glauben lassen, das Klima «spiele verrückt».

DRS-Wettermann Mario Slongo etwa schrieb: «In den letzten Jahren fällt … auf, dass fast jedes Jahr irgendein Rekord gebrochen wird.» Slongo führte etwa folgende Rekorde auf: Rekordhageljahr 1994, nassester Juli 1993, heissester August 2003, feuchtester Sommer 1999, wärmster April 2007, wärmste Dekade 1990 bis 2000. Ein kleines Gedankenspiel zeigt, dass die scheinbar unheimliche Häufung von Extremereignissen so aussergewöhnlich nicht sein muss: Man überlege sich zuerst, auf welche unterschiedlichen Arten sich das Wetter als extrem zeigen kann: Eine bestimmte Periode kann etwa zu nass, zu trocken, zu heiss oder zu kalt sein, dazu kommen zu viel oder zu wenig Schnee, Hagel, Sonneneinstrahlung, Bewölkung, Wind usw. Ohne grosse Mühe lassen sich schnell zehn oder mehr «Kategorien» von Wetterextremen finden. Die betrachtete Periode kann nun beispielsweise sein: ein bestimmtes Jahr, eine bestimmte Dekade, ein bestimmter Monat (zwölf Möglichkeiten), eine bestimmte Serie von drei aufeinanderfolgenden Monaten (etwa: Dezember/Januar/Februar oder August/September/Oktober; zwölf Möglichkeiten), eine bestimmte Jahreszeit (vier Möglichkeiten). Man erhält leicht 25 oder mehr mögliche Zeitperioden, die man mit den zehn vorher festgelegten Wetterkategorien multiplizieren kann – das ergibt minimal 250. Weiter ist der Begriff *Rekord* natürlich relativ: Ein Rekord kann sich auf die letzten fünf Jahre beziehen (z. B.: «der trockenste April seit fünf Jahren»), auf die letzten 10, 30, 50 oder 100 Jahre, oder auf die ganze Zeit seit Beginn der Messungen. Unter der Annahme, man unterscheide hier zumindest fünf Relationen, ist man bereits bei fünfmal 250, ergibt 1250 mögliche Wetterrekorde. Schliesslich kann sich ein solcher Wert auch noch auf unterschiedliche Gebiete beziehen, etwa auf eine bestimmte Messstation, einen bestimmten Kanton, ein bestimmtes Land, einen bestimmten Erdteil oder auf die ganze Erde. So lassen sich Dutzende von geografischen Relationen finden, deren Zahl mit der vorherigen Tausenderzahl nochmals multipliziert werden muss, was die möglichen Wetterrekorde somit in die Zehntausende ansteigen lässt. Zehntausende von möglichen Wetterrekorden – da ist es kein Wunder, wenn solche in kurzen Zeitabständen nacheinander erzielt werden. Diese etwas theoretische Rechnung zeigt: Die scheinbar gehäuft auftretenden Wetterrekorde sind möglicherweise nicht aussergewöhnlich. Dazu kommt, dass wir heute dank medialer Verbreitung über irgendwelche Wetterextreme in der Welt informiert werden, von denen wir in früheren Zeiten gar nichts erfahren hätten.

Die Aussage, man habe es in der Gegenwart mit früher nie aufgetretenen Wetterextremen zu tun, ist manchmal auch schlicht falsch. Die extreme Trockenheit in der Schweiz im Winter 2006 zum Beispiel wurde verschiedentlich als Zeichen des Klimawandels gedeutet. Forscher kamen in der Folge aber zum Schluss, dass es solche Ereignisse in den letzten 500 Jahren immer wieder gegeben hat.[412] Auch dass Stürme im Vergleich mit früher extremer sein sollen, ist fraglich: Klimaforscher Hans von Storch meinte auf die Frage, ob es heute mehr Stürme als früher gebe: «Nein. Wir haben im Rahmen eines europäischen Projekts die Stürme des letzten Jahrhunderts untersucht. Ein Resultat war, dass die Situation um 1900 nicht viel anders war als heute. Insgesamt ist die Sturmtätigkeit geradezu bemerkenswert konstant.» Es sei falsch, Extremereignisse wie etwa das Elbe-Hochwasser auf den Klimawandel zurückzuführen. Wenn das trotzdem geschehe, dann aus politischen Gründen, um die Notwendigkeit eines aktiven Sich-Kümmerns um das Klima herauszustreichen, meinte von Storch: «Aber es ist ein Überverkaufen. Ich halte es für unverantwortlich, wenn Wissenschaftler so argumentieren.»

Dem Eindruck, in der Schweiz würden sich Wetterextreme häufen, widersprechen MeteoSchweiz (Bundesamt für Meteorologie und Klimatologie) und Planat (Nationale Plattform Naturgefahren). In einer Publikation schrieben sie Anfang 2007: «In den heute verfügbaren Schweizer Messreihen lassen sich keine systematischen Veränderungen in der Häufigkeit seltener Wetterextreme nachweisen.»[413] Ein statistischer Nachweis wäre auch nur im Falle von massiven Änderungen zu erwarten. Veränderungen liessen sich hingegen bei den «intensiven Wetterereignissen» feststellen, die im Gegensatz zu den extremen Ereignissen in der Regel keine Schäden verursachen würden. Eine solche Modifikation sei etwa die Abnahme kalter Tage, die Zunahme von Hitzeperioden, die Intensität von Niederschlägen im Herbst und im Winter oder die winterlichen Abflussspitzen. Der Einfluss des Menschen hierzu steht allerdings nicht fest: «Ob es sich dabei um ein Signal des anthropogenen Einflusses auf das Klima handelt, ist noch unklar.» Die Veränderungen entsprächen allerdings dem, was man aus Studien zur Klimaänderung erwarte.

Auch das Bundesamt für Umwelt warnte in seiner Studie «Klimaänderung in der Schweiz» im Sommer 2007 davor, jedes Wetterextrem dem Klimawandel zuzuschreiben: «Nicht jede Wetterkapriole darf ... als Indiz für den Klimawandel interpretiert werden. Das Wetter weist eine hohe natürliche Variabilität auf, von welcher sich der langsam ablaufende Klimawandel nur über grössere Zeiträume eindeutig unterscheiden lässt.»[414]

Nicht nur Wetterextreme, sondern auch Rekordschäden nach Unwettern werden regelmässig als Folge des Klimawandels gewertet. So geschehen etwa bei den Unwettern und Überschwemmungen in der Schweiz im Sommer 2005, die einen Schaden von gegen 3 Milliarden Franken verursachten. Bei der Suche nach den Ursachen solcher Rekordbeträge geht aber vergessen, dass sich Siedlungen tendenziell immer mehr in potenziell gefährdetes Gelände ausdehnen. Dazu kommt: Geschädigt werden kann nur, wer auch Werte hat – und die Werte nehmen zu. Als eine Ursache steigender Schadenszahlen muss darum auch der steigende Wohlstand der Gesellschaft in Betracht gezogen werden. MeteoSchweiz und Planat hielten fest, nicht nur das Klima bestimme die Gefährdung der Gesellschaft durch Naturkatastrophen, auch gesellschaftliche Veränderungen spielten eine wichtige Rolle: «Als Folge des steigenden Siedlungsdrucks sind in der Vergangenheit zunehmend auch Gebiete mit höherem Risiko genutzt worden. Zudem wurden durch den wachsenden Wohlstand immer grössere Werte einer Gefährdung ausgesetzt.» Das Schadenspotenzial sei gestiegen und die Gesellschaft empfindlicher auf Naturkatastrophen geworden. Das Bundesamt für Umwelt gelangte in seiner Studie zwar zum Schluss, dass seit Anfang der 1970er-Jahre ein Anstieg der Schadenskosten durch Hochwasser und Rutschungen zu beobachten sei: «Dieser ist jedoch im Vergleich zur Zunahme der Bevölkerung, Siedlungsfläche und Wertdichte unterproportional.»

Der Klimawandel ist fast an allem schuld

Aus ideologischen Gründen wird nicht nur jede besondere Wetterlage sofort dem Klimawandel angerechnet, sondern darüber hinaus eine Vielzahl von negativen Phänomenen und Ereignissen. Der Zusammenhang mit dem Klimawandel ist dabei oft fraglich, manchmal auch gesucht und klischeehaft. Hier seien einige Beispiele aufgezählt:

«Wegen des Klimawandels müssen Lapplands Rentiere hungern», meldete die *Süddeutsche Zeitung*.[415] Die Begründung: Die Aufheizung der Erdatmosphäre lasse Winde zahlreicher und heftiger werden. Das bewirke, dass Stürme vom Atlantik her im Februar und März jeweils grosse Schneemassen nach Lappland brächten und das Futter für die Rentiere verschütteten. Der Schnee sei jetzt oft 2 Meter hoch, sodass die Rentiere nicht mehr an die Flechten herankämen, von denen sie sich im Winter ernährten. Wegen der Erwärmung ersetze zwar oft der Regen den Schnee. Aber auch das störe die Nahrungsaufnahme der Rentiere: Erst regne es, dann gefriere es, sodass sich eine Eisschicht bilde über den Flechten und diese von den Rentieren nicht mehr gefressen werden könnten.

«Klimawandel schadet dem Obst», las man in der *Basler Zeitung.*[416] Anlass für diese Meldung war ein Temperatursturz im März 2007, der die Obstbauern der Region Nordwestschweiz Frostschäden befürchten liess. Der Zusammenhang mit dem Klimawandel: Dieser bringe in Zukunft neben mehr Trockenheit und Stürmen auch heftigere Temperaturschwankungen. Also wurden der vorangegangene Kaltlufteinbruch und die daraus entstandenen Schäden am Obst flugs der «Klimakatastrophe» zugerechnet.

«Klimawandel wird dicker machen», prophezeite Pharmakologe und Diätberater Leoluca Criscione im Sommer 2007.[417] Der Zusammenhang hier: Wenn es tendenziell wärmer werde, brauche der menschliche Organismus weniger Energie zur Aufrechterhaltung der Körpertemperatur. Bei gleichbleibender Nahrungszufuhr müsse darum mit vermehrtem Übergewicht in der Bevölkerung gerechnet werden.

Der Klimawandel macht die Menschen offenbar auch kränker: «Der Klimawandel wird die Gesundheit belasten», vermeldete die Nachrichtenagentur AP für die Bevölkerung Deutschlands.[418] Unter anderem sei wegen der Erwärmung mit einer Ausdehnung der Pollensaison zu rechnen. Dazu würden neue Pflanzen mit stark allergenen Pollen auftreten, wie die aus Nordamerika stammende Ambrosia. Weiter könnten vermutlich bereits jetzt und hier etablierte Erreger von der Klimaerwärmung profitieren. So fänden Salmonellen und Darmbakterien bessere Bedingungen vor. «Man sollte den Nudelsalat daher nicht zu lange ungekühlt am Grill stehen lassen», wurde ein Forscher zitiert.

Als negative Auswirkung für die Gesundheit, die durch den Klimawandel hervorgerufen werde, wird häufig auch die beobachtete Zunahme der durch Zecken übertragenen Infektionskrankheit FSME angeführt. Die Zunahme sei darauf zurückzuführen, dass es wegen der Klimaerwärmung mehr Zecken gebe (insbesondere mehr mit dem Krankheitserreger infizierte), lauten einfache Erklärungsmuster. Gar nicht in diese Logik passte allerdings die Meldung des epidemiologischen Labors der Universität Neuenburg, die im warmen April 2007 nur halb so viele Zecken zählte wie in andern Jahren: «Es ist jetzt zu heiss und zu trocken für die Zecken», meinte Forscherin Lise Gern von der Universität

Neuenburg.[419] Und der auf Zeckenkrankheiten spezialisierte Zürcher Arzt Norbert Satz meinte einschränkend, die beobachtete Zunahme von FSME könne auch in einer Verhaltensänderung der Bevölkerung begründet sein: Diese halte sich öfter als früher im Wald auf und komme darum auch vermehrt mit Zecken in Kontakt.

Der Klimawandel soll auch schuld sein an schlechterer Qualität von Nahrungsmitteln und Getränken. «Klimaerwärmung kann zu Stallgeruch im Wein führen», schrieb die Nachrichtenagentur AP im warmen April 2007.[420] Grundlage war eine Meldung der eidgenössischen Forschungsanstalt Agroscope Changins-Wädenswil, in der konstatiert wurde, dass der Hefepilz Brettanomyces bruxellensis weltweit im Vormarsch sei, auch in Schweizer Weinkellern.[421] Dieser Pilz erzeuge im Wein einen üblen Geruch. Weil der Hefepilz sich bei Wärme schneller ausbreitet, wurden die beobachtete Zunahme und die daraus resultierende Qualitätsminderung offenbar ohne weitere Prüfung dem Klimawandel angerechnet.

Nicht der Klimawandel selber, sondern die dafür verantwortlich gemachte erhöhte CO_2-Konzentration in der Erdatmosphäre führe zu «Bier ohne Schaum» und «bröseligem Brot», las man in der *Süddeutschen Zeitung*.[422] Denn gemäss Forschern führe ein erhöhter Anteil von Treibhausgasen in der Luft zu verminderter Qualität der Nahrungsmittel. «Durch den erhöhten CO_2-Gehalt in der Luft wachsen die Pflanzen zwar besser und bringen einen höheren Ertrag», wurde ein Forscher zitiert. Wegen des verstärkten Pflanzenwachstums verdünnten sich aber die darin enthaltenen Eiweissstoffe, was «gravierende Folgen» habe: Brot könne aufgrund der fehlenden Klebefähigkeit des Weizenproteins nicht mehr gebacken werden, Bier schäume weniger und Kartoffeln produzierten mehr von den Vorläufersubstanzen des angeblich giftigen Acrylamids.

Gemäss UNO-Generalsekretär Ban Ki Moon soll der Klimawandel gar mitschuldig sein am Darfur-Konflikt in Sudan, der seit 2003 Hunderttausenden von Menschen das Leben gekostet hat[423]: «Neben den verschiedenen sozialen und politischen Ursachen begann der Darfur-Konflikt als eine ökologische Krise, die zumindest teilweise auf den Klimawandel zurückgeht», schrieb er in der *Washington Post*. Denn in Darfur gebe es wegen ausbleibendem Regen nicht mehr genug Nahrung, dies habe den Konflikt mitverursacht, argumentierte der UNO-Generalsekretär. Den fehlenden Regen schrieb er dem Klimawandel zu. In einer Analyse warf die *Neue Zürcher Zeitung* Ban Ki Moon vor, mit dieser Argumentation gut dokumentierte historische Fakten zu ignorieren.

Dieser übersehe insbesondere, dass der Darfur-Konflikt kein Zusammenprall zwischen Nomaden und Sesshaften sei, wie das die Klimawandelthese impliziere: «Der Konflikt in Darfur hat politische Ursachen, er wurde durch in- und ausländische Agitatoren geschürt. Der Klimawandel und das Vorrücken der Wüste haben das Umfeld verändert und gewisse Spannungen verschärft, aber es ist absurd zu behaupten, sie seien die Ursachen des Bürgerkriegs.» Der Uno-Generalsekretär wolle mit der Klimawandelthese wohl vielmehr davon ablenken, dass die sudanesische Regierung seit Jahren und diplomatisch äusserst geschickt «Katz und Maus» mit dem Uno-Sicherheitsrat spiele, vermutete die NZZ.

Die deutschen Publizisten Dirk Maxeiner und Michael Miersch haben systematisch nach allen behaupteten Folgen des Klimawandels gesucht und ihre Sammlung im Sommer 2006 in der *Welt* unter dem Titel «Warme Liste» veröffentlicht.[424] Sie umfasst unter anderem Ahornsirup-Verknappung, Cholera, Dürren, Erdbeben, fallende Immobilienpreise durch Bausaisonverlängerung, Hautkrebs, Heuschnupfen, Juckreiz, Herbstlaub-Farbtonverschiebungen, Luftdruckveränderungen, Malaria, Methanausbrüche, Miesmuschelplage, Mückenplage, Planktonverlust, Quallenplage, steigende Bananenpreise, steigende Staatshaushalte, Tintenfisch-Vermehrung, Terrorismus, Viruserkrankungen, Waldbrände und Winterschlafverlängerung bei Tieren. Bei Durchsicht der Liste fällt auf, dass gewisse Folgen gemeinsam mit ihrem Gegenteil aufgeführt sind – wie zum Beispiel Bewölkungsabnahme und Bewölkungszunahme, Sturmzunahme und Sturmabnahme oder Waldrückgang und Waldvormarsch. Die beiden Autoren kommen zum Schluss: «Unsere ‹warme Liste› beweist endgültig, dass es auf dem Planeten eigentlich nichts mehr gibt, woran der Klimafrevel des Menschen nicht schuld ist – vorausgesetzt man macht die Kausalkette lange genug.»

Positive Auswirkungen werden verdrängt

Während alle erdenklichen negativen Folgen des Klimawandels ins Zentrum der Diskussion gesetzt werden, wird zu den positiven Auswirkungen geschwiegen. Es ist allerdings kaum zu erwarten, dass solch weitreichende Veränderungen des weltweiten Klimas, wie sie von der Wissenschaft prognostiziert werden, nur unerwünschte Auswirkungen haben – vor allem auch, weil Warmphasen in der Welt- und Menschheitsgeschichte fast immer prosperierende Zeiten waren, in denen sich die Diversität der Natur vergrösserte und die Menschen günstige Bedingungen vorfanden. Zu erwartende positive Folgen der Erderwärmung werden zwar in einigen wissenschaftlichen Studien angeführt und tauchen hin und wieder auch in fundierten Medienpublikationen auf – in der breiten Öffentlichkeit werden sie aber so gut wie nicht zur Kenntnis genommen. Das hat ideologische Gründe: Der Klimawandel gilt als Folge von lasterhaftem, ja sündhaftem Verhalten der Menschheit. Wenn sich dieser Klimawandel nun in gewissen Bereichen positiv für die menschliche Zivilisation und die natürlichen Lebensräume auswirkt, steht das der moralischen Sichtweise so sehr entgegen, dass solche Auswirkungen ausgeblendet und verdrängt werden. Sie werden allenfalls hinter vorgehaltener Hand eingestanden. Öffentlich zur Sprache gebracht werden sie jedoch nicht, weil sie nicht zum vorherrschenden Mainstream passen.

Im Zusammenhang mit steigenden Temperaturen werden zum Beispiel oft zusätzliche Hitzetote angeführt. Kaum erwähnt wird aber, dass umgekehrt mit einer Abnahme bei den Kältetoten zu rechnen ist. Kältesterblichkeit ist gerade in nördlichen und osteuropäischen Ländern ein grosses Problem: Im Winter 2004 etwa forderte eine Kältewelle in Europa Hunderte von Toten. Allein in Moskau wurden dabei bis Anfang Januar 164 Opfer gezählt.[425] Zwei Jahre später erfroren in Europa erneut Hunderte: Zwischen Mitte Januar und Anfang Februar 2006 wurden allein in der Ukraine 738 Tote gezählt.[426] Zudem wurden aus Polen bis Ende Januar 2006 161 Erfrorene gemeldet.[427]

Wärmere Temperaturen werden in weiten Teilen der Welt zudem zu grösserer Prosperität in der Landwirtschaft führen. Wärme verstärkt das Pflanzenwachstum. Auch die Schweiz dürfte in den kommenden Jahrzehnten davon profitieren. Gemäss einer im März 2007 veröffentlichten Studie des Beratenden Organs für Fragen der Klimaänderung (OcCC), die die Folgen des Klimawandels für die Schweiz bis ins Jahr 2050 abschätzte, kann sich die gegenwärtige und kommende Generation von Landwirten auf gute Ernten einstellen: «Für die Schweizer Landwirtschaft dürfte sich eine moderate Erwärmung von weniger als ca. 2 bis 3 Grad Celsius im Allgemeinen positiv auswirken.»[428] Erst bei Temperaturerhöhungen über 2 bis 3 Grad Celsius dürften die Nachteile für die Landwirtschaft überwiegen. Das ist aber gemäss den Klimaforschern allenfalls erst für die zweite Hälfte des Jahrhunderts zu erwarten. Auch Jürg Fuhrer von der Forschungsanstalt Agroscope Reckenholz-Tänikon zeigte sich überzeugt, die Folgen einer leichten Abnahme der Sommerniederschläge und einer Erwärmung um 2 bis 3 Grad seien für die Schweizer Landwirtschaft «nicht dramatisch, ja für das Ertragspotenzial vieler Kulturen sogar positiv».[429] Die Verlängerung der Vegetationszeit fördere das Potenzial speziell für den Futterbau und begünstige die Bewirtschaftung. Positiv seien insbesondere die Auswirkungen auf die Bedingungen für die Berglandwirtschaft, unter anderem, weil die Dauer der Schneebedeckung kürzer werde. Erst bei einer Erwärmung von über 3 Grad Celsius würden die negativen Effekte die positiven voraussichtlich übertreffen.

Interessant im Zusammenhang mit verstärktem Pflanzenwachstum bei höheren Temperaturen ist eine Untersuchung der Boston University.[430] Forscher dieser amerikanischen Universität wollten wissen, wie sich die in den letzten 20 Jahren bereits erfolgte Erhöhung der Temperaturen und des CO_2-Gehalts in der Atmosphäre (Düngeeffekt) quantitativ auf die Pflanzendecke ausgewirkt habe. Sie stützten sich auf Satellitenmessungen ab und auf die Tatsache, dass man aufgrund des von der Erde reflektierten Lichtes bestimmter Wellenlängen Aussagen über die Dichte und Aktivität der Pflanzendecke machen kann. Die Forscher kamen zum Schluss, dass die klimatischen Veränderungen sowohl in Nordamerika als auch in Eurasien das Pflanzenwachstum angeregt hatten. In weiten Teilen Europas und Asiens hatte die Vegetation um durchschnittlich 12 Prozent zugenommen, in Nordamerika um 8 Prozent. Als Hauptgrund für diese Zunahme sahen die Forscher längere Vegetationsperioden. Doch auch bei stärkerem Pflanzenwachstum werden in der Öffentlichkeit wiederum nur allfällige negative Folgen hervorgehoben. Schweizer Radio DRS etwa vermeldete im August 2007 an prominenter Stelle, wegen des steigenden CO_2-Gehalts in der Atmosphäre sei weltweit das Weideland bedroht.[431] Denn gemäss einer amerikanischen Studie fördere der höhere CO_2-Gehalt das Pflanzenwachstum, und darum würde Weideland mehr und mehr von Büschen überwachsen. So sei in Zukunft die Fleischproduktion mit weidenden Kühen und Ziegen gefährdet. Davon, dass das stärkere Pflanzenwachstum aber in erster Linie grössere Ernten erbringe – also positive Folgen hat –, war im Bericht keine Rede.

Im Zusammenhang mit dem Klimawandel werden auch negative Auswirkungen in der Tierwelt angeführt: Zahlreiche Tierarten könnten sich nicht an die rasche Erwärmung anpassen und würden aussterben. Wer meint, die wärmeren Temperaturen würden allen Arten schaden, irrt allerdings. Der Bienenfresser zum Beispiel, ein mediterraner Spint-

Vogel, konnte seinen Lebensraum in den letzten Jahren nach Deutschland ausdehnen.[432] «Die Erderwärmung kommt ihm entgegen», meinte ein Vogelschutz-Experte gegenüber der *Süddeutschen Zeitung*. Andere Vogelexperten hatten zwischen 1980 und 2002 in einem 1200 Quadratkilometer grossen Gebiet am Bodensee alle vorkommenden Vogelarten erfasst: Sie kamen zum Schluss, dass sich gleichzeitig mit einer Temperaturerhöhung von durchschnittlich 2,4 Grad Celsius die Zahl der Vogelarten in diesem Gebiet von 141 auf 156 erhöht hatte. Und Meeresbiologen zählten an italienischen Küsten 59 Fischarten, die aus südlicheren Gewässern gekommen waren. 39 weitere Arten waren von den afrikanischen Küsten des Atlantiks über Gibraltar zugewandert.

Schlecht für die Artenvielfalt sieht es gemäss Weltklimarat aus. Dieser prognostiziert, dass wegen des Klimawandels 20 bis 30 Prozent der Pflanzen- und Tierarten von einem erhöhten Aussterberisiko bedroht seien, sollten die globalen Temperaturen mehr als 1,5 bis 2,5 Grad Celsius ansteigen.[433] Ganz anderer Meinung ist Josef Reichholf, in führender Funktion beim deutschen WWF: «Gewiss sind viele Arten bedroht», meinte er im Frühling 2007 in einem Interview, «aber nicht durch den Klimawandel. Die wirkliche Gefahr geht von der Vernichtung von Lebensräumen aus, etwa von der ungebremsten Abholzung der höchst artenreichen Tropenwälder.» Er halte die Fokussierung auf den Treibhauseffekt darum für sehr gefährlich: «Das Klima wird zunehmend zum Sündenbock gemacht, um von anderen ökologischen Untaten abzulenken.» Globale Erwärmung bedeute mehr blühende Landschaften auf dem Planeten, meinte Reichholf weiter: «Wenn es wärmer wird, erhalten viele Arten neue Lebensräume. Die Gesamtbilanz ist eindeutig positiv – vorausgesetzt, wir vernichten die neu entstehenden Lebensräume nicht gleich wieder durch andere Eingriffe in die Natur.»[434] Die wenigsten Tiere und Pflanzen seien an starre Klimabedingungen angepasst. Als Beispiel führte Reichholf den als empfindlich geltenden Zaunkönig an. In Wahrheit gehe es dieser Vogelart in Stockholm ebenso gut wie in München oder Rom.

Das soll nun kein Plädoyer dafür sein, den Klimawandel insgesamt als positive Veränderung anzusehen. Natürlich sind mit der prognostizierten Erderwärmung gravierende Nachteile für Mensch und Umwelt verbunden, vor allem in südlichen und tropischen Gebieten. Bei einem unverstellten Blick auf die Folgen des Klimawandels dürfen aber die positiven Auswirkungen nicht ausser Acht gelassen werden. Es darf nicht sein, dass die Folgen der Erderwärmung aus ideologischen Gründen verzerrt wahrgenommen werden und bestimmte Auswirkungen, die dem klischeemässigen Verständnis widersprechen, übersehen und übergangen werden.

Mit Anpassung an den Klimawandel darf gerechnet werden

Nicht nur zu den Folgen der Erwärmung herrscht eine verzerrte Sichtweise vor, sondern auch wenn es darum geht, Massnahmen und Reaktionen auf die prognostizierte Klimaänderung zu diskutieren. Im Prinzip sind zwei Arten von Reaktionen denkbar: erstens die *Vermeidung* der drohenden Veränderungen, indem der Ausstoss der für den Klimawandel verantwortlichen Stoffe so stark als möglich reduziert wird (insbesondere der des Kohlendioxids) – zweitens die optimale *Anpassung* an die Folgen des Klimawandels durch entsprechende Vorsorgemassnahmen und bauliche Veränderungen. Mögliche Anpassungsleistungen sind etwa: Bau von Dämmen gegen Hochwasser, Wasserzuleitung in Gebiete mit hoher Trockenheit, Erhöhung der Hitzeisolation von Gebäuden, Veränderungen im touristischen Angebot. Würde man unvoreingenommen an die Diskussion um den Klimawandel und seine Folgen herangehen, müsste die Anpassung an diesen Wandel gleichwertig in Betracht gezogen werden wie dessen Vermeidung. Denn falls es gelänge, wesentliche negative Folgen des Klimawandels durch entsprechende Anpassungen aufzufangen, wäre die Vermeidung der Veränderungen eventuell nicht mehr so dringlich.

In der realen Klimadiskussion – zumindest in Europa – gibt es jedoch eine einseitige Fokussierung auf die Vermeidung der Klimaänderung: Die Senkung des Ausstosses von «Klimagasen», insbesondere von Kohlendioxid, scheint die einzige Handlungsoption zu sein – eine Anpassung an die Folgen wird hingegen von vorneherein ausser Acht gelassen. Auch dafür sind wieder die gleichen ideologischen Gründe auszumachen: Der Klimawandel gilt bei weiten Bevölkerungskreisen als Folge lasterhaften Tuns, sozusagen als Strafe und Vergeltung für falsches Verhalten. Die Menschen verbrauchen zu viel Energie, verschwenden die natürlichen Ressourcen, leisten sich zu viel Luxus und kümmern sich zu wenig um die Umwelt. Bei dieser Deutung kann die Lösung des Problems «Klimawandel» denn auch nur in einer Einsicht über dieses falsche Verhalten bestehen, einer daraus folgenden Mässigung punkto Lebenswandel und einem Stopp der «Verschwendung»: Weniger Auto fahren, weniger Energie verbrauchen, weniger ausschweifend leben usw. Das zielt auf eine Senkung des CO_2-Ausstosses ab. Der Ansatz hingegen, sich an die Folgen des Klimawandels anzupassen – und sei es auch nur ein Stück weit –, läuft dieser postulierten Einsicht zuwider. Anpassung an den Klimawandel wird darum von Umweltschutzorganisationen, einem grossen Teil der Politiker und teilweise auch von Behörden entweder ignoriert oder als Scheinlösung dargestellt, die die wahre Lösung nur verzögere und behindere.

Jakob von Uexküll etwa, ehemaliges Vorstandsmitglied von Greenpeace Deutschland und Stifter des Alternativen Nobelpreises, meinte in einem Interview zum Thema Klimawandel: «Es ist eine Tatsache, dass der Konsum die Erde auffrisst. Aber wenn der Konsum nicht mehr das oberste Lebensziel ist, dann wird vielleicht Nachbarschaftlichkeit wieder wichtig.» Er sei überzeugt, dass die meisten Menschen nicht «auf Kosten ihrer Kinder und Enkel» leben wollten. «Jeder Einzelne sollte sich im Klaren sein, dass sein Leben eine Vorbildfunktion hat.» An technologische Neuerungen, die den Klimawandel aufhalten könnten, glaube er nicht: «Die Technik hatte ja nun einige Jahrzehnte Zeit – und das Klimachaos ist auch ein Zeichen für ein grosses Technikversagen.» Als Ursache dieses «Klimachaos» sieht Uexküll auch ein Versagen des Marktes: «Der Glaube an das unendliche Wirtschaftswachstum auf einer endlichen Welt – dazu muss man entweder verrückt oder Ökonom sein.» Zur Bekämpfung des Klimawandels sei allenfalls gar ein Staatsbankrott in Kauf zu nehmen: «Die ökonomische Katastrophe eines Staatsbankrotts ist in einer Generation überwunden, der ökologische GAU eines Umweltbankrotts aber wird in 1000 Generationen noch nicht überwunden sein.»[435]

Auffallend ist, dass bei den Folgen der Klimaerwärmung oft davon ausgegangen wird, diese werde die Menschen auch in 50 oder 100 Jahren völlig unvorbereitet treffen. Dabei wird ausser Acht gelassen, dass bei Veränderungen des Klimas über mehrere Jahrzehnte beträchtliche Anpassungsleistungen zu erwarten sind – und insbesondere auch, dass bei guter wirtschaftlicher Entwicklung die nötigen finanziellen Ressourcen dafür vorhanden sein werden.

Ein Beispiel dazu: Der heisse Sommer 2003 hat in der Schweiz gemäss Schätzungen zu ungefähr 1000 zusätzlichen Todesfällen geführt. Diese Todesfälle werden nun eins zu eins auf die Zukunft übertragen: Man müsse künftig bei jedem ähnlich heissen Sommer mit einer solchen Zahl von Hitzetoten rechnen. Dabei wird übersehen, dass die heissen Temperaturen im Sommer 2003 die Bevölkerung ziemlich unvorbereitet getroffen haben. Falls sich ähnlich warme Sommer in diesem Jahrhundert häufen, werden die Menschen aber entsprechend vorsorgen – kurzfristig mit vermehrtem Einsatz von Kühlsystemen, langfristig mit einer angepassten Bauweise. In der erwähnten OcCC-Studie hiess es, in der Schweiz stelle die Zunahme von Hitzewellen, verbunden mit erhöhter Ozonkonzentration, die wichtigste gesundheitliche Folge einer Erwärmung dar. «Der Zunahme von hitzebedingter Mortalität kann jedoch mit entsprechenden Massnahmen begegnet werden.» Dazu seien in Neubauten nicht einmal Klimaanlagen nötig, sondern eine angepasste Bauweise, also architektonischer Sonnenschutz, kleinere Fenster und Kühlungssysteme, die die frei verfügbare Kälte sowie die tieferen Aussentemperaturen in der Nacht nutzen. Setze sich diese Bauweise durch, werde die Einsparung der Heizenergie dank Wärmeisolation grösser sein als der zusätzliche Energiebedarf für die Kühlung, meinten die Fachleute des OcCC.

Eine Studie der EU-Kommission zu den Auswirkungen des Klimawandels in Europa stellte zwar fest, dass wegen des steigenden Meeresspiegels Küstengebiete bedroht seien.[436] Mit geeigneten Vorsichtsmassnahmen sei es aber möglich, die zu erwartenden Schäden um bis zu 70 Prozent zu verringern. Bei einem ungünstigen Szenario und einem hohen Anstieg des Pegels seien um das Jahr 2080 jährlich Schäden in der Höhe von 42 Milliarden Euro zu erwarten. Mit wirksamen, kontinuierlichen Schutzmassnahmen liesse sich dieser Schaden aber auf 11 Milliarden pro Jahr reduzieren (wobei allerdings auch die Schutzmassnahmen finanziert werden müssten).

Anpassung besser als Vermeidung?

Industrialisierte Staaten des Nordens hätten wohl die Möglichkeit, die negativen Auswirkungen des Klimawandels durch entsprechende Massnahmen deutlich abzuschwächen. Doch wie sieht es in den Entwicklungsländern des Südens aus, die gemäss Prognosen stärker vom Klimawandel betroffen sein werden, andererseits aber über weniger finanzielle Ressourcen verfügen?

«Der Klimawandel ist keine Hiobsbotschaft für die Industrieländer, er ist eine Hiobsbotschaft für die Dritte Welt», meinte etwa der Bielefelder Migrationsforscher Thomas Faist. Als Beispiele führte er die beiden Länder Niederlande und Bangladesch an: «Die Niederlande investieren grosse Summen in die Befestigung ihrer Deiche und schützen sich so vor Überschwemmungen. Das vom steigenden Meeresspiegel bedrohte Bangladesch tut dies mangels wirtschaftlicher Möglichkeiten nicht – mit der Folge, dass Hunderttausende Menschen ihre überflutete Heimat verlassen müssen.»[437] Der Vergleich zeige aber, dass es sehr wohl Möglichkeiten gebe, vor Ort mit Erfolg etwas zu tun, sagte Faist. Daraus leitet sich ab, dass der Bevölkerung Bangladeschs nicht nur durch eine Verhinderung des Klimawandels geholfen werden kann, sondern auch durch direkte finanzielle Hilfe für Hochwasserschutz.

Nigel Lawson, früherer britischer Schatzkanzler, plädiert für direkten Hochwasserschutz mit Dämmen und Deichen auch in Entwicklungsländern: «In den Niederlanden ist das seit 500 Jahren sehr erfolgreich gelungen. Die Regierungen reicherer Länder können diesen Aufwand selbst leisten – was ärmere Staaten wie etwa Bangladesch angeht, so liegt hier selbstverständlich ein Auftrag für internationale Unterstützung.» Auch in der Dritten Welt könne sich die Landwirtschaft den neuen klimatischen Bedingungen ein Stück weit anpassen: Die Bauern «würden auf andere Sorten oder Kulturen umsteigen, die in dem wärmeren Klima besser gedeihen».[438] Lawson geht noch einen Schritt weiter und ist überzeugt, dass in armen Staaten die wirtschaftliche Entwicklung zu fördern der beste Weg sei, diese gegen die Folgen des Klimawandels zu wappnen. Auf die Frage, wie man die armen Entwicklungsländer am besten gegen den Klimawandel helfen könne, meinte er: «Zu sagen, dass die beste Weise, ihnen zu helfen, darin besteht, die Welt kühler zu machen, ist Irrsinn. Was diese Länder wirklich wollen, ist, sich selber zu helfen. Genauso wie Europa vor 100, 200 Jahren und wie China und Indien heute, wollen sie dank Industrialisierung und Wirtschaftswachstum vorankommen.» Gleichzeitig zweifelt Lawson aber daran, dass seine Sichtweise sich durchsetzen werde: «Es muss ... gesagt werden, dass man diese Botschaft nur schwer durchbringen wird, nicht zuletzt weil der Klimawandel so häufig als Glaubensfrage und nicht von der Vernunft her diskutiert wird.»[439]

Auch der deutsche Klimatologe Hans von Storch weist darauf hin, dass im Zusammenhang mit dem Klimawandel die Option *Anpassung* meist vergessen gehe: «Die hiesige öffentliche Debatte favorisiert die Vermeidung des Klimawandels, auch weil sie diese für moralisch höherwertig hält – wer will nicht die Schöpfung schützen? Aber alles in die Vermeidung zu stecken, ist ökonomisch nicht sinnvoll.» Die totale Vermeidung habe einen viel zu hohen Preis: «Selbst wenn wir uns sehr anstrengen, werden wir wohl bis Ende des Jahrhunderts eine Verdop-

pelung der Treibhausgas-Konzentration haben. Und auch dieser best-
mögliche Fall wird mit deutlichen Klimaänderungen einhergehen. Also
müssen wir uns anpassen, so oder so.» Genau wie Lawson ist auch von
Storch überzeugt, dass direkter Hochwasserschutz in Entwicklungsländern am effektivsten sei: «Mit 100 000 Euro kann man in Bangladesch
einen Schutzbau erstellen, in dem man bei einer Flut 3000 Leute sicher
unterbringen kann. ... Aber es gibt keine grossen internationalen
Programme, die das unterstützen. Wir setzen alles auf die Vermeidung.
Wir wollen sozusagen die Gefahr, in Bangladesch zu ersaufen, dadurch
bekämpfen, dass wir in Deutschland weniger Auto fahren. Das kann's ja
nicht sein.»

Kosten-Nutzen-Analyse für Klimamassnahmen

Bei der Diskussion um die Folgen des Klimawandels und deren Vermeidung und Bewältigung kommt man um ökonomische Betrachtun-
gen nicht herum: Welche finanziellen Folgen hat der Klimawandel? Was
kostet es, diese zu vermeiden? Der Weltklimarat IPCC kam 2007 zum
Schluss, die Begrenzung der Klimaerwärmung auf ein bewältigbares
Mass durch eine entsprechende Reduktion der Treibhausgas-Emissionen
sei ökonomisch verkraftbar – vorausgesetzt, die Welt handle rasch[440]:
Eine Begrenzung der Erwärmung auf 2 bis 2,4 Grad Celsius würde das
Weltwirtschaftswachstum jährlich nur 0,12 Prozentpunkte kosten. Die
totalen Kosten für die Reduktion des Ausstosses wurden im IPCC-Bericht auf maximal 3 Prozent des Bruttosozialprodukts bis ins Jahr 2030
geschätzt, und auf weniger als 5,5 Prozent bis 2050. Voraussetzung dafür
sei aber, dass die globalen CO_2-Emissionen schon ab 2015 sinken. Dazu
müsse bis 2050 eine Reduktion des CO_2-Ausstosses zwischen 50 und
85 Prozent erreicht werden.

Zu einem ähnlichen Resultat kam 2006 der Bericht des ehemaligen
Weltbank-Chefökonoms Nicholas Stern im Auftrag der britischen Regierung: Es sei deutlich billiger, den CO_2-Ausstoss zu begrenzen, als die
wirtschaftlichen Folgen von Dürreperioden, Überschwemmungen und
Epidemien zu tragen.[441] Stern errechnete, dass der Aufwand, um den
CO_2-Ausstoss genügend zu reduzieren, 1 Prozent des weltweiten Brut-
toinlandprodukts betrage. Ohne Massnahmen gegen den Klimawandel
würde dieser aber zu einem Verlust der Wirtschaftsleistung von zwischen
5 und 20 Prozent führen. Dies bedeute in diesem und im kommenden
Jahrhundert Risiken für die Wirtschaft und das Sozialwesen «ähnlich

denen, die mit den Weltkriegen und der Wirtschaftskrise in der ersten Hälfte des 20. Jahrhundert in Verbindung gebracht werden».[442]

Zu einem ganz andern Schluss kommt hingegen der dänische Statistiker Björn Lomborg, der sich in seiner Kritik an der Umweltbewegung «The Skeptical Environmentalist» auch mit dem Klimawandel und seinen Folgen auseinandersetzt. Lomborg bezweifelt dabei den Klimawandel nicht, vertritt aber den Standpunkt, dass Anpassungen an die Folgen des Wandels ökonomisch weitaus lohnender seien als der übereilte Versuch, den Klimawandel zu stoppen. Insbesondere sei es ethisch nicht vertretbar, weltweit begrenzte finanzielle Ressourcen zur Linderung der möglichen Not künftiger Generationen einzusetzen, statt gegen die reale Not heute lebender Menschen. Es sei der bessere Weg, die vorhandenen Ressourcen für die Lösung aktueller Probleme in den Entwicklungsländern zu verwenden, dort die wirtschaftliche Entwicklungsfähigkeit zu stärken und diese Länder so zu befähigen, sich in späteren Jahren selber gegen die Folgen des Klimawandels wappnen zu können. «Wenn wir Mittel bereitstellen, um die globale Erwärmung einzudämmen, tun wir dies … de facto und in hohem Masse für die künftigen Bewohner der Dritten Welt», schreibt Lomborg. «Wenn wir jedoch das gleiche Geld direkt dort ausgeben, tun wir etwas für ihre heutigen Bewohner – und über sie auch für deren Nachkommen.» Lomborg geht aufgrund seiner Ausführungen und Berechnungen davon aus, dass die Drittweltländer wegen wirtschaftlicher Entwicklung in Zukunft deutlich wohlhabender sein werden als heute. Die Bewältigung des Klimawandels reduziere sich somit auf die Frage: «Wollen wir ein bisschen für die bessergestellten Bewohner der Dritten Welt in hundert Jahren tun, oder wollen wir mehr für die ärmeren Bewohner der Dritten Welt heute tun?» Um diese Argumentation zu untermauern, führt Lomborg die Kosten des Kioto-Protokolls zur Reduktion des CO_2-Ausstosses an: «Das Kioto-Protokoll dürfte im Jahr mindestens 150 Milliarden Dollar und möglicherweise weit mehr verschlingen. Nach Einschätzung von Unicef würden ganze 70 bis 80 Milliarden pro Jahr ausreichen, um alle Bewohner der Dritten Welt mit den lebensnotwendigen Grundgütern wie Medizin, Bildung, Wasser und Kanalisation zu versorgen.» Lomborg spricht sich nicht prinzipiell gegen Anstrengungen zur Emissionsbegrenzung aus, plädiert aber dafür, dass diese später einsetzen müssten: «Da das schnelle Zurückfahren der CO_2-Emissionen sehr teuer und auch schnell kontraproduktiv wird, sollten wir uns mehr auf eine längerfristig angelegte Emissionseinschränkung konzentrieren. Das bedeutet unter anderem, dass wir viel mehr in die Forschung und Entwicklung von Sonnenenergie, Fusionsenergie und anderen wahrscheinlichen Energiequellen der Zukunft investieren sollten.»[443]

Björn Lomborgs Klimathesen und seine Argumentation, der Umwelt gehe es weltweit weitaus besser als angenommen, stiessen zum Teil auf heftige Kritik. Er wurde sogar mit Auschwitz-Leugnern verglichen.[444] Das «Dänische Komitee für wissenschaftliche Unredlichkeit» kam 2003 zum Schluss, Lomborgs Publikation widerspreche deutlich den Standards für sorgfältige wissenschaftliche Arbeit, und warf ihm Unredlichkeit und Unehrlichkeit vor.[445] Diese Verurteilung war aber selber unsorgfältig: Sie stützte sich offenbar nicht auf wissenschaftliche Gutachten ab, sondern nur auf Artikel, die zuvor in der Wissenschaftszeitung *Scientific American* erschienen waren. Darüber hinaus hatte das Komitee Lomborg keine Möglichkeit gegeben, sich zu verteidigen. Das dänische Wissenschaftsministerium pfiff in der Folge das Komitee zurück: Dessen Untersuchung sei emotional geprägt gewesen und unbefriedigend verlaufen. Die Verurteilung Lomborgs durch das Komitee sei bar jeglicher Argumente erfolgt.[446]

Björn Lomborg liess sich von der Kritik nicht abhalten, 2004 in einer Konferenz mit dem Titel «Copenhagen Consensus» eine Gruppe renommierter Ökonomen zu versammeln.[447] Diese Konferenz hatte sich zum Ziel gesetzt, zu zehn zentralen Problemen der Menschheit Lösungsansätze zu entwickeln, eine Reihenfolge der Dringlichkeit zu erstellen und Empfehlungen zur Verwendung finanzieller Ressourcen abzugeben. Konkret sollten die Wissenschaftler entscheiden, wie der fiktive Betrag von 50 Milliarden US-Dollar (damals umgerechnet 75 Milliarden Franken) eingesetzt werden sollte, um bei der Bekämpfung der Weltprobleme die grösstmögliche Wirkung zu erzielen. Die Konferenz kam zu folgendem Ergebnis[448]: Als drängendstes Weltproblem wurden übertragbare Krankheiten betrachtet, vor allem Aids und Malaria. Zu deren Eindämmung setzten die Ökonomen 40 der 75 Milliarden Franken ein. 18 Milliarden flossen in die Bekämpfung von Mangelkrankheiten durch Zusatz von Eisen, Jod und Vitamin A in Lebensmitteln. Auf den weiteren Plätzen folgten Massnahmen gegen Handelshemmnisse, zur Sicherstellung sauberen Trinkwassers und zur Abwasseraufbereitung sowie gegen Bürokratie und Korruption. Massnahmen zur Vermeidung der Klimaerwärmung erschienen der Konferenz hingegen sehr ineffizient. Folglich landete die Bekämpfung des Klimawandels auf einem der letzten Plätze der Dringlichkeitsrangliste. Zu diesem Verdikt kamen die Ökonomen vor allem darum, weil der Nutzen hier Jahrzehnte entfernt sei, während schon jetzt enorme Kosten anfielen.

Kritik an der eindimensionalen Hinwendung zur Klimagasreduktion äusserten auch die beiden Briten Gwyn Prins, Direktor am Mackinder Centre der London School of Economics, und Steve Rayner vom James Martin Institute der Oxford University. In einem Kommentar im britischen Wissenschaftsmagazin *Nature* mit dem Titel «Zeit, das Kioto-Protokoll zu entsorgen», der einige Wochen vor den Verhandlungen auf Bali erschien, kamen sie zum Schluss, dass der Versuch, die Erderwärmung mit einem weltweiten Abkommen zur Klimagasvermeidung zu verlangsamen, gescheitert sei. Stattdessen habe die ausschliessliche Fokussierung auf die CO_2-Reduktion die Diskussion über Alternativen zur Bekämpfung des Klimawandels und über notwendige Anpassungen an dessen Folgen blockiert.[449] Es sei aber unmöglich, ein so komplexes System wie das Klima in eine gewünschte Richtung zu verändern, wenn man sich nur auf eine Möglichkeit fokussiere. Nötig sei darum unter anderem, dass mehr Geld in die Forschung fliesse – auch um die Anpassung an unvermeidbare Folgen des Klimawandels voranzutreiben. Anpassung sei aber lange Zeit ein Tabu gewesen und bei der Diskussion um Klimaveränderungen gar als Verrat verstanden worden. Denn viele Klimaaktivisten würden offenbar davon ausgehen, dass die Senkung des Klimagasaustosses ethisch höher einzustufen sei als Anpassungsleistungen an den Klimawandel, meinten Prins und Rayner. Ein so enger Fokus könne sich aber als fataler Irrtum herausstellen. Sie plädierten darum: «Vermeidung und Anpassung müssen Hand in Hand gehen.»[450]

«Hör auf zu rülpsen, du Rindvieh!»

Rund um den Klimawandel entwickeln sich bisweilen auch Diskussionen, die skurril oder sogar absurd anmuten. Eine davon ist diejenige um die Vermeidung des von Rindern stammenden Treibhausgases Methan. Methan in der Atmosphäre verstärkt wie Kohlendioxid den Treibhauseffekt, wobei eine Tonne Methan gar 21-mal «klimawirksamer» ist als eine Tonne Kohlendioxid. Der weltweite Methanausstoss ist nach Berechnungen zu etwa 20 Prozent an der Klimaerwärmung schuld. Ein Fünftel des Methans stammt dabei von Rindern: Es entsteht bei der Verdauung in den Rindermägen. Die Rinderzucht trägt so weltweit zu etwa

4 Prozent des zusätzlichen Treibhauseffektes bei. «Das liebe Vieh und sein Mist sind wahre Treibhausgas-Schleudern», schrieb der *Sonntags Blick*, denn: «Eine ausgewachsene Milchkuh verursacht mit den Rülpsern beim Wiederkäuen pro Jahr 115 Kilogramm des schädlichen Treibhausgases Methan.»[451] Die Gratiszeitung *heute* forderte gar: «Hör auf zu rülpsen, du Rindvieh!»[452], was die *SonntagsZeitung* mit Blick auf allfällige Gegenmassnahmen abschwächte zu «Rülpsen, aber bitte ohne Treibhausgas»[453]. Tatsächlich gibt es Bemühungen, den Methanausstoss von Rindern zu verringern. Eine Idee ist, den Tieren einen sogenannten «Bolus» zu verabreichen: Dabei handelt es sich um eine Art Riesentablette von der Grösse zweier Tennisbälle, die in den Magen der Rinder gelangt. Dort gibt sie stetige Mengen eines bestimmten Stoffes ab, der die Methanbildung im Magen verringert. Allerdings hat die Europäische Union die Verabreichung dieser Tabletten bereits 2004 untersagt.[454]

Aufschlussreich ist es nun zu verfolgen, wie die Schweizer Landwirtschaft auf den Vorwurf reagierte, zum Klimawandel beizutragen. Einerseits wurde in der Zeitung *Schweizer Bauer* der Methanausstoss der Rinder kurzum zu einem Argument für *intensive* Viehzucht umfunktioniert: «Die im Moment wirksamste Methode für die Senkung von Methanausstoss ist: mehr Leistung pro Tier plus leistungsgerechte Fütterung.»[455] Die Methanbildung steige zwar mit höherer Leistung, weil das Tier mehr Futter bzw. Energie aufnehme. «Aber die Methanfreisetzung je Kilo Milch oder Fleisch sinkt wegen des zurückgehenden Erhaltungsanteils. Eine Kuh, die 30 Liter Milch produziert, stösst weniger Methan aus als zwei Kühe, die je 15 Liter produzieren.» Somit sei belegt: «Hochleistungstiere sind ein Beitrag zu aktivem Klimaschutz.» Zu genau gegenteiligem Schluss kam jedoch die Schweizerische Nutztierschutz-Organisation kagfreiland: Der Methanausstoss sei ein Argument für Biolandwirtschaft und *extensive* Tierhaltung. Denn Biobauern würden weniger Tiere pro Fläche halten, seien also auch für weniger Methanausstoss pro Fläche verantwortlich.[456] Beide Seiten wählten also geschickt einen Blickwinkel, um die Methandiskussion auf ihre Mühlen umzuleiten: Die konventionellen Bauern argumentierten mit dem Methanausstoss pro produziertem Kilogramm Nahrungsmittel, die Biobauern mit demjenigen pro Quadratmeter landwirtschaftlicher Nutzfläche – was einmal mehr beweist, dass bei geschickter Argumentation jedes Faktum so verdreht werden kann, dass es dem eigenen Standpunkt dient.

Nicht Langstreckenflüge, Kohlekraftwerke oder rülpsende Kühe identifizierte eine Studie der britischen Organisation «Optimum PopulationTrust» (OPT) als die wahre Ursache der «Klimakatastrophe», sondern kinderreiche Familien.[457] Weil jeder zusätzliche Erdenbürger zwangsläufig zu zusätzlichem CO_2-Ausstoss führe, solle jede Familie der Umwelt zuliebe auf ein Kind verzichten, forderten die Verfasser der Studie. Wenn ein Paar beispielsweise statt drei nur zwei Kinder zeuge, könne das den jährlichen Ausstoss an Kohlendioxid um eine Menge reduzieren, die dem von 630 Hin- und Rückflügen London – New York entspreche. Zur Durchsetzung dieser Art von Klimaschutz schloss OPT auch staatlichen Zwang zur Familienplanung nicht aus. Eine strikte Geburtenkontrolle sei zwar hinsichtlich der Menschenrechte problematisch, aber «in Extremsituationen könnten derartige Massnahmen unabwendbar werden».[458] In einer Glosse erkannte die *Basler Zeitung* die Vorteile, wenn sich eine solche Argumentation durchsetzen sollte: «‹Schrumpfende› Problemstädte wie Basel erstrahlten in neuem Glanz – denn sie dürften sich plötzlich in ihrer neuen Rolle als klimapolitische Pioniere sonnen.»[459]

Nicht Kinder, sondern Männer eruierte dagegen eine deutsche Geschlechter-Forscherin als die wahren Klimasünder.[460] Männer würden zum Beispiel mehr Fleisch essen als Frauen – und die Produktion von Fleisch verursache mehr klimaschädigende Gase als die von vegetarischer Nahrung. Männer würden dazu auch mehr Auto fahren, und das erst noch in grösseren und protzigeren Fahrzeugen als Frauen. Der Klimawandel sei darum überhaupt nicht geschlechtsneutral. Der *Blick* erachtete diese Erkenntnisse offenbar als so tiefgehend, dass er das Thema auf die Titelseite hievte: «Klimawandel: Männer sind schuld.»[461]

Fazit

Gemäss dem Weltklimarat IPCC ist die beobachtete Erwärmung der Erde mit hoher Wahrscheinlichkeit durch den Menschen verursacht. Es muss in diesem Jahrhundert mit einer weiteren Temperaturerhöhung gerechnet werden, was zu grossen Problemen auf der Welt führen könnte. Ganz klar: Der Klimawandel und seine Auswirkungen sind eine ernsthafte Angelegenheit und Herausforderung.

Um die Folgen dieses Klimawandels abzuschätzen, ist eine unvoreingenommene Sicht auf die Fakten notwendig. Diese Sicht ist aus ideologischen Gründen allerdings oftmals verstellt und verzerrt: Einerseits stellen viele Akteure das Ausmass des Klimawandels übertrieben dar und richten den Blick auf schaurige, aber unwahrscheinliche Szenarien. Daneben gibt es eine gesellschaftliche Tendenz, alle aussergewöhnlichen Wetterlagen als direkte Folge des Klimawandels zu deuten, auch wenn dies sachlich unsinnig ist. Geradezu in Mode gekommen ist es, alle erdenklichen negativen Phänomene in einen Zusammenhang mit dem Klimawandel zu setzen. Zu erwartende positive Auswirkungen der Erderwärmung werden dagegen meist ausgeblendet und übergangen – sie passen nicht ins moralisch geprägte Bild der Klimakatastrophe als Folge lasterhaften Verhaltens. Schliesslich herrscht auch bei den möglichen Reaktionen auf die Erderwärmung Einseitigkeit vor: Die Reduktion der Treibhausgasemissionen gilt als einzige Handlungsoption. Nahe liegende oder mögliche Anpassungen an die Veränderungen des Klimas werden dagegen oft nicht einmal in Erwägung gezogen.

Über die Massnahmen gegen die Erderwärmung und ihre Folgen darf jedoch nicht nach ideologischen Gesichtspunkten entschieden werden. Nötig ist, dass Gesellschaft und Politik die Wirksamkeit der infrage kommenden Reaktionen nach objektiven Kriterien abwägen und insbesondere einer Kosten-Nutzen-Analyse unterstellen.

Asbest
Heimtückischer Tod

> «Asbest stand für viele Arbeitsplätze,
> gute Profite und hohe Dividenden.»
> *(David Gee und Morris Greenberg)*

Die vorangegangenen Kapitel sollten zeigen, dass Umwelt- und Gesundheitsgefahren hochgespielt werden, um gesellschaftlichen Überzeugungen zum Durchbruch zu verhelfen. Oft ist das Bild, das von vorhandenen oder hypothetischen Risiken in der Öffentlichkeit gezeichnet wird, einseitig geprägt und ideologisch gefärbt. Aber es gibt natürlich auch das Umgekehrte: Gefahren, die von der Industrie, von Behörden oder anderer Seite lange Zeit heruntergespielt wurden – mit zum Teil fatalen Folgen für die Betroffenen. Das schlagendste Beispiel dazu ist sicher das Thema Asbest. Um in diesem Buch nicht selber in Schwarzweissmalerei zu verfallen, soll dieser gefährlichen Substanz und ihren Folgen ebenfalls nachgegangen werden – sozusagen als «Gegenbeispiel» zu den andern angeführten Themenkreisen.

Niederschmetternde Diagnose

«Ich war früher kräftig und sportlich. Nun habe ich stark abgenommen, altere rasch und werde wohl bald sterben müssen.» Es war ein erschütternder Bericht, der im September 2006 im *Beobachter* erschien[462]: Ärzte am Universitätsspital Zürich hatten bei Marcel J., 53-jährig, ein bösartiges Pleura-Mesotheliom diagnostiziert, eine Krebserkrankung am Brust- und Bauchfell. Er hatte sich nach der Diagnose einer Chemotherapie unterziehen müssen, und in einer siebenstündigen Operation war ihm der rechte Lungenflügel samt Brustfell, das Zwerchfell, eine Rippe und ein Herzbeutel entfernt worden. Nachdem sich Marcel J. anschliessend einigermassen erholt hatte, erlitt er jedoch einen Rückfall: Auch auf der verbliebenen Lungenhälfte wucherte nun der Krebs. Diesmal war eine Operation allerdings nicht mehr möglich. Das Atmen fiel Marcel J. immer schwerer, sein Luftfenster wurde immer kleiner – er wartete auf den Tod. «Ich sterbe einen gewaltsamen Tod», wurde er im Artikel zitiert. Die Ursache seines Krebses war klar: Asbest. Mittels einer

Lugenstaubanalyse waren nämlich Asbestfasern am entfernten Organ nachgewiesen worden.

Marcel J. war allerdings nicht wie viele andere Asbestkranke an der Produktion oder Verarbeitung von Asbest beteiligt gewesen: Als Primarlehrer gehörte er eigentlich überhaupt nicht zu jenen Personen, bei denen eine typische asbestbedingte Krankheit zu erwarten war. Doch Marcel J. war im glarnerischen Niederurnen aufgewachsen, in unmittelbarer Nähe der asbestverarbeitenden Eternit AG. Er und andere Kinder hätten oft mit Eternit-Material hantiert. Seine Atemluft sei damals wohl stark mit den heimtückischen Asbestfasern belastet gewesen: «Oft spielte oder arbeitete ich im Garten vor dem Haus, gleich gegenüber der Produktionshalle. Das offene Fenster meines Schlafzimmers lag direkt vis-à-vis der Plattenfabrik. Asbest war allgegenwärtig. Ich konnte in unzähligen Situationen die gefährlichen Fasern eingeatmet haben.»

Weil Marcel. J nicht berufsbedingt erkrankt war, hatte er weder Anspruch auf eine Suva-Rente noch auf eine Integritätsentschädigung. Nach Erscheinen des *Beobachter*-Artikels bekam er allerdings eine Entschädigung von 40 000 Franken von einer von der Eternit AG gegründeten Stiftung für asbestgeschädigte Personen.[463] Ein Versicherungsvertreter hatte die Kosten, die seiner Familie durch den absehbaren frühzeitigen Tod entstanden, hingegen auf 1,5 Millionen Franken geschätzt. Marcel J. starb noch 2006.[464]

Asbest verursacht tödlichen Krebs

Welche Eigenschaften besitzt Asbest und welche Krankheiten kann dieser Stoff auslösen? Die folgenden Ausführungen beziehen sich in erster Linie auf Angaben der Schweizerischen Unfallversicherungsanstalt Suva.[465] Asbest bezeichnet eine Gruppe von mineralischen Fasern, die in serpentin- und hornblendehaltigem Gestein vorkommt. Chemisch gehört Asbest zu den Silikaten und besitzt als Werkstoff hervorragende Eigenschaften: Er ist hitzebeständig, widersteht Säuren, isoliert hervorragend, weist eine hohe mechanische Festigkeit auf und kann dank seiner Fasern problemlos verwoben werden.[466] Asbest war schon im Altertum bekannt. Vor 4500 Jahren etwa verwendeten die Ureinwohner Finnlands Asbest, um Gefässe bruchsicher und feuerfest zu machen. Dank seiner Vorteile galt Asbest lange als «Material der 1000 Möglichkeiten» und wurde in Industrie und Technik vor allem ab etwa 1930 in grossem Masse verwendet. Asbesthaltige Produkte wurden eingesetzt als Platten,

Matten oder Formmassen zur Wärmeisolation oder zum Brandschutz, dazu als Brems- und Kupplungsbeläge und als Dichtungen bei hoher thermischer oder chemischer Beanspruchung.

Auf der andern Seite schadet Asbest massiv der Gesundheit: Weil die Asbestfasern dazu neigen, sich der Länge nach in immer dünnere Fasern aufzuspalten, ist das Einatmen asbestbelasteter Luft gefährlich: Die feinen Fasern und Fibrillen setzen sich in der Lunge fest und können vom Organismus kaum mehr abgebaut oder ausgeschieden werden. Es entstehen Schäden an Gewebe und Erbmaterial, entweder direkt durch mechanische Einwirkung oder indirekt durch aggressive Stoffe, mit denen die Fresszellen der Immunabwehr vergeblich versuchen, die Fasern aufzulösen. Das Risiko einer Erkrankung ist umso grösser, je mehr die Luft mit Asbest belastet ist und je länger man belasteter Luft ausgesetzt war.

Konkret kann Asbest in der Atemluft zu folgenden gesundheitlichen Folgen und Krankheiten führen: Vergleichsmässig harmlos ist *Pleuraplaques*, eine Bindegewebsvermehrung im Bereich des Brustfells als Folge einer chronischen Entzündung. Sie tritt nach beruflicher Asbestexposition häufig auf. *Asbestose* ist eine Staublungenkrankheit, die durch eingeatmete Asbestfasern entsteht. Diese Krankheit schreitet auch nach Ende der Asbestbelastung fort und führt zu zunehmender Atemnot und Lungenfunktionsstörungen. Zwischen Exposition und Ausbruch der Krankheit liegt meist eine Latenzzeit von 15 Jahren und mehr. Asbestose wird vor allem durch hohe und langjährige Faserexposition verursacht, wie sie in der asbestproduzierenden und -verarbeitenden Industrie in der Schweiz noch bis in die siebziger Jahre des vorigen Jahrhunderts anzutreffen war. Bei hoher und lang andauernder Belastung mit Asbeststaub ist im Weiteren mit *Lungenkrebs* zu rechnen. Rauchen vergrössert dabei das Erkrankungsrisiko um etwa das Zehnfache. Die heimtückischste aller möglichen Folgen ist das *Mesotheliom*, ein bösartiger Tumor, der vom Brust- oder Bauchfell ausgeht. Diese Krebsform hat eine extrem lange Latenzzeit von 20 bis 40 Jahren und führt praktisch immer zum Tod. Es können bereits relativ tiefe und kurzzeitige Asbestbelastungen ein späteres Mesotheliom verursachen, weshalb die Krankheit auch bei Personen auftreten kann, die nie berufsmässig mit Asbest zu tun hatten.

Der oft sorglose Umgang mit Asbest in früheren Jahrzehnten hat gravierende Folgen: In der Schweiz musste die Suva bis ins Jahr 2005 insgesamt 1817 asbestbedingte Erkrankungen von Personen mit beruflicher

Asbestbelastung anerkennen. Schätzungsweise über 900 Menschen sind an den Folgen von Asbest gestorben, davon etwa 850 an einem Mesotheliom. Während Asbestosefälle mittlerweile relativ selten geworden sind, steigt die Zahl der Mesotheliomen wegen der langen Latenzzeit seit den 1970er-Jahren stetig an. Gegenwärtig werden pro Jahr etwa 70 neue Fälle von der Suva anerkannt. Auch in den kommenden Jahren und Jahrzehnten ist mit vielen weiteren Mesotheliomerkrankungen infolge Asbest zu rechnen – die Zahl jährlicher Neuerkrankungen dürfte gar bis auf etwa 100 ansteigen und erst ab dem Jahr 2015 wieder sinken. Weil eine beträchtliche Dunkelziffer besteht, muss man davon ausgehen, dass Asbest in der Schweiz insgesamt mehrere Tausend Tote fordern wird. Etwa 5000 Personen sind wegen früherer Asbestexposition unter medizinischer Beobachtung.

Ähnlich düster sieht es in andern Ländern aus: In Grossbritannien sterben gemäss Zahlen der britischen Regierung jährlich etwa 3000 Menschen an asbestbedingtem Krebs, in den USA sind es gar 10 000.[467] Für Australien sagen Epidemiologen voraus, dass bis 2023 insgesamt mehr als 45 000 Personen an Asbest gestorben sein werden. Die Schätzungen der bereits erfolgten und noch zu erwartenden Todesfälle gehen weltweit in die Hunderttausende.

Ein Vorsorge-GAU

Die Suva anerkannte 1939 einen ersten Fall von berufsbedingter Asbestose und nahm diese Krankheit 1953 in die Liste der Berufskrankheiten auf. Ein erster Fall von Mesotheliom wurde 1969 anerkannt, 1971 erfolgte dann die allgemeine Anerkennung als Berufskrankheit. In der Schweiz (und auch in andern Ländern) wurden aufgrund der schädlichen Auswirkungen die Asbestgrenzwerte mehrfach deutlich gesenkt – allerdings erfolgten diese Senkungen jeweils spät oder waren ungenügend: Es konnte darum nicht verhindert werden, dass bereits viele Personen an den Folgen von Asbestexposition erkrankt waren und weiter erkrankten. 1953, gleichzeitig mit der Anerkennung der Asbestose, wurde der Grenzwert für berufsbedingte Asbestbelastungen der Atemluft um den Faktor 10 gesenkt. Bereits Ende der 1950er-Jahre wurden die Grenzwerte erneut deutlich gesenkt, weil sich die Zusammenhänge zwischen Asbestbelastung und Krebs immer deutlicher zeigten. Mitte der 1970er-Jahre wurden in der Schweiz die besonders gefährlichen Spritzasbestisolierungen verboten. 1990 erfolgte dann das generelle Asbestverbot (mit Übergangsfristen bis 1994). Seither ist die Produktion und Verarbeitung von asbesthaltigen Materialien verboten. Das Asbestverbot in der Schweiz erfolgte damit Jahre später als etwa in Norwegen (1984), Schweden (1986) und Dänemark (1986), allerdings noch vor Deutschland (1993), Japan (1995), Frankreich (1997) oder Grossbritannien (1999).[468] 2005 wurde Asbest EU-weit verboten.

Bis heute kennen etwa 40 Länder ein Asbestverbot. Weltweit produzieren und verarbeiten viele Staaten diesen hochgefährlichen Werkstoff aber weiterhin. 2004 waren die grössten Förderländer Russland, China, Kasachstan, Brasilien, Kanada und Zimbabwe. Nachdem der Höhepunkt der Weltproduktion Mitte der 1970er-Jahre mit jährlich etwa 5 Millionen Tonnen überschritten worden war, liegt die Produktion heute noch immer bei etwa 2,5 Millionen Tonnen. Sie zeigt sogar wieder steigende Tendenz – obwohl verschiedene internationale Organisationen zum Verzicht auf Asbest aufgerufen haben.

Der einst hochgelobte Werkstoff ist allerdings auch mit einem Produktions- und Verarbeitungsverbot noch lange nicht aus der Welt geschafft. Die Asbestgefahr droht weiter, weil Asbest als verarbeitetes Material an unzähligen Orten noch immer vorhanden ist, namentlich als Baumaterial in zahlreichen Gebäuden. Einerseits geben gewisse Asbestmaterialien stetig Fasern an die Umwelt ab (etwa Spritzasbest), andererseits muss bei der Entfernung dieser Materialien peinlichst darauf geachtet werden, dass die damit befassten Arbeitskräfte ausreichend geschützt sind und die Atemluft durch den Abbruch nicht für lange Zeit stärker mit Asbestfasern belastet wird. Bei Sanierungen und sonstigem Kontakt mit Asbest gelten heute rigorose Sicherheitsbestimmungen. Die Schweiz besitzt gemäss Suva mit 0,01 Asbestfasern pro Milliliter Luft den strengsten Asbestgrenzwert weltweit, zehnmal tiefer als derjenige der Europäischen Union.[469]

Asbest und seine gesundheitlichen Folgen stellen aus Sicht der Gesundheitsvorsorge und -prävention eine Art GAU dar: Ein Stoff, der anfangs wegen seiner Eigenschaften hochwillkommen war, zeigte nach und nach immer schlimmere gesundheitliche Auswirkungen. Die Grenzwerte und Schutzmassnahmen wurden zwar immer wieder verschärft, doch diese Anpassungen erwiesen sich wegen der langen Latenzzeiten mehrfach als ungenügend: Immer neue Menschen erleiden immer schlimmere Krankheiten. Obwohl die Schutzmassnahmen früherer Jahrzehnte sicher dafür gesorgt haben, dass nicht noch mehr Per-

sonen krank wurden, muss hier ein klares Versagen der Vorsorge festgestellt werden.

Bei der Suva, die für die Arbeitssicherheit in der Schweiz zuständig
ist, ist man überzeugt, jederzeit verantwortungsbewusst gehandelt zu
haben. Denn obwohl relativ frühzeitig bekannt gewesen sei, dass Asbeststaub die Gesundheit gefährden könne, sei das Ausmass der Gefährdung
erst nach und nach bekannt geworden: «Auch die Suva konnte immer
nur jenen Grad der Arbeitssicherheit fordern, der dem allgemein anerkannten Stand der Wissenschaft und Technik entsprochen hat. Dies hat
sie verantwortungsbewusst und konsequent getan.» Selbst der medizinischen Wissenschaft seien die grossen Gefahren lange Zeit verborgen
gewesen. Bis Ende der sechziger Jahre des 20. Jahrhunderts sei die Asbestose im Vordergrund gestanden. Der Zusammenhang mit dem Mesotheliom sei «nach frühen Hinweisen Mitte der 1950er-Jahre» erst Ende
1960er-, Anfang 1970er-Jahre zunehmend bekannt geworden. Soweit die
Unternehmen die jeweils geforderte Arbeitssicherheit eingehalten hätten, sei ihnen kein Vorwurf zu machen, schreibt die Suva: «Entscheidend
ist …, ob ein Unternehmen früher geltende Vorschriften und Grenzwerte
eingehalten hat. Nicht, ob diese Vorschriften und Grenzwerte nach heutigen Erkenntnissen richtig waren.»

Kritiker werfen den Behörden und der Industrie hingegen vor, jeweils
erst mit grosser Verspätung gehandelt zu haben. In der Schweiz seien
infolge des Einflusses der mächtigen Asbestlobby wissenschaftliche Erkenntnisse zu den Folgen von Asbest jahrzehntelang übergangen worden,
schreibt Maria Roselli in ihrem Buch «Die Asbestlüge».[470] Die Suva, aber
auch das Bundesamt für Umwelt, Wald und Landschaft Buwal (heute
Bafu) und das Bundesamt für Gesundheit (BAG) seien in ihrem Handeln
von der Asbestindustrie beeinflusst gewesen. Es sei vor allem stossend,
dass bei Klagen wegen Asbestkrankheiten noch immer eine Verjährungs-
frist von 10 bis 15 Jahren gelte – obwohl viele dieser Krankheiten erst
viele Jahrzehnte nach der Exposition auftreten würden. Asbestopfer fordern eine Anpassung dieser Verjährungszeiten – und einen nationalen
Fonds für unbürokratische Hilfe und Entschädigung.

Gefahren verdrängt

Die mangelnde Vorsorge vor der Asbestgefahr ist tatsächlich eine
Geschichte, wie klare Belege der Wissenschaft über die Gefährlichkeit
eines Stoffes fast 100 Jahre lang immer wieder übergangen und verdrängt

wurden – in der Schweiz, aber auch in vielen andern Ländern. Diese Geschichte beschreiben (aus britischer Sicht) David Gee von der Europäischen Umweltagentur und Morris Greenberg, der in Grossbritannien am Aufbau des ersten Asbest-Mesotheliom-Registers mitwirkte.[471] Die folgenden Angaben sind ihrem Bericht entnommen.

Die früheste Beschreibung der Gefahren von Asbest stammt aus dem Jahr 1898: Die britische Gewerbeaufsichtsbeamtin Lucy Deane als Autorin sprach darin erstmals von schädigenden Auswirkungen der glassplitterähnlichen Asbestpartikel in der Luft. Weitere Beobachtungen von gesundheitlichen Folgen durch britische Gewerbeaufsichtsbeamtinnen folgten 1909 und 1910. Allerdings, schreiben Gee und Greenberg: «Was sie berichteten, wurde nicht in Abrede gestellt, sondern schlicht ignoriert.»

Bereits 1899 diagnostizierte der britische Arzt Montague Murray die erste Lungenerkrankung im Zusammenhang mit der Inhalation von Asbeststaub. 1906 berichtete ein französischer Gewerbeaufsichtsbeamter von etwa 50 Todesfällen unter Textilarbeiterinnen mit Asbestexposition. Weitere Hinweise auf die Gefährlichkeit von Asbest wurden bei Staubversuchen mit Ratten ermittelt. 1918 lagen einigen Versicherungsgesellschaften in den USA und in Kanada offensichtlich so viele Beweise für Asbesterkrankungen von Arbeitern vor, dass sie den Versicherungsschutz für diese Personengruppe ablehnten. (Das änderte sich allerdings später wieder, weshalb US-amerikanische Versicherer in den neunziger Jahren des vergangenen Jahrhunderts enorme Summen für die Folgen von Asbest bezahlen mussten.) 1924 wurde in der Asbestfabrik Turner Brothers die erste pathologische Untersuchung einer verstorbenen Asbestarbeiterin vorgenommen. Der Hausarzt der Arbeiterin diagnostizierte eine Asbestvergiftung als Todesursache und merkte an, er habe zehn bis zwölf solcher Fälle pro Jahr. Eine umfassende Gesundheitsstudie der britischen Regierung kam dann 1930 zum Schluss, dass von insgesamt 363 Asbestarbeitern zwei Drittel der seit mehr als 20 Jahren tätigen Arbeiter Asbestose hatten. Das führte in Grossbritannien 1931 zur gesetzlichen Begrenzung der Asbestexposition, was allerdings während Jahrzehnten nur ungenügend umgesetzt wurde.

Ab 1932 erschienen in Grossbritannien, Deutschland und den USA wissenschaftliche Berichte über das erhöhte Lungenkrebsrisiko durch Asbest. 1943 erkannte Deutschland Lungenkrebs als Berufskrankheit an, die durch Asbest ausgelöst wird. Der britische Epidemiologe Richard

Doll gelangte in den 1950er-Jahren zum Ergebnis, dass bei Arbeitern mit mindestes 20-jähriger Asbestexposition das Lungenkrebsrisiko zehnmal höher war als im Bevölkerungsdurchschnitt. Das Unternehmen Turner Brothers als Auftraggeberin der Studie versuchte die Publikation dieser Befunde zu verhindern – allerdings erfolglos.

Das Mesotheliom als Asbestfolge wurde in den 1940er- und 1950er-Jahren erstmals beobachtet. Es zeigte sich bald, dass von dieser bis heute unheilbaren Krebsform viele Personen betroffen sind, die nie berufsmässigen Kontakt mit Asbest hatten – etwa Personen, die als Kinder auf Müllhalden mit Asbestrückständen gespielt haben. Eine wissenschaftliche Studie deutete 1960 auf einen sehr engen Zusammenhang zwischen Asbest und Mesotheliomen hin. Ab 1964 betrachteten die meisten Wissenschaftler diesen Zusammenhang als erwiesen.

In den 1960er-Jahren waren punkto Asbestrisiko vor allem die Arbeiten des amerikanischen Mediziners Irving Selikoff bedeutend: Er zeigte in einer Studie auf, dass von 392 untersuchten Arbeitern, die mindestens 20 Jahre lang mit Asbest gearbeitet hatten, 339 an Asbestose erkrankt waren, dass bei diesen Arbeitern das Lungenkrebsrisiko um das Siebenfache über dem der Durchschnittsbevölkerung lag und dass viele von ihnen an Mesotheliomen erkrankt waren. Vertreter der Asbestindustrie bezeichneten Selikoff als «Störenfried». Die Gefahren des Asbests wurden in den 1960er- und 1970er-Jahren von britischen und amerikanischen Medien in grossem Stil thematisiert. Die Grenzwerte für Asbest in Grossbritannien wurden dann vor allem in den 1980er-Jahren mehrmals gesenkt. Das Verbot von Asbest kam hier allerdings erst 1998 – also genau 100 Jahre nach den ersten warnenden Stimmen.

Folgt man den Ausführungen Gees und Greenbergs, so werden vor allem zwei Dinge klar:

- Die gesundheitlichen Auswirkungen von Asbest zeigten sich jeweils erst nach der damit verbundenen Latenzzeit. Danach gab es in der Wissenschaft relativ rasch klare Belege für diese Auswirkungen.
- Die Gesundheitsbehörden reagierten erst mit grosser, zum Teil jahrzehntelanger Verzögerung. Die Asbestindustrie versuchte immer wieder, wissenschaftliche Warnungen zu unterdrücken und zu verhindern.

Wirtschaftliche Folgen von Asbestschäden

Die Produktion und Verwendung von Asbest hatte und hat neben grauenhaften gesundheitlichen Auswirkungen auch wirtschaftlich gravierende Folgen. Zum einen müssen die Betroffenen die finanziellen Konsequenzen ihrer Erkrankung oft selber tragen – vor allem dann, wenn sie nicht berufsmässig mit Asbest in Berührung gekommen sind. Zum andern müssen Versicherer, aber auch eingeklagte Unternehmen, oft Entschädigungszahlungen in Millionen- oder Milliardenhöhe leisten. Die Suva etwa gab von 1984 bis 2005 insgesamt über 423 Millionen Franken für die Folgen asbestbedingter Krankheiten von Berufsleuten aus.

Besonders krasse wirtschaftliche Folgen zeigt Asbest in den USA. Die geleisteten Entschädigungen an Asbestopfer betragen dort bereits mehrere 100 Milliarden Dollar. Wegen des US-amerikanischen Klagerechts werden selbst Grosskonzerne durch Hunderttausende von Asbestklagen ausgehöhlt und in den Konkurs getrieben (selbst wenn sie mit dem Asbestproblem nur ganz am Rande zu tun hatten). Bekannt ist etwa das Asbestunternehmen *Johns-Manville*, gegen das bereits 1972 eine Prozesswelle einsetzte und das später unter der Flut der Klagen zusammenbrach. Bis 2002 waren bereits 60 US-Firmen wegen Asbest Konkurs gegangen, und 80 Prozent der im Dow-Jones-Index zusammengefassten Unternehmen hatten mit Asbestklagen zu kämpfen. Zu Asbestentschädigungen gelangen dabei zum Teil auch Personen, die keinerlei Symptome einer Krankheit zeigen. Schon 1982 erstritt zum Beispiel ein Anwalt einen Schadenersatz von 1 Million Dollar für einen Werftarbeiter, der zwar Asbest ausgesetzt gewesen, aber nicht krank war – das Geld wurde ausbezahlt, weil der Arbeiter mit der Krebsangst zu leben hatte.[472] Angetrieben wird die Flut von Klagen in den USA durch Anwälte, die bis zu 40 Prozent der erstrittenen Entschädigungen kassieren. Der amerikanische Rechtsprofessor Lester Brickman bezeichnete vor einigen Jahren das von den US-Gerichten praktizierte Entschädigungssystem für Asbestopfer (und alle, die sich als solche ausgeben) als «pervers».[473] Für den amerikanischen Investor Warren Buffett stellen die Asbestklagen und die entfesselte US-Juristerei eine grosse Bedrohung der Weltwirtschaft dar. Die Internationale Vereinigung für Soziale Sicherheit schrieb 2006 zu den asbestbedingten Krankheiten: «Die Versorgung der Opfer und die Gesamtkosten dieser Krankheiten sind so hoch, dass sie die Entschädigungssysteme für Berufskrankheiten in einigen Ländern heute aus dem finanziellen Gleichgewicht bringen, die Staaten zu Entschädigungsleistungen zwingen oder bestimmte Unternehmen zahlungsunfähig werden lassen.»

An den Rand der Zahlungsunfähigkeit brachten Asbestklagen aus den USA auch den schweizerisch-schwedischen Elektrotechnikkonzern ABB. Dieser hatte sich das Asbestproblem mit der Übernahme des amerikanischen Unternehmens Combustion Engeneering 1990 sozusagen zugekauft. Combustion Engeneering hatte bis in die siebziger Jahre des vorigen Jahrhunderts Asbest beim Bau von Heizkesseln verwendet und wurde darum mit über 100 000 Klagen eingedeckt.[474] 2006 einigte sich ABB mit den Klägern zur Zahlung von 1,43 Milliarden Dollar in einen Vergleichsfonds. Mit einem weiteren Vergleich mit den Klägern der ebenfalls unter Beschuss stehenden US-Tochergesellschaft Lummus Global (über 40 Millionen Dollar) konnte sich ABB dann des Asbestproblems entledigen.

In der Schweiz sind mit den wirtschaftlichen Folgen des Asbestproblems vor allem die Eternit AG und die Industriellenfamilie Schmidheiny konfrontiert, die jahrzehntelang Asbestzement produziert hat. Ernst Schmidheiny als Besitzer der Eternit AG hatte von der Schweiz aus ein weltweites Netz von Asbestzement-Unternehmen aufgebaut. Stephan Schmidheiny als Erbe der Eternit-Gruppe sorgte dann in den 1970er- und 1980er-Jahren für eine Umstellung auf asbestfreie Produktion.[475] Er setzte dies zwar gegen den Widerstand der Asbestbranche durch und war somit ein Pionier, trotzdem erfolgte diese Umstellung erst Jahrzehnte, nachdem die Gesundheitsschäden wissenschaftlich belegt waren. Die Eternit-Gruppe und die Familie Schmidheiny werden darum heute mit Entschädigungsforderungen von Asbestopfern konfrontiert – namentlich in Italien, wo die zur Gruppe gehörende Eternit SpA bis in die 1980er-Jahre Asbestzement produziert hatte. Die staatliche Versicherung für Berufskrankheiten in Italien anerkannte bereits etwa 100 000 Asbestopfer für eine Rente.[476] Klagen kommen auch von ehemaligen Gastarbeitern, die sich bei Asbestarbeiten bei der Eternit AG in der Schweiz ihre Gesundheit ruiniert haben. Entscheidender Punkt bei den Prozessen ist, wieweit der Familie Schmidheiny ein Einfluss auf die Führungsentscheide ausländischer Tochterfirmen nachgewiesen werden kann. Lange wurde auch um die Auslieferung von Krankheitsdossiers von der Schweiz nach Italien gestritten. Im Herbst 2007 entschied das Eidgenössische Justiz- und Polizeidepartement schliesslich, dass die Suva die Akten über 196 Arbeiter herausgeben muss.[477]

Mobilfunk einschränken aufgrund der Erfahrung mit Asbest?

Bei Diskussionen um den vorsorglichen Schutz vor noch unbelegten Gesundheitsgefahren kommt Asbest oft ins Spiel. Dieses Beispiel zeige, dass allgemein Gefahren für die Gesundheit immer wieder heruntergespielt und nötige Vorsorgemassnahmen wegen wirtschaftlicher Sonderinteressen verhindert würden, argumentieren Personen, die auf eine verstärkte Vorsorge drängen. Dabei ist sicher unbestreitbar, dass die Gefahren von Asbest tatsächlich lange sträflich übergangen wurden und die Asbestindustrie immer wieder dringend nötige Schutzmassnahmen und Verbote verhinderte.

Asbest wird insbesondere regelmässig von Kritikern des Mobilfunks angeführt, die für eine Senkung der geltenden Grenzwerte oder andere Schutzmassnahmen plädieren. Hier soll nun der Frage nachgegangen werden, inwiefern sich aus der Asbest-Geschichte tatsächlich ableiten lässt, dass die Mobilfunkstrahlung stärker eingeschränkt werden muss.

Zuerst muss festgehalten werden, dass es aus medizinischer Sicht keinen Zusammenhang zwischen der Asbestgefahr und den denkbaren gesundheitlichen Auswirkungen der Mobilfunkstrahlung gibt: Asbest ist eine Substanz, die aufgrund natürlicher Eigenschaften Fasern bildet und die Lunge schädigen kann. Bei der Mobilfunkstrahlung handelt es sich um nicht ionisierende elektromagnetische Wellen, die noch unbekannte nicht thermische Effekte auf den menschlichen Körper haben könnten. Die Tatsache, dass Asbest schädlich für die Gesundheit ist, ist medizinisch ohne Einfluss auf die Wahrscheinlichkeit, dass auch Mobilfunkstrahlung schädlich ist. (Bei der Nanotechnologie hingegen ist ein solcher Zusammenhang mit Asbest erkennbar: Auch hier könnte wie bei Asbest eine gesundheitliche Gefahr von mikroskopisch kleinen Partikeln ausgehen.)

Die Asbest-Geschichte wird aber nicht wegen medizinischer Nähe zum Thema Mobilfunk herangezogen. Manche Mobilfunkkritiker argumentieren vielmehr, das Beispiel Asbest zeige, dass sich schwerwiegende Gefahren zum Teil erst mit grosser Verzögerung zeigten und dass dies auch bei der Mobilfunkstrahlung möglich sei. Ein anderes Argument lautet, die Erfahrung mit Asbest veranschauliche, wie sehr die Industrie ihre kurzfristigen wirtschaftlichen Interessen jeweils durchsetzen und so dringend nötige Vorsorge und Prävention behindern könne – und wie sehr man darum auch der Aussage, es seien bis heute keine Schäden durch Mobilfunk belegt, misstrauen müsse. Bei diesem Argument geht es also um eine Analogie gesellschaftlicher Vorgänge.

Ist eine Analogie tatsächlich vorhanden? Um dies beantworten zu können, muss man sich zuerst klar werden, *welchen Aspekt* der Asbest-Geschichte man für den Vergleich heranzieht. Es gibt, wie eben angedeutet, deren zwei: Der erste ist, dass selbst klare wissenschaftliche Belege für die Schädlichkeit von Asbest jahrzehntelang übergangen und verdrängt wurden – wegen des Einflusses der Industrie und sicher auch wegen einer allgemein vorherrschenden Sorglosigkeit. Der zweite Aspekt ist, dass sich die am schwersten wiegenden Asbestrisiken Lungenkrebs und Mesotheliom wegen ihrer langen Latenzzeit erst mit jahrzehntelanger Verspätung manifestierten und darum sehr lange gar nicht erkannt werden konnten. Diese beiden Aspekte sollen im Folgenden mit *Verharmlosungsaspekt* und *Latenzzeitaspekt* bezeichnet werden.

Ist die Analogie zwischen Asbest und Mobilfunkstrahlung beim Verharmlosungsaspekt vorhanden? Die allermeisten Wissenschaftsgremien sind wie beschrieben der Meinung, dass sich negative Auswirkungen der Mobilfunkstrahlung auf die Gesundheit bis heute nicht beweisen lassen. Beim Asbest hingegen waren die Gesundheitsschäden wissenschaftlich relativ schnell belegt, nachdem sie sich manifestiert hatten. Entscheidend, dass Massnahmen zum Schutz vor Asbest nicht umgesetzt wurden, war wie erwähnt, dass die wissenschaftlichen Belege durch die Industrie und die Behörden ignoriert wurden. Hier gibt es also einen klaren Unterschied: Die Asbestgefahr war wissenschaftlich relativ rasch klar belegt, die Gefahr der Mobilfunkstrahlung ist dies bis heute nicht.

Nun werden Mobilfunkkritiker natürlich argumentieren, dass auch die Wissenschaft selber unter dem Einfluss der Industrie stehe und *darum* die Mobilfunkgefahren bis heute nicht anerkenne (diese These wurde bereits im Kapitel über Mobilfunkstrahlung diskutiert). Von diesem Standpunkt aus ist eine Analogie zu Asbest tatsächlich vorhanden – sie lautet: Die Industrie beeinflusst(e) sowohl beim Asbest wie auch bei der Mobilfunkstrahlung Behörden und Wissenschaft und verhindert(e) so die nötigen Schutzmassnahmen. Anerkennt man hingegen die heutige Mobilfunkforschung als ausreichend unabhängig, ist die Analogie nicht vorhanden: Die Auswirkungen von Asbest wurden wissenschaftlich relativ rasch klar belegt, allfällige Schäden der Mobilfunkstrahlung sind es bis heute nicht. Ob man hier also eine Analogie sieht, hängt davon ab, ob man die Mobilfunkforschung für beeinflusst oder unbeeinflusst hält. Man ist somit wieder auf die Diskussion um Mobilfunkstrahlung selber zurückgeworfen.

Ist eine Analogie zwischen Asbest und Mobilfunkstrahlung beim Latenzzeitaspekt vorhanden? Viele gesundheitliche Auswirkungen von Asbest zeigten sich erst nach langer Latenzzeit und konnten darum gar nicht frühzeitig genug erkannt werden. Das könnte auch beim Mobilfunk der Fall sein: Mögliche Folge, wie etwa Krebs oder Erbschäden, könnten sich erst mit jahrzehntelanger Verspätung manifestieren. Mobilfunkkritiker argumentieren, um ein ähnliches Vorsorgedesaster wie bei Asbest zu verhindern, müssten auch mögliche, aber noch unbelegte Gefahren der Mobilfunkstrahlung stärker in Erwägung gezogen werden. Es stellt sich aber sofort die Frage: *Wie stark* soll der Vorsorge vor möglichen Schäden durch Mobilfunkstrahlung Rechnung getragen werden? Senkt man die Grenzwerte um einen bestimmten Faktor, kann eine mögliche Schädigung noch immer nicht mit Sicherheit ausgeschlossen werden. Beim Asbest hat sich gezeigt, dass auch mehrere Absenkungen der Grenzwerte nicht ausreichten, um schlimme Folgeschäden zu vermeiden – nur das gänzliche Asbestverbot brachte die nötige Sicherheit. Um auch bei der Mobilfunkstrahlung ein mögliches Risiko sicher auszuschliessen, müsste man konsequenterweise die Mobilfunktechnologie ganz verbieten. Weil aber nicht nur Handys und Antennen elektromagnetische Strahlung aussenden, müsste man auch sämtliche elektronischen und elektrischen Geräte sowie Stromleitungen verbieten. Denn auch hier lässt sich ein mögliches Risiko mit einer langen Latenzzeit nicht mit Sicherheit ausschliessen.

Offensichtlich ist dieser Nullrisiko-Ansatz unbrauchbar: Vorsorge kann nie absolut und so gestaltet sein, dass alle denkbaren Gefahren ausgeschlossen werden. Sie muss sich an dem orientieren, was vernünftig erscheint und (wirtschaftlich und gesellschaftlich) tragbar ist. Es kann also nicht darum gehen, Mobilfunk ganz zu verbieten. Somit ist eine Diskussion um die zumutbare Menge an Strahlung und die richtige Höhe der Grenzwerte unumgänglich. Asbest und seine heute erwiesenen Schäden mit langer Latenzzeit helfen in dieser Diskussion nicht weiter, weil medizinisch zwischen den beiden Themen keine Verwandtschaft besteht.

Zusammenfassend kann festgehalten werden: Die Asbest-Geschichte hilft bei der Suche nach der angemessenen Vorsorge vor Gefahren der Mobilfunkstrahlung nicht weiter. Eine Analogie zwischen den beiden Themen sieht nur, wer sowieso überzeugt ist, dass die Mobilfunkforschung von der Industrie beeinflusst sei.

Fazit

Die gesundheitlichen Folgen von Asbest (vor allem Asbestose, Lungenkrebs und Mesotheliom) manifestieren sich erst nach zum Teil langen Latenzzeiten – wobei fatalerweise bei den schlimmsten Auswirkungen die längste Zeit zwischen Exposition und Erkrankung liegt. Die Gefahren von Asbest wurden darum lange nicht erkannt. Aber auch nachdem diese Gefahren wissenschaftlich klar belegt waren, wurden sie von Industrie und Behörden zum Teil noch jahrzehntelang verharmlost. Weil damit nötige Schutzmassnahmen verhindert wurden, leiden heute weltweit wohl Hunderttausende von Menschen an schrecklichen gesundheitlichen Folgen. Daneben sind auch grosse wirtschaftliche Schäden zu verzeichnen – namentlich in den USA, wo bereits eine grosse Zahl von Unternehmen wegen Entschädigungsforderungen bankrott gegangen ist. Auch in der Schweiz sind einige Unternehmen mit den Folgen von Asbest konfrontiert, namentlich die ABB und die Eternit AG. Fatalerweise verwenden viele Länder (vor allem ausserhalb Europas) auch heute noch Asbest – die jährliche Produktion beträgt noch immer etwa 2,5 Millionen Tonnen.

Das Beispiel Asbest zeigt eindrücklich, welche Folgen es haben kann, wenn kurzfristige wirtschaftliche Interessen von Unternehmen über den Schutz von Menschen gestellt werden. Es gilt darum wachsam zu sein und insbesondere auf die völlige Unabhängigkeit der Wissenschaft und der mit der Gesundheitsprävention befassten Behörden zu achten. Umgekehrt kann aus der Asbest-Geschichte nicht geschlossen werden, dass die Vorsorge vor unbekannten Risiken heute allgemein zu schwach sei und ein stärkerer Schutz etwa durch Senkung der Grenzwerte nötig wäre.

Umwelt- und Gesundheitsgefahren
Der nächste Skandal kommt bestimmt

«Nicht das, was wir nicht wissen,
bringt uns zu Fall, sondern das, was wir
fälschlicherweise zu wissen glauben.»
(Mark Twain)

Unsere Gesellschaft ist mehr und mehr mit Risiko-Diskussionen befasst, bei denen die in der Öffentlichkeit wahrgenommene und die objektiv vorhandene Gefahr weit auseinanderklaffen. Zum einen geht es dabei um vorhandene, aber sehr geringe Gefahren, die verzerrt und überhöht dargestellt werden – wie etwa die Vogelgrippe (als Tierseuche) oder alle möglichen Lebensmittelrisiken. Zum andern sind es Gefahren, die nach wissenschaftlichen Kriterien lediglich nicht auszuschliessen oder völlig inexistent sind – wie es bei der Mobilfunkstrahlung, bei der Gentechnik oder beim «verseuchten» Trinkwasser der Fall ist. Zu beobachten ist ausserdem, dass Diskussionen um Gesundheitsgefahren und Umweltprobleme häufig ideologisch aufgeladen sind. Dies führt dazu, dass tatsächlich vorhandene oder vermutete Probleme einseitig gedeutet werden, und die Lösung oft nur in einem engen, moralisch «richtigen» Bereich gesucht wird.

Dass solche Risiko-Diskussionen zum Teil fernab der Realität stattfinden, ist kein Zufall. Einerseits sind heute weite Kreise der Bevölkerung von zwei Grundwahrheiten geprägt, die sie Umwelt- und Gesundheitsrisiken sehr selektiv wahrnehmen lassen: die Überzeugung, dass sich auf der Welt alles konstant zum Schlechteren entwickle, und die Überzeugung, dass «Natürliches» (oder was dafür gehalten wird) besser sei als «Künstliches» und «Technisches». Andererseits entfaltet das Zusammenspiel von Akteuren in Wissenschaft, Medien, Umweltbewegung und Politik, die von der Brisanz bestimmter Risiken überzeugt sind, eine grosse Wirkung auf die Öffentlichkeit: Diese Akteure spielen sich (absichtlich oder nicht) gegenseitig die Bälle zu – Kontrollmechanismen, die diese Dynamik bremsen, kommen hingegen nicht zum Zug oder fehlen ganz. Im Folgenden soll auf diese Hintergründe eingegangen werden.

Tiefe Überzeugung: Alles wird immer schlimmer

In den letzten Jahrzehnten ist eine Art «Umwelt-Generation» heran-
gewachsen, die mit den Zukunftswarnungen des Club of Rome und den
Horrorszenarien um das Waldsterben gross geworden ist und heute die
düsteren Prognosen rund um den Klimawandel miterlebt. Diese Generation ist geprägt von der tiefen Überzeugung, dass sich auf der Welt alles
unaufhaltsam zum Schlechteren oder gar auf eine finale Katastrophe hin
entwickle – ja sie hat diese Überzeugung geradezu mit der «Muttermilch» aufgesogen. Diese «Weltuntergangsstimmung» bezieht sich einerseits auf den Zustand der Umwelt und der natürlichen Lebensgrundlagen, wo eine immer schlimmere Verschmutzung von Wasser, Luft und
Boden, die unaufhörliche Verschwendung der Ressourcen, ein immer
gravierenderes Artensterben und eine unaufhaltsame Zerstörung der
natürlichen Lebensräume erwartet werden. Andererseits sind bei diesem
Niedergang auch die Lebensbedingungen der Menschen sowie das
menschliche Zusammenleben einbezogen: Hier werden eine fortschrei-
tende Entsolidarisierung, zunehmender Egoismus, immer stärker aus-
geprägte Konsumgier, zunehmende Gewalt und zerfallende moralische
Werte wahrgenommen, daneben eine weltweite Verschlimmerung von
Hunger und Armut und eine Zunahme tödlicher Seuchen. Alle tatsäch-
lichen oder vermeintlichen Probleme, die diesem Weltbild entsprechen,
werden als Bestätigung dieser Haltung zur Kenntnis genommen, ent-
gegenlaufende Entwicklungen hingegen übersehen und ausgeblendet.
«Wer die Welt am düstersten malt, erhält die meiste Aufmerksamkeit»,
umschreibt der deutsche Publizist Michael Miersch diese apokalyptische
Haltung. «Schicht um Schicht türmen sich die Untergangsprognosen.
Dass sie zumeist von der Realität widerlegt werden, kümmert kaum,
solange genügend Nachschub vorhanden ist.» Viele Öko-Prognosen
seien durch einen Verlust aller Massstäbe gekennzeichnet: «Immer steht
der Weltuntergang bevor, es geht nie eine Nummer kleiner.»[478] Und
zusammen mit Dirk Maxeiner meint Miersch weiter: «Die Tatsache, dass
der Weltuntergang bislang nicht eingetreten ist, erhöht für viele Menschen offenbar die Wahrscheinlichkeit, dass er es bald tun wird. Irgendwann muss es ja soweit sein.»[479] Der deutsche Publizist Matthias Horx
sieht in der beständigen Erwartung des Untergangs ein radikales Nicht-
vertrauen in die Menschen: «Wenn wir den Untergang für unvermeidbar
halten, dann machen wir ja auch eine implizite Aussage darüber, was
wir von anderen Menschen halten. Wir trauen ihnen nichts zu: keine

Erkenntnis, keine Lernprozesse, keine Wandlung. Deshalb steckt in der Untergangsideologie ein tiefer, radikaler Menschenhass.»[480]

Die Verklärung des «Natürlichen»

Unsere Gesellschaft ist von einem verklärten Naturbild geprägt: Alles, was «natürlich» ist – oder zumindest diesen Anschein macht –, gilt als sanft, harmlos und harmonisch. Dagegen wird alles «Künstliche» oder «Technische» als potenziell schädlich und zerstörerisch angesehen. Ausgeprägt zeigt sich der Trend zum Natürlichen etwa am Erfolg der alternativen Medizin sowie aller möglichen spirituellen und esoterischen Heilslehren, oder am Erfolg biologisch produzierter Lebensmittel. «Das ‹Natürliche› wird in geradezu religiöser Weise verklärt, das ‹technisch Entfremdete› dämonisiert, das Rationale, Abwägende verachtet», schreibt Matthias Horx. «Überall lauern Gifte, Verschmutzungen, vom Elektrosmog über ‹Nahrungsmittelzusätze› bis zu den dämonischen Kräften elektronischer Medien. Dagegen werden magische Systeme (wie zum Beispiel die Homöopathie, die Astrologie oder das Wünschelrutengehen) umstandslos als ‹Wissenschaft› anerkannt.»

Viele Menschen achten peinlichst darauf, «künstliche» Konservierungsstoffe und Aromen in ihrer Nahrung zu vermeiden, können sich gleichzeitig aber nicht vorstellen, dass in der gleichen Nahrung zahlreiche natürliche Giftstoffe enthalten sind. Menschgemachte Risiken würden gegenüber den natürlichen konsequent aufgebauscht, stellen Walter Krämer und Gerald Mackenthun fest: «Ob Pestizide in der Babynahrung oder BSE-Erreger in Hackfleischbrötchen, ob krebsverdächtige Weichmacher in Beissringen für Kleinkinder oder Uran in Nato-Munition, die hiervon ausgehenden Gefahren werden im Vergleich zu den in der Natur vorkommenden Risiken und Giften ungeheuer überschätzt.»[481] Dass es vor allem technische Innovationen waren, die den heute oftmals als selbstverständlich hingenommenen hohen Lebensstandard ermöglicht haben, geht bei diesem romantischen Hang zum Natürlichen leicht vergessen. So bekommen technische Innovationen rasch das Etikett «unnatürlich» verpasst, was sie gleichzeitig unter den Generalverdacht der Schädlichkeit setzt – ausgeprägt etwa bei der «künstlichen» Mobilfunkstrahlung zu beobachten oder bei der als naturfern abgestempelten Gentechnik.

Pseudoreligiöse Deutungen

Hier sei unbestritten, dass viele gravierende Weltprobleme existieren und sich vielerorts ökologischer oder sozialer Niedergang beobachten lassen. Auch ist es offensichtlich so, dass nicht jede Technologie zum Segen von Mensch und Umwelt erfunden und eingesetzt wird und mancher (technische) Fortschritt nur ein scheinbarer ist oder gar ausgesprochen schadet. Wie beim Kapitel über Asbest gesehen, besteht auch immer das Risiko, dass gravierende gesundheitliche Auswirkungen unverantwortlich lange übersehen oder wegen Interessenbindungen abgestritten werden.

Der erwähnte grassierende Zukunftspessimismus und das romantische Naturverständnis verbinden sich nun aber zu einer radikalen Weltsicht, in der wegen einer übersteigerten Sorge um Gesundheit und Umwelt weit über das Ziel einer angemessenen Risikovorsorge hinausgeschossen wird. Zu beobachten sind eine selektive Wahrnehmung der Welt und ein Schwarz-Weiss-Denken, das zum Teil fundamentalistische Züge annimmt: Überall werden die Anzeichen des Niedergangs der Welt aufgespürt. Jede Veränderung erscheint suspekt. Technische Neuerungen werden von Anfang an abgelehnt. Szenarien und Bedrohungsbilder, die dieser pessimistischen Erwartungshaltung entsprechen, werden schnell und kritiklos als richtig erachtet – selbst wenn sie masslos übertrieben sind. Andererseits ist die Infragestellung dieser Risiken und Szenarien oftmals tabu – wer es wagt, deren Ausmass oder die daraus abgeleiteten «richtigen» Lösungsansätze anzuzweifeln, manövriert sich ins gesellschaftliche Abseits. Klischeemässig wird die Welt in «gut» und «schlecht» eingeteilt: Schlecht sind gewissenlose Wissenschaftler, «profitgierige» Industrielle und unersättliche Konsumenten, gut selbstlose Umweltschützer und verzichtsorientierte Mitmenschen.

Umweltprobleme gelten dabei nicht einfach als Probleme, die es zu lösen gilt, sondern werden tiefergehend als Quittung für falsches Verhalten oder gar als Strafe für begangene Sünden aufgefasst. Im Zentrum stehen darum Lösungen, die von einer Art inneren Reinigung und Einsicht ausgehen. Dabei steht fast immer Verzicht im Vordergrund sowie die «Umkehr» zu einem (vermeintlich) naturnahem Lebensstil: weniger Auto fahren, weniger mobil telefonieren, Verzicht auf Gentechnik usw. Lösungsansätze, die nicht diesem Muster entsprechen – etwa rein technische Lösungen – erscheinen in dieser Weltsicht oberflächlich und werden als «Symptombekämpfung» abgetan. Sie sind suspekt, weil sie nicht von einer angeblich notwendigen inneren Besinnung ausgehen.

Zahlreiche «öko-kritische» Autoren sehen hinter solch klischeemässigen Überzeugungen eine sektiererische Haltung und ein religionsähnliches Weltbild. Das daraus abgeleitete Lamentieren über die scheinbar ständig schlechter werdende Welt und die moralische Abwertung anderer Denkansätze bezeichnen sie als «Alarmismus», «Litanei» (Björn Lomborg), «Ökologismus» (etwa Dirk Marxeiner, Michael Miersch, Josef Reichholf) oder gar als «Ökoquisition» (Heinz Hug). Für den Münchner Biologieprofessor Josef Reichholf hat sich die Wissenschaft Ökologie zu einer Art Naturreligion weiterentwickelt, deren Wortführer vorzuschreiben versuchten, was sein und werden soll: «Dieser Ökologismus tritt heute so dominant in Erscheinung, dass es schwer ist – wie bei allen Ideologien –, die messbaren Fakten von den Wertungen zu trennen. Gegenwärtig befinden wir uns in einer Situation, wo jede Veränderung als schlecht bewertet wird. Die Vorstellung, es könnte sich einmal zum Guten wenden, ist uns völlig fremd geworden.»[482] Der deutsche Umweltjournalist Edgar Gärtner bezeichnet den «Ökologismus» als eine politische Religion, die sich als Überwissenschaft und somit als alternativlos ausgebe und daher nicht mit andern Glaubenssystemen auf dem Markt der Ideen zu konkurrieren brauche: «Kern dieser Religion ist ein gnostischer Reinheitskult, ein Opfer- beziehungsweise Ablassritual gegenüber einer vergötterten ‹Natur›»[483] Matthias Horx umschreibt den «Alarmismus» so: «Unter Alarmismus verstehen wir ein soziokulturelles Phänomen, bei dem Zukunftsängste epidemieartig in weiten Bevölkerungskreisen grassieren. Diese Ängste entstehen aus einer bestimmten Interpretation von Gefahrenmomenten, die durchaus reale Ursprünge (oder Teilaspekte) aufweisen können. Diese Gefahren werden jedoch symbolisch überhöht und auf ein vereinfachtes, eben katastrophisches Modell reduziert.» Diesem Alarmismus liege wie allen dogmatischen Religionen das Bild des Menschen zugrunde, der sich versündigt habe: «Die Menschen sind verderbt, verroht und entsittlicht! Sie müssen zur Tugend zurückkehren! Und da sie das nicht wollen, wird sie eine Katastrophe ereilen, die sie dazu zwingen wird!» Auch der deutsche Journalist Ivo Bozic schreibt: «Da wir alle Sünder sind, die für die bevorstehende Apokalypse verantwortlich zeichnen, können wir nur durch Verzicht und Reue der gerechten Bestrafung entgehen. Mit diesem Spiel von Schuld und Opfer funktioniert das Endzeitdenken geradezu religiös.»[484] Dirk Maxeiner wiederum ist überzeugt, dass «Ökologismus» sich seine eigenen Priester schaffe und zutiefst autoritätsgläubig sei: «Die Vorstellungswelt des Ökologismus rankt sich wie im Christentum um die Erwartung einer Endzeit, auf die man sich durch Verzicht und Busse vorbereiten soll. Das Natürliche ist rein, unverdorben, heilig. Das vom Menschen Gemachte ist sündhaft, schmutzig, verderbt.» In der Tradition der Bussprediger würden Kommentatoren zur Abkehr von lasterhaftem Verhalten aufrufen und Schuldgefühle wecken: «Ihre Lebensstil-Massregeln erinnern an die rigide katholische Sexualmoral früherer Zeiten. Alles, was Spass macht, ist verboten.»[485]

Der dänische Statistiker Björn Lomborg sieht die Vorstellung der Versündigung ebenfalls als eine zentrale Kraft hinter überhöhten Umweltängsten: «Wenn wir es so toll getrieben haben, sollten wir dann nicht auch bestraft werden? In diesem Lichte liesse sich die Furcht vor dem Treibhauseffekt als die Suche nach einer Nemesis ansehen, als gerechte Strafe für unsere Masslosigkeit, als Quittung dafür, dass wir den Zauberlehrling gespielt haben.» Neben religiös anmutenden Deutungen sei eine Sanktionierung des öffentlichen Diskurses zu beobachten: «Wir wissen nicht nur, dass die uns vertraute Litanei stimmt, wie wissen auch, dass jeder, der anderes behauptet, Böses im Schilde führen muss.» Er selber, Lomborg, sei darauf hingewiesen worden, er habe vielleicht recht mit der Behauptung, dass alles weniger schlimm sei. «Man darf aber so etwas nicht öffentlich aussprechen, weil es uns dazu veranlassen könnte, die Dinge etwas zu leicht zu nehmen.» Diese Position sei aber undemokratisch: «Wir (die wenigen Eingeweihten) kennen die Wahrheit, aber weil die allgemeine Kenntnis der Wahrheit die Leute dazu veranlasst, sich ‹falsch› zu verhalten, hängen wir sie besser nicht an die grosse Glocke. Eine solche Argumentation wird der Umweltbewegung auch langfristig schaden, weil er ihren wichtigsten Trumpf entwertet, die Glaubwürdigkeit.» Die beständige Widerholung der «Litanei» und die Übertreibung der Umweltprobleme habe dagegen gravierende Konsequenzen: «Wir werden dadurch eingeschüchtert und beschäftigen uns eher mit der Lösung von Phantomproblemen als mit den realen und dringenden Fragen (die möglicherweise gar keine Umweltprobleme sind).»[486]

Panische Angst um die eigene Gesundheit

Neben der religiös anmutenden Überhöhung gewisser Umweltprobleme macht vor allem eines Risiko-Diskussionen nochmals brisanter: die geradezu panische Angst weiter Bevölkerungskreise um die eigene

Gesundheit. Während beim beschriebenen «Ökologismus» weniger die Sorge um die eigene Person im Zentrum steht (sondern diejenige um die Umwelt und die Welt als Ganzes), handelt es sich hier bemerkenswerterweise um einen durchwegs egoistischen Ansatz: Man sieht das eigene Wohl durch minimste Gefahren und hypothetische Risiken bedroht – durch kleinste Spuren von problematischen Substanzen in der Nahrung, durch geringfügigste Ansteckungsmöglichkeiten mit einer gefährlichen Krankheit und durch allerlei Wellen und Schwingungen. Man verlangt ein «Nullrisiko» und fordert, dass alles Erdenkliche gemacht werde, um diese Bedrohungen völlig auszuschalten. Es ist absurd: In früheren Zeiten waren die Menschen konstant von Seuchen und Krankheiten, von Niedergang und Verderben bedrängt. Der Tod war allgegenwärtig, die Lebenserwartung tief. Heute hingegen ist der Gesundheitszustand der Bevölkerung um Grössenordnungen besser und die Lebenserwartung um Jahrzehnte höher – zumindest in der westlichen Welt. Die Qualität der Nahrung hat sich drastisch verbessert, die meisten Seuchen sind besiegt, und zum Schutz der eigenen Gesundheit steht eine schlagkräftige Medizin zur Seite. Die Sorge um das eigene Wohl hat gleichzeitig mit der dramatischen Verbesserung der Lebensbedingungen aber nicht etwa abgenommen, sondern sich eher noch verstärkt. Insbesondere haben immer mehr Leute Mühe, untrennbar mit dem Leben verbundene Risiken hinzunehmen, die nie völlig beseitigt werden können. Krämer und Mackenthun bringen es auf den Punkt: «Unsere moderne Wohlstandsgesellschaft ist eine verwöhnte Prinzessin auf der Erbse.»

So verbindet sich das Lamento um die naturentfremdete, dem Untergang geweihte Menschheit mit der Paranoia vor allen möglichen Giften und Strahlungen zu einer explosiven Mischung: Beim Trinkwasser lösen kaum nachweisbare Nanogrammmengen problematischer Stoffe Vergiftungsängste aus – während man gleichzeitig weiss, dass jedes Argument der Industrie gezinkt und jedes von Greenpeace grundehrlich ist. Wegen Acrylamid macht sich Panik vor Krebs breit – während Konsumentenschützer der Industrie vorwerfen, aus Profitgier oder Gleichgültigkeit untätig zu sein. Der Bau von Mobilfunkantennen lässt die Bevölkerung aus Sorge vor der «gefährlichen» Strahlung Sturm laufen – während gleichzeitig Kulturpessimisten den Verzicht auf moderne Kommunikationsmittel predigen. Aus Angst vor körperlichen Spätfolgen machen die Konsumenten einen weiten Bogen um alles «Genmanipulierte» – während Umweltaktivisten gleichzeitig die Gentechnik als neuartigen Imperialismus verteufeln.

Moralische Tabus verhindern offene Diskussion

Selbstregulierende gesellschaftliche Mechanismen spielen bei solchen ins Absurde abgleitenden Risiko-Diskussionen kaum. Vorherrschend ist vielmehr ein moralisches Tabu: Für die gesundheitlichen Probleme «Betroffener» hat man Verständnis aufzubringen – wer hingegen die behaupteten Zusammenhänge mit Mobilfunkstrahlung, Amalgam oder allerhand Lebensmittelgiften anzweifelt, dem wird Respektlosigkeit vorgeworfen. Angekündigte Umweltkatastrophen hat man zu akzeptieren – wer auch nur das Ausmass der Probleme diskutieren will, erscheint suspekt. Hans Rentsch schreibt in seiner Analyse des Schweizerischen Verbandsbeschwerderechts zu diesem aufgeladenen Umweltdiskurs: «Sich für andere Sorgen zu machen, dies ist im modernen Wohlfahrtsstaat – nicht nur in der Umweltpolitik – zu einer einträglichen professionalisierten Aktivität geworden. Der politische Widerstand ist in solchen moralisch aufgeladenen Politikbereichen gering, und Debatten entziehen sich der nüchternen Betrachtung. Die Bedeutung der moralischen Tabuisierung für das Risiko falscher Diagnosen und einer darauf beruhenden Fehlausrichtung der praktischen Politik kann kaum überschätzt werden.»[487]

Wer es trotzdem wagt, der übertriebenen Darstellung von Umwelt- und Gesundheitsgefahren entgegenzutreten, läuft Gefahr, als befangen und unglaubwürdig bezeichnet und so vorzeitig aus der Diskussion geworfen zu werden. Sämtliche Stimmen, die wirtschaftliche Interessen vertreten, scheiden sowieso von Anfang an aus – daneben wird auch disqualifiziert, wem entfernte Verbindungen zu einem Unternehmen nachgewiesen werden können (was insbesondere in der kleinräumigen Schweiz fast immer gelingt). Dabei werden zum Teil auch abenteuerliche Interessenkonflikte konstruiert – wie etwa der, dass vom Bund finanzierte Mobilfunkforschung nicht unabhängig sei, weil der Bund Mehrheitsaktionär der Swisscom sei und darum automatisch nur tendenziöse Forschung zulasse.

Wer nicht eigene materielle Werte durch einseitige Diskurse gefährdet sieht, hat umgekehrt jedoch selten Grund, sich öffentlich dem Mainstream entgegenzustellen und zu riskieren, moralisch diskreditiert zu werden. So werden Risiko-Diskussionen weitgehend denjenigen Akteuren überlassen, die von möglichst hochtrabenden Bedrohungsbildern profitieren oder zumindest nicht an einer Versachlichung der Diskussion interessiert sind: fragwürdige Wissenschaftler, an schaurigen Schlagzeilen interessierte Medienschaffende, angeblich «selbstlose» Umweltschützer und profilierungssüchtige Politiker.

Die Wissenschaft: Der Gang an die Öffentlichkeit lockt

Wissenschaft lässt sich als Versuch definieren, bestimmte Sachverhalte möglichst objektiv zu erfassen. Absolute Objektivität ist aber wie überall unmöglich. Wissenschaft findet darum nie völlig losgelöst von den Wertvorstellungen der Gesellschaft statt. Bereits die Wahl, welche Sachverhalte erforscht werden, stellt einen subjektiven Akt dar. Des Weiteren fliessen Werte und Grundhaltungen unweigerlich bei den Grundannahmen, den spezifischen Fragestellungen oder der Interpretation der Resultate ein. Einerseits spiegelt sich die Haltung der Forscher ein Stück weit in ihrer Arbeit. Andererseits steuert auch das Umfeld (beteiligte Interessengruppen, Geldgeber, Gesellschaft als Ganzes) die wissenschaftliche Arbeit mit – etwa über die vermehrte Zuwendung zu bestimmten Forschungszweigen oder über die Auswahl der zu untersuchenden Fragen. Dies alles passiert, ohne dass im eigentlichen Sinne manipuliert wird. Bei der Frage etwa, ob gentechnisch veränderte Kulturen und Biolandbau in der Schweiz nebeneinander existieren können, kommen zwei Studien zu völlig unterschiedlichen Resultaten, weil sie von unterschiedlichen Annahmen ausgehen, welche Kontamination noch tolerierbar sei. Bei der Erforschung der Mobilfunkstrahlung ergeben sich bei Untersuchungen, die ausschliesslich von der Industrie bezahlt sind, im Schnitt weniger Effekte als bei öffentlich oder gemischt finanzierter Forschung, weil vermutlich die Fragestellungen schon unterschiedlich gewählt wurden. Wissenschaftliche Resultate sind darum immer mit einer gewissen Vorsicht und Skepsis aufzunehmen. Das wissenschaftliche Umfeld ist bei der Interpretation zu berücksichtigen – was nicht bedeutet, dass man diese Ergebnisse als wertlos betrachten muss.

Auch wenn Wissenschaft nie völlig wertfrei sein kann, stellt sie doch das einzige und verlässlichste System dar, um mögliche Risiken für Mensch und Umwelt objektiv zu beurteilen. Es gibt schlicht keine Alternative dazu. Stellt man die Stellung der Wissenschaft in Abrede, heisst das, den Diskurs über Bedrohungslagen und allfällige Vorsichtsmassnahmen irgendwelchen Überzeugungen zu überlassen, die durch falsche Annahmen, Aberglauben oder Gruppeninteressen geprägt sein können. Die Bedeutung der Wissenschaft ist darum bei der Diskussion von Umwelt- und Gesundheitsinteressen zentral – es ist unumgänglich, sich an ihr zu orientieren, wenn man an einer objektiven Diskussion interessiert ist.

Prinzipiell besteht natürlich immer Gefahr, dass diejenigen, die die wissenschaftliche Arbeit finanzieren, darauf direkten Einfluss nehmen. Im ungünstigsten Fall heisst das, dass die Geldgeber Resultate durch bewusste Einflussnahme in eine gewünschte Richtung lenken – etwa durch manipulative Wahl von Fragestellung und wissenschaftlicher Methode, oder durch Verschweigen und Umdeutung von Ergebnissen. Die unter solchen Bedingungen arbeitenden Forscher gelten dann als «gekauft». Sie arbeiten nicht nach unabhängigen wissenschaftlichen Kriterien, sondern gemäss den Interessen ihrer Geldgeber.

Der Vorwurf an Wissenschaftler, «gekauft» zu sein, ertönt heute bedenklich schnell. Gewisse Mobilfunkkritiker werfen etwa allen Wissenschaftlern, die nicht die von ihnen vertretenen Positionen bestätigen, vor, «nicht unabhängig», sondern am Gängelband der Industrie zu sein. Gleiche Pauschalvorwürfe sind bei der Erforschung der Risiken von gentechnisch veränderten Organismen oder Amalgam zu hören. Die Verlockung ist gross, wissenschaftliche Resultate, die nicht die eigenen Standpunkte stützen, durch den pauschalen Vorwurf der Befangenheit zu diskreditieren. Dabei wird nicht beachtet, dass *Wissenschaft finanzieren* nicht gleichbedeutend ist mit *Wissenschaft kaufen*. Um die Unabhängigkeit der Forscher sicherzustellen, ist die Einschaltung von wissenschaftlichen, unabhängigen Gremien üblich, die über die Zuteilung der Gelder entscheiden. Solche *Firewalls* können eine wirksame Einrichtung sein, um die Unabhängigkeit wissenschaftlicher Arbeit sicherzustellen. Des Weiteren ist zu beachten, dass eine direkte, manipulative Einflussnahme ruinös für alle Beteiligten wäre, sollte sie öffentlich werden. Insbesondere sind Wissenschaftler, die eine entsprechende Manipulation ihrer Arbeit zulassen, fachlich meist erledigt – ihre Glaubwürdigkeit ist dahin, was oft das Ende ihrer wissenschaftlichen Karriere bedeutet. Der Anreiz, brisante Forschungsresultate den Geldgebern zuliebe zu verschweigen, dürfte für Forscher weit kleiner sein als derjenige, diese zu publizieren: Wem es als Wissenschaftler gelingen würde, eine gesundheitliche Schädigung durch Mobilfunkstrahlung, Amalgam oder Gentechprodukte schlüssig nachzuweisen, könnte sich in der wissenschaftlichen Gemeinde grosse Meriten verdienen.

Die Einflussnahme der Geldgeber auf die Wissenschaft ist hingegen in einem weit grösseren Kontext problematisch: Da wissenschaftliche Arbeit immer irgendwie finanziert werden muss, entscheiden die Geldflüsse mit, was erforscht wird. Geld steuert die Intensität der wissenschaftlichen Arbeit in einem bestimmten Gebiet. Sind die Geldgeber (bei öffentlicher Finanzierung ist das quasi die Gesellschaft insgesamt) überzeugt, dass die Erforschung bestimmter Wissensgebiete von Bedeutung sei, fliesst dorthin mehr Geld als anderswohin. Da öffentliche Forschung einen grossen Teil der wissenschaftlichen Arbeit einnimmt, wird vor allem dort intensiv geforscht, wo die Gesellschaft Forschungsbedarf sieht und entsprechende Gelder zur Verfügung stellt. So erfreuen sich etwa Klimawissenschaftler wegen der Diskussion über den Klimawandel deutlich kräftigerer Geldzuflüsse als früher, Gleiches war bei den Forstwissenschaften während der Auseinandersetzung um das Waldsterben zu beobachten (Sanasilva-Programm). Wo viel geforscht wird, werden sich aber auch mehr Effekte finden und belegen lassen als in weitgehend brachliegenden Gebieten – auch problematische. Das aber erhöht die Brisanz der entsprechenden Umwelt- oder Gesundheitsgefahren scheinbar weiter. So geht etwa die Wissenschaft in immer neuen Studien allfälligen Gefahren der Mobilfunkstrahlung nach, weil die Gesellschaft hier Gefahren vermutet – die so vorgefundenen Effekte der Strahlung (oder lediglich Hinweise darauf) bestärken dann wiederum die Überzeugung, dass diese Strahlung möglicherweise doch sehr gefährlich sei. Das grosse gesellschaftliche Interesse für Katastrophen führe dazu, dass viel Geld für Forschung ausgegeben werde, die alles darauf absuche, ob etwas gefährlich sein könnte, meint Björn Lomborg: «Dies ist positiv, denn auf diese Weise entdecken wir Gefahren, gegen die wir etwas unternehmen können. Es heisst aber auch, dass wir viel über potenziell gefährliche Dinge hören, auf die wir sonst nicht gekommen wären.»[488]

Naturgemäss erfahren wissenschaftliche Resultate, die Effekte belegen, mehr Aufmerksamkeit als solche, die dies nicht können. Eine Studie zum Beispiel, die schlüssig zeigen könnte, dass Handys Krebs auslösen, würde man in der Öffentlichkeit ungleich stärker beachten als eine andere, die keinen entsprechenden Zusammenhang nachweisen kann. Für den einzelnen Forscher bedeutet dies, dass belegte Effekte für seine Karriere deutlich interessanter sind als wissenschaftlich genauso fundierte «Nullresultate». Die Motivation zu wissenschaftlicher Publikation ist darum bei belegten Effekten deutlich höher. Damit besteht aber die

Gefahr, dass bestimmte Risiken verzerrt wahrgenommen werden – innerhalb der Wissenschaft, aber auch in der Öffentlichkeit: Nachgewiesene Effekte werden publik, nachgewiesene Nicht-Effekte hingegen nicht. Dieser Vorgang wird als *publication bias* bezeichnet. Die Mediziner Hans-Hermann Dubben und Hans-Peter Beck-Bornholdt beschreiben ihn so: «Man spricht von *publication bias*, wenn die veröffentlichten Forschungsergebnisse nicht repräsentativ für alle erzielten Resultate sind. *Publication bias* ist unausgewogene Berichterstattung in der Wissenschaft. Sie führt zu einer Fehleinschätzung der wissenschaftlichen Realität …» Dadurch erhalte die wissenschaftliche Gemeinschaft ein verzerrtes Bild der Wirklichkeit.[489]

Weil öffentliche Aufmerksamkeit heute entscheidend ist bei der Zuteilung von Forschungsgeldern, haben Wissenschaftler auch ein grosses Interesse daran, dass die Resultate ihrer Arbeit ausserhalb wissenschaftlicher Kreise zur Kenntnis genommen werden. Die Zusammenarbeit mit Medien ist deshalb attraktiv, die Verlockung, auch provisorische Resultate öffentlich zu machen, gross. So gelangen mehr und mehr dramatische «Forschungsergebnisse» in die Schlagzeilen, noch bevor der wissenschaftliche Prozess eine Beurteilung und Einordnung vornehmen konnte. Weil aber die Medien kaum mehr unterscheiden zwischen fundierten und provisorischen Resultaten, zwischen wissenschaftlich erhärteten Ergebnissen und Mutmassungen, ergibt sich durch die grössere Nähe zwischen Wissenschaft und Öffentlichkeit eine gefährliche Situation. Krämer und Mackenthun schreiben zu Wissenschaftlern, die allzu schnell den Gang an die Öffentlichkeit suchen: «Sie versuchen, die Medien als Werkzeug zu benutzen, um schneller mit einem Ergebnis auf den Markt zu kommen, um Eitelkeiten zu befriedigen, oder um mit öffentlicher Aufmerksamkeit die Chancen auf Forschungsgelder zu erhöhen.» Und die *Neue Zürcher Zeitung* meinte in einem Artikel über das Zusammenspiel von Journalismus und Wissenschaft: «Mittlerweile nutzen auch einzelne Wissenschaftler gezielt den Auftritt mit medienspezifischen Mitteln, um Forschungsgelder zu mobilisieren und Forschungsrichtungen mit Hilfe der öffentlichen Meinung durchzusetzen. Öffentliche Zustimmung ist heute sowohl für einzelne Forscher als auch für wissenschaftliche Institutionen eine wichtige Ressource für die Legitimation eigener Vorhaben.»[490]

Hans-Peter Beck-Bornholdt und Hans-Hermann Dubben sorgen sich wegen des Drucks der Öffentlichkeit auf die Wissenschaft allgemein um die Qualität der Forschung: «Was wir brauchen, ist nicht mehr, sondern bessere Forschung. Wenn wir weiter nach der Maxime publish or perish – veröffentliche oder geh vor die Hunde – verfahren, wird es die Wissenschaft sein, die vor die Hunde geht.»[491] So ist dem häufig ertönenden Ruf nach «mehr Forschung» in einem bestimmten Gebiet zumindest mit Vorsicht zu begegnen. Wenn etwa zur Erforschung der Risiken von Waldschäden, Acrylamid, Amalgam oder Klimaveränderungen mehr Geld gefordert wird, sollte man sich die Frage stellen, ob denn ein entsprechender (finanzieller) Aufwand tatsächlich gerechtfertigt ist, oder ob nicht die finanzielle Zuwendung zu andern Forschungsgebieten (die weniger im Fokus der öffentlichen Wahrnehmung stehen) möglicherweise einen ebenso grossen Nutzen für die Sicherheitsbedürfnisse der Gesellschaft bringt.

Die Medien: anfällig für einseitige Berichterstattung

Die Medien haben naturgemäss vor allem das Interesse aufzufallen. Sie buhlen um Leser, Zuhörer und Zuschauer und sind darum an möglichst knackigen Schlagzeilen interessiert. Das ist ihnen eigentlich nicht vorzuwerfen, denn gemäss dem Bild der Medien als «Wachhunde» der Gesellschaft ist es ihre Aufgabe, hin und wieder laut zu werden. Das laute Bellen soll dazu dienen, auf gesellschaftliche Missstände aufmerksam zu machen und über öffentlichen Druck eine Besserung herbeizuführen. Es ist allerdings festzustellen, dass nicht nur Boulevardblätter mehr und mehr in eine Art «Dauerkläffen» verfallen, bei dem es lediglich darum geht, möglichst viel Lärm zu veranstalten. Hinter dieser Entwicklung steht eindeutig die zunehmende Kommerzialisierung der Medien: Ihre Besitzer erwarten von den Redaktionen nur noch in beschränktem Masse Aufklärung der Gesellschaft, vor allem aber hohe Absatzzahlen und Einschaltquoten. Angesprochen wird der Medienkonsument, nicht mehr der Staatsbürger. Krämer und Mackenthun meinen zum zunehmenden kommerziellen Druck bei den Medien: «Er verführt dazu, immer aufdringlicher, immer unbarmherziger zu schreiben, und gleichzeitig immer oberflächlicher, immer trivialer, immer schlampiger.» Für Udo Ulfkotte hat dies gravierende Konsequenzen für den öffentlichen Diskurs. In seinem Buch «So lügen Journalisten» schreibt er: «Im Orbit eines multimedialen Beschleunigungssystems jagen sich Gerüchte, Zitate und Stellungnahmen. Meinungen werden in diesem Spiel schon längst nicht mehr ausgetauscht, sondern gemacht.»[492]

Natürlich sind längst nicht alle Zeitungen, Radio- und Fernsehprogramme in den gleichen Topf zu werfen, und es gibt auch in der Schweiz Medien, die sich dem Trend zum Seichten und Oberflächlichen bis jetzt erfolgreich entgegenstellen konnten. Trotzdem nimmt fast in allen Redaktionsstuben die für Recherchen zur Verfügung stehende Zeit ab: Es muss in kürzerer Zeit mehr geschrieben und gesendet werden. Das bedeutet, dass die Journalisten und Redaktoren Sachverhalte tendenziell in immer kürzerer Zeit erfassen müssen und gezwungen sind, einen Sendeinhalt oder einen Zeitungsartikel nicht aufgrund vertiefter Recherche zu gestalten, sondern gemäss dem ersten flüchtigen Eindruck. Medienschaffende, denen die dadurch geschaffene Unzulänglichkeit bewusst wird, werden versuchen, ihre Verantwortung weiterzugeben und zu einem kontroversen Thema einfach alle vorgebrachten Meinungen auf gleicher Höhe abzubilden. Das entspricht hingegen nur scheinbar dem journalistischen Grundsatz der Ausgewogenheit: Denn die Medien haben die Pflicht, die Plausibilität von Standpunkten und Argumenten zu prüfen, bevor sie sie in der Zeitung abdrucken oder über den Sender schicken. Ansonsten werden selbst abstruseste Ansichten und Behauptungen ans Publikum weitergegeben, das diese erst recht nicht einordnen kann. Auch Krämer und Mackenthun betonen: «Wenn Ausgewogenheit … heisst, dass die Pro- und Contrameinung gleichermassen und gleichgewichtig Platz bekommt, so kann daraus ein Ungleichgewicht entstehen, wenn nämlich die beiden Meinungen nicht gleichwertig sind.»

Redaktorinnen und Redaktoren, die unter einem Mangel an Recherchezeit leiden, haben die Tendenz, bereits erschienene Medienberichte als Referenz für die eigene Arbeit herbeizuziehen. Das heisst aber, dass Artikel und Berichte, die oft ebenfalls nicht fundiert recherchiert sind, als Belege für die eigenen Schlagzeilen herhalten müssen. Durch die Möglichkeiten der modernen Kommunikation, insbesondere des Internets, wird dieses Abgleichen journalistischer Arbeit noch erleichtert. Für den deutschen Kommunikationsforscher Hans Mathias Kepplinger hat diese *Kollegenorientierung* bei den Medien bedenkliche Ausmasse angenommen: «Die Angehörigen aller Berufe beobachten ihre Kollegen. Sie sind Gegner im beruflichen Wettbewerb, liefern die Massstäbe für Leistungsvergleich und sind Autoritäten der Kollegenkritik. In keinem anderen Beruf ist jedoch die Kollegenorientierung so intensiv und schnell wie im Journalismus. Die Lektüre zahlreicher Tageszeitungen gehört zur Routine von Fernsehredakteuren. Zeitungsredakteure verfolgen den ganzen Tag über die Nachrichten der Hörfunk- und Fernsehsender.» Die Folgen seien bedenklich, denn die Orientierung an andern Medien lasse die Meinungsvielfalt kleiner werden, wie man aus der Kommunikations- wissenschaft wisse: «Beschreiben mehrere Personen in einer Gruppe nacheinander ihre Beobachtungen, gleichen sich ihre Urteile schnell an, weil eine Gruppennorm, eine in der Gruppe allgemein akzeptierte Sicht- weise entsteht.»[493]

Die Folge dieser zunehmenden Kollegenorientierung sind die soge- nannten *Medienhypes*: Alle Medien berichten während eines begrenzten Zeitraums mit hoher Intensität über einen bestimmten Sachverhalt, wobei fast alle den gleichen Blickwinkel wählen und die gleichen Stand- punkte vertreten. Nach einiger Zeit verlieren sie mangels Nachschub an Neuigkeiten ihr Interesse am Thema und wenden sich wieder anderem zu. Typische Beispiele solcher Medienhypes sind etwa diejenigen um das Waldsterben, die Vogelgrippe, den Feinstaub oder den Klimawandel. Die involvierten Medien geben dabei das Bild eines Heuschreckenschwarms ab, der ein bestimmtes Gebiet überfällt, dort alles bis auf die Gerippe nie- derfrisst, um dann zum nächsten Platz weiterzuziehen. Die einzelne Zei- tung oder der einzelne Radio- und Fernsehsender beteiligt sich an einem solchen Hype oft nur aus Sorge um die Publikumsgunst – nicht aber, weil das entsprechende Thema gemäss eigener Einschätzung in die Schlagzeilen gehört. Solche Hypes sind nicht nur für das Publikum ten- denziell langweilig, sondern gesellschaftlich gefährlich: Durch die Dyna- mik der Berichterstattung ergibt sich ein hoher Handlungsdruck auf die Verantwortlichen, meist Behörden und Politik. Diese lassen sich zu Aktionismus verleiten, um zu zeigen, dass man «die Ängste der Bevölke- rung ernst nimmt» und «ein Zeichen setzen» will. Die in grosser Eile beschlossenen Massnahmen sind aber oft unsinnig. Ein typisches Bei- spiel dafür sind die untauglichen Geschwindigkeitsbegrenzungen auf Autobahnen, die zahlreiche Kantone unter dem Druck des «Feinstaub- Hypes» verordneten.

Ein weiteres Problem der Medienberichterstattung über Umwelt- und Gesundheitsrisiken besteht darin, dass es den damit befassten Jour- nalistinnen und Journalisten vielfach an elementaren Grundbegriffen naturwissenschaftlichen Denkens und Forschens fehlt. Sie sind sich nicht bewusst, dass es einen Unterschied macht, ob durch ein bestimmtes Risiko ein Mensch von zehn oder einer von zehn Millionen betroffen ist, und sie wissen auch nicht, dass es in der Wissenschaft Forschungsresultate unterschiedlichen Gewichts gibt. Walter Krämer und Gerald Mackenthun meinen zu den naturwissenschaftlichen Kenntnissen vieler Medienschaffenden: «Sie kennen nicht immer die Unterschiede zwischen Korrelation und Kausalität, zwischen Zufall und System, sie wollen nicht wahrhaben, dass es kein Nullrisiko gibt, sie haben wenig Ahnung von Statistik, und sie können schlecht mit relativen und absoluten Risiken umgehen.» Festzustellen ist, dass in Biologie, Chemie, Physik oder Mathematik ausgebildete Redaktoren und Journalisten allgemein rar gesät sind. Verschärfend kommt aber hinzu, dass die Berichterstattung über gesellschaftlich brisante naturwissenschaftliche Themen nicht von den Wissenschafts-Redaktionen geleistet wird (wo das erforderliche Fachwissen vorhanden wäre), sondern mehr und mehr von den politischen Ressorts. Manches dieser Themen wird gar auf den Frontseiten abgehandelt, wo dann nur allgemein geschulte Blattmacher die Schlagzeilen schreiben.

Festzuhalten ist weiter, dass eine grosse Zahl von Medienschaffenden in einer geistigen Nähe zur Umwelt- und Gesundheitsbewegung steht. Umweltorganisationen und links-grüne Politiker geniessen darum bei vielen Redaktionen einen Vertrauensvorsprung: Deren Darstellungen erscheinen à priori glaubwürdiger als diejenigen anderer politischer Richtungen oder der «profitgierigen» Industrie. Vielen Medienschaffenden mangelt es am Bewusstsein, dass auch Umweltorganisationen Interessenvertreter sind und ihnen mit der gleichen journalistischen Skepsis zu begegnen ist wie der Wirtschaft oder den Behörden. So schliessen sich Medien oft ziemlich ungeprüft den Darstellungen der Umweltorganisationen an – gerade dann, wenn die Zeit für fundierte Hintergrundrecherchen fehlt.

Der deutsche Journalist Burkhard Müller-Ullrich charakterisiert das Wirken von Berufskollegen, die durch Gesinnung angetrieben sind, in seinem Buch «Medienmärchen» so: «Mit zugestopften Lüftungsschlitzen pflegen die journalistischen Gesinnungswächter ihr ebenso schlichtes wie radikales Weltbild, das in groben Zügen wie folgt aussieht: Nichtfachleute sind stets glaubwürdiger als Fachleute; der demokratische Staat ist ein Täuschungsmanöver; der wissenschaftlich-technische Fortschritt ist böse.» Insgesamt kommt Müller-Ullrich zu einem harten Urteil, was die Leistung vieler Medienschaffenden angeht: «Der eine schreibt über etwas, wovon er nichts versteht, fasst das wenige, was er erfährt, falsch auf und gibt es auch noch verkehrt wieder. Der andere putzt etwas, das nur halbwahr und halbwichtig ist, so gekonnt heraus, dass es sich schlagzeilenträchtig sensationell ausnimmt – und gar nicht mehr stimmt. Der dritte schliesslich hat feste Ansichten und gute Absichten: Was ihnen widerspricht, wird umgedeutet, bis es passt, oder gleich ganz unterdrückt.»[494]

Insgesamt: Die Medien haben als «vierte Gewalt» im Staat eine grosse Macht und Verantwortung. Ein grosser Teil der Bevölkerung informiert sich praktisch ausschliesslich mittels Medienberichten über Umwelt- und Gesundheitsrisiken. Journalisten und Journalistinnen spielen darum eine zentrale Rolle bei der Diskussion dieser Themen. Der zunehmende Erfolgsdruck auf den Redaktionen (markige Schlagzeilen) und der Mangel an naturwissenschaftlichen Kenntnissen führen zusammen mit der Verbundenheit vieler Medienschaffenden mit der Umweltbewegung dazu, dass die entsprechenden Risiken tendenziell überschätzt und überzeichnet werden.

Die Umweltorganisationen: immer professionellere Interessenvertreter

Während Medienschaffenden abnehmende Recherchezeit zur Verfügung steht, findet bei ihren Ansprechpartnern eine gegenläufige Bewegung statt: Öffentliche und private Organisationen gestalten ihre Medienarbeit immer professioneller. Sie beschäftigen Medienverantwortliche oder gar ganze Medienabteilungen, die Mitteilungen so schreiben, dass sie für Redaktorinnen und Redaktoren interessant wirken, und die wissen, wie man Medienschaffende im persönlichen Umgang auf bestimmte Vorgänge aufmerksam macht – kurz: die wissen, wie Medien arbeiten und funktionieren. Das gilt nicht nur für die Industrie, für staatliche Behörden, sondern in zunehmenden Mass auch für Umweltorganisationen. Während es früher ehrenamtlich arbeitende Umweltschützer waren, die Kontakte zu Medien herstellten und auf ihre Anliegen hinwiesen, sind es heute oft Medienprofis, die die Anliegen der Umweltbewegung in der Öffentlichkeit professionell «verkaufen». Bei manchen Umweltorganisationen scheint sogar die mediale Wirkung ihrer Kampagnen an erster Stelle zu stehen – die Vermarktung eines Anliegens ist wichtiger als das Anliegen selbst. Mit der erwähnten Tendenz vieler Medienschaffenden, dem Wirken der Umweltbewegung sowieso unkritisch gegenüberzustehen, bewirkt deren geschickte Kampagnenarbeit oftmals eine völlige Vereinnahmung medialer Berichterstattung – etwas,

was die traditionelle Wirtschaft wegen der vorhandenen Vorbehalte trotz sicher ebenso professioneller Medienarbeit nicht schafft.

Insbesondere die Umweltorganisation Greenpeace hat ihr Lobbying perfektioniert und bietet Medienschaffenden mit dramatischen Aktionen immer neue Spektakel: Da ketten sich Aktivisten an Bäume (um gegen die Abholzung von Wald für eine Ski-WM zu protestieren), hissen Riesentransparente an Kühltürmen (um gegen Atomkraft zu kämpfen) oder karren Mist auf ein Versuchsfeld (um die Freisetzung gentechnisch veränderter Organismen zu verhindern). Greenpeace schafft es auch bei komplexen Sachverhalten, scheinbar eindeutige Botschaften zu vermitteln und die Rollen «gut» und «böse» immer klar zu verteilen. Dabei übergeht die Umweltorganisation zuweilen auch die Fakten. Bei der Auseinandersetzung um die Deponiensicherheit in Basel etwa suggeriert Greenpeace bewusst eine Verseuchung des Trinkwassers durch Chemikalien und bezeichnet die Behörden und die Industrie konsequent als die Schuldigen – obwohl eine Gefährdung der Bevölkerung nicht vorhanden ist. Beim Kampf gegen Gentechnik bezeichnet Greenpeace auch zweifellos sinnvolle Entwicklungen wie etwa den «Golden Rice» als gefährlich, nur um auf keinen Fall vom einfachen Schwarz-Weiss-Bild abweichen zu müssen. Greenpeace verschafft sich so meist mehr öffentliche Aufmerksamkeit als andere Umweltorganisationen, die mehr der Sachlichkeit verpflichtet sind.

In der Öffentlichkeit ist man sich dagegen meist nicht bewusst, dass die Umweltbewegung längst mehr ist als eine Ansammlung von selbstlosen Idealisten, die sich auf schier verlorenem Posten für eine gute Sache einsetzt. Tief verankert ist noch immer das Bild der Umweltschutzorganisation, die als David gegen einen übermächtigen Gegner Goliath (meist die Industrie und kommerzielle Unternehmen) kämpft. Übersehen wird dabei, dass die Umweltlobby genauso wie andere Interessenvertreter für Partikularinteressen eintritt – und das nicht immer selbstlos, sondern oft, um entsprechende Spendeneinnahmen sicherzustellen. Die Öffentlichkeit sei Umweltorganisationen gegenüber zu wenig kritisch eingestellt, stellt Björn Lomborg fest, denn: «Wie Industrie- und Agrarwirtschaftsverbände offenkundig daran interessiert sind, die Umwelt in leuchtenden Farben zu schildern, als gäbe es nichts weiter zu tun, so haben die Umweltorganisationen ein klares Interesse, uns mitzuteilen, der Zustand der Umwelt sei schlecht und wir müssten sofort handeln.» Diese Umwelt werde regelmässig als personifiziertes Opfer dargestellt, meint Edgar Gärtner: «So wird auch erklärlich, wie eine Bewegung, selbst wenn sie längst zum Mainstream geworden ist, noch immer in der Pose einer unterdrückten Minderheit auftreten kann, und warum deren Kritiker in die Rolle von herzlosen Egoisten und Apologeten des Bösen gedrängt werden.»

Zwar ist der Hinweis, die Umweltbewegung verfüge über weit weniger finanzielle Mittel zur Durchsetzung ihrer Ziele als ihre Gegenspieler (etwa Staat oder Wirtschaft), meist richtig – umgekehrt aber können Umweltorganisationen deutlich stärker auf moralische Rückendeckung durch Medien und Öffentlichkeit zählen. Unter dem öffentlichen Druck, den die Umweltbewegung aufzubauen vermag, nützen der Industrie in der Regel alle teuer finanzierten PR-Aktionen nichts. «Die Aktivisten gehen häufig strategisch vor», beobachtet Kommunikationsforscher Hans Mathias Kepplinger. «Sie planen den schrittweisen Aufbau ihrer Anklagen, entwickeln schlagkräftige Etiketten …, suchen Allianzen mit ähnlich Gesinnten in verschiedenen Medien und spielen sich, für die Öffentlichkeit kaum erkennbar, gegenseitig die Bälle zu.» Die Gegenseite muss so die Waffen oft strecken, selbst wenn die gemachten Vorwürfe haltlos sind.

Die Politik: anfällig für einseitige Vereinnahmung

Zahlreiche Politikerinnen und Politiker profitieren von hochgespielten Untergangsszenarien, indem sie als laute Vorkämpfer für die «gute Sache» auftreten und sich mit radikalen Forderungen profilieren. Partikulärinteressen zu vertreten entspricht zwar bei Parlamentariern den Regeln des politischen Spiels – nur sollten sich die Medien und die Öffentlichkeit dessen bewusst sein. Auch Vertreter von NGOs vertreten ein Stück weit die Interessen ihrer «Kundschaft» – genauso wie es die der Wirtschaftsverbände tun. Umweltbewegungen und NGOs sind genauso wenig demokratisch legitimiert wie kommerzielle Unternehmen – ihre Beteuerungen, sich auf die Allgemeinheit zu berufen, müssen darum kritisch hinterfragt werden. Denn jede Lobby beruft sich, um den eigenen Anliegen zum Durchbruch zu verhelfen, auf das «Volk», auf das «Allgemeinwohl» oder auf die «Menschen».

Politiker – vor allem auf kantonaler und kommunaler Ebene – sind oft über Umwelt- und Gesundheitsgefahren genauso oberflächlich informiert wie das Gros der Bevölkerung. Viele begegnen Medienberichten mit beängstigend wenig Skepsis und leiten daraus ihre politischen Forde-

rungen ab. Lokalpolitiker stehen dazu oft unter grossem Handlungsdruck: Ihre Wählerschaft, zu der sie meist persönliche Kontakte haben,
fordert von ihnen Taten, um angebliche Gefahren zu eliminieren. So lassen sich diese Politiker oft zu Handlungen verleiten, die zwar unsinnig
sind, aber Druck von ihnen nehmen. Beispiele dafür sind etwa Gemeindebehörden, die trotz eindeutiger Gesetzeslage Moratorien und Verbote
gegen Mobilfunkantennen erlassen (die dann später wie absehbar für
ungültig erklärt werden), ihr Gemeindegebiet zur «gentechnikfreien
Zone» erklären oder wegen angeblich gefährdeten Trinkwassers die Was-
serversorgung plötzlich umorganisieren.

Ängste erzeugen und Innovationen verhindern

Insgesamt lässt sich feststellen, dass die Diskussion um Umwelt- und
Gesundheitsrisiken oftmals geprägt ist von Akteuren, die Gefahren bewusst hochspielen oder zumindest kaum ein Interesse an einer Mässigung haben. So rollt ein Bedrohungsszenario nach dem andern auf die
Bevölkerung zu, begleitet vom immergleichen Lamento über den bal-
digen Untergang der Zivilisation. Weil sich deren Wirkung allmählich
abnutzt und das Publikum abstumpft, zielen die Protagonisten darauf
ab, möglichst Ängste zu erzeugen, um so doch noch wahrgenommen zu
werden. Aufmerksamkeit sei die «grosse Knappheit» der Informations-
gesellschaft, stellt Matthias Horx fest: «Wodurch kann man Aufmerksamkeit besser organisieren als durch Ängste? Und wodurch kann man Macht
besser erreichen oder festigen als durch Inszenierungen von Angst?», fragt
er rhetorisch. Angst wird oft damit erzeugt, entweder möglichst grauen-
volle gesundheitliche Folgen in Aussicht zu stellen oder den Kollaps von
Umwelt oder Menschheit vorauszusagen: Wegen «Elektrosmog» droht
der Krebs, wegen Amalgam die Vergiftung und wegen der Vogelgrippe
der Seuchentod. Wegen des Waldsterbens droht der Kollaps des gesamten
Alpenraums, wegen der Gentechnik Hunger und Verderben und wegen
des Klimawandels die Überschwemmung von Weltstädten.

Sind die Ängste im Publikum erst einmal verankert, ertönt rasch der
Ruf nach dem *Vorsorgeprinzip*: Umweltorganisationen, Konsumentenschützer und ihnen nahestehende Politiker fordern radikale Massnahmen, um die Folgen der von ihnen dargestellten Gefahren abzuwenden.
Das Vorsorgeprinzip besagt, dass die Gesellschaft auch dann, wenn das
Ausmass und die Folgen einer negativen Entwicklung noch nicht
abschliessend beurteilt werden können, schon Massnahmen einleitet,

um Schaden für Menschen oder Umwelt abzuwenden oder zu mindern – ein durchaus sinnvoller Ansatz. Heute wird das Vorsorgeprinzip jedoch inflationär eingefordert: Es soll nicht nur dann zur Anwendung kommen, wenn negative Konsequenzen absehbar sind, sondern auch bereits dann, wenn diese nicht völlig auszuschliessen sind (wie es etwa beim Mobilfunk oder den gentechnisch veränderten Organismen der Fall ist). Oft werden Verbote gefordert, die eine technische Innovation oder eine neue Entwicklung ganz verhindern. Wer das entsprechende Risiko weit geringer schätzt, eine differenziertere Abwägung der Chancen und Risiken wünscht und darum die geforderten Massnahmen als fragwürdig oder gar kontraproduktiv betrachtet, steht vor der moralischen Hürde, sich scheinbar gegen den doch so dringenden Schutz der Bevölkerung aussprechen zu müssen – was dann wiederum als «Verharmlosung» der Probleme gebrandmarkt werden kann. Als typisches Beispiel kann hier die Diskussion um angeblich verseuchtes Trinkwasser in der Region Basel angeführt werden: Gemäss dem Vorsorgeprinzip fordern eine Umweltorganisation und zahlreiche links-grüne Politiker unablässig die «sofortige Totalsanierung» aller vorhandenen Deponien, dazu sogar die vorsorgliche Reinigung des Trinkwassers. Weisen die Behörden und die involvierten Unternehmen darauf hin, dass diese Massnahmen kaum einen gesundheitlichen Nutzen für die Bevölkerung bringen, wird ihnen vorgeworfen, den Schutz der Bevölkerung nicht ernst zu nehmen.

Die Eingriffsschwelle für das Vorsorgeprinzip sei ins Bodenlose gesunken, schreiben Michael Miersch und Dirk Maxeiner. Das Prinzip werde einseitig angewendet: «Es werden Risiken betrachtet, die ein neues Verfahren mit sich bringen könnte. Nicht ins Kalkül gezogen werden hingegen jene Risiken, die durch die Anwendung des Verfahrens künftig ausgeschlossen werden.» Die beiden Autoren zitieren weiter ein Memorandum zur Innovationspolitik der den Grünen nahestehenden Heinrich-Böll-Stiftung, wo es heisst: «Darum sind beispielsweise Vorbehalte gegen Nahrungsmittel mit gentechnisch veränderten Bestandteilen, auch wenn sie wissenschaftlich unbegründet erscheinen, zu respektieren. Der Respekt vor unterschiedlichen Identitäten und unterschiedlichen Bewertungen, insbesondere wenn sie die Lebensweisen tief greifend verändern, ist unerlässlich.» Hier werde in schlichten Worten der Abschied vom Zeitalter der Aufklärung verkündet, stellen Maxeiner und Miersch fest: «Alle Wissenschaft muss hinten anstehen, wenn nur einer oder eine laut genug schreit: ‹Ich habe Angst.›»[495] Auch der Amerikaner Paul K. Driessen kritisiert den überbordenden Ruf nach Vorsorge: «Unter Bezugnahme auf das Vorsorgeprinzip wird … gefordert, dass man die Anwendung neuer Technologien, deren Sicherheit von wem auch immer bezweifelt wird, bis zum Beweis ihrer absoluten Sicherheit stark beschränken, wenn nicht sogar völlig verbieten sollte. Die sich aus neuen Technologien ergebende höhere Sicherheit wird häufig ignoriert.»[496] Mit Bezugnahme auf eine Wissenschaftlerbefragung in London 2003 zitiert Driessen eine Liste von erfolgreichen wissenschaftlichen und technologischen Innovationen des 19. und 20. Jahrhunderts, die mit der heutigen Anwendung des Vorsorgeprinzips wohl nicht zum Durchbruch gelangt wären. Die Liste umfasst etwa Antibiotika, Bluttransfusionen, Elektrizität, Kühltechnik, Mikrowellen, Organtransplantation, Radar, Röntgen oder Telefone.

Mehr Sachlichkeit nötig

Wer sich für eine Versachlichung von Debatten über Umwelt- und Gesundheitsgefahren ausspricht – und sich somit verdrehten und hochgespielten Szenarien entgegenstellt – hat zwei Probleme: Erstens muss er sich in den moralischen Gegenwind stellen. Die Umwelt- und Gesundheitsbewegung nimmt für sich in Anspruch, im Dienste von Mensch und Umwelt zu handeln und deren Schutz anzustreben. Ihr andauernder Ruf nach Vorsorge ist sehr populär. Wer sich entgegenstellt, setzt sich darum dem Verdacht aus, den Schutz der Bevölkerung und der Natur angesichts der doch so düsteren Aussichten zu vernachlässigen und zu übergehen und somit rücksichtslos zu handeln. Zweitens stösst er auf die argumentative Schwierigkeit, dass bei vielen Bedrohungsszenarien jeweils ein Kern an Wahrheit enthalten ist: Die Basler Chemie ging tatsächlich lange unverantwortlich mit ihrem Abfallproblem um und die im Boden vergrabenen Altlasten sind wirklich eine Hypothek für die Zukunft. Gesundheitliche Schäden von Handys und Antennen sind nicht mit letzter Gewissheit auszuschliessen und werden es wohl nie sein. Und die Vogelgrippe könnte als Pandemie möglicherweise wirklich viele Opfer fordern, wenn das Virus eines Tages den Sprung von Mensch zu Mensch schafft. Dazu gibt es tatsächlich Risiken, die in der Vergangenheit unterschätzt und sträflich übergangen wurden – wie etwa Asbest (worauf dann auch unablässig verwiesen wird). Ein differenziertes Bild von Umwelt- und Gesundheitsgefahren zu zeichnen, dabei den wahren Kern des Problems nicht zu verleugnen und trotzdem der übertriebenen Darstellung der

Risiken zu widersprechen: Das ist argumentativ weit schwieriger, als mithilfe der immergleichen Klischees ein Schwarz-Weiss-Bild von «gut» und «böse» zu zeichnen, die öffentliche Stimmung hochzuschaukeln und sich selber als Retter der Welt darzustellen. Ängste zu schüren ist immer einfacher, als Ängsten entgegenzutreten.

Trotzdem gibt es dringende Gründe, bei der Diskussion von Umwelt- und Gesundheitsgefahren mehr Sachlichkeit zu fordern. Zum einen droht mit hochgespielten Szenarien, die sich dann doch nicht erfüllen, ein ruinöser Vertrauensverlust gegenüber den Instanzen: Der Mann und die Frau von der Strasse realisieren, dass das, was öffentlich heiss diskutiert wird, selten so schlimm kommt, wie angekündigt. Noch heute wirkt etwa das nicht eingetroffene Waldsterben entsprechend nach, und die falschen Prognosen sind nicht nur zum politischen Instrumentarium bestimmter Parteien geworden, sondern haben das Vertrauen weiter Kreise in Wissenschaft und Staat nachhaltig beschädigt. Die Folge übertriebener Szenarien ist eine Abstumpfung des Publikums, nicht nur gegenüber Umwelt- und Gesundheitsproblemen, sondern generell allem, was auf der politischen Agenda steht. «Wir lassen am Ende nur noch die wirklich ‹starken Signale› durch», stellt Matthias Horx fest. «Unterhalb des Weltuntergangs schalten wir den medialen Apparat erst gar nicht mehr ein.» Insbesondere der mediale «Alarmismus» habe bereits gewaltigen Schaden angerichtet: «Viele Menschen haben inzwischen aufgegeben, überhaupt noch etwas zu glauben. Sie entwickeln allen Medienkontexten gegenüber nur noch eine wurstige Haltung. Stimmt sowieso nicht.» Da gerade eine direkte Demokratie aber auf aktive, gut informierte Bürgerinnen und Bürger angewiesen ist, sind dieser Vertrauensverlust und diese gleichgültige Haltung keine Lappalie.

Ebenso gravierend ist, dass wir mit unsachlichen Darstellungen von Gefahren für Mensch und Umwelt in Richtung einer «Behauptungs-Gesellschaft» marschieren. In dieser gelten nicht mehr objektive Fakten als wahr, sondern das, was Interessenvertreter als wahr deklarieren. Jeder und jede kann Behauptungen aufstellen, auch wenn sie noch so falsch sind, und versuchen, diesen mithilfe des medialen und politischen Apparats zum Durchbruch zu verhelfen. Wissenschaft wird dabei nicht mehr als einziger objektiver Gradmesser anerkannt, sondern als lästige Randerscheinung, deren Bedeutung infrage gestellt wird. Wer auf wissenschaftliche Belege pocht, wird als Pedant hingestellt. An die Stelle der Wissenschaften treten häufig Pseudowissenschaften, die den Drang vieler Menschen zum Esoterischen befriedigen. Statt wissenschaftlicher Studien und Untersuchungen sind geheimnisvolle Deutungen und Verklärungen entscheidend. Bei der Diskussion von Umwelt- und Gesundheitsproblemen sind nicht mehr nüchterne Zahlen gefragt, sondern ein romantisierendes Naturbild und klischeehafte Vorstellungen. Es droht eine Art voraufklärerischer Zustand, in dem nicht gemäss objektiver Nützlichkeit gehandelt wird, sondern gemäss Mythen und pseudoreligiösen Überzeugungen.

Mit der Überbetonung von Risiken und dem inflationären Einfordern des Vorsorgeprinzips droht der Gesellschaft der wissenschaftliche und technologische Stillstand. Das mag zwar bestimmten Bevölkerungsgruppen, die Technologie prinzipiell als menschenfeindlich betrachten, gerade recht kommen. Man bedenke aber, dass es die Errungenschaften der Wissenschaft und die Innovationen der Technik waren, die zu den heutigen (im Vergleich mit früheren Zeiten) geradezu paradiesischen Lebensverhältnissen in der westlichen Welt führten und die Lebenserwartung in nie für möglich gehaltene Höhen hinaufsteigen liessen: Die Erfolge der modernen Medizin, die Übernahme von körperlicher «Knochenarbeit» durch Maschinen, die erleichterte Produktion von Gütern durch technische Erfindungen – all das war nur möglich, weil in vergangenen Jahrzehnten die Chancen neuer Innovationen erkannt wurden und der Blick nicht nur auf mögliche negative Folgen und hypothetische Risiken gerichtet blieb. Horx schreibt: «In seinem Hang, eine bestimmte Gefahrenseite apodiktisch überzubetonen, sabotiert Alarmismus gleich welcher Couleur auf Dauer jeden Forschritt. Sein Maximalanspruch zerstört das feine Netz der Zivilgesellschaft mit ihren Kompromissen, Balancen und lebenswichtigen Beharrungen. Sein Existenzialismus hat die Macht, politische Vernunft grundlegend auszuhebeln und die nackte Panik an seine Stelle zu setzen.» Miersch und Maxeiner stellen fest, dass es nur durch den völligen Ausschluss von Risiken möglich sei, dem überbordenden Ruf nach Sicherheit nachzukommen: «Die Unbekannte, der Wechsel, das Experiment sind verdächtig, immer mehr Verbote und Regulierungen die Folge. Doch die Vorschriften von Behörden können niemals mit jener kollektiven Intelligenz konkurrieren, die sich aus Millionen freier Einzelentscheidungen der Menschen zusammensetzt. Werden diese unterbunden oder zu sehr eingeschränkt, dann ist dies bedauerlicherweise das Rezept, wie eine Gesellschaft sich selbst die Luft abdreht.»

Der drohende «Innovationsstopp» ist etwa bei der Biotechnologie bereits erkennbar: Wegen des lauten Geschreis von Gentechgegnern verordnet der Staat überhöhte und diskriminierende Hürden für Forschung und Entwicklung, Gentechforscher müssen ihren Beruf aufgeben oder abwandern, auch hoffnungsvolle Ansätze und Entwicklungen für die Zukunft werden so verhindert. Bei andern Innovationen ist es noch nicht so weit: Noch stützen sich etwa die eidgenössischen Behörden bei der Einschätzung der Gefahren der Mobilfunkstrahlung auf wissenschaftliche Fakten ab und widerstehen dem Ruf, Neuentwicklungen der elektronischen Kommunikation wegen eines verklärten Gesundheitsschutzes zu stoppen. Zu befürchten ist aber, dass bisher standhafte Behörden unter zunehmenden politischen und medialen Druck geraten und mehr und mehr gemäss den geschürten Ängsten statt vernünftigen Grundsätzen handeln müssen.

Fazit

Die Umweltschutz- und Gesundheitsbewegung hat in den vergangenen Jahrzehnten viel Positives erreicht: Durch die von ihr angestossenen Massnahmen und Vorschriften wurden etwa die Gewässer wieder sauber und die Luftqualität deutlich besser. Die Gesellschaft wurde sensibilisiert für Verschwendung, Vergeudung und gedankenlose Umweltzerstörung. Dazu lancierte die Umweltbewegung notwendige Diskussionen über zukünftige Gefahren.

Mehr und mehr nehmen solche Diskussionen aber dogmatische Züge an: Oftmals steht von Anfang an fest, was «gut» oder «schlecht» ist, was die richtige oder die falsche Gesinnung sein muss und was die erwünschten oder unerwünschten Argumente sind. Viele Leute sind tief überzeugt, auf der Welt werde alles immer schlechter, und neigen zu einem verklärten Naturbild. Daneben herrscht in weiten Bevölkerungskreisen eine fast paranoide Angst um die eigene Gesundheit. Akteure, die an hochgespielten Bedrohungsszenarien interessiert sind, haben so leichtes Spiel: Wissenschaftler suchen mit provisorischen und ungesicherten Erkenntnissen den Weg an die Öffentlichkeit, Medien unter kommerziellem Erfolgsdruck verarbeiten diese zu schaurigen Schlagzeilen, die Umwelt- und Gesundheitslobby sorgt für die «richtige» moralische Einordnung der Diskussion, Politiker fordern radikale, aber oft unsinnige Massnahmen. Insbesondere das Vorsorgeprinzip wird inflationär eingefordert – auch bei unbelegten oder lediglich hypothetischen

Risiken. Unsere Gesellschaft läuft Gefahr, wegen dieser ideologisch geprägten Wahrnehmung von Gefahren weit über das Ziel eines angemessenen Schutzes hinauszuschiessen und neue sinnvolle Anwendungen von Wissenschaft und Technik zu blockieren.

Quellenverzeichnis

Vogelgrippe

1 *Blick*, 14.2.2007.
2 Schweizer Fernsehen, *Arena*, 21.10.2005.
3 Medienmitteilung des Bundesamtes für Gesundheit, 7.8.2006.
4 Medienmitteilung des Bundesamtes für Gesundheit, 30.9.2005.
5 *Zürichsee-Zeitung*, 17.5.2006.
6 Bundesamt für Gesundheit: «Influenza-Pandemieplan Schweiz 2006» (Kurzfassung).
7 *Die Wochenzeitung*, 31.8.2006.
8 *Tages-Anzeiger*, 16.2.2006.
9 *Neue Luzerner Zeitung*, 17.2.2006.
10 Ebenda, 2.3.2006.
11 *Der Bund*, 22.2.2006.
12 *Blick*, 22.10.2005.
13 *Die Südostschweiz*, 25.2.2006.
14 *Schweizer Illustrierte*, 20.2.2006.
15 *SonntagsBlick*, 23.10.2005.
16 *Berner Zeitung*, 20.10.2006.
17 *Der Spiegel*, 17.10.2005.
18 Medienmitteilung des Bundesamtes für Gesundheit, 16.2.2006.
19 Informationsschrift des Bundesamtes für Gesundheit und des Bundesamtes für Veterinärwesen, 15.12.2005.
20 *Tages-Anzeiger*, 8.12.2005.
21 *Blick*, 25.10.2005.
22 *Neue Luzerner Zeitung*, 2.3.2006.
23 *Berner Zeitung*, 24.2.2006.
24 LID Mediendienst, 26.2.2007.
25 *Tages-Anzeiger*, 8.12.2005.
26 Schweizer Fernsehen, *Arena*, 21.10.2005.
27 *Berner Zeitung*, 29.10.2005.
28 *Der Bund*, 21.10.2005.
29 *Aargauer Zeitung*, 6.12.2006.
30 *Die Wochenzeitung*, 31.8.2006.
31 *Berner Zeitung*, 20.10.2006.
32 *St. Galler Tagblatt*, 27.4.2007.
33 *Blick*, 16.5.2007.
34 Deutsche Welle, www.dw-world.de, 23.2.2006.
35 *Aargauer Zeitung*, 20.10.2005.
36 *SonntagsZeitung*, 28.5.2006.
37 *Berner Zeitung*, 22.10.2005.
38 Deutsche Welle, www.dw-world.de, 23.2.2006.
39 NZZ, 3.12.2005.

Mobilfunkstrahlung

40 *Zürichsee-Zeitung*, 5.6.2007.
41 *Tages-Anzeiger*, 2.6.2007.
42 NZZ, 5.6.2007.
43 *Tages-Anzeiger*, 24.8.2007.
44 Gregor Dürrenberger, Forschungsstiftung Mobilkommunikation: «Biologische und
   Gesundheitliche Wirkungen von Mobilfunkstrahlung – Stand des Wissens», 10.11.2004.

45 K. Hug et al.: «Hochfrequente Strahlung und Gesundheit – Bewertung von wissenschaftlichen Studien an Menschen im Niedrigdosisbereich», Umwelt-Materialien Nr. 162 – Nichtionisierende Strahlung, Bundesamt für Umwelt, 2003.

46 K. Hug et al.: «Hochfrequente Strahlung und Gesundheit – Bewertung von wissenschaftlichen Studien im Niedrigdosisbereich. Stand: September 2006», Bundesamt für Umwelt, 2007.

47 WHO: «Elektromagnetische Felder und öffentliche Gesundheit – Basisstationen und drahtlose Technologie», Fact Sheet Nr. 304, Mai 2006.

48 WHO: «Elektromagnetische Felder und öffentliche Gesundheit – Elektromagnetische Hypersensitivität (Elektrosensibilität)», Fact Sheet Nr. 296, Dezember 2005.

49 H. P. Neitzke, Julia Osterhoff: «Mobilfunk und Gesundheit 2000–2005», Ecolog-Institut 02/2005.

50 Anke Huss et al.: «Source of Funding and Results of Studies of Health Effects of Mobile Phone Use: Systematic Review of Experimental Studies», Environmental Health Perspectives, 2006.

51 Medienmitteilung der Universität Bern: «Geldgeber hat einen Einfluss auf Resultate von Mobilfunkstudien», 21.9.2006.

52 Tages-Anzeiger, 22.9.2006.

53 Brief von «Diagnose Funk» an Bundesrat Moritz Leuenberger, 26.3.2007.

54 K-Tipp, 21.9.2005.

55 Datenbank ELMAR des Instituts für Sozial- und Präventivmedizin der Universität Basel.

56 Ebenda.

57 Hans-Peter Beck-Bornholdt, Hans-Hermann Dubben, Der Hund, der Eier legt. Rowohlt Verlag, Hamburg 2001 (vollständig überarbeitete und erweiterte Neuausgabe).

58 Landbote, 13.11.2007.

59 20 Minuten, 14.11.2007.

60 Basler Zeitung, 15.11.2007.

61 Schüz et al.: «Cellular Telephone Use and Cancer Risk: Update of a Nationwide Danish Cohort», in: Journal of the National Cancer Institute, 2006 Volume 98 Number 23.

62 www.bafu.ch

63 Saldo, 22.1.2003.

64 Reinhold Berz, Krank durch Mobilfunk?. Verlag Hans Huber, Bern 2003.

65 Berner Zeitung, 14.9.2007.

66 Medienmitteilung der Universität Zürich, der IT'IS-Foundation und der Universität Bern, 6.6.2006.

67 Regel et al.: «Schweizer Studie zum Einfluss von UMTS-Mobilfunkfeldern auf das Wohlbefinden und kognitive Funktionen bei elektrosensiblen und nicht-elektrosensiblen Personen», 2006.

68 K-Tipp, 14.6.2006.

69 Schweizerische Ärztezeitung, 14.1.2004.

70 Ebenda, 21.6.2006.

71 Tages-Anzeiger, 10.6.2006.

72 Lahkola et al.: »Mobile phone use and risk of glioma in 5 North European countries», in: International Journal of Cancer, Jan 2007.

73 Blick, 2.2.2007.

74 Süddeutsche Zeitung, 30.1.2007.

75 Spiegel-Online, 31.1.2007.

76 Der Spiegel, 5.2.2007.

77 Umweltmedizin Forschung und Praxis, Ausgabe 12 (1), 2007.

78 Hans Mathias Kepplinger, Die Mechanismen der Skandalierung. Olzog Verlag, München 2005.

79 «Gesundheitsrisiko Elektrosmog», 2. Auflage, Puls Media AG, Zürich 2006.

80 «Resultate aus der Bevölkerungsbefragung zu NIS und Schall», in: *BAG-Bulletin* 51, 13.12.2004.
81 NZZ, 12.6.2007.
82 «Fragebogen zu gesundheitlichen Beschwerden wegen elektromagnetischen Feldern», BAG, März 2006.
83 Soziale Medizin/3. 06.
84 *Südostschweiz*, 25.9.2007.
85 *Berner Zeitung*, 20.7.2006.
86 *Zofinger Tagblatt*, 1.9.2006.
87 *K-Tipp*, 6.9.2006.
88 Landrat Baselland, Motion von Jürg Wiedemann: «Wertverminderung durch Mobilfunkstrahlung», 7.9.2006.
89 *K-Tipp*, 16.11.2005.
90 Bakom-Studie: «NIS Immissionen in Salzburg», Februar 2002.
91 *Wochenzeitung*, 7.3.2002.
92 *SonntagsBlick*, 7.4.2002.
93 «Mobilfunkantennen. Senkung des Anlagegrenzwertes», Postulat 02.3198, eingereicht am 17.4.2002.
94 Dirk Maxeiner, Michael Miersch, *Die Zukunft und ihre Feinde*. Eichborn Verlag, Frankfurt 2002.
95 *Umweltmedizin Forschung und Praxis*, Ausgabe 12 (1), 2007.
96 Thomas Grasberger, Franz Kotteder, *Mobilfunk – Ein Freilandversuch am Menschen*. Verlag Antje Kunstmann, München 2003.
97 www.diganose-funk.ch
98 Wiedemann et al.: «Bedeutung von Vorsorgemassnahmen und von wissenschaftlichen Unsicherheiten für die EMF-Risikoeinschätzung bei Laien», Final Report, 2006.

Amalgam

99 *Limmattaler Tagblatt*, 9.1.2006.
100 Bundesinstitut für Arzneimittel und Medizinprodukte: «Amalgame in der zahnärztlichen Therapie», Stand Januar 2005.
101 www.kzbv.de
102 *Basler Zeitung*, 25.5.1996.
103 *Beobachter*, 30.4.1999.
104 *Aargauer Zeitung*, 23.2.2001.
105 *SonntagsZeitung*, 18.8.2002.
106 H. Metzler, C. Metzler: «Amalgam – eine Glaubensfrage?», in: *Schweizerische Monatsschrift für Zahnmedizin*, 8/1998.
107 www.sgzm
108 amalgam-info.ch
109 www.naturmednet.de
110 *Limmattaler Tagblatt*, 9.1.2006.
111 *SonntagsZeitung*, 5.1.1997.
112 *NZZ Folio*, 4.4.2005.
113 WHO-Konsenserklärung zum Thema Dentalamalgam, September 1997.
114 P. Engel: «Beobachtungen über die Gesundheit vor und nach Amalgamentfernung», in: *Schweizerische Monatszeitschrift für Zahnmedizin*, 8/1998.
115 *Puls-Tipp*, 1.11.2001.
116 Motion 03.3365: «Quecksilber in der Medizin», eingereicht am 19.6.2006 von Pia Hollenstein.
117 «Restaurationsmaterialien in der Zahnheilkunde», Konsenspapier diverser mit Zahnheilkunde befasster deutschen Institutionen, Juli 1997.

118 *Beobachter*, 12.5.2006.
119 Ebenda, 10.11.1995.
120 *SonntagsZeitung*, 5.1.1997.
121 *NZZ am Sonntag*, 17.11.2002.
122 B. Willershausen et al.: «Bewertung der gegenwärtigen Füllungstherapie aus der Sicht niedergelassener Zahnärzte eines Bundeslandes», in: *Deutsche Zahnärztliche Zeitschrift*, 12/2001.
123 S. Szep et al.: «Die zelluläre Verträglichkeit moderner zahnärztlicher Komposite in humanen Gingivafibroblastenkulturen», in: *Deutsche Zahnärztliche Zeitschrift*, 10/2001.

Grüne Gentechnik
124 *Neue Luzerner Zeitung*, 31.10.2003.
125 *Tages-Anzeiger*, 27.3.2004.
126 *Basler Zeitung*, 2.4.2004.
127 *Aargauer Zeitung*, 9.9.2005.
128 *Schweizer Bauer*, 8.3.2003.
129 *Basler Zeitung*, 19.3.2004.
130 Ebenda, 2.4.2004.
131 *Weltwoche*, 3.11.2005.
132 NZZ, 15.11.2005.
133 Ebenda, 9.11.2005.
134 www.gensuisse.ch
135 *Aargauer Zeitung*, 26.10.2005.
136 *Weltwoche*, 3.11.2005.
137 *SonntagsZeitung*, 30.10.2005.
138 *HandelsZeitung*, 2.11.2005.
139 *Neue Luzerner Zeitung*, 15.11.2005.
140 *HandelsZeitung*, 2.11.2005.
141 www.ethlife.ethz.ch
142 *Das Magazin*, 12.11.2005.
143 www.transgen.de
144 *St. Galler Tagblatt*, 28.11.2005.
145 www.blauen-institut.ch
146 *Berner Zeitung*, 31.10.2005.
147 *Schweizer Bauer*, 11.6.2005.
148 *Zofinger Tagblatt*, 1.7.2006.
149 Medienmitteilung des Bundesamtes für Umwelt, 15.5.2007.
150 Medienmitteilung der SAG, 15.5.2007.
151 Medienmitteilung von Bio Suisse, 15.5.2007.
152 Dirk Maxeiner, Michael Miersch, *Die Zukunft und ihre Feinde*. Eichborn-Verlag, Frankfurt 2002.
153 Medienmitteilung von Greenpeace, 14.6.2007.
154 *Blick*, 31.5.2007.
155 *Berner Zeitung*, 1.6.2007.
156 sda, 4.9.2007.
157 www.gensuisse.ch
158 *Der Bund*, 25.2.2006.
159 *NZZ am Sonntag*, 6.5.2005.
160 *HandelsZeitung*, 2.11.2005.
161 *Neue Luzerner Zeitung*, 15.5.2004.
162 WHO: «Modern food biotechnology, human health and development: an evidence-based study», 2005.

163 Agroscope Reckenholz-Tänikon: «Ökologische Auswirkungen gentechnisch veränderter Pflanzen», 2006.
164 *Genschutz-Zeitung* Nr. 47, April 2007.
165 NZZ, 23.11.2005.
166 *Tages-Anzeiger*, 22.10.2005.
167 NZZ, 23.11.2005.
168 *Tages-Anzeiger*, 8.6.2007.
169 Medienmitteilung von Pro Natura, 31.10.2006.
170 *Tages-Anzeiger*, 22.10.2005.
171 *CoopZeitung*, 10.7.2007.
172 Agroscope FAL Reckenholz: «Koexistenz verschiedener landwirtschaftlicher Anbausysteme mit und ohne Gentechnik», 2005.
173 FiBL: «Gentechnik in der Landwirtschaft? Räumliche Aspekte der Koexistenz in der Schweiz», 2004.
174 www.art.admin.ch
175 *Berner Zeitung*, 10.6.2005.
176 Medienmitteilung des BAG, 19.4.2001.
177 SAG: Fact Sheet: Koexistenz: Regulierung, November 2003.
178 Medienmitteilung der Grünen Partei der Schweiz, 3.7.2006.
179 *Basler Zeitung*, 2.8.2003.
180 www.gentechfrei.ch
181 Motion 06.3600 von G. Savary: «Deklarationspflicht für Lebensmittel von mit GVO gefütterten Tieren», eingereicht am 6.10.2006.
182 *Basler Zeitung*, 13.10.2006.
183 *NZZ am Sonntag*, 10.9.2006.
184 *Tages-Anzeiger*, 14.9.2006.
185 *NZZ am Sonntag*, 17.9.2006.
186 *Basler Zeitung*, 17.9.2007.
187 NZZ, 19.3.2007.
188 *Basler Zeitung*, 22.2.2007.
189 Medienmitteilung der SAG, 21.2.2007.
190 *Basler Zeitung*, 23.2.2007.
191 *SonntagsZeitung*, 30.10.2005.
192 *Tages-Anzeiger*, 7.3.2007.
193 www.gensuisse.ch
194 *St. Galler Tagblatt*, 16.6.2007.
195 NZZ, 15.11.2005.
196 *Tages-Anzeiger*, 4.11.2005.
197 Ebenda, 19.5.2004.
198 Medienmitteilung der Swissaid, 14.10.2004.
199 NZZ, 6.12.2003.
200 Swissaid-Brief vom 9.2.2005.
201 *Weltwoche*, 27.10.2005.
202 FAO Jahresbericht: «The State of Food and Agriculture», 2003–2004.
203 Huang et al.: «Insect-Resistant GM Rice in Farmers» Fields: Assessing Productivity and Health Effects in China», in: *Science* 308, 2005.
204 *Basler Zeitung*, 13.1.2006.
205 *Aargauer Zeitung*, 18.6.2005.
206 *Basler Zeitung*, 13.1.2006.
207 International Service For The Acquisition Of Agri-Biotech Applications, ISAAA Brief 35–2006.
208 *Tages-Anzeiger*, 10.9.2002.

209 *Der Bund*, 10.2.2005.
210 NZZ, 11.2.2005.
211 *Wochenzeitung*, 16.1.2003.
212 NZZ, 7.10.2005.
213 Paul K. Driessen, *Öko-Imperialismus – Grüne Politik mit tödlichen Folgen*. TvR Medienverlag, Jena 2006.
214 NZZ, 21.10.2005.
215 Ebenda, 6.12.2003.
216 *Berner Zeitung*, 21.11.2005.
217 NZZ, 6.12.2003.
218 *Weltwoche*, 16.5.2005.
219 *Neue Luzerner Zeitung*, 15.5.2004.
220 *Facts*, 7.4.2005.
221 *Basler Zeitung*, 18.4.2006.
222 www.greenpeace.de
223 *Das Magazin*, 10.2.2001.
224 *Weltwoche*, 11.10.2007.

Trinkwasser

225 *Basler Zeitung*, 26.10.2006.
226 Medienmitteilung Kantonales Labor BL, 20.6.2006.
227 *Basler Zeitung*, 11.1.2006.
228 NZZ, 16.6.2006.
229 *Wochenzeitung*, 15.6.2006.
230 Antwort der Regierung Baselland auf Interpellation 2006/167: «Chemikalien im Trinkwasser»
231 *Basler Zeitung*, 20.6.2006.
232 *Mittelland Zeitung*, 14.7.2006.
233 *Basler Zeitung*, 17.6.2006.
234 NZZ, 20.6.2006.
235 Walter Krämer, Gerald Mackenthun, *Die Panikmacher*, Piper Verlag, München 2001.
236 Heinz Hug, *Die Angsttrompeter*, Signum Verlag, München 2006.
237 *Basler Zeitung*, 20.4.2006.
238 Ebenda, 17.2.2006.
239 *AZ-Tabloid*, 7.3.2007.
240 Medienmitteilung Basta!, 29.3.2007.
241 *Basellandschaftliche Zeitung*, 18.8.2007.
242 *Basler Zeitung*, 1.11.2006.
243 *Basellandschaftliche Zeitung*, 16.2.2007.
244 *heute*, 15.2.2007.
245 *Basler Zeitung*, 6.9.2006.
246 *Basellandschaftliche Zeitung*, 12.4.2007.
247 *Basler Zeitung*, 13.4.2007.
248 *Tages-Anzeiger*, 9.5.2007.
249 *Basler Zeitung*, 29.6.2007.
250 *Basellandschaftliche Zeitung*, 12.5.2007.
251 *Basler Zeitung*, 27.7.2007.
252 Ebenda, 18.7.2006.
253 *Beobachter*, 10.11.2006.
254 NZZ, 16.6.2006.
255 Martin Forter, «Chemiemüll im Trinkwasser in Muttenz 1957–2007».
256 *Basler Zeitung*, 21.3.2007.

257 Medienmitteilung der Volkswirtschafts- und Sanitätsdirektion BL und der Bau- und Umweltschutzdirektion BL, 17.12.2007.
258 *Basler Zeitung*, 18.12.2007.
259 Ebenda, 20.12.2007.
260 Ebenda, 21.1.2008.
261 Ebenda, 22.12.2007.
262 Medienmitteilung von Greenpeace, 17.12.2007.
263 *Basler Zeitung*, 24.1.2008.
264 *Tages-Anzeiger*, 17.12.2007.
265 gwa 1/2008.
266 *Basler Zeitung*, 30.11.2007.
267 Sieber Cassina + Partner AG, «Deponie Feldreben Muttenz BL – Schlussbericht Technische Untersuchung, 1. Etappe», 31.1.2005.
268 *Basler Zeitung*, 28.9.2007.

Acrylamid
269 NZZ, 30.4.2002.
270 Bundesinstitut für Risikobewertung (BfR): «Aktualisierung der Risikobewertung von Acrylamid in Lebensmitteln», 28.11.2002.
271 *Basler Zeitung*, 28.6.2002.
272 Medienmitteilung des BAG, 11.7.2002.
273 NZZ, 6.6.2002.
274 *Aargauer Zeitung*, 6.6.2002.
275 *Frankfurter Allgemeine Sonntags Zeitung*, 26.8.2007.
276 *Cash*, 21.6.2006.
277 Schweizer Fernsehen, *Kassensturz*, 4.6.2002.
278 Ebenda, 11.6.2002.
279 Ebd., 21.10.2003.
280 *Tages-Anzeiger*, 9.8.2002.
281 *Basler Zeitung*, 9.8.2002.
282 *Blick*, 16.11.2002.
283 *St. Galler Tagblatt*, 5.2.2003.
284 *Facts*, 28.11.2002.
285 *Süddeutsche Zeitung*, 5.11.2002.
286 *Spiegel*, 30.12.2002.
287 *Stern*, 6.6.2002.
288 Ebenda, 12.12.2002.
289 Dirk Maxeiner, Michael Miersch, *Lexikon der Öko-Irrtümer*. Piper Verlag, München 2002.
290 Walter Krämer, Gerald Mackenthun, *Die Panikmacher*. Piper Verlag, München 2001.
291 Björn Lomborg, *Apocalypse No!*. Zu Klampen Verlag, Lüneburg, 2002.
292 Heinz Hug, *Die Angsttrompeter*. Signum Verlag, München 2006.
293 www.das-eule.de
294 *Der Bund*, 16.10.2002.
295 *Süddeutsche Zeitung*, 5.11.2002.
296 *K-Tipp*, 23.4.2003.
297 *Saldo*, 22.10.2003.
298 Faltblatt «STOP.Acrylamid in Pommes frites», www.klzh.ch
299 *SonntagsZeitung*, 2.2.2003.
300 Ebenda.
301 *K-Tipp*, 28.1.2004.
302 Ebenda, 31.5.2006.
303 Medienmitteilung des Bundesamtes für Gesundheit, 19.12.2002.

304 *Blick*, 20.12.2002.
305 Ebenda, 18.1.2003.
306 NZZ, 28.1.2003.
307 Mucci et al.: «Dietary acrylamide and cancer of the large bowel, kidney, and bladder: Absence of an association in a population – based study in Sweden», *British Journal of Cancer* (2003) 88, S. 84–89.
308 *Basler Zeitung*, 29.1.2003.
309 *Schweizer Bauer*, 8.2.2003.
310 *Deutsches Ärzteblatt*, Jg. 102, Heft 39, 30. September 2005.
311 Hans Mathias Kepplinger, *Die Mechanismen der Skandalierung*. Olzog Verlag, München 2005.
312 *Tages-Anzeiger*, 7.9.2005.
313 Schweizer Radio DRS, *Espresso*, 6.9.2005.
314 Medienmitteilung des BAG, 3.11.2006.
315 Medienmitteilung Foodwatch, 7.11.2006.
316 *SonntagsZeitung*, 29.10.2006.
317 *Spiegel*, 27.11.2006.

Feinstaub

318 *auto-dossier* 12/2006: Resultate einer Umfrage von auto-schweiz in Zusammenarbeit mit gfs.bern.
319 Bundesamt für Umwelt: «Luftbelastung 2005 – Messresultate des Nationalen Beobachtungsnetzes für Luftfremdstoffe NABEL», Bern, 2006.
320 Bundesamt für Umwelt: «Feinstaub PM10: Aktuelle Situation – Strategie», Faktenblatt, 6.4.2006.
321 Bundesamt für Umwelt, Wald und Landschaft: «Feinstaub macht krank», 2005.
322 *Aargauer Zeitung*, 28.4.2001.
323 *SonntagsZeitung*, 10.9.2000.
324 Bundesamt für Raumentwicklung: «Externe Gesundheitskosten durch verkehrsbedingte Luftverschmutzung in der Schweiz», Aktualisierung für das Jahr 2000.
325 NZZ, 23.6.2006.
326 *Die Südostschweiz*, 2.2.2006.
327 *Blick*, 3.2.2006.
328 *Tages-Anzeiger*, 2.2.2006.
329 NZZ, 16.1.2006.
330 Bundesamt für Umwelt: «Luftbelastung 2006», März 2007.
331 *Der Bund*, 11.12.2006.
332 *Berner Zeitung*, 3.2.2006.
333 *Der Bund*, 3.2.2006.
334 *NZZ am Sonntag*, 5.2.2006.
335 *Das Magazin*, 25.2.2006.
336 NZZ, 8.2.2006.
337 *Berner Zeitung*, 8.2.2006.
338 www.vcs-ate.ch
339 *Basler Zeitung*, 17.4.2007.
340 Empa: «Chemische Zusammensetzung des Feinstaubs während der Smoglagen im Januar/Februar 2006», November 2006.
341 *Die Wochenzeitung*, 2.3.2006.
342 *Facts*, 24.5.2006.
343 *Basler Zeitung*, 27.9.2006.
344 *Beobachter*, 12.10.2007.

345 Bundesamt für Energie, Bundesamt für Umwelt: «Positionspapier Feinstaub aus Holz-feuerungen», 17.3.2006.
346 Medienmitteilung des Paul Scherrer Instituts, 20.1.2006.
347 *Tages-Anzeiger*, 9.8.2005.
348 *IBO Magazin* 3/05.
349 *St. Galler Tagblatt*, 22.12.2005.

Waldsterben
350 *Tages-Anzeiger*, 19.9.1998.
351 Ebenda, 5.9.1983.
352 *Weltwoche*, 31.1.2002.
353 *Tages-Anzeiger*, 26.8.2003.
354 *SonntagsBlick*, 8.12.1985.
355 *Basler Zeitung*, 25.1.2002.
356 *Tages-Anzeiger*, 30.3.1984.
357 NZZ, 31.3.1984.
358 *SonntagsBlick*, 30.11.1986.
359 NZZ, 6.12.1985.
360 *Tages-Anzeiger*, 16.2.1984.
361 *Basler Zeitung*, 29.5.1998.
362 *Tages-Anzeiger*, 16.2.1984.
363 Bundesamt für Forstwesen, EAFV: «Erste Ergebnisse zum Waldsterben aus dem Schweize-rischen Landesforstinventar (LFI)», April 1984.
364 Bundesamt für Forstwesen, EAFV: «Ergebnisse der Sanasilva-Waldschadeninventur 1984», Dezember 1984.
365 NZZ, 16.12.1983.
366 Ebenda, 7.5.1984.
367 *Schweizer Illustrierte*, 21.9.1987.
368 NZZ, 7.2.1985.
369 Ebenda, 22.6.1984.
370 Ebenda, 12.1.1988.
371 Ebenda, 1.9.2003.
372 *Luzerner Neueste Nachrichten*, 2.2.1985.
373 Wolfgang Zierhofer, *Umweltforschung und Öffentlichkeit. Das Waldsterben in Wissenschaft und Massenmedien*. Westdeutscher Verlag, Opladen 1998.
374 Bundesamt für Forstwesen, EAFV: «Ergebnisse der Sanasilva-Waldschadeninventur 1985», Dezember 1985.
375 Bundesamt für Forstwesen, EAFV: «Ergebnisse der Sanasilva-Waldschadeninventur 1986», November 1986.
376 *Der Bund*, 29.5.1998.
377 *Tages-Anzeiger*, 25.1.2002.
378 *Basler Zeitung*, 25.1.2002.
379 NZZ, 13.9.2005.
380 Medienmitteilung des Bundesamtes für Umwelt, 9.11.2007.
381 *Schweizer Illustrierte*, 1.9.1986.
382 *Schweizerzeit*, 2.12.1988.
383 *Die Zeit*, 9.12.2004.
384 *Blick*, 30.12.1999.
385 *Schweizer Illustrierte*, 3.1.2000.
386 *SonntagsBlick*, 2.1.2000.
387 *Basler Zeitung*, 22.12.2000.
388 *Oltner Tagblatt*, 30.12.2004.

389 Bundesministerium für Verbraucherschutz, Ernährung und Landwirtschaft: «Bericht über den Zustand des Waldes», 2004.
390 Medienartikel von Greenpeace, 8.12.2004.

Klima

391 Al Gore, *Eine unbequeme Wahrheit* (deutschsprachige Ausgabe). Riemann Verlag, München 2006.
392 IPCC: «Climate Change 2007: The Physical Science Basis – Summary for Policymakers», Februar 2007.
393 *Spiegel*, 30.4.2007.
394 *Weltwoche*, 19.10.2006.
395 *Aargauer Zeitung*, 30.5.2007.
396 *Schweizer Arbeitgeber*, 14.6.2007.
397 NZZ, 7.11.2001.
398 Schweizer Fernsehen, *Rundschau*, 11.10.2006.
399 Dirk Maxeiner, *Hurra, wir retten die Welt! – Wie Politik und Medien mit der Klimaforschung umspringen.* WJS-Verlag, Berlin 2007.
400 *Weltwoche*, 8.2.2007.
401 ap, 2.4.2007.
402 *Weltwoche*, 29.3.2007.
403 Medienmitteilung des Bundesamtes für Umwelt, 2.2.2007.
404 *SonntagsZeitung*, 4.2.2007.
405 *NZZ am Sonntag*, 20.2.2005.
406 *Basler Zeitung*, 3.5.2007.
407 Schweizer Fernsehen, *Tagesschau*, 7.4.2007.
408 *SonntagsBlick*, 15.4.2007.
409 *Spiegel*, 7.5.2007.
410 *Aargauer Zeitung*, 15.5.2007.
411 *Weltwoche*, 18.12.2003.
412 NZZ, 31.1.2007.
413 MeteoSchweiz, Planat: «Klimaänderung und Naturkatastrophen in der Schweiz», 2007.
414 Bundesamt für Umwelt: «Klimaänderung in der Schweiz», 2007.
415 *Süddeutsche Zeitung*, 10.1.2007.
416 *Basler Zeitung*, 20.4.2007.
417 Ebenda, 27.6.2007.
418 ap, 4.4.2007.
419 Schweizer Radio DRS, *Espresso*, 2.5.2007.
420 ap, 19.4.2007.
421 Medienmitteilung der Forschungsanstalt ACW, 19.4.2007.
422 *Süddeutsche Zeitung*, 12.4.2007.
423 NZZ, 27.6.2007.
424 *Die Welt*, 7.7.2006.
425 NZZ, 7.1.2004.
426 *St. Galler Tagblatt*, 7.2.2006.
427 *Neue Luzerner Zeitung*, 25.1.2006.
428 OcCC: «Klimaänderung und die Schweiz 2050 – Erwartete Auswirkungen auf Umwelt, Gesellschaft und Wirtschaft», 14.3.2007.
429 *Weltwoche*, 1.2.2007.
430 NZZ, 26.9.2001.
431 Schweizer Radio DRS, *Heute Morgen*, 28.8.2007.
432 *Süddeutsche Zeitung*, 30.1.2007.

433 IPCC: »Climate Change 2007: Climate Change Impacts, Adaptation and Vulnerability –
Summary for Policymakers», April 2007.
434 *Spiegel*, 7.5.2007.
435 *Stern*, 15.3.2007.
436 NZZ, 11.1.2007.
437 ap, 2.4.2007.
438 *Weltwoche*, 30.11.2006.
439 Ebenda, 22.2.2007.
440 IPCC: «Climate Change 2007: Mitigation of Climate Change – Summary for Policymakers», Mai 2007.
441 *NZZ am Sonntag*, 5.11.2006.
442 *Aargauer Zeitung*, 1.11.2006.
443 Björn Lomborg, *Apocalypse No!*. Verlag Zu Klampen, Lüneburg 2002.
444 *NZZ am Sonntag*, 26.1.2003.
445 *Süddeutsche Zeitung*, 19.12.2003.
446 NZZ, 18.12.2003.
447 Ebenda, 11.12.2004.
448 *Berner Zeitung*, 12.6.2004.
449 NZZ, 26.10.2007.
450 Gwyn Prins, Steve Rayner: «Time to ditch Kyoto», in: *Nature*, 25.10.2007.
451 *SonntagsBlick*, 14.1.2007.
452 *heute*, 28.3.2007.
453 *SonntagsZeitung*, 13.5.2007.
454 *Die Zeit*, 18.1.2007.
455 *Schweizer Bauer*, 11.4.2007.
456 *Tier & Konsum* 2/2007.
457 *Welt-Online*, 7.5.2007.
458 Readers-Edition, 12.7.2007.
459 *Basler Zeitung*, 23.5.2007.
460 *Spiegel-Online*, 17.11.2007.
461 *Blick*, 21.11.2007.

Asbest
462 *Beobachter*, 15.9.2006.
463 Swissinfo, 6.10.2007.
464 *Tages-Anzeiger*, 13.10.2007.
465 Suva: «Daten und Fakten über Asbest», Oktober 2006.
466 *Tages-Anzeiger*, 5.3.2002.
467 Internationale Vereinigung für Soziale Sicherheit (IVSS): «Asbest: Auf dem Weg zu einem
weltweiten Verbot», 2006.
468 www.asbestopfer.ch
469 www.suva.ch/asbest
470 Maria Roselli, *Die Asbestlüge*. Rotpunktverlag, Zürich 2007.
471 D. Gee, M. Greenberg: «Asbest: Vom Wundermittel zum Teufelszeug», in: «Späte Lehren
aus frühen Warnungen: Das Vorsorgeprinzip 1896–2000» (Europäische Umweltagentur
und Umweltbundesamt Deutschland), Februar 2004.
472 *Cash*, 20.9.2002.
473 *Facts*, 31.10.2002.
474 *Basler Zeitung*, 22.3.2005.
475 *Tages-Anzeiger*, 4.3.2006.
476 *Bilanz*, 9.2.2005.
477 *Basler Zeitung*, 3.11.2007.

Umwelt- und Gesundheitsgefahren

478 *Weltwoche*, 14.12.2006.

479 Dirk Maxeiner, Michael Miersch, *Lexikon der Öko-Irrtümer*. Piper Verlag, München 2002.

480 Matthias Horx, *Anleitung zum Zukunfts-Optimismus*. Campus Verlag, Frankfurt 2007.

481 Walter Krämer, Gerald Mackenthun, *Die Panikmacher*. Piper Verlag, München 2002.

482 *Aargauer Zeitung*, 15.5.2007.

483 Edgar L. Gärtner, *Öko-Nihilismus – Eine Kritik der Politischen Ökologie*. TvR Medienverlag, Jena 2007.

484 *Weltwoche*, 3.5.2007.

485 Dirk Maxeiner, *Hurra, wir retten die Welt! – Wie Politik und Medien mit der Klimaforschung umspringen*. WJS-Verlag, Berlin 2007.

486 Björn Lomborg, *Apocalypse No!*. Zu Klampen Verlag, Lüneburg 2002.

487 Hans Rentsch, *Umweltschutz auf Abwegen – wie die Verbände ihr Beschwerderecht einsetzen*. Orell Füssli Verlag, Zürich 2003.

488 *Aargauer Zeitung*, 13.1.2007.

489 Hans-Hermann Dubben, Hans-Peter Beck-Bornholdt, *Mit an Wahrscheinlichkeit grenzender Sicherheit – Logisches Denken und Zufall*. Rowohlt Verlag, Hamburg 2005.

490 NZZ, 18.2.2005.

491 Hans-Peter Beck-Bornholdt, Hans-Hermann Dubben, *Der Hund, der Eier legt*. Rowohlt Verlag, Hamburg 2001.

492 Udo Ulfkotte, *So lügen Journalisten*. Bertelsmann Verlag, München 2001.

493 Hans Mathias Kepplinger, *Die Mechanismen der Skandalierung*. Olzog Verlag, München 2005.

494 Burkhard Müller-Ullrich, *Medienmärchen – Gesinnungstäter im Journalismus*. Karl Blessing Verlag, München 1996.

495 Dirk Maxeiner, Michael Miersch, *Die Zukunft und ihre Feinde*. Eichborn Verlag, Frankfurt 2002.

496 Paul K. Driessen, *Öko-Imperialismus – Grüne Politik mit tödlichen Folgen*. TvR Medienverlag, Jena 2006.

Der Sinn von Katastrophen
von Kurt Imhof

Die Menschheit hat Katastrophen bis zur modernen, aufgeklärten Gesellschaft immer religiös erklärt. Das unerwartete Leid, das von Katastrophen ausgeht, musste einen Sinn haben. Selbstverständlich gaben sich die Menschen selbst eine Rolle in den religiösen Erklärungen von Katastrophen. Am wirkmächtigsten war die Sünde. Einige, viele oder alle haben gesündigt und die Katastrophe ist die Folge davon. In, hinter oder über den irdischen Dingen stehen also heilige Wesen, Götter oder Gott, die Katastrophen zulassen können. Katastrophen sind in dieser Perspektive Mahnungen und Sühne für Verstösse gegen die verfügte und heilige Ordnung.

Wie soll nun die aufgeklärte Gesellschaft Katastrophen erklären? Aufklärung als «Austritt aus der selbstverschuldeten Unmündigkeit» (Kant) bedeutet, dass die Menschen die Dinge, die ihnen widerfahren, «vernünftig» erklären und das heisst seit der Aufklärung unter Vermeidung jeder magisch-religiösen Interpretation. Die Aufklärer mussten Gott deshalb nicht verabschieden, aber sie machten sich ein anderes Bild von ihm. Gott wurde zum unübertreffbaren Uhrmacher oder, was dasselbe bedeutet, zum unendlich genauen «Arithmetikus», der die Welt mit all ihren Gesetzmässigkeiten geschaffen hat, und seit der Genesis folgt die Welt unabhängig von Gott diesen Gesetzen. Mit diesem «Austritt aus dem Zaubergarten» (Max Weber) stehen auch religiöse Erklärungen für Katastrophen an sich nicht mehr zur Verfügung. Deshalb steht am Anfang aller Auseinandersetzung mit Katastrophen das Erklärungsproblem, das Katastrophen aller Art in einer säkularen, das heisst verweltlichten Moderne darstellen.

Dieses Erklärungsproblem, das sich bei Katastrophen stellt, und der soziale Ort dieses Problems lassen sich bestimmen. Der soziale Ort ist die Öffentlichkeit. Die öffentliche Kommunikation ist seit der Aufklärung dem Anspruch auf Vernunft ausgesetzt (1. Sinnproblem der Moderne). Katastrophen sind nun jedoch Ereignisse, die ausserordentlich schwierig auf vernünftige bzw. rationale Weise zu erklären sind, die aber aufgrund ihrer Bedeutung für die Menschen unbedingt Erklärungen verlangen. Deshalb treiben Katastrophen das rationale Denken voran.

Dies wiederum bedeutet, dass die Interpretationen von Katastrophen in der Moderne einem Wandel unterliegen. Die ursprünglichen religiösen Erklärungen werden aus der öffentlichen Kommunikation verdrängt, ohne je ganz zu verschwinden (2. Säkularisierung der Katastrophe). Daneben ist der Wandel der öffentlichen Kommunikation in jüngster Zeit ausschlaggebend für die Bedeutungssteigerung von Katastrophen und für den Erfolg einer neuen, rein rationalen Interpretation von Katastrophen, die jedoch den alten religiösen Erklärungen erstaunlich ähnlich ist. Insbesondere durch den Wandel des Medienwesens werden Katastrophen zu Waren des Nachrichtengeschäfts (3. Katastrophe als Nachrichtenware). Die Säkularisierung (Verweltlichung) und der Nachrichtenwert der Katastrophe schliesslich befördern beide die Katastrophenwissenschaft und die Politisierung von Katastrophen. Politisierte Katastrophen benötigen nun eine Ursache und einen Täter, damit gegen Katastrophen vorgegangen werden kann. (4. Katastrophenwissenschaft und Katastrophenpolitik).

1. Sinnproblem der Moderne

Die Moderne beginnt mit dem Verlust religiöser Interpretationen in der öffentlichen Kommunikation. In Voltaires «Ecrasez l'infame» kommt der gegen den Klerus gerichtete Schlachtruf der Vernunft gegen den Erklärungsanspruch religiösen Denkens am schärfsten zum Ausdruck. Darin manifestiert sich der vom Soziologen Max Weber beschriebene Prozess der Rationalisierung, der schon im Rahmen der Entwicklung religiösen Denkens in der Vormoderne zu einem sukzessiven Bedeutungsschwund des Magisch-Religiösen zugunsten der rationalen Berechenbarkeit aller Vorgänge auf dieser Welt geführt hat. Der dann im Öffentlichkeitsverständnis der Aufklärung stattfindende Durchbruch des modernen, säkularen Weltbildes hat äusserst weitreichende Konsequenzen. Denn im Kontext des vormodernen religiösen Weltbildes sind zwei Dinge möglich, die im aufgeklärten Weltbild ausgeschlossen sind: die aktive Beeinflussung der Welt über magisch-religiöses Handeln und die passive Erklärung aller Vorkommnisse durch ein göttliches Wesen.[1] Das heisst nichts anderes, als dass über religiös verankerte Begriffe wie «Schicksal», «Fügung» und «Vorsehung» prinzipiell alle Vorkommnisse erklärt werden können. Dies gilt selbstverständlich auch für Katastrophen, deren Interpretation etwa im Licht der biblischen Gottesstrafen erfolgen konnte. An dieses göttliche Wesen konnten auch die letzten Formen magischen Handelns christlicher Religiosität gerichtet werden. Es handelt sich um das Gebet, die Inanspruchnahme der Sakramente und das gottesfürchtige Leben. Alle drei Handlungsformen haben im religiösen Denken die Kraft, Sachverhalte der objektiv-gegenständlichen Welt, wie etwa eine gute Ernte, zu bewirken, die soziale Welt der Normen, Werte und Institutionen zu beeinflussen, etwa durch die «Lenkung» von Herrschaftsträgern, und die innere Welt des Subjekts, die sünden-befleckte Seele, zu reinigen.

Diese Möglichkeiten eliminiert das aufgeklärte Weltbild, das wir der frühneuzeitlichen Wissenschaft und – in deren Gefolge – der Aufklärungsbewegung verdanken. Die Aufklärungsbewegung macht dies, indem sie die wichtigste Idee der frühneuzeitlichen Wissenschaft übernimmt: die Vorstellung, dass Vernunft durch die freie Kommunikation über die Resultate von Beobachtung und Experiment entsteht. In der Perspektive der Aufklärungsbewegung führt freie öffentliche Kommunikation zum «Austritt aus der selbstverschuldeten Unmündigkeit» (Kant), und dies führt zur Einsicht a) in die Naturgesetze der gegenständlichen Welt realer Sachverhalte, b) der Gesetze der sozialen Welt in Gestalt richtiger und gerechter Normen und c) zu den ästhetischen Gesetzen des Schönen und der innerlichen Welt der Gefühle und Assoziationen. Ich nenne diese drei Welten mit Max Weber und der klassischen griechischen Philosophie das Wahre, das Gute und das Schöne.

Freie öffentliche Kommunikation – so die Utopie der Aufklärung – führt also zur menschlichen Einsicht in die Gesetze des Wahren, des Guten und des Schönen. Erforderlich hierzu ist eine freie Öffentlichkeit, und dieser dienen die wichtigsten Rechtsprinzipien der Moderne, die Bürger- und Menschenrechte und der diese sichernde Rechtsstaat. Diese Öffentlichkeit tritt der Privatheit gegenüber und damit demjenigen, was in der Perspektive der Aufklärung dem ursprünglichen freien Naturzustand des Menschen am nächsten kommt. Im Privaten lebt der Mensch gemäss seinen natürlichen Affekten, im Öffentlichen wird er zivilisiert. Hier darf das religiöse Bekenntnis keine Rolle spielen, wenn die Menschen aus der Barbarei der religiösen Bürgerkriege herauskommen wollen.

Damit hat das aufgeklärte säkulare Weltbild seinen präzisen sozialen Ort in der Öffentlichkeit, während das religiöse Bekenntnis wie das magisch-religiöse Denken auf die Sphäre des Privaten begrenzt wird. Die öffentliche Kommunikation muss sich dagegen dem Diktat der Vernunft fügen. Damit werden in der öffentlichen Kommunikation das Wahre, das Gute und das Schöne je für sich von diesem Rationalitätsanspruch abhängig. Dadurch ergeben sich drei grundsätzliche Erklärungsprobleme, an denen wir uns heute noch abarbeiten. Diese drei Probleme schaffen die sinn- und wissensbedürftige Moderne:

Erstens das Problem des «Wahren»: In der öffentlichen Kommunikation ist es nach der Aufklärung prinzipiell nicht mehr möglich, selbst für höchst erklärungsbedürftige Vorkommnisse wie Katastrophen, Krisen, Kriege und Umbrüche religiöse Interpretationen verwenden zu können. Schicksal, Vorsehung und Fügung stehen nicht mehr zur Verfügung. Praktisch können wir solche Erklärungen noch durch das 19. und 20. Jahrhundert verfolgen, aber wir können gleichzeitig beobachten, dass diese Begriffe zurückgedrängt werden. Das bedeutet letztlich nichts anderes als das gewaltige Problem, eine prinzipiell unbegrenzte Menge von Vorkommnissen der Welt realer Sachverhalte über wissenschaftliche Ursache-Wirkungs-Erklärungen interpretieren zu müssen. Diesem Bedürfnis verdanken wir auch das Prestige der Wissenschaft in der Moderne, die sich auf «wahre» Erklärungen spezialisiert.

Zweitens das Problem des «Guten»: Jenseits einer gottgegebenen Ordnung stellt sich die Notwendigkeit, die soziale Ordnung ohne religiöse Gebote und Überlieferungen rechtfertigen zu müssen. Insbesondere das Problem der Ungleichheit und die Unterscheidung des Guten und des Bösen, des Gerechten und des Ungerechten müssen nun über weltanschauliches Wissen gelöst werden. Selbstverständlich zehrt dieses weltanschauliche Wissen noch von religiös begründeten Tugendvorstellungen; aber sie lassen sich (in der öffentlichen Kommunikation) prinzipiell nicht mehr religiös begründen, auch wenn wir solche Begründungen noch lange und insbesondere bei Katastrophen sowie in Krisen- und Kriegsperioden verfolgen können.

Drittens das Problem des «Schönen»: Mit der Säkularisierung ist es in der öffentlichen Kommunikation prinzipiell nicht mehr möglich, die in den religiösen Konzepten «Seele» und «Talent» enthaltene identitätssichernde Beziehung zum Göttlichen aufrechtzuerhalten. Insbesondere lassen sich keine religiösen Kollektividentitäten mehr ableiten. Weltliche Formen des «Gemeinsamkeitsglaubens» (Max Weber) bzw. Kollektivzugehörigkeiten (Nation, Klasse, Ethnie) müssen auch über weltanschauliches Wissen konstruiert werden. Darüber hinaus ist das von Menschen geschaffene Schöne nicht mehr Ausdruck gottgegebener Talente, sondern die Kunst wird zunehmend als Produkt einer eigenlogischen

Entwicklung betrachtet («l'art pour l'art»), deren Bewertung ästhetisches Wissen erfordert.

Mit diesen drei Problemen lässt sich das moderne Sinnproblem bestimmen. Es handelt sich erstens um wissenschaftliches Wissen über als wahr betrachtete Sachverhalte der gegenständlichen Welt; zweitens um weltanschauliches Wissen zur Begründung der Normen und Werte der Ordnung unserer sozialen Welt, und es handelt sich drittens um weltanschaulich begründete Identitäten und um ästhetische Urteilskraft in der subjektiven Welt unserer Gefühle und Assoziationen.

Katastrophen zählen nun neben Kriegen zu denjenigen Vorkommnissen, die in ihrer wissenschaftlichen Unkalkulierbarkeit, in ihrer jede soziale Norm sprengenden Ungerechtigkeit sowie in ihrer Grausamkeit in Bezug auf subjektives Leiden die grössten Anforderungen an das rationale, moderne Denken darstellen. Von diesen Anforderungen ist in erster Linie die öffentliche politische Kommunikation in Medien und Parlament betroffen. Die Bedeutung des Magisch-Religiösen in der privaten Sphäre zeugt bis heute von der Differenz, die die Aufklärungsbewegung machte, indem sie der öffentlichen Kommunikation die Zivilisierung der Menschen zumutete, während im Privaten die Gefühle und Affekte und das privat gewordene religiöse Bekenntnis ihren Raum haben. Insbesondere die private Intimsphäre bleibt bis heute der Raum des Magischen (etwa in Gestalt des Massakrierens von Blümchen, wenn wir die Symmetrie unserer Verliebtheit bestätigt haben wollen) sowie der Raum religiöser Beschwörungshandlungen und der esoterischen Sinnstiftung. Deshalb bildet die öffentliche Kommunikation über Katastrophen den Massstab, um die Verweltlichung der Katastropheninterpretationen durch die Moderne hindurch zu verfolgen.

2. Säkularisierung der Katastrophe

Um diese Säkularisierung zu zeigen, wird hier auf eine Erhebung zurückgegriffen, in der die *zehn* wichtigsten Kommunikationsereignisse, die die grösste Aufmerksamkeit pro Jahrgang in deutschschweizerischen Zeitungen von 1910 bis in die Gegenwart fanden, erfasst wurden.[2] Analysen der wichtigsten Kommunikationsereignisse in den zentralen Medien zeigen die Konzentrationen der Aufmerksamkeit auf *dieselben Themen* in der Gesellschaft. Unter diesen Hunderten von Kommunikationsereignissen über knapp 100 Jahre medienvermittelte Kommunikation in der deutschen Schweiz werden hier ausschliesslich diejeni-

Katastrophen-Kommunikationsereignisse in deutschschweizerischen Leitmedien 1910–2006[5]

Tschernobyl
Explosion Challenger
Schweizerhalle

Mülldeponie/
Gümmersloch
Waldsterben

Tsunami Flutwelle
Vogelgrippe
Hochwasser Schweiz

Sturm Lothar
Bergrutsch Gondo
Kioto-Protokoll

Swissair-Crash
Halifax

Rinderwahn

Brand Kapell-
brücke/Luzern

Waldsterben
Hallenbad-Einsturz/Uster
Heysel-Drama/ Belgien

Waldsterben

Seveso-Gifgas
in Italien

Erdrutsch
im Wallis

Lawinen in
den Alpen

Grippe

Hochwasser
Zeppelin

Titanic

Legende: Bk | Bu | LZ | NZZ | TA | TW | VA — Hodrick

Jahre: 1910, 1912, 1914, 1916, 1918, 1920, 1922, 1924, 1926, 1928, 1930, 1932, 1934, 1936, 1938, 1940, 1942, 1944, 1946, 1948, 1950, 1952, 1954, 1956, 1958, 1960, 1962, 1964, 1966, 1968, 1970, 1972, 1974, 1976, 1978, 1980, 1982, 1984, 1986, 1988, 1990, 1992, 1994, 1996, 1998, 2000, 2002, 2004, 2006

Skala: 0%, 2%, 4%, 6%, 8%, 10%, 12%, 14%, 16%, 18%, 20%

gen herausgegriffen, die «Katastrophen» thematisieren. Die Darstellung auf Seite 302 zeigt somit diejenigen Kommunikationsereignisse unter den zehn grössten Kommunikationsereignissen je Zeitungsjahrgang, die als «Katastrophen» beschrieben wurden.

Auffallend an dieser Katastrophenberichterstattung ist ihre ausgesprochene Häufung ab den 1980er-Jahren. Umgekehrt gilt es auf die erstaunliche Abwesenheit von Katastrophenberichterstattungen hinzuweisen, die während der Krise der 1930er-Jahre sowie während der Kriegs- und der unmittelbaren Nachkriegszeit des beginnenden Kalten Krieges beobachtbar ist.[3] Krise, Krieg und Kalter Krieg verdrängen die klassische Naturkatastrophe: In der dauerhaften schweren Bedrohung findet das punktuelle schwere Unglück weniger Aufmerksamkeit. Auf diese diskontinuierliche Aufmerksamkeit für Katastrophen wird hier nicht eingegangen.[4] Dafür aber auf den Interpretationswandel in der Katastrophenberichterstattung: Während es sich zu Beginn des 20. Jahrhunderts noch vorwiegend um Vorgänge handelt, die als der Natur eigen interpretiert werden (Katastrophen der Natur) und die den Menschen zum Opfer machen, haben wir es seit den 1970er-Jahren mit Vorgängen zu tun, in denen die Natur als Opfer des Menschen erscheint (Katastrophen für die Natur). In der Katastrophenkommunikation wird somit als ursächlich erachtetes menschliches Handeln immer bedeutsamer. Wie kam es dazu und wohin führt das?

Die Wissenschaftseuphorie der Aufklärung sowie der naturwissenschaftlich-technische Erkenntnisbedarf der Industrialisierung verschafften der Wissenschaft eine fundamentale Bedeutung in der Moderne. Mit der Wissenschaft wird ein Handlungsbereich gestärkt, der sich ausschliesslich auf die Erklärung «wahrer» Sachverhalte spezialisiert. In dieser Perspektive können bestimmte Katastrophentypen über Wahrscheinlichkeitsrechnungen und Schadensschätzungen «kalkulierbar» gemacht werden. Dies gilt für Unwetterschäden, Erdbeben, Feuersbrünste und Überflutungen. Diese Berechnungen ermöglichen in der Schweiz seit dem Beginn des 19. Jahrhunderts eine bau- und versicherungstechnische Rationalisierung von Katastrophen: Sie werden zu *wahrscheinlichen Risiken*. Schutzbauten, Bauverbotszonen und Versicherungen verwandeln Katastrophen in wahrscheinliche Risiken, und damit werden sie als «Elementarereignisse» bzw. «Elementarschäden» in eine Form rationaler Berechenbarkeit überführt. In Gestalt dieser Elementarschäden ist diese Teilmenge unberechenbarer Natur bis heute Rechts- und Versicherungsgegenstand und Ursache von Verheerungen.[6]

Neben dieser frühen versicherungstechnischen Verwandlung von unerwarteten Katastrophen in erwartbare Elementarschäden wirken sich jedoch die wissenschaftlichen Betrachtungsweisen der Naturwissenschaften nur verzögert auf die öffentliche Kommunikation über Katastrophen aus. Obwohl mit der Entwicklung des modernen säkularen Weltbildes religiöse Interpretationen bereits schon für die Aufklärungsbewegung an sich nicht mehr zur Verfügung stehen, um irdische Phänomene zu erklären, finden wir bei Katastrophen noch bis ins 20. Jahrhundert hinein religiöse Begriffe wie «Schicksal», «Fügung» und «Vorsehung». Dies gilt noch für die «Hochwasserkatastrophe in der Zentralschweiz und in Zürich» im Jahre 1910. Für den Absturz des Militärluftschiffes «Zeppelin II» im selben Jahr ist gleichzeitig eine spezifisch moderne Ursachenerklärung leitend: Die Parade der Luftschiffe vor dem Kaiser wurde gegen den Rat der Meteorologen realisiert. Damit haben wir es mit der rationalen Erklärung menschlicher Unvernunft im Zeitalter der Vernunft zu tun.

Anlässlich des Untergangs der als unsinkbar geltenden «Titanic» 1912 kommt eine religiöse und gegen die Aufklärung gerichtete Interpretation zum Zug: Diese Katastropheninterpretation spricht der menschlichen Vernunft die Fähigkeit ab, die Natur zu berechnen. Der Mensch hat es unüberwindbar mit einer *unberechenbaren Natur* zu tun, und es ist menschliche Überheblichkeit (als Hybris eine der Todsünden), diese Natur restlos kalkulieren zu wollen.

In der Zwischenkriegszeit zeigt sich die Zurückdrängung von religiösen Interpretationen (Säkularisierung) von Katastrophen darin, dass Begriffe wie Schicksal und Fügung und auch die menschliche Hybris aus der Berichterstattung der nicht religiös verankerten Parteiorgane (also allen, ausser dem *Vaterland* als Zentralorgan der Katholisch-konservativen Volkspartei) verschwinden. Damit bleibt nur die «unberechenbare Natur» zurück. Ihre Unberechenbarkeit wird zur Erklärung an sich. Diese Unberechenbarkeit ist allerdings, gemessen am Anspruch der Berechenbarkeit allen Irdischen, eine äusserst unbefriedigende Erklärung von Katastrophen.[7] Durch sie verwandelt sich die Ursache-Wirkungs- bzw. Täter-Opfer-Logik von der vormodernen Dreifaltigkeit «sündhafte Menschen – Gott – gestrafte/geprüfte Menschen» zum blossen Gegensatz «unberechenbare Natur – Menschen als Opfer». Opfer bleibt der Mensch in beiden Erklärungen. Während aber die erste, religiöse Interpretation einen klaren Ursache-Wirkung-Zusammenhang aufweist und den Menschen als Täter und Opfer in die Erklärung einbaut, ist der Mensch in der zweiten Erklärung nur noch Opfer einer Natur, die er nicht versteht. Dieser vage Zwischenstand in der Säkularisierung von Katastrophen wird erst nach der Modernisierungs- und Wissenschaftseuphorie der 1950er- und 1960er-Jahre aufgelöst. In den Naturwissenschaften setzt sich die Kybernetik (Wissenschaft von der [Selbst-]Regelung von Kreislaufprozessen) durch. Durch diese Kybernetik wird eine radikale Umdeutung der «unberechenbaren Natur» möglich: Die Natur erscheint nun als etwas, das sich grundsätzlich im Gleichgewicht befindet bzw. die Natur stellt bei Störungen dieses Gleichgewicht selbst immer wieder her (Fliessgleichgewicht). Durch diese Gleichgewichtsperspektive erscheint nun die Natur plötzlich als etwas Berechenbares, sie befindet sich in einer Balance, die der Mensch stört. Dadurch wird die Natur zum Opfer, und der Mensch wird zum unberechenbaren und unvernünftigen Täter. Die Katastrophe ist nun nichts anderes als das Produkt menschlicher Unvernunft.

Diese Neukonstruktion von Wahrheit, die sich als gesellschaftsweiter Lernprozess im deutschen Sprachraum in der Waldsterbensdebatte durchsetzt, macht also aus einer unberechenbaren Natur eine *berechenbare Natur*. Die kybernetische Kombination von Fluss und Gleichgewicht lässt die Natur in einer fliessenden *Balance* erscheinen und erklärt den unberechenbaren Menschen zum Störer dieses Fliessgleichgewichts. Im Unterschied zur vormodernen religiösen Deutung ebenso wie in Absetzung von der menschlichen Überheblichkeit, die Natur überhaupt berechnen zu wollen, ist der Mensch nun nicht mehr Teil der Schöpfung, sondern er steht im Gegensatz Mensch-Umwelt ausserhalb der von ihm gestörten Naturbalance. Mehr noch: Dieses *Fliessgleichgewicht* wird durch menschliches Handeln immer negativer beeinflusst, und Katastrophen werden zu Vorgängen, die das Fliessgleichgewicht der Natur wiederherstellen. Der erste Bericht des Club of Rome aus dem Jahre 1970 und die Wachstumskritik der neuen Umweltbewegungen sorgten für die Verbreitung dieser Sichtweise in der öffentlichen Kommunikation, in der sie in erstaunlich kurzer Zeit den Status einer wissenschaftlichen (also wahren) Erklärung erreichte. Allerdings wurde die Karriere dieser Katastropheninterpretation nur möglich, weil die neuen Umweltschutzbewegungen die zweite Hälfte ihrer ursprünglichen Katastropheninterpretation ablegten. In den 1970er-Jahren erklärte die Gründergeneration dieser Umweltschutzbewegungen die Zerstörung der Natur noch als

Ausdruck des Kapitalismus, der nicht nur die Menschen, sondern auch die Natur ausbeutet.[8] Die Verdrängung dieser kapitalismuskritischen Argumentation manifestierte sich bei den deutschen Grünen besonders nachhaltig im Konflikt der «Realos» gegen die «Fundis». Erst die Verabschiedung der antikapitalistischen Ausbeutungsthese ermöglichte die Übernahme der neuen Katastropheninterpretation durch die grossen Volksparteien. In dieser Wahrheitskonstruktion ist nun *nicht mehr die Natur unberechenbar, sondern der Mensch.* Er ist der Quell der Unvernunft, und die Umweltbewegungen sehen sich mitsamt den Volksparteien in der klassischen Mission der Aufklärung, den Menschen aus der «selbstverschuldeten Unmündigkeit» hinauszuführen. Im Masse wie sich diese Interpretation über die – einfach zu vermitteln de, medienwirksame und wie wir heute wissen, falsche – Assoziation von Auspufftöpfen und Baumwipfeln in der Waldsterbensdebatte (1984–1987) durchsetzt, werden nun Katastrophen *der* Natur zu Katastrophen *für die* Natur uminterpretiert. Die Erklärungskraft dieser Konstruktion zeigt sich darin, dass sie ebenso für Überschwemmungen wie auch für die «Chemiekatastrophe» in Schweizerhalle und für die «Atomkatastrophe» in Tschernobyl 1986 verwendet werden konnte. Bereits schon durch die Waldsterbensdebatte erhält die «Katastrophe für die Natur» im neuen Umweltschutzgesetz eine Rechtsgeltung, die seither unser Alltagshandeln bestimmt (u. a. durch die 80/120 km/h-Geschwindigkeitsbegrenzung).

3. Katastrophe als Nachrichtenware

Der rasche Sieg dieser rein säkularen Erklärung von Katastrophen lässt sich jedoch nicht nur auf die Rationalitätsnorm in der öffentlichen Kommunikation der aufgeklärten Gesellschaft zurückführen. Um den Wandel von Naturkatastrophen zu Katastrophen für die Natur zu verstehen, müssen wir die grundlegenden Änderungen des Medienwesens in den 1970er- und 1980er-Jahren berücksichtigen.[9] Der Blick auf die Katastrophenzeitreihe zeigt ab den 1970er-Jahren einen massiven Bedeutungsgewinn von Katastrophen-Kommunikationsereignissen. Diese gestiegene Aufmerksamkeit für Katastrophen fällt mit der Durchsetzung neuer Selektions- und Interpretationslogiken bei den Medien zusammen.

Diese neuen Logiken der Auswahl und der Interpretation von Vorgängen sind das Ergebnis des folgenreichsten Deregulationsprozesses in der Politik. Diese Deregulation bedeutete, dass sich die Medien von ihren ursprünglichen Trägern, den politischen Parteien und Verbänden, den

Kirchen und den Verlegerfamilien ablösten und sich gleichzeitig strikt am Markterfolg orientierten. Gleichzeitig wurden auch die elektronischen Medien in öffentlich-rechtliche und private Medienorganisationen getrennt (Dualisierung). Die neuen Medienorganisationen wurden dadurch zu Dienstleistungsunternehmen mit beliebiger Kapitalversorgung, aber deutlich gestiegenen Renditeerwartungen. Mit der Ablösung der Parteiorgane bzw. der parteinahen Medien und der Konkurrenzierung des öffentlich-rechtlichen Rundfunks durch private Radio- und Fernsehanstalten veränderten die Medien ihre *Publikumsorientierung:* Sie beziehen sich seither nicht mehr auf das Staatsbürgerpublikum, sondern auf die *Medienkonsumenten.* Dies bedeutet, dass die einst *politischen* Kriterien der Auswahl und Interpretation von Ereignissen durch solche abgelöst wurden, die sich an den Aufmerksamkeits- und Unterhaltungsbedürfnissen der Medienkonsumenten orientieren. Deshalb können wir in der öffentlichen Kommunikation eine sprunghaft gewachsene Skandalisierung, Konfliktakzentuierung, Personalisierung, Privatisierung und die Karriere von Human-Interest-«Nachrichten» beobachten. Im Zusammenhang mit der Katastrophenberichterstattung ist dies in zweifacher Hinsicht von Bedeutung:

Zum einen können nicht etablierte politische Akteure (soziale Bewegungen und Protestparteien) über medienwirksame Aktionsformen ihren Problematisierungen öffentliche Aufmerksamkeit verschaffen. Soziale Bewegungen werden für die Medien interessanter als etablierte Parteien. Dadurch werden die etablierten politischen Parteien, die zuvor über ihre eigenen Medien die öffentliche Kommunikation bestimmt haben, konkurrenziert und müssen sich auch an den Selektions- und Interpretationslogiken der Medien orientieren. Wenn ein Problem grosse Aufmerksamkeit erreicht, dann müssen sich die etablierten Parteien damit beschäftigen.

Zum anderen bedeutet die neue Publikumsorientierung der Medien auch eine Bedeutungssteigerung der Katastrophenberichterstattung. Katastrophen sind gute Storys. Katastrophen sind spektakuläre Vorgänge von hohem «Newswert», sie lassen sich ausgezeichnet visualisieren und sie schaffen Betroffenheit aufseiten des Publikums, die wieder effektvoll bewirtschaftet werden kann: Das unverdiente Leid fördert die Empathie und diese wiederum die Spendenbereitschaft des Publikums. Die dadurch geschaffenen Spendenrekorde werden selbst wieder Gegenstand des Human-Interest-Journalismus wie etwa beim Bergsturz in Gondo im Jahre 2000. Ausserdem lässt sich die neue Ursache-Wirkungs-Interpretation auch als Täter-Opfer-Konflikt darstellen. Dadurch eignen sich Katastrophen ausgezeichnet für Konfliktakzentuierungen, weil sich die involvierten Akteure (Behörden, Unternehmen, Betroffene) unter dem Druck der medialen Berichterstattung bereits früh zu Schuldzuweisungen hinreissen lassen oder durch die Medien selbst in eine Täterrolle gedrängt werden. Katastrophen als Nachrichtenware enthalten somit alle Zutaten, die die Aufmerksamkeit der Medienkonsumenten fördern: Sie sind unerwartet und damit hochaktuell, sie sind spektakulär und lassen sich gut visualisieren, sie produzieren intensive Konflikte im Rahmen eines politisch relevanten Täter-Opfer-Gegensatzes, und über die Betroffenheit der Opfer lässt sich die emotionale Zuwendung der Medienkonsumenten gewinnen. Aktualität, Spektakularität, Visualisierbarkeit, Konflikt und Betroffenheit erzeugen die höchste Mediennachfrage.

Durch die Orientierung der Medien an den Bedürfnissen des Medienkonsumenten erhalten somit soziale Bewegungen mit ihren «Protestevents» mediale Aufmerksamkeit und die Medien selbst intensivieren die Katastrophenberichterstattung. Beides beschleunigte die Durchsetzung der neuen Katastropheninterpretation.

4. Katastrophenpolitik und Katastrophenwissenschaft

Katastrophen wurden also ursprünglich religiös gedeutet, dann in den Rahmen einer nach wie vor religiösen Interpretation von Schicksal, Fügung und Vorsehung gerückt, schliesslich mit der Unberechenbarkeit der Natur und der menschlichen Hybris interpretiert, und im letzten Viertel des 20. Jahrhunderts haben wir es mit der Natur als Opfer zu tun. Damit verwandeln sich alle klassischen «Naturkatastrophen» sukzessive in «Katastrophen für die Natur» und die Katastrophen insgesamt unterscheiden sich hinsichtlich ihrer Ursache nur noch im Grad der unmittelbaren Verantwortlichkeit des Menschen. Wenn wir die Geschwindigkeit, mit der sich diese Interpretation durchsetzte, in Rechnung stellen, dann ist es nur eine Frage kurzer Zeit, bis alle Vorgänge der Natur mit katastrophalen Auswirkungen in Katastrophen *für die* Natur uminterpretiert werden. Für die schwierigen Fälle Erdbeben bzw. Tsunamis und Vulkanausbrüche werden wir mit einem Anschluss an die Interpretation der «Klimakatastrophe» konfrontiert werden. Die Erklärung, dass der Mensch die Ursache der Klimaerwärmung darstellt, ist bereits auf dem Siegeszug. Dies wird es erlauben, auch die letzten unvorsehbaren Vorgänge der

Natur mit dem Menschen in Beziehung zu setzen, indem Erdbeben und Vulkanausbrüche mit der Klimaveränderung begründet werden.

Damit schliesst sich ein Kreis von rund 200 Jahren Interpretationsarbeit an der Katastrophe: Der Mensch ist am Schluss auf neue Weise wieder da angekommen, wo er im vormodernen, religiösen Weltbild bereits war. Er ist der eigentliche Ursprung irdischer Verheerungen. Allerdings wirkte einst die Sündhaftigkeit der menschlichen Natur vermittelt über Gott, der strafend Katastrophen «zulässt». In der neuesten, säkularen Form der Katastropheninterpretation wird Gott durch den Menschen ersetzt. In dem Masse, wie sich diese Interpretation entfaltet, wird sich der Mensch über noch naturwissenschaftlich zu belegende Wirkungsketten bei allen Katastrophen selbst als Täter entdecken. Damit verwandelt sich die Sünde gegen Gott zur Sünde gegen die Natur. Erst jetzt kann die Katastrophe wieder «ganzheitlich» interpretiert werden. Der Mensch entdeckt sich selbst als Täter und Opfer seines irrationalen Umgangs mit der Natur – und die Katastrophe wird zu einem *politischen Thema*. Auf der Ebene der öffentlichen Kommunikation über Katastrophen ist also der «Austritt aus der selbstverschuldeten Unmündigkeit» späten Datums.

Anlässlich dieses späten Austritts lässt sich beobachten, wie «Wahrheit» in der modernen Gesellschaft hergestellt wird: Die Medien wie auch die wichtigen politischen Akteure berufen sich auf die Wissenschaft; dies fördert den wissenschaftlichen Experten für Katastrophengefahren, weil dieser unentbehrlich für wahre Ursache-Wirkung-Erklärungen wird. Auf dieser Basis wird das Katastrophenrisiko zum Gegenstand der staatlichen Forschungsförderung und damit von wissenschaftlichen Karrierechancen. Entsprechende Forschungsprogramme ernähren nun arrivierte Forscher ebenso wie den wissenschaftlichen Nachwuchs, die davon leben, diese neue Interpretation von Katastrophen zu bestätigen. Wenn alle wichtigen politischen Akteure davon überzeugt sind, dann wird die neue Interpretation in die Sprache des Rechts übersetzt. Auf dieser rechtlich institutionalisierten Ebene wird der Stand wissenschaftlicher Erkenntnisse zum Massstab gesetzeskonformen Handelns sowie versicherungstechnischer Ansprüche auf Verursacher, die für Katastrophen geradezustehen haben. Dadurch erhält eine bestimmte naturwissenschaftliche Interpretation den Status eines sozialen Gesetzes.[10]

Anhand der Katastrophenberichterstattung lässt sich also ein Säkularisierungsprozess beschreiben, der erst verhältnismässig spät einsetzte.

Ablesbar ist dies an einer Interpretation, die nicht mehr «Schicksal» und «Fügung» bzw. die «unberechenbare Natur» und die «menschliche Hybris» bemühen muss, um Katastrophen zu erklären. Die elegante Lösung der Vormoderne, in der die Katastrophe erklärt werden konnte, indem Gott als Ursache, der Mensch als Sünder und die Katastrophe selbst als subjektive Prüfung oder Strafe interpretiert wurde, liess sich in der Moderne mittels nicht religiöser Mittel nicht reproduzieren. Erst mit der Karriere der Vorstellung vom Fliessgleichgewicht der Natur konnte die Interpretation von Katastrophen hinsichtlich der Ursache auf eine rein wissenschaftliche Erklärung umgestellt werden. Gleichzeitig wird die Katastrophe normativ an das falsche Handeln der Menschen zurückgebunden und in subjektiver Hinsicht an die Unmündigkeit des Menschen geknüpft.

Hinter der erfolgreichen Karriere dieser Interpretation stehen rund 200 Jahre Auseinandersetzung mit Katastrophen, die Reputation der Naturwissenschaft für «wahre» Aussagen und die neuen Selektions- und Interpretationskriterien medienvermittelter Kommunikation, die sozialen Bewegungen und auch Katastrophen erhöhte Aufmerksamkeit verleihen. Damit wird eine Interpretation gegenüber der Katastrophe «wahr», die über rund 170 Jahre der rund 200-jährigen Zeitspanne seit der Aufklärung anders interpretiert wurde.

Anmerkungen

1 Detailliert zu diesem Aspekt: Imhof, Kurt (2007): Permanente Aufklärung. Über den Wandel der öffentlichen Wissensvermittlung in der Moderne. In: *medien & zeit*, H. 1/2007, S. 45–60.

2 Dieser Datensatz erlaubt die synchron und diachron vergleichende Analyse der öffentlichen Kommunikation in parteiverbundenen Organen (der freisinnigen *Neuen Zürcher Zeitung*, der sozialdemokratischen *Tagwacht*, dem katholisch-konservativen bzw. christlichdemokratischen *Vaterland*), in der wichtigsten Forumszeitung, dem *Tages-Anzeiger*, und in der wichtigsten Boulevardzeitung, dem *Blick*. Für die 1990er-Jahre werden die eingegangenen Parteiblätter *Vaterland* und *Tagwacht* durch die Forumsmedien *Luzerner Zeitung* (bzw. ab 1992: *Neue Luzerner Zeitung*) und *Berner Zeitung* sowie *Bund* ersetzt. Die wichtigsten Kommunikationsereignisse ergeben sich durch die Anzahl und die Länge der dazu redaktionell verfassten oder durch die Redaktion beauftragten Artikel im Stammteil der Zeitungen. Der Stammteil umfasst den eigentlichen, «historischen» Zeitungskern ohne Beilagen.

3 Vgl. hierzu auch: Zemp, Helena: Von der gezähmten Gefahr zum unzähmbaren Risiko? Die Dynamik der gesellschaftlichen Kommunikation über Naturkatastrophen des 20. Jahrhunderts im Spiegel der Öffentlichkeit Schweizer Leitmedien. Lizentiatsarbeit an der Philosophischen Fakultät der Universität Zürich, Zürich 2006.

4 Imhof, Kurt: Katastrophenkommunikation in der Moderne. S. 145–164. In: Christian Pfister, Stephanie Summermatter (Hrsg.), Katastrophen und ihre Bewältigung – Perspektiven und Positionen. Band 49 der Berner Universitätsschriften. Haupt, Bern 2004.

5 Die Werte für diese Zeitreihe basieren auf der Auswertung der genannten Zeitungen, d. h. der Ausmessung der redaktionellen Artikel und ihrer Bündelung zu den zehn wichtigsten Kommunikationsereignissen pro Zeitung und Jahr (Kommunikationsereignishierarchie). In diese Darstellung sind diejenigen Kommunikationsereignisse aus den Kommunikationsereignishierarchien pro Jahr aufgenommen worden, die «Katastrophen» thematisieren.

6 Die Literatur ist schmal. Ein Überblick zum Kanton Bern erlaubt: Lüthi, Christian: Bern – die Geschichte der Stadt im 19. und 20. Jahrhundert. Stämpfli, Bern 2003. Kurz und informativ: Günthardt, Walter: Spätzündung mit grosser Eigendynamik. Ein Rückblick auf den Werdegang der Schweizer Assekuranz, in: *Neue Zürcher Zeitung*, Nr. 8, 12. Januar 1998.

7 So etwa für die Hochwasserkatastrophe in der Ostschweiz 1927, die Lawinenkatastrophen in den Alpen 1951 und noch für den Erdrutsch 1965 im Wallis.

8 Vgl. hierzu schon im 18. Jahrhundert: Engels, Friedrich: Dialektik der Natur. In: Marx/Engels-Werke (MEW), Bd. 20, Leipzig 1971.

9 Imhof, Kurt: Politik im «neuen» Strukturwandel der Öffentlichkeit. S. 401–418. In: Armin Nassehi, Markus Schroer (Hrsg.), Der Begriff des Politischen. Sonderband 14 der Zeitschrift *Soziale Welt*, München 2003.

10 Selbstverständlich sind solche immer sozial konstruierten Wahrheiten nur auf Zeit gültig. Der Massstab des Standes wissenschaftlicher Erkenntnis wurzelt bereits in der Vorstellung der frühmodernen Wissenschaft und definierte sie als einen über Beobachtung, Experiment und freie Kommunikation funktionierenden Annäherungsprozess an die Wahrheit: Wahrheit hat in der Wissenschaft den Status einer Hypothese, die noch nicht widerlegt ist. Dadurch ist die moderne Konstruktion von Wahrheit offen für Innovationen, sie gilt nur auf Zeit.